J

18081

ÉCONOMIE POLITIQUE

DES ROMAINS

II

IMPRIMERIE DE E. DUVERGER,
RUE DE VERNEUIL, N° 4.

ÉCONOMIE

POLITIQUE

DES ROMAINS

PAR

M. DUREAU DE LA MALLE

MEMBRE DE L'INSTITUT

(Académie des Inscriptions et Belles-Lettres)

TOME SECOND

PARIS

CHEZ L. HACHETTE

LIBRAIRE DE L'UNIVERSITÉ ROYALE DE FRANCE

RUE PIERRE-SARRAZIN, Nº 12

M DCCC XL

ÉCONOMIE POLITIQUE

DES ROMAINS.

LIVRE TROISIÈME.

AGRICULTURE. — PRODUITS.

CHAPITRE I.

AGRICULTURE ROMAINE.

Dans le livre précédent nous avons fixé avec
une assez grande précision les proportions de la
population libre de l'Italie soumise à la domination romaine, entre la première et la seconde
guerre punique (an de Rome 529), et du temps de
César et de Néron ; il est maintenant à propos
d'examiner de quelle manière, pendant cette pé-
riode, comprise entre le vi^e et le ixe siècle de Rome,
le décroissement graduel du nombre des citoyens
libres influa sur la quantité des produits du sol.
L'observation attentive des méthodes d'assolement,

des procédés généraux de culture, des variations dans la prédominance de tel ou tel genre particulier de productions; les outils, les instruments employés à ces travaux, les effets qu'on pouvait en obtenir, enfin les résultats de la substitution du travail des esclaves à celui des hommes libres, me semblent un objet de recherches important pour l'histoire de l'économie politique des Romains. De plus, le sujet est neuf, quoiqu'il appartienne à l'antiquité classique, et il n'a jamais été traité d'une manière spéciale.

Le plus grand développement de l'agriculture romaine coïncide avec la grande division des propriétés, et l'exécution rigoureuse des lois agraires, qui, depuis l'expulsion des rois jusqu'à la fin de la guerre d'Annibal, fixèrent au maximum de 7 *iugères* (3 ½ arp., ou 1 hect. 75 ares) la portion de terre que pouvait posséder chaque citoyen; s'il y eut dans cette période quelques exceptions, elles furent peu nombreuses [1]. L'exactitude, la vigilance et l'économie sont les conséquences naturelles des lois agraires. Lorsqu'un homme n'a qu'une petite portion de terre à faire valoir pour son existence et celle de sa famille, il y emploie nécessairement toutes ses facultés. Romulus n'avait assigné que 2 *iugères* à chaque citoyen. Ces petites propriétés de 1 arpent à 3 ½ arpents d'étendue étaient certainement cultivées à bras comme celle de Regulus, que j'ai citée [2]. Si quelques-unes avaient une char-

---

(1) VARRO, *De Re r.*, I, 2, 9. COLUM., I, 3, 10. PLIN., XVIII, 4.
(2) VARRO, *De Re rust.*, I, 10, 2. PLIN., XVIII, 2, et supr. t. I, p. 237.

rue, elle était attelée de deux bœufs, ou d'un taureau et d'une vache, comme on le voit dans le
monument figuré par Gori [1], ou de deux vaches,
comme dans les terres légères et fertiles de la Campanie [2], et comme cela se pratique dans la Limagne
d'Auvergne. Les vaches, donnant à la fois du lait
et du travail, conviennent au labour des petites
propriétés dans les pays où il existe une population nombreuse, resserrée sur un petit espace. Une
charrue attelée labourait sans doute le terrain de
plusieurs propriétaires, car elle n'eût pas eu d'emploi toute l'année sur une ferme de 7 *jugères*
(1 hect. 75 ares). C'est ce qui a lieu encore dans
le val d'Arno inférieur, où la propriété est très
divisée. Les domaines sont de trois jusqu'à dix
arpents; il n'y a qu'une charrue sans roues, attelée
de deux bœufs, entre dix ou douze de ces mé-
tayers; ils l'emploient successivement à l'exploitation de toutes ces fermes [3].

En France une charrue suffit pour une ferme de
100 *jugères* ou 50 arpents. Il faut d'ailleurs remarquer que les Romains laissaient en jachères la moitié de leurs terres labourables, ce qui diminuait le
travail de leurs bêtes de trait.

Le sol volcanique et meuble de la campagne de
Rome est, comme celui de la Limagne, tout-à-fait
propre à la petite culture avec la bêche, la pioche et
la houe; il donnait, par ce procédé, de plus grands

---

(1) *Museum Etruscum*, t. I, p. 438.
(2) « Ubi terra levis, ut in Campania, ibi vaccis arant. » VARRO,
De Re r., I, xx, 4.
(3) Lettres écrites d'Italie à Ch. Pictet, par M. LULLIN DE
CHATEAUVIEUX, 2ᵉ édit., 1820, p. 93-94.

produits bruts et pouvait nourrir une très nombreuse population. Ce fut là d'abord le but principal
du gouvernement romain, ses guerres continuelles
avec ses voisins consommant annuellement une
portion des citoyens aptes au service, que la fécondité des mariages, excitée par l'abondance des
moyens de subsistance, pouvait seule réparer.

On peut dire que le sénat romain, comme Napo-
léon au xix⁰ siècle, avait mis la population en coupe
réglée. Aussi le sénat eut-il grand soin de maintenir, jusqu'à la fin de la seconde guerre punique,
l'exécution des lois agraires, qui, conservant la
division des propriétés, favorisant les mariages,
augmentant la quantité des produits du sol, était,
dans un état de société aussi simple, le seul moyen
d'accroître la population et de créer une pépinière de bons cultivateurs, de soldats robustes,
endurcis aux travaux et aux vicissitudes des saisons.

Les lois qui accordaient des prérogatives honorables aux tribus de la campagne, qui limitaient le
nombre des esclaves et des troupeaux, celles qui
flétrissaient le cultivateur négligent, celles du cens et
du cadastre, l'institution de la censure, avec son influence morale et ses règlements sur le mariage et
sur le nombre des enfants, étaient dictées par une
obligation absolue, la nécessité de la reproduction
des hommes et de l'accroissement de la population
pour conquérir ou se défendre.

C'était une question de vie ou de mort pour la
république romaine; aussi la pauvreté fut-elle en
honneur à Rome dans les six premiers siècles de
son existence.

Alors ce n'était pas un grand produit net, mais

une masse considérable de produits bruts, que
le gouvernement romain désirait obtenir du travail des citoyens et de la culture du territoire.
On a jusqu'ici confondu ces deux ordres de faits
en traitant de l'agriculture romaine. Les historiens, les déclamateurs, les poëtes, et Pline lui-
même, ont partagé cette erreur et ont contribué à
la répandre. C'est en m'appuyant sur les témoignages des agronomes romains, sur les auteurs qui ont
traité spécialement de l'agriculture, que j'établirai
par des faits positifs cette distinction importante.
Nous en avons sous les yeux un exemple frappant
en France et en Angleterre.

L'Irlande, où la pomme de terre forme la principale nourriture du peuple, où un demi-acre (à peu
près le jugère romain), consacré à cette solanée,
fournit à la nourriture d'une famille, où toute la
culture se fait à bras, où les locations sont divisées
en portions très petites et sont à un prix très haut,
l'Irlande, dis-je, voit croître sa population plus
rapidement qu'aucun autre pays de l'Europe; mais
cette population est misérable; elle loue les terres
à un prix énorme; elle ne songe pas à gagner, elle
songe à vivre. Un acre y rapporte plus de produit
brut, plus de substances alimentaires que la même
étendue de terrain cultivé en Angleterre ou en
Écosse par un habile fermier; mais ce même acre,
labouré par le fermier anglais, donne un produit
net bien plus considérable que celui qui est béché,
sarclé, biné par les mains de la pauvre famille irlan-
daise. L'Anglais loue à un prix modéré, il écono-
mise les frais de culture par l'emploi des animaux
et des machines; il trouve sur le sol de quoi payer

la rente de la terre, les frais de culture, de nourriture, l'intérêt des capitaux qu'il a déboursés, et il
lui reste par an, pour prix de son industrie, un produit net équivalent au tiers, au quart, au cinquième
de l'objet qu'il a affermé. L'un, en recueillant moins,
a gagné et amassé davantage; l'autre, en recueillant
plus, n'a pu rien épargner, et n'a fait que vivre et
nourrir sa famille.

Les conséquences de cet état de choses, relativement à la population, sont évidentes. Une plus
grande quantité de produits bruts engage à pro-
créer plus d'enfants; car il naît des hommes partout où il y a de quoi les nourrir : l'ignorance et la
misère engendrent l'imprévoyance.

Le fermier anglais ou écossais, qui voit son aisance s'accroître, veut que ses enfants soient autant ou même plus aisés que lui; il en restreint le
nombre. Sans avoir lu Malthus, il sent la nécessité
de la *contrainte morale* et de l'*obstacle privatif.*

En France, la Limagne d'Auvergne, comparée à
la Beauce, peut offrir un exemple semblable. Les
circonstances sont à peu près analogues à celles où
se trouvent l'Irlande et l'Angleterre. Dans la Limagne tout se cultive à bras, dans la Beauce tout à la
charrue; aussi, dans la première, la population est
de 3 500 individus, et dans la seconde de 7 à 800
par lieue carrée.

On se fera, je pense, une idée très juste de l'état
des propriétés et de la culture de l'Italie dans les
six premiers siècles de Rome, au moins jusqu'en
560 à partir de sa fondation, par le tableau que
nous offrent aujourd'hui l'Irlande et la Limagne.
Mais l'Angleterre cherche à borner, Rome dans les

six premiers siècles tendait à étendre l'accroissement de sa population, et le nombre des esclaves
était si faible dans les cinq premiers siècles, comme
je l'ai prouvé, que cet élément particulier à Rome
ne peut pas changer beaucoup les rapports de la
comparaison.

Je vais examiner quelle a dû être, relativement
aux produits et à la population de l'Italie romaine,
l'influence du climat, du sol, des lois, des mœurs,
des usages, du degré d'instruction répandu chez
les cultivateurs romains; car l'agriculture, dans
son acception la plus étendue, est une science, et
la plus difficile de toutes, puisqu'elle embrasse le
cercle entier des connaissances physiques et mathématiques.

CHAPITRE II.

ÉTAT PHYSIQUE DE L'ITALIE[1].

Je me propose, dans ce chapitre, de traiter la
question de la salubrité de l'air et des lieux, d'indiquer, dans les différentes époques de l'histoire,
quels cantons furent soumis à l'action de l'air con-
tagieux nommé aujourd'hui *aria cattiva*, quels autres en furent toujours exempts; de rechercher si
la nature physique, la composition géologique du
sol, si les volcans, les gaz, exercent une influence
quelconque sur ce phénomène; d'établir enfin avec

(1) Voy., cap. XXVIII, p. 232 à 254, des *Osservazioni storic.
ed. econom. sulle campagne et l'annona di Roma* de M. N.-M.
Nicolaï, in-4, 1803.

précision les progrès de ce fléau en Italie, depuis la
fondation de Rome jusqu'à nos jours; et si la nature
du mal, la composition même des éléments fugaces
de l'air délétère nous reste inconnue, malgré les
efforts qu'ont faits les sciences pour en pénétrer
les secrets, il peut être encore utile de rassembler
les faits, les observations, les circonstances éparses
dans un grand nombre de siècles et de chercher à
en tirer les inductions les plus probables.

La grande cause de l'insalubrité de plusieurs
cantons de l'Italie, notamment des maremmes de
Toscane, de celles des Etats de Rome et de Naples,
de certaines parties du Piémont, de la Lombardie
et de l'Etat de Venise est due, non à la composition minéralogique, mais à la configuration physique du sol et à l'élévation de la température pendant l'été et l'automne. Ces deux circonstances sont
aussi signalées par M. de la Marmora[1] comme
la cause principale de l'insalubrité des lieux de la
Sardaigne dits *intempérieux*. On peut même avan-
cer, comme proposition générale, que l'intensité du
fléau croît dans les lieux bas en raison directe de
la latitude et de la température. Une autre cause
de l'action de l'intempérie sarde ou de la *malaria*
de l'Italie sur le corps humain, est due à la grande
différence qui s'établit entre le maximum de la
température diurne et celui de la température
nocturne. Tous ceux qui ont parcouru ces contrées
pendant l'époque indiquée ont pu reconnaître
comment une journée d'une chaleur accablante et
sèche est souvent suivie d'une nuit très froide,

(1) Voyage en Sardaigne, t. I, p. 138, ss., 2ᵉ éd., 1839.

accompagnée d'une rosée si abondante qu'elle tra-
verse les habits les plus épais et que la terre paraît
arrosée par une forte pluie. Que le sol soit primitif,
secondaire ou tertiaire, qu'il soit granitique, cal-
caire, volcanique, argileux ou siliceux, qu'il soit le
produit du feu, des eaux de la mer ou de l'eau
douce des fleuves, il est en général salubre, si la
forme du terrain permet l'écoulement des eaux, et
insalubre dans le cas contraire.

M. Brocchi, de l'Institut de Milan, physicien et
minéralogiste très habile, a, dans un excellent ouvrage sur l'état physique du sol de Rome[1], fait de
nombreuses recherches, des expériences exactes et
souvent périlleuses sur la nature de l'*aria cattiva*
des environs de Rome[2], et, s'il n'a pas découvert
le principe d'où dérive sa qualité délétère, il en a
fait connaître les éléments, et surtout il a pulvérisé
une foule d'hypothèses hasardées qu'avaient fait
naître la découverte des gaz et la décomposition de
leurs parties constituantes.

Il a prouvé[3] que ce n'est pas le gaz hydrogène
sulfuré qui infecte l'air et cause les maladies endémiques de Rome et de ses environs, puisque beaucoup de cantons de l'Italie où ce gaz s'exhale en
grande quantité sont très salubres;

Que le gaz hydrogène sulfuré, mêlé au gaz acide
carbonique, n'en est pas la cause; car la vallée
d'Amsancto, célèbre par ses mofettes citées dans
Virgile, en exhale avec une abondance extrême,

(1) In-8, Roma, 1820, avec 3 cartes géognostiques.
(2) *Saggii di esperienze sull' aria cattiva de' contorni di Roma*, p. 250.
(3) P. 252-254.

ainsi que les bains d'eaux hydrosulfurées. Les canaux de Venise sont dans le même cas : on pourrait
y ajouter les bords du lac à Enghien ; et la santé des
habitants de ces divers cantons n'en éprouve aucun
effet nuisible.

Le gaz hydrogène carburé n'y contribue pas non
plus, témoins Sassuolo, dans le duché de Modène,
Pietra-Mala, Barigozzo en Toscane, et Maccalube,
près de Girgenti, en Sicile, où ce gaz s'élève du sol
en émanations abondantes, sans nuire aucunement
à la santé des habitants.

Quant au gaz acide carbonique, il se dégage sans
cesse des eaux acidulées, de celles qui ont la propriété de former des tufs calcaires, des cuves où on
foule le raisin, et ni les habitants, ni les ouvriers
qui vivent dans cette atmosphère, n'en sont in-
commodés, ou, du moins, n'y contractent les fièvres
que produit l'*aria cattiva*.

Pour le gaz azote, supposé qu'il se formât dans
les lieux bas et malsains, comme il est, ainsi que le
gaz hydrogène, plus léger que l'air, il s'élèverait à
mesure qu'il se forme, et les lieux les plus élevés
seraient alors plus insalubres, ce qui est tout-à-fait
contraire à l'expérience.

Certainement tous ces gaz, surtout l'hydrogène
sulfuré, sont délétères ; mais, mêlés à l'air libre dans
l'atmosphère, s'ils ne sont pas entièrement innocents, du moins ils ne produisent pas de bien funestes effets sur l'économie animale.

Du reste ces gaz, dans les circonstances où ils
sont nuisibles, le sont également aux animaux et
aux hommes, tandis que les miasmes de l'*aria cattiva* n'attaquent que ceux-ci, et épargnent les trou-

peaux de chevaux, de bœufs, de chèvres et de moutons qui y paissent et y parquent dans la saison la plus dangereuse.

M. Brocchi prouve encore que ces miasmes délétères ne sont pas des exhalaisons produites par le sol volcanique; car la maremme toscane, la belle vallée de Riéti, arrosée par le Vélino, plusieurs cantons de l'Apouille, la côte de la Calabre, de Reggio à Tarente, l'autre côte sur la Méditerranée, surtout vers le golfe de Sainte-Euphémie, les environs du lac de Pérouse et de Ravenne, sont aussi malsains que la maremme de Rome, et n'offrent pas la moindre trace de matières volcaniques. Il prouve aussi[1] que l'humidité seule et les variations de la température dont on accuse le climat de Rome ne peuvent être la cause de ses fièvres endémiques.

L'opinion la plus générale et la plus fondée est que l'insalubrité dépend d'effluves particulières qui se développent des eaux stagnantes et des terrains marécageux, et que ces effluves sont d'une nature putride, et le produit des substances organiques végétales ou animales qui se développent dans ces marais.

La constitution naturelle du sol des cantons ravagés par l'*aria cattiva* prouve que ce fléau exerce surtout son influence sur les lieux où les eaux ont un écoulement lent et difficile, ou bien sont tout-à-fait stagnantes. L'*agro Romano*, dit Brocchi[2], n'est point une plaine égale et unie, mais il est parsemé de pentes, d'éminences, de gibbosités entre les-

(1) P. 258.   (2) Pag. 256.

quelles gisent des enfoncements qui, dans l'hiver, deviennent facilement autant de mares.

Vous retrouvez la même configuration du sol dans le territoire de Viterbe, dans une grande portion du patrimoine de Saint-Pierre, dans cette partie de l'Apouille déjà citée, dans la maremme toscane; dans toutes ces contrées il y a également des eaux stagnantes. Or, avec une disposition pareille, il arrive que, durant les pluies surabondantes de l'hiver et de l'automne, et encore plus s'il s'y joint le débordement des torrents et des rivières, l'eau s'accumule dans les parties les plus basses, où elle reste stationnaire faute de canaux de dérivation ou de pente suffisante. Les premières chaleurs du printemps et de l'été n'ont pas la force de faire évaporer l'humidité dont le sol est profondément pénétré, mais elle ne disparaît que lentement et progressivement, de manière que tous ces enfoncements, bien que secs en apparence, sont autant de centres d'exhalaisons qui s'en dégagent incessamment dans les mois les plus chauds. Ainsi la campagne de Rome, les marais Pontins et tous les cantons déjà mentionnés n'offrent point dans l'été d'espaces remplis de fange, ni de mares ou de marais, et n'en sont pas moins insalubres.

La cause du mauvais air de l'*agro Romano* ne pouvant, vu la configuration du sol, être exclusivement détruite, serait au moins diminuée si le sol était tout entier mis en culture. La terre étant alors remuée et rendue meuble, l'eau des pluies serait absorbée par une plus grande superficie et pourrait être plus promptement évaporée dans les premières chaleurs, au lieu que, dans l'état actuel, la plus grande partie du sol restant inculte, ces éminences et ces collines sont revêtues d'une épaisse couche de gazon, laquelle s'oppose à la filtration des eaux, qui, en ne faisant que passer sur les pentes, se rassemblent dans les lieux bas intermédiaires, où elles deviennent stagnantes.

Les rizières du Piémont, de la Lombardie, qui exigent des eaux stagnantes pour leur culture, infectent l'air de cantons jusque-là salubres. L'atmosphère des grands lacs agités par les vents, ou pourvus d'un émissaire suffisant pour que l'eau se renouvelle, est ordinairement très saine. Le contraire existe pour ceux qui, étant sujets à se déborder, laissent dans leurs extrémités de petites mares. Tels sont le lac de Trasimène, le lac Fucin dans l'Abruzze, et un coin du lac de Côme nommé *il Piano di Colico*.

La conclusion naturelle de ce fait, que l'eau stagnante est la cause de l'*aria cattiva*, était que ces eaux devaient céder à l'atmosphère quelque principe morbifique particulier [1].

Moscati [2] assure avoir trouvé que la base des exhalaisons contagieuses des fièvres *noso-comiche* est une vapeur aqueuse tenant en dissolution un *mucus* animal où réside le principe délétère.

M. Ozanam [3], médecin français, qui a quelque temps séjourné à Milan, ajoute que Moscati, ayant condensé sur les parois de globes de verre remplis

(1) Voyez Brocchi, p. 259, qui donne de nombreux exemples.
(2) *Compend. di cogniz. veterin.*, p. 81.
(3) Hist. méd. des malad. épidém., t. I.

de glace les vapeurs exhalées des rizières où l'air
est malsain, vit, au bout de quelques jours, surna-
ger à la surface du fluide une substance muqueuse
qui exhalait une odeur très fétide.

M. Brocchi a voulu répéter avec soin ces expériences ; il a choisi les heures de la nuit, et près de
la basilique de Saint-Laurent, hors des murs, à
$\frac{3}{4}$ de mille hors de la porte Esquiline, une petite
vallée flanquée de hauteurs, occupée en partie par
un champ de *cannes* (arundo donax).

Presque tous les habitants avaient déserté ce
lieu, connu pour être l'un des plus malsains des
environs de Rome, et ceux qui y étaient restés attestaient par leur teint qu'ils étaient en proie aux
fièvres produites par l'*aria cattiva*.

M. Brocchi y a passé quatre nuits en septembre
1818, l'une des années les plus meurtrières du
siècle sous ce rapport. Un jeune homme sain et
robuste, qu'il y amena la première fois pour porter ses instruments, y ayant dormi quelque temps,
fut saisi d'une fièvre intermittente qui lui dura
plusieurs semaines.

Lui-même eut une violente attaque de fièvre
éphémère, « qui, dit-il, me fit sentir pour la première fois ce que c'était que la fièvre. »

Enfin, sans entrer dans le détail des expériences
faites, avec un soin et une exactitude scrupuleuse [1],
avec l'hygromètre, le thermomètre et l'électromè-
tre, dans divers états de l'atmosphère, calme et
orageuse, sereine, nuageuse et pluvieuse, ou agitée
par les vents, il a trouvé une petite quantité d'une

(1) Voyez p. 262 à 281.

substance blanche, et en apparence muqueuse, qui se déposait au bout d'un ou deux jours et exhalait, après un certain temps, une odeur fétide.

Des matières animales et végétales mises en putréfaction, distillées et éprouvées par les réactifs, n'ont donné qu'un résultat semblable.

Cependant l'air des lieux infects de Saint-Laurent, le 25 septembre, contenait les mêmes éléments et dans les mêmes proportions que les autres airs, salubres ou non, analysés par les physiciens, c'est-à-dire 79 parties de gaz azote et 21 de gaz oxygène[1].

M. Brocchi a opéré sur une quantité de vapeurs atmosphériques qui, réduites en eau, ont fourni un poids de plus de deux livres. Il conclut que, malgré ces diverses expériences, on ne serait pas autorisé à nier que les eaux stagnantes communiquent à l'air un principe particulier, parce qu'il pourrait être en dose si faible, ou si subtil et si fugace, qu'il échappât aux méthodes d'investigation employées par lui.

On sait que les chimistes ne trouvent, à l'analyse, aucune différence entre l'air vicié des salles de spectacle ou l'air d'un temps orageux et l'air pur et respirable, et pourtant les deux premiers agissent notablement sur l'organisation humaine.

Beaucoup de considérations, dit M. Brocchi, tendent à faire supposer que l'*aria cattiva* se développe des substances organiques putréfiées; d'abord de voir l'air constamment vicié dans les lieux où les eaux s'écoulent difficilement, et autour des

(1) Pag. 277.

marais, des rizières, des mares, où l'on fait rouir le
chanvre. Je dois, dit-il, insister sur trois circonstances qui me paraissent vérifiées par des faits si
constants et si certains qu'on pourrait les réduire
en autant d'axiomes.

1° Le degré de virulence de l'*aria cattiva*, dans
les lieux vraiment marécageux, est en raison directe de la chaleur qui y règne dans les mois de
l'été, toutes les autres conditions étant égales. Plus
le climat est chaud et plus pernicieuse est l'influence des eaux stagnantes, et *vice versa*. Il paraît
que cela arrive parce que les substances organiques
plongées dans l'eau doivent acquérir un plus haut
degré de putréfaction quand la température est
plus élevée.

2° Dans les pays insalubres, qu'on ne peut pas
nommer proprement marécageux, l'insalubrité augmente bien plus quand, dans l'été, les journées
chaudes alternent avec les pluvieuses, comme on
le voit dans l'*agro Romano* et les autres maremmes. Or, il est évident que cette alternative de
chaleur et d'humidité favorise beaucoup la fermentation putride des corps organiques là où, les eaux
n'ayant qu'un lent écoulement, la terre reste toujours imbibée.

3° Dans les lieux ci-dessus nommés l'air est
beaucoup moins pernicieux quand l'été se trouve
chaud et sec. L'eau dont la terre s'est imprégnée
pendant les pluies de l'automne, de l'hiver et du
printemps précédents, s'évapore mieux dans ce
cas, et, faute d'humidité, les matières organiques
se dessèchent au lieu de se putrifier. L'été chaud
et sec de 1820, qui alla à 31° Réaumur, n'amena

que trois mille fiévreux à l'hôpital du Saint-Esprit, tandis qu'il y en fut porté six mille dans les trois mois de juillet, août et septembre de l'année 1818, qui fut soumise à ces alternatives [1].

Si toutes ces circonstances semblent appuyer la conjecture que l'essence de l'*aria cattiva* consiste en miasmes de nature putride, qui se dégagent des eaux mortes ou des terrains marécageux, il en est d'autres, dit M. Brocchi, qui méritent l'attention particulière des physiciens. On observe, par exemple, qu'un des moyens conseillés depuis longtemps pour désinfecter l'air, est l'usage des fumigations aromatiques qui opèrent comme antiseptiques. Un autre préservatif peut se tirer des acides végétaux, tels que le vinaigre réduit en vapeur sur des lames de fer rougies. On regarde enfin comme le plus actif de tous le chlore, qui a la faculté particulière de décomposer les substances organiques, surtout les matières animales. Enfin l'action du feu est très puissante, et on pourrait dire qu'il opère seulement en cela comme instrument destructeur, en brûlant et consumant la matière qui cause l'infection de l'atmosphère [2].

J'ajouterai à cet exposé des moyens employés pour combattre les effets de l'*aria cattiva* deux séries de faits observés, soit par moi-même en Italie, soit par mon père, en France, pendant une période de dix années.

En allant de Rome à Naples, le 22 juillet 1811, j'avais été frappé du teint hâve et jaune, des chairs œdémateuses de la population fixée dans la campa-

(1) Brocchi, pag. 277.   (2) Pag. 280.

gne de Rome et les marais Pontins. J'entrai dans
leurs maisons ; nulles précautions contre ce fléau :
une paillasse étendue par terre, point de rideaux,
enfin tout l'abattement d'hommes qui se sentent
destinés à succomber sous le mal et n'ont même
pas la force de songer à leur conservation. Je visi-
tai, en allant à Naples, les marais de Minturne et la
maremme de Cumes et de Liternum (aujourd'hui
Patria) ; voici l'aspect général du pays tel que je
l'ai décrit sur les lieux dans mon journal. Des du-
nes de sable ou de tuf volcanique, obstruant l'é-
coulement des eaux, et couvertes de gazon grossier ou d'arbrisseaux rabougris ; à côté, de vastes
marais ou des flaques d'eau stagnantes qui étendent leurs eaux pourries entre la mer et les lieux
habités ; partout des broussailles, des masses de
joncs et de carex remplies de reptiles, de vers et
d'insectes ; un silence morne, interrompu seulement par les sifflements des moustiques et les
coassements des grenouilles ; un air lourd et malsain, un rivage sans ports, une campagne sans arbres : telle est la physionomie particulière de ces
lieux, qui présentent, en petit, l'aspect sauvage des
steppes marécageux de l'Asie ou des *llanos* de l'O-
rénoque.

Maintenant, au milieu d'un pays tel que celui-là,
tout-à-fait semblable à *l'agro Romano* et aux maremmes toscanes dont l'insalubrité est fatale aux
habitants des villes et des cantons voisins qui y
passent et y dorment quelque temps, j'ai vu une
race de pêcheurs, forte, active et robuste, le teint
cuivré, rouge, tirant sur la couleur d'acajou. Je suis
entré dans leurs villages, dans leurs maisons ; tou-

jours, même dans les plus grandes chaleurs, du feu
allumé au milieu de leurs huttes, remplies constamment d'une fumée épaisse qui n'a d'issue que
par une porte basse et étroite. Tous les lits, élevés
au-dessus du sol, sont entourés d'une moustiquaire de toile épaisse et serrée, qui les entoure et
les isole complétement du reste de l'atmosphère.
Le feu et la fumée sont entretenus avec soin toute
la nuit. J'ai repassé dans ces mêmes lieux à la fin
de septembre, et j'y ai observé les mêmes signes
de santé dans cette population, tandis que, parmi
celle des marais Pontins, de la campagne et même
de plusieurs portions de Rome, les fièvres, produit
de *l'aria cattiva*, avaient augmenté progressivement dans cette même période.

Voici l'autre fait exactement observé. Un beau-
frère de mon père, le comte de Narcé, avait une
terre et un château situés dans la vallée marécageuse
de l'Authion, petite rivière d'un cours très lent, qui
se jette dans la Loire à une lieue d'Angers. Cette
vallée basse est divisée en prairies humides, dont
le foin très abondant est mêlé de joncs, de carex,
et en cultures de chanvre, plante qui y parvient
à une très grande élévation. Il y a parmi ces cultures beaucoup de marécages communaux, remplis
de canards sauvages, de hérons, de judelles, de bé-
cassines et autre gibier d'eau. L'air y est lourd, in-
festé de moustiques et chargé de brouillards épais.
Tous les ans, de 1773 à 1785, mon père y allait
passer l'été et l'automne. Les maîtres, pendant l'été,
pour se délivrer des insectes tipulaires, faisaient
toujours entretenir dans leurs chambres des fumigations de plantes aromatiques, et couchaient sous

une moustiquaire exactement fermée. Les domestiques ne prenaient pas ces précautions ; tous les ans, dans l'automne et l'été, ils étaient attaqués de la fièvre des marais, tandis que les maîtres en étaient exempts. Ces différences ont été observées avec soin pendant plus de dix années consécutives.

Depuis, la culture a gagné ; les prés humides ont été saignés ; une compagnie s'est formée pour dessécher les marais communaux, et la salubrité de cette vallée a fait des progrès continuels.

La science a poursuivi ses recherches sur la nature de l'air des marais depuis 1818, époque des expériences de M. Brocchi, et des faits positifs[1] ont prouvé que la qualité délétère de l'air des marais, des maremmes, l'*aria cattiva* de l'Italie, la fièvre jaune de l'Amérique, devaient être attribuées aux miasmes produits par la putréfaction des matières animales ou végétales. Dans tous les cas et chez plusieurs espèces d'animaux vivants, l'absorption, par les veines ou le tissu cellulaire, du putrilage animal ou végétal, a produit les mêmes symptômes, des crises, des altérations tout-à-fait semblables aux effets de l'air des marais, de l'*aria cattiva* et des lieux infectés par le *vomito negro*[2].

---

(1) Voyez le Mém. de M. GASPARD sur les maladies purulentes et putrides, Journal de Physiologie de M. Magendie, t. II, p. 13-27, janvier 1822.

(2) Voyez HUMBOLDT, Essai politiq. sur la Nouvelle-Espagne, t. II, p. 763-765, éd. in-4°, liv. V, ch. XII.

CHAPITRE III.

HISTOIRE DES PROGRÈS DE L'INSALUBRITÉ.

Maintenant que j'ai exposé l'état actuel de nos connaissances sur les principes de l'insalubrité produite par le mauvais air, je passerai du connu au moins connu; j'examinerai quels ont été les progrès du fléau de l'*aria cattiva*, soit en étendue, soit en intensité, dans les diverses époques de l'histoire, et, après avoir rassemblé les faits, je chercherai à déterminer les causes de cette progression, et à expliquer enfin cette singulière anomalie qui nous offre un grand nombre de ruines et des traces d'une ancienne population assez nombreuse, aux lieux qui sont maintenant les plus déserts et les plus exposés à la maligne influence de l'air infecté.

La configuration propre du sol de l'*agro Romano*, des maremmes toscanes, napolitaines, vénitiennes, des marais du Pô[1], que j'ai mentionnés, démontre que l'air y a toujours été malsain, surtout dans l'automne, et qu'il le fut dès les premiers temps de Rome. Strabon[2] dit que la Cispadane et la Transpadane furent, en grande partie, couvertes de marais jusqu'au temps de Scaurus, qui, l'an de Rome 639, en y creusant des canaux, dessécha la plaine.

« Pestum, dit encore Strabon[3], est malsain à

(1) Voyez, sur les maremmes de Sienne, jadis fertiles et peuplées, aujourd'hui désertes et insalubres, FABBRONI, *Provedimenti annonarii*, 2ᵉ éd., p. 52.

(2) Liv. V, p. 217, t. II, p. 137, tr. fr.

(3) Liv. V, p. 251, t. II, p. 282, tr. fr.

cause des marais qu'un fleuve y forme dans les environs. »

Cicéron [1] avance qu'une partie des terres cultivables de l'Italie est malsaine : « Alterum genus agro-« rum propter sterilitatem incultum, propter pes-« tilentiam vastum atque desertum.... Nisi forte « mavultis in Sipontina siccitate aut in Salapinorum « pestilentiæ finibus collocari. » Il ajoute [2] que Rome est dans un lieu sain, au milieu d'une contrée pestilentielle : « Locum, in regione pestilenti, salu-« brem [3]. »

Presque tous les auteurs qui ont traité ce sujet semblent persuadés que l'air du Latium était jadis très bon et très pur, et ils ont attribué aux travaux de l'agriculture cette salubrité dont il est privé aujourd'hui que la culture y est négligée. Sans vouloir nier les heureux effets de la bonne culture en ce qu'elle régularise et facilite le cours des eaux, et qu'en remuant fréquemment et renouvelant la superficie du sol, elle l'expose à l'action desséchante des rayons solaires, il est évident qu'en attribuant uniquement aux bienfaits de l'agriculture la bonne santé des anciens habitants, on a pris l'effet pour la cause et on est parti du point où l'on devait s'arrêter; car il fut un temps où le Latium commença à être peuplé. Les premiers colons qui l'habitèrent, Aborigènes, Pélasges, Arcadiens, trouvèrent la constitution physique et l'état de la superficie du sol tels que je les ai décrits plus haut et que les représente M. Brocchi. De nombreux et

---

(1) *Leg. agrar.*, II, 26, 27.
(2) *De Republ.*, II, 6, p. 261.
(3) Voy. NIEBUHR, *Hist. Rom.*, t. II, p. 123.

vastes marais, des tourbières profondes, des boues épaisses encombraient alors ce terrain inégal et bossu, conformé ainsi dès son origine, et où l'eau devient aujourd'hui si aisément stagnante. Les ruisseaux, qui y sourdent en abondance, y étaient à chaque pas arrêtés par ces inégalités. Les eaux de pluie, qui y tombent à torrents dans l'hiver, se rassemblaient dans les parties les plus enfoncées et formaient, là où les concavités étaient plus vastes et plus profondes, des lagunes permanentes, semblables à celles qui subsistent encore aujourd'hui. L'expérience a démontré que les lieux voisins des eaux stagnantes, et où la terre reste pendant l'été profondément imprégnée d'humidité, sont le séjour des fièvres pernicieuses intermittentes. C'est pourtant sur un sol semblable que se fixèrent les premiers habitants du Latium, et il était encore dans le même état à une époque où la population s'était déjà notablement accrue.

Considérons Rome dans ses commencements [1], lorsqu'elle était bornée aux trois collines du Quirinal, du Palatin et du Capitole. Deux grands marais, le grand et le petit Vélabre, s'étendaient au pied des deux dernières collines. Le *palus Caprea* inondait une partie du terrain contigu au Champ-de-Mars, et les étangs de Tarente en usurpaient une autre portion [2] : mares fétides qui suffiraient,

[1] Voy. Tit.-Liv., III, vi. Une sorte de fièvre jaune se déclare à Rome l'an 291 ; les animaux même en sont atteints.
[2] Voyez la carte physiq. du sol de Rome, par M. Brocchi. Cf. Varro, De ling. lat., iv, 7; Plutarch., *Romul.*, c. 5, t. I, p. 85. Dionys. Hal., I, p. 16. Il paraît que Vélabre vient de *velia*, Ουέλια, de ἕλος, marais, étym. de *Velitrum*.

et par-delà, à infecter l'air et à répandre sur Rome
moderne un essaim de maladies. Néanmoins les
marais du Vélabre subsistaient plus d'un siècle
avant qu'on eût songé à les dessécher, et les autres
se conservèrent encore plus longtemps. Les débor-
dements du Tibre étaient encore très fréquents du
temps de Pline, qui dit que les eaux de ce fleuve
ne sont nulle part plus stagnantes que dans Rome
même : « Nusquam magis aquis quam in ipsa urbe
stagnantibus [1]. » Tite-Live rapporte que, l'an de
Rome 565, le Tibre inonda douze fois le Champ-
de-Mars et les parties basses de la ville : « Plana
urbis [2]. » Aussi Rome avait-elle trois temples en
l'honneur de la fièvre [3].

Considérons le Latium, c'est-à-dire cette vaste
plaine ondulée, circonscrite par la Méditerranée, le
Tibre, les Apennins, et interrompue par les riants
coteaux de Tusculum et d'Albano, sortes d'oasis
qui s'élèvent au milieu du désert et en adoucissent
l'aspect mélancolique. Il est inculte et inhabité
maintenant, ce territoire d'où sortirent autrefois
ces nombreux soldats qui rendirent le nom romain
si redoutable. Cependant que de marais, que de
lagunes couvraient alors sa superficie! Plusieurs,
cités par l'histoire, subsistent encore, et, bien qu'ils
fussent, comme ils le sont, autant de centres d'exhalaisons malfaisantes, leurs bords étaient néanmoins peuplés tout à l'entour [4].

---

(1) III, 9, t. I, p. 152, l. 7.   (2) XXXVIII, 28.
(3) VALER. MAX., II, v, 6.
(4) Voyez, sur l'emplacement des anciennes villes latines, NIE-
BUHR, *Hist. Rom.*, t. II, p. 123, et sur le mauvais air du Latium
sous les rois, p. 124. L'état de l'air, dit-il, est un moyen négatif pour

Le lac des Gabiens, nommé à présent *lago di Castiglione*, est plus signalé qu'aucun autre pour le mauvais air qu'il exhale ; cependant, tout près de ses bords était la cité de Gabies, que Tarquin-le-Superbe [1] ne put soumettre que par la ruse, après avoir en vain employé la force des armes.

Non loin est le lac Régille ; c'est une cuve marécageuse, sans émissaire, très nuisible à la santé des habitants du village de *Colonna*, qui n'en est éloigné que d'un mille, et là était l'ancienne ville de Labicum. Ses environs étaient habités par Atta Clausus, qui vint s'établir à Rome avec un grand nombre de ses clients, et fut la tige de la famille des Appius et de la tribu Claudia [2].

Du même côté, au-delà de l'Anio, s'étendent dans la plaine de Tivoli les *aquæ albulæ* [3], qui forment le lac des Iles flottantes. Les anciens Romains avaient construit des bains dans ce lieu, où les Romains d'aujourd'hui ne pourraient séjourner sans contracter des fièvres pernicieuses.

Entre Velletri et les montagnes de Cora se trouve le lac de Giuliano, entouré autrefois de fermes riches et bien cultivées, tandis qu'aujourd'hui il n'y a plus que des broussailles et des buissons épineux.

Dans le voisinage d'Albano, au pied du mont

---

déterminer la situation des villes latines détruites dès les premiers temps. Il faut toutes les rechercher sur les collines ; il est difficile d'admettre qu'il y eut une ville, il y a 2 500 ans, dans les lieux où les campagnards ne peuvent passer l'été.

(1) Tit.-Liv., I, 53.   (2) *Id.* II, 16.
(3) Voyez Strab., V, 238, t. II, p. 223, tr. fr.

Savello, est le lac de Juturne[1] ; il resta plein d'eau
jusqu'à l'an 1611, époque où il fut desséché par
Paul V, parce que, malgré sa petitesse, il infectait
par ses exhalaisons Castel-Gandolfo et les pays
circonvoisins.

La vallée d'Aricie était autrefois un lac spacieux,
selon l'assertion de Pline et de Columelle, qui la
nomme lac de la Tour : « Et *Turris lacus*, et pomosi
« Tiburis arva[2]. » Pline[3] parle des choux d'Aricie et
les appelle *lacuturres*, « ex convalle Aricina, ubi
« quondam fuit lacus turrisque quæ remanet. » Tous
ces marais, qui en étaient de véritables bien qu'ils
eussent le nom spécieux de lacs, devaient à coup
sûr contribuer à infecter l'air, comme le font encore à présent ceux qui sont restés.

Les environs du lac d'Albano ne devaient pas
non plus jouir d'un air salubre avant l'an 336 de
Rome, quand ce lac était un réservoir d'eau morte,
sans aucune issue, qui, se débordant souvent, inondait les alentours[4]. Ce fut néanmoins sur ses bords
que fut bâtie la ville royale d'Albe.

En outre, les étangs marécageux devaient être en
grand nombre du côté de la mer, dans le territoire des Laviniens, des Ardéates, des Laurentins,
puisque la configuration du sol et son peu de pente
vers la mer favorisent la formation de ces lagunes.

---

(1) Voyez VOLPI, *Latium vetus*, t. VI, p. 225 ; VAL. MAX.,
I, VIII, 2 ; et FLOR., II, XII, 15.

(2) X, De cult. hortor. v. 138.

(3) XIX, 41, t. II, p. 177, l. 4.

(4) Voy. TIT.-LIV., III, 2. L'armée campée, pendant l'été, dans
le Latium, l'an de Rome 288, fut ravagée par les maladies.

On peut supposer par là que l'état de ces terrains était, dès les plus anciens temps, tel qu'il est décrit par Virgile, qui sans cesse rappelle dans son poëme les marais de Laurente, celui près duquel les Troyens combattirent les Rutules, et les étangs du petit fleuve Numicus [1].

Tels sont les faits positifs transmis par l'histoire. Maintenant, si ces lacs et ces marais n'ont pas été desséchés, comme il eût été facile de le faire pour plusieurs d'entre eux; si, au lieu de s'en tenir éloignés, des villes et des bourgs se sont bâtis sur leurs rives ou à peu de distance; si dans Rome même on a longtemps conservé des marais au milieu de la ville, on peut en déduire cette conclusion que les peuples anciens savaient conserver leur santé en vivant au milieu de l'*aria cattiva*.

Or, l'insalubrité de beaucoup de cantons de l'Italie nous est attestée par Cicéron [2] et par les auteurs qui ont écrit sur l'agriculture. Ceux-ci donnent pour premier conseil, dans l'achat d'un bien, de s'assurer de la salubrité de l'air, « salubritatem cœli [3], » d'éloigner beaucoup l'habitation de la mer, parce que l'espace intermédiaire est rempli d'exhalaisons malsaines; d'éviter le voisinage des marais, de tourner les façades vers l'orient, toute autre exposition étant pernicieuse. Ils prouvent en même temps que les

---

(1) *Æn.*, X, 709; VII, 150, 242.

(2) Voyez le passage positif tiré du deuxième discours contre la loi agraire de Rullus, que nous avons cité plus haut, p. 22, et, dans le même discours, cet autre passage : « Agros a Sullanis possessoribus partim desertos ac pestilentes. » *Ibid.*, c. 36 *et passim*.

(3) M. CATO, I, 2, 3. VARRO, I, II, 8; I, IV, 3. COLUM., I, III, 2; V, 6, 8; VII, 4. *Vid. etiam* VITRUV., *Architect.*, I, IV. *Vid. iterum* M. CATO, CXLI, 2.

anciens avaient plusieurs moyens de se préserver
de l'infection de cet air vicié : « Gravioris cœli, dit
« Columelle, multa remedia priores tradiderunt qui-
« bus mitigetur pestifera lues[1]. » Le même auteur
cite pour exemple le fameux Regulus, qui habitait
un lieu semblable, et qui était instruit par l'expérience, *peritus usu ;* car, dit-il, l'histoire nous apprend qu'il cultivait son champ de Pupinies, entre
Tusculum et Gabies, qui était à la fois stérile et pestilentiel, « Nam Pupiniæ pestilentis simul et exilis
« agri cultorem fuisse eum loquuntur historiæ. »

L'histoire nous apprend encore[2] que ce Regulus, habitant l'un des cantons les plus malsains de
l'*agro Romano*, infecté par le lac de Gabies, aujourd'hui de Castiglione, avait une famille nombreuse; que la population de Rome et de son territoire, malgré l'insalubrité de l'air et des marais
qui en couvraient une partie, s'accrut rapidement,
puisque le premier cens, sous Servius Tullius,
donna 80 000 citoyens de dix-sept à soixante ans,
au moins 300 000 habitants. Le Latium, jusqu'au
Liris, renfermait 53 peuples différents, et l'*agro
Romano* beaucoup de villes qui furent détruites
par les Romains, telle que Collatia, Tellena, Ficana,
Politorium, Aphrodisium, Satricum et Lavinium.

Ardée, capitale des Rutules, était située dans un
lieu malsain. Cependant, l'an 311 de Rome[3], sous
Tarquin-le-Superbe, elle mettait sur pied des armées capables de résister aux Romains, ses dan-

---

(1) Columell., I, iv, 3.   (2) Valer. Max., IV, 4, 6.
(3) Tit.-Liv., IV, 7. Dionys. Halic., *Antiq. rom.* liv. V,
p. 261, lig. 20.

gereux voisins, et elle envoya même une colonie pour peupler Sagonte en Espagne[1].

Les bords de l'Anio, dans l'*agro Romano*, si insalubres à présent, étaient couverts de fermes bien cultivées, l'an de Rome 258[2].

Laurente, qu'on place au lieu où est maintenant Torre Paterno, était aussi la capitale d'un état particulier.

Ostie, bàtie par Ancus Martius, devint, en peu de temps, une ville florissante, et l'on pourrait citer une foule d'exemples semblables si l'on passait en revue toutes les autres parties de l'ancien Latium.

Maintenant une population nombreuse est tout-à-fait incompatible avec l'existence de l'*aria cattiva* et des maladies qu'il engendre. Le spectacle qu'offrent de nos jours ces cantons, si différents de leur ancien état, le prouve avec évidence. A Ostie, il n'y a dans l'automne qu'un aubergiste, destiné à fournir le pain et le vin aux pasteurs des buffles qui paissent dans l'île Sacrée et les landes voisines. Ardée ne compte pas plus de soixante habitants ; Pratica, substituée à Lavinium, est un misérable castel d'où émigre, pendant l'été, le desservant, qui n'y vient que les jours de fête pour exercer son ministère.

Laurente, si toutefois on en connaît bien la position, est réduite à une seule tour, bàtie pour la défense de la côte ; on ne rencontre aucun autre village dans toute cette bande du territoire des maremmes, depuis Ostie jusqu'à Astura, excepté Nettuno, dont l'état est un peu moins triste.

(1) Tit.-Liv., XXI, 7.   (2) *Id.* II, 26.

Faudrait-il conclure que tous ces réservoirs d'eaux stagnantes, qui existaient dans les temps anciens, n'exhalaient point alors de vapeurs délétères, et que les mêmes causes produisaient des effets contraires? Ce serait un raisonnement bien étrange. Il me semble que l'explication la plus naturelle de ce problème est dans le passage de Columelle déjà cité, que les anciens avaient plusieurs moyens prophylactiques, des recettes d'hygiène et beaucoup de remèdes sanctionnés par l'expérience, qui les garantissaient de l'air vicié, ou, du moins, en diminuaient l'influence, *quibus mitigetur pestifera lues.* On ne doit pas être étonné de voir l'intensité du fléau s'accroître par suite du décroissement de la population libre, de la concentration des propriétés, de l'abandon de la culture à des esclaves sur la vie desquels on spéculait, comme on le fait sur celle des chevaux, lorsque les précautions d'hygiène, de conservation, les méthodes de dérivation et d'écoulement des eaux eurent été délaissées. Aussi la campagne de Rome, du temps de Néron, quoiqu'il y eût probablement plus de maisons de plaisance et de terrain consacré à l'agrément, n'avait déjà plus une population suffisante pour sa culture, et faisait venir des régions apennines, de l'Ombrie ou des Abruzzes, les ouvriers nécessaires pour les travaux du labourage et de la récolte. Suétone[1] nous a conservé ce fait curieux.

M. Brocchi pense que le grand moyen prophy-

---

(1) « Petronis patrem fuisse mancipem operarum quæ ex Umbria in Sabinos ad culturam agrorum quotannis commeari solerent. » SUETON., *Vespas.*, c. I.

lactique des anciens Latins était de se vêtir toujours
de laine; l'épaisseur et l'ampleur de leurs vêtements,
les tuniques et la toge, qu'ils gardaient jour et nuit[1],
le suint dont restaient imprégnées ces étoffes gros-
sières et mal dégraissées, l'exhalation de la peau pro-
voquée par le frottement de la laine étaient, dit-il,
favorables à l'entretien de la circulation et de la
transpiration. M. de la Marmora m'a dit aussi s'être
bien trouvé de l'usage des vêtements de laine dans
les cantons de la Sardaigne soumis à l'intempérie[2].

M. Brocchi est induit à tirer cette conclusion de
l'observation que les bœufs et les chevaux, les porcs,
les moutons et les chèvres, paissent et parquent nuit
et jour dans les lieux les plus infectés et dans la saison la plus dangereuse, sans paraître se ressentir de
l'influence de l'*aria cattiva*. Il attribue cet avantage au poil ou à la laine dont ils sont revêtus. Il
croit que la substitution du lin et du coton à la laine
pour les vêtements, dans les temps anciens et modernes[3], a causé la dépopulation de l'Italie. « Depuis cette époque, dit-il, l'accroissement des progrès
du luxe et l'accroissement des funestes effets du
mauvais air sur la constitution des habitants ont
toujours été en augmentant. » Il serait curieux de
s'assurer si les chiens, dont les maladies ont beaucoup d'analogie avec celles de l'homme, sur lesquels les mêmes substances délétères agissent plus
vite et à moindre dose que sur les hommes, si les
chiens, dis-je, gardiens des troupeaux paissant dans

(1) « Toga commune fuit vestimentum, et diurnum et noctur-
num, et muliebre et virile. » VARRO, *ap. Non.*, c. XIV, n° 25.
(2) Voy. Voyage en Sardaigne, 2ᵉ édit., p. 141.
(3) P. 222, 225, 237, 240.

les maremmes et couchant avec eux en plein air, contractent les maladies de l'air des marais. On se- rait porté à le croire, d'après les expériences de M. Gaspard que j'ai citées, et dans lesquelles le pu- trilage animal ou végétal, semblable à l'air des marais, et absorbé soit par les veines soit par les tissus cellulaires, a toujours causé des affections graves à ces animaux.

M. le colonel de la Marmora, naturaliste distin- gué, observateur exact, et de plus médecin, a eu la bonté de me communiquer un mémoire de M. Morris, professeur de clinique à Cagliari; il dé- cide la question. « *On observe*, dit-il, en Sardaigne, ce que les voyageurs rapportent d'autres contrées, que *la première eau de pluie* qui tombe, après les longues sécheresses de l'été, *dans les lieux mal- sains*, est dangereuse pour les hommes et pour les animaux[1]. »

Il ajoute dans la note H : « Sitôt que les plaines basses, à demi ou entièrement desséchées, reçoivent, vers la fin de l'été, les nouvelles pluies, les bergers de la Nurra mettent le plus grand soin à combler, avec des cailloux ou de la terre, les creux ou petits bassins remplis d'une eau qui, disent-ils, cause aux brebis qui en boivent une maladie mortelle. On ne peut attribuer les qualités malfaisantes de cette eau qu'aux miasmes dont elle s'est emparée dans l'atmosphère, ou aux principes organiques de la surface même de la terre. »

Le fait est que l'intensité du mauvais air a aug- menté dans l'Italie avec la concentration des ri-

---

(1) Chap. **IV**, de l'Intempérie.

chesses, les progrès du luxe, et le décroissement
des produits et de la population libre. Je crois que
M. Brocchi se trompe en attribuant l'accroissement
des fièvres pernicieuses au coton, au lin et à la
soie, qui firent, dit-il, abandonner les vêtements de
laine. L'usage de ces tissus étrangers ne fut jamais
assez commun, autrefois, parmi le peuple et les
paysans du Latium et de l'Etrurie, pour avoir produit de tels effets. C'est, à ce qu'il me semble,
n'envisager qu'une face des objets et réduire à un
fait simple un problème très compliqué. Cette critique légère ne diminue en rien mon estime pour
le beau travail de M. Brocchi sur l'état physique du
sol de Rome. Mais avant de chercher quels préservatifs furent employés par les anciens Latins, depuis
le siècle d'Auguste, nous citerons encore quelques
auteurs romains qui se sont plaint de l'insalubrité
de l'air de Rome et de ses environs. Cicéron, on l'a
vu, est du nombre, et, chose singulière, le Quirinal,
si salubre aujourd'hui, était, du temps de cet orateur,
sujet à l'épidémie, tandis que le Palatin était sain.
« Si quid habet collis ἐπιδήμιον, ad me transferamus,
« dit Cicéron à Atticus [1] en parlant d'un malade; tota
« domus superior vacat. » Atticus habitait le Quirinal et Cicéron le mont Palatin. L'agglomération de
la population était donc, comme à présent, à Rome,
une cause de salubrité.

Horace [2] peint le mois d'août comme amenant
les fièvres et les maladies :

.... Adducit febres et testamenta resignat.

(1) XII, 10.   (2) I, Ep. VII, 3-9.
II.   3

Strabon [1] dit que tout le Latium est fertile et sain, excepté les lieux marécageux et soumis aux maladies, tels que la plaine des Ardéates, entre Antium et Lavinium jusqu'à Pometia, et quelques cantons autour de Sezza, de Terracine et de Circæum. Cependant ces pays avaient été couverts autrefois d'une population robuste et nombreuse, dans laquelle étaient compris les Rutules et les Volsques. Pline [2] y compte 53 peuples qui furent détruits par les Romains : « Ex antiquo Latio LIII populi inte- « riere sine vestigiis; » il ajoute, d'après Mucien, qu'il y eut 33 villes dans la plaine occupée aujourd'hui par les marais Pontins [3]. Trente peuples du nom latin se liguent contre Rome, l'an 253 avant J.-C. Ce fait est consigné dans Tite-Live [4]. Le même auteur, en exposant les motifs des soldats qui, l'an de Rome 412, voulurent s'emparer de Capoue et en chasser les anciens colons, dit qu'ils s'étaient portés à cet acte de violence parce qu'ils ne pouvaient se résoudre à retourner dans le sol pestilentiel des environs de Rome [5].

Aux passages de Varron et de Columelle indiqués plus haut [6] il faut joindre le témoignage de Sénèque [7], qui cite pour exemple l'insalubrité d'Ardée, et Martial [8] qui désigne la même Ardée et Castrum Inui comme des lieux mortels.

Frontin [9], qui vivait sous Trajan, fait connaître

---

(1) V, 231, t. II, p. 193, tr. fr., in-4°.
(2) III, 9, p. 157, l. 7.
(3) *Ibid.*, p. 153, lign. 1.   (4) II, 18.   (5) VII, 38.
(6) Voyez ci-dessus, p. 27.   (7) *Epist.*, 105.
(8) IV, 60.   (9) *De Aquæduct.*, 89.

que, sans les soins de police et de propreté, l'air de Rome eût été très mauvais de son temps.

Alors on commença à trouver nuisibles le vent du sud, nommé par Horace, *plumbeus auster*. Alors se développèrent les maladies fébriles qui affligent les Romains modernes, et la fièvre double-tierce était déjà endémique à Rome dans la seconde moitié du iie siècle de notre ère, comme on le voit dans le commentaire de Galien [1] sur les traités d'Hippocrate concernant les maladies populaires et les époques de ces maladies.

Les habitants rares et chétifs de la plaine pestiférée du Latium, travaillés chaque année par la fièvre, traînaient misérablement une vie maladive qui affaiblissait chez eux les forces prolifiques. De semblables pères il ne put sortir que des enfants plus faibles encore, dont la plus grande partie périssait dans l'enfance ou avant l'âge de la génération. Aussi, dans ces cantons maltraités par la nature, la population, ayant une fois négligé les préservatifs consacrés par l'expérience, décrut avec une effrayante rapidité.

Un fait positif d'un autre genre démontre que cette faiblesse de complexion, causée par l'insalubrité de l'air de Rome et transmise par la génération, s'accroît de siècle en siècle. Les anciens Romains consommaient une prodigieuse quantité d'aromates, d'essences, de parfums de toute espèce [2]. Rome, il y a deux cents ans, du temps de Henri IV et de Sixte V, faisait un fréquent usage des par-

(1) *Comm.*, II, in lib. I.
(2) PLINE, XIII, 1. HORAT., *Od.* III, 14. LAMPRID., *Heliogab.*, cap. 9, 24. PETRON., Satyr., c. 105, etc., etc..

fums, des eaux de senteur tirées des végétaux, du
musc, de la civette et de l'ambre; elle en compo-
sait une grande quantité dont elle envoyait le superflu à toute l'Europe. Aujourd'hui l'odeur d'une
rose ou d'une tubéreuse, si elle est portée par hasard dans un cercle de Rome, fait évanouir toutes
les femmes, et quelques flacons d'eau ambrée ou
musquée feraient tomber en convulsion toute une
salle de spectacle.

« Mais la dépopulation du territoire, dit M. Brocchi[1], l'abandon de la culture et les maladies endémiques sont-ils les seuls maux produits par l'*aria
cattiva?* Hélas ! il est la source d'un autre inconvé-
nient bien plus grave ; il influe puissamment sur le
moral. Cette colère et cette envie de nuire dont
sont dominés ceux qui couvent dans leurs veines
le germe de la fièvre des maremmes, ce penchant à
se concentrer dans leurs sombres pensées, ces phy-
sionomies troubles et sinistres, nous convainquent
suffisamment de cette vérité qui sera plus amplement développée ailleurs. »

Je m'occuperai maintenant de rechercher (et ce
travail d'érudition ancienne peut être de quelque
utilité pour le bonheur et la santé des peuples modernes) quels furent les préservatifs de tout genre
employés par les anciens pour se garantir de l'influence pernicieuse de l'air; ensuite j'essaierai de
résoudre le problème de l'accroissement rapide de
la population du Latium et des maremmes dans les
anciens temps, où ces cantons n'étaient pas moins
insalubres que de nos jours.

(1) P. 250.

C'est un fait évident, constaté, mais dont il est difficile d'assigner les causes. Il faut aborder de front la grande difficulté du sujet; car, si le Latium et les maremmes ont dû, par la configuration physique du terrain, être aussi malsains dans l'antiquité que de nos jours, comment la population a-t-elle pu, non-seulement s'y maintenir, mais y augmenter rapidement?

Il paraît, d'après le petit nombre de faits transmis par l'histoire sur ces époques reculées, que c'est depuis l'arrivée des colonies grecques seulement que cet accroissement remarquable eut lieu. Si nous considérons les lieux d'où partirent ces colons[1], nous voyons que c'étaient ou des Pélasges ou des Hellènes[2], errants d'abord de contrée en contrées, originaires de l'Argolide, puis fixés en Magnésie et à Dodone en Epire, d'où ils passèrent dans le Latium[3].

Ces peuples réunissaient les conditions les plus favorables pour former une colonie qui pût prospérer dans un pays malsain. L'Argolide, leur pays natal, était marécageuse et infectée comme le Latium. Le climat y est analogue à celui de l'Italie. Ils avaient dû apprendre par l'expérience plusieurs précautions, plusieurs moyens de se préserver de l'influence du mauvais air. Dodone, située à l'endroit où est aujourd'hui Janina, avait un grand lac sans issue dans son territoire, peu d'écoulement pour les eaux. Elle n'est pas même aujourd'hui une

(1) Voy. HUMBOLDT, Statistiq. du Mexiq., t. II, p. 772, in-4°.
(2) NIEBUHR, Hist. Rom., t. I, tr. fr.
(3) DIONYS., Ant. Rom., liv. I, p. 14-15.

position salubre[1]. De plus, cette nation errante des
Pélasges, adonnée à la navigation, à la piraterie,
avait été, en courant de mers en mers et de contrées en contrées, endurcie aux intempéries des saisons et des climats. L'exemple a été confirmé de
nos jours par des colons corses, calabrois, sardes et
siciliens, qui, établis près de Rome, dans les lieux
les plus malsains, y ont vécu et cultivé sans être
atteints par les maladies endémiques. C'est qu'ils
étaient nés et avaient vécu dans des pays dont l'air
est plus mauvais encore que celui des environs de
Rome[2].

C'est ainsi que, de nos jours, les Hollandais seuls
ont pu se perpétuer à Batavia, le lieu le plus malsain et le plus marécageux de l'île de Java, et on y
a remarqué que la mortalité était beaucoup moins
grande parmi les colons originaires de l'île de Wal-
cheren et des parties basses de la Hollande sujettes
aux fièvres endémiques.

C'est ainsi que les Antilles et Cayenne, dont le
climat est si destructeur, ont été peuplées par la
race robuste et endurcie des boucaniers et des fli-
bustiers, que leur génération s'y est multipliée,
tandis que les colons envoyés de nos villes et de nos
campagnes dans la Guiane ou aux Antilles, y ont
tous péri en peu d'années. Il en est arrivé de même
aux colons tirés des montagnes de l'Albanie, que
Léopold a établis dans ses maremmes; ils sont
morts de la fièvre avant d'avoir pu consolider leur
établissement[3].

---

(1) Voyez Pouqueville, Voyage eu Grèce.
(2) Voyez M. Nicolai, *Op. cit.*, p. 235.
(3) Lettres écrites de l'Italie à M. Pictet par M. de Chateauvieux, p. 128, in-8°, 2e édit.

Cependant, dans les deux cas que je viens de citer, les circonstances étaient beaucoup moins favorables aux Européens transplantés dans les Indes qu'aux Grecs qui émigraient en Italie.

Les Sicules, les Aborigènes, les Arcadiens, les Epéens et les Phénéates, enfin les Troyens et les Dardaniens que Denys d'Halicarnasse cite[1] comme ayant été la souche du peuple romain et de la population du Latium, s'étaient trouvés, ainsi que les Pélasges, soumis fortuitement à des circonstances très favorables à la colonisation d'un pays malsain. Aussi voyons-nous[2] que les Aborigènes leur cédèrent une portion de leur territoire autour du lac sacré, dont la plus grande partie était marécageuse, et qu'ils nommaient, à cause de cela, *velia*. Cependant les Pélasges s'y établirent, y bâtirent une ville, et la surabondance de population les poussa à aller s'emparer de Cortone. Dès les premières années de Rome, si l'on en croit Tite-Live[3], la population des Latins et des Albains était déjà surabondante.

Pline[4], je l'ai déjà dit, donne la liste de cinquante-trois peuples du Latium qui avaient tous été successivement détruits par les Romains, et une grande partie de ces peuples était placée dans la plaine marécageuse et insalubre qui s'étend, entre les Apennins et la mer, de Rome à Terracine.

Parmi les nombreux préservatifs contre la maligne influence de l'air que Columelle indique comme ayant été mis en pratique par les anciens, j'ai vai-

(1) *Ant. Rom.*, l. I, p. 16, 24, 27, 49, ed. Sylburg.
(2) Dionys., *Ant. Rom.*, p. 16, l. 19, 23.
(3) I, 6.　　(4) III, 9.

nement cherché l'usage des onctions huileuses, de
tout temps familier aux Grecs, et qui eût été peut-
être l'un des plus puissants[1]. Car, s'il est reconnu
que les matières animales et végétales putréfiées
sont la cause de la fièvre des marais, de la fièvre
jaune et même de la peste, il est constaté qu'à
Constantinople, en Egypte, enfin dans le Levant,
les fabricants et les porteurs d'huile, qui en sont
continuellement imbibés, sont rarement attaqués
de la peste, même quand ce fléau exerce ses plus
grands ravages. Les onctions huileuses ont même
été employées avec succès comme remède dans
plusieurs de ces maladies.

Je ne nierai point que l'usage des tuniques et
des toges de laine, portées le jour et la nuit, ne fût
une précaution salutaire. Encore aujourd'hui, l'expérience prouve qu'un habillement complet en
laine est un excellent préservatif contre les effets
du mauvais air[2]. C'est aussi le vêtement que Columelle[3] prescrit pour les cultivateurs. Il faut, dit-il,
qu'ils soient vêtus plus pour l'utilité que pour l'é-
légance, et soigneusement défendus contre le vent,
le froid, la pluie, avec des habits de peau qui couvrent les bras, des *centons* ou capotes de drap doublé
ou des *sagums* à capuchon : « Pellibus manicatis,
« centonibus confectis, vel sagis cucullatis. » Il leur
défend encore l'usage fréquent des bains[4].

On peut enfin présumer avec beaucoup de vrai-

---

(1) Les frictions d'huile d'olive ont été employées avec succès
comme moyen curatif dans la fièvre jaune. HUMBOLDT, Stat. du
Mex., liv. V, ch. XII, p. 782, et additions, pag. 866 *bis*.

(2) Voyage en Sardaigne, par M. A. DE LA MARMORA, p. 141.

(3) I, VIII, 9.   (4) I, VI, 20

semblance que les colons des cantons insalubres de l'Italie avaient adopté ces précautions sanitaires qui se sont transmises de siècle en siècle chez les paysans sardes, peuple dont les usages, les habitudes et les modes même ont le moins varié.

M. Mimaut [1] donne à ce sujet des détails curieux. « Quant aux paysans qui cultivent la terre dans les lieux où règne l'intempérie (c'est l'*aria cattiva* d'Italie), ils en souffrent bien moins, dit-il, qu'on ne pourrait le croire par la parfaite connaissance qu'ils ont, et que leurs pères leur ont transmise, des heures du jour où l'on peut vaquer aux travaux des champs, et de celles où il faut s'en abstenir. L'habitude, pour ceux qui sont nés dans les parties de l'île sujettes à l'intempérie, de respirer cet air épais et insalubre, les rend moins susceptibles de contracter les maladies qu'il engendre et les y acclimate dès l'enfance. L'intempérie ne nuit donc pas à l'agriculture, et la dépopulation de la Sardaigne, à laquelle on ne peut nier qu'elle n'ait contribué pour sa part, a eu plusieurs autres causes non moins puissantes. »

En effet, la population a augmenté sensiblement dans le siècle dernier, depuis que l'île a été possédée par la maison de Savoie, et les causes d'insalubrité sont restées les mêmes. « Les Sardes (je cite encore M. Mimaut), depuis un temps immémorial, emploient divers moyens pour combattre le fléau de l'intempérie; le feu a été regardé jusqu'à présent comme un des plus puissants. Les bergers, au commencement de septembre, brûlent tous les

_____

(1) Hist. de Sardaigne, t. II, p. 315.

chaumes pour faire pousser l'herbe. L'usage du
feu, dans les lieux habités, atténue l'effet de l'intempérie [1]. Il est de tradition que les anciens juges
d'Arborée et les marquis d'Oristano faisaient tous
les jours allumer de grands feux autour de la ville
pendant toute la saison de l'intempérie. »

Cette observation coïncide parfaitement avec
celles que j'ai faites à Literne, à Minturnes, et sur
les bords de la Loire et de l'Authion.

En Sardaigne [2] on s'abstient généralement de la
chair des animaux provenant des lieux sujets à l'intempérie, surtout de celle des poissons pêchés dans
les eaux qui y dorment ou qui même y coulent.

Cet usage ou cette croyance pourrait peut-être
expliquer les frais énormes que fit Lucullus pour
renouveler l'eau de mer dans ses piscines, qu'il
méprisait, dit Varron [3], parce que ses poissons ha-
bitaient dans une eau croupissante et des lieux
pestilentiels : « Quod residem aquam in locis pes-
« tilentibus habitarent pisces ejus. » Il fit percer
une montagne et creuser une caverne ou galerie
qui conduisît de ses viviers à la mer, pour y verser
leurs eaux et y en introduire de nouvelles.

« Les autres précautions contre l'intempérie, dit
M. Mimaut, sont une extrême sobriété; se bien
couvrir la tête et la poitrine en tout temps et partout, tant que dure la saison malsaine; se ren-
fermer dans les maisons, allumer des feux de bois
résineux, et prodiguer les fumigations de vinaigre,
de genièvre et de romarin; surtout éviter de pas-

(1) *Ibid.*, p. 317.   (2) P. 320.
(3) *De Re rustic.*, III, xvii, § 8 et 9.

ser la nuit dans les lieux infectés quand on n'y est
pas né. L'intempérie de nuit (*di sereno*) est regardée comme la plus dangereuse et donne souvent
la mort. Les gens du pays suivent fidèlement de
père en fils les mêmes usages et le même régime.
Il en résulte que l'intempérie fait parmi eux beaucoup moins de ravages, parce que ceux qui sont
nés dans son foyer s'y accoutument, et que ceux
qui ne le sont pas ne s'y exposent guère. »

Vous retrouvez encore dans l'emploi du feu et
des fumigations les mêmes moyens dont j'ai observé les bons effets en France et dans le royaume
de Naples. De plus, M. de la Marmora, observateur exact et savant distingué, assure[1] que cette
race de paysans sardes, couverte, comme leurs
ancêtres, depuis la tête jusqu'aux pieds, de peaux
de chèvres et de moutons, vivant avec les précautions indiquées par M. Mimaut, est belle, forte,
d'une carnation vive dans les deux sexes, et ne
ressemble pas à la population chétive, hâve, œdé-
mateuse et languissante des maremmes toscanes
et de l'*agro Romano*, qui ne fait usage d'aucun
préservatif. Cependant la Sardaigne, où, dit Strabon[2], l'air, malsain en été, dans toute l'île, est encore plus mauvais dans les endroits fertiles, a été
et est encore plus insalubre que ces cantons décriés de l'Italie.

Les anciens Latins avaient en outre une précaution qu'il est bon d'indiquer et qui prouve en
même temps l'insalubrité du climat de l'Italie à

(1) Voyage en Sardaigne, p. 209 et suiv., 141, 186.
(2) V, 225, t. II, 166, tr. fr.

l'époque de Varron et de Columelle. Il y avait dès
lors en Italie des cantons tellement infectés que
les préservatifs étaient impuissants. Le fonds de
terre le plus avantageux, dit Varron[1], est le plus
salubre, parce que le produit en est sûr. Un sol pestilentiel, quoique fertile, ne laisse pas au cultivateur
le temps de jouir du fruit de ses peines. Là, non-
seulement le produit est incertain, mais la vie des
colons est douteuse ; et ce fléau (*calamitas*) ne se
combat point par la science, car il n'est pas en notre
pouvoir, mais dans celui de la nature, de créer la
salubrité, qui tient à l'air et à la terre, quoiqu'il
dépende beaucoup de nous de diminuer par nos
soins la gravité des circonstances. En effet, si le
lieu est rendu pestilentiel, soit par la nature du
sol et des eaux, soit par une odeur infecte qui s'exhale d'un endroit déterminé, ces défauts peuvent
se corriger par l'habileté du possesseur et les dépenses nécessaires pour cet objet. Aussi est-ce un
point de la plus grande importance que de choisir
l'emplacement des villas, de déterminer leur grandeur et l'exposition des portiques, des portes et
des fenêtres. Caton, dans le chapitre où il traite de
la maison des champs ou *villa*[2], indique qu'on
en bâtissait dans des lieux inhabitables l'été :
« (Loco) pestilenti ubi æstate fieri non potest. » On
peut induire de ce passage, sans trop forcer les
circonstances, qu'une des précautions sanitaires
observées alors par les colons riches et éclairés
était de changer le lieu de leur habitation et de
celle de leurs domestiques selon les saisons, et

(1) *De Re rust.*, I, iv, § 3-5.   (2) I, xiv, 5.

même selon les heures du jour et de la nuit. Par exemple, la ferme des maremmes était habitée l'hiver, le printemps, un mois de l'été et un mois de l'automne, huit mois de l'année environ; dans les quatre mois insalubres ils n'y travaillaient que le jour et à certaines heures, et se retiraient la nuit dans une autre ferme placée sur une position élevée et plus saine.

Ces précautions, comme on l'a vu plus haut, sont observées par les colons sardes, et ce peuple agricole, étant resté stationnaire dans ses mœurs et ses usages, doit nous offrir une image assez exacte de ceux des peuples anciens placés dans les mêmes circonstances.

Columelle[1] insiste sur l'importance du choix du sol et de l'exposition de la villa. « Il faut avoir soin, dit-il, qu'elle ait la rivière derrière elle plutôt que devant, et que la façade de l'habitation soit exposée aux vents salubres et opposée aux mauvais vents du canton, parce que la plus grande partie des courants d'eau exhalent en été des vapeurs, en hiver des brouillards, qui, s'ils ne sont écartés par la force des vents, donnent aux hommes et aux animaux des maladies pestilentielles. Il faut donc que l'édifice soit exposé à l'orient ou au midi dans les lieux salubres, et au nord dans les lieux malsains : « Cum plerique amnes æstate vaporatis, hieme fri- « gidis nebulis caligent; quæ nisi vi majore inspi- « rantium ventorum submoventur, pecudibus ho- « minibusque conferunt pestem; » car dans ceux-là même les parties privées du soleil et des vents

_____

(1) I, v, 4-8.

chauds sont presque pestilentielles et sont pernicieuses aux hommes et aux animaux : «Quoniam
« fere pestilens habetur, quod est remotum ac si-
« nistrum soli et apricis flatibus... hæc autem cum
« homnibus afferant perniciem, tum et armentis. »

Enfin Varron [1] recommande d'éloigner l'habitation des vallées en entonnoir, des points d'où souffle le vent infecté, de l'exposer au levant équinoxial,
loin de la mer et des lieux marécageux, parce que,
dit-il, quand ils se dessèchent, il y croît de petits
animalcules que l'œil ne peut distinguer, qui, mêlés dans l'air, entrent dans le corps par la bouche
et par les narines et causent des maladies graves :
« Dandum operam ut potissimum sub radicibus
« montis silvestris villam ponas, ubi pastiones sint
« latæ, ita ut contra ventos, qui saluberrimi in agro
« flabunt. Quæ posita est ad exortus æquinoctiales
« aptissima, quod æstate habet umbram, hieme so-
« lem... Advertendum etiam si quæ erunt loca pa-
« lustria, et propter easdem causas, et quod ares-
« cunt, crescunt animalia quædam minuta, quæ non
« possunt oculi consequi, et per aera intus in cor-
« pus per os ac nares perveniunt, atque efficiunt
« difficiles morbos. »

Columelle [2] a presque copié ce passage curieux,
qui contient la théorie de l'influence des miasmes
putrides sur l'économie animale. Il en donne, selon
l'usage antique, une fausse explication; mais l'observation et la description du phénomène sont
exactes et précises.

Maintenant le fait principal et bien constaté de

(1) I, xii, 1, 2.   (2) I, v, 6.

l'accroissement des effets de l'insalubrité peut se rapporter à trois grandes causes :

La destruction, et je pourrais presque dire l'extermination de la population libre de l'Italie par les Romains dans les cinq premiers siècles de la république; l'importation des esclaves étrangers et la concentration des propriétés dans quelques mains. L'extension énorme de ces possessions a nécessité le changement de la culture et fait substituer les pâtures aux terres labourées. C'est encore le docte Varron qui nous a transmis ce fait si important [1]. « Maintenant donc, dit-il, que les pères de famille, abandonnant la faucille et la charrue, se sont tapis dans nos murs, et aiment mieux faire agir leurs mains au théâtre et au cirque que dans les guérets et les vignobles, nous payons pour qu'on nous apporte d'Afrique et de Sardaigne le blé nécessaire à notre nourriture, nous faisons la vendange avec des vaisseaux dans l'île de Cos et de Chio. Aussi, dans cette terre où les pâtres qui bâtirent la ville de Rome ont enseigné à leurs fils la culture des champs, nous voyons les descendants de ces cultivateurs habiles, par avarice, au mépris des lois, transformer en prairies les terres labourables, ignorant peut-être que l'agriculteur et le pâtre ne sont pas une même chose : « Ibi contra proge- « nies eorum (agricolarum), propter avaritiam, con- « tra leges, ex segetibus fecit prata. »

Les censeurs qui mettaient au rang des tributaires le citoyen qui ne labourait pas son champ, avaient probablement pour but de maintenir à la fois

(1) II, *Proem.*, 3, 4.

l'habitude du travail, l'abondance et la salubrité [1].

Tout se tient et se lie en économie politique et en administration. Le changement de culture produit l'insalubrité dans le Latium, comme le défaut de police et de propreté la fièvre jaune dans les villes. La même cause agit dans les deux cas : toujours la putréfaction des substances animales ou végétales dans un climat chaud et dans un lieu où les eaux ont peu d'écoulement. Qu'on se rappelle la configuration du Latium et des pays infectés de l'Italie, la description exacte de M. Brocchi, que j'ai rapportée, l'influence de la couche de gazon qui retient l'humidité, empêche l'écoulement des eaux et favorise, pendant les chaleurs, l'exhalaison des miasmes putrides, et l'on verra que ce passage de Varron donne la solution de plusieurs problèmes dans les questions de la population, des produits, de la salubrité, de la constitution des habitants, et par conséquent de la diminution ou de l'accroissement des uns et des autres.

Quel motif put déterminer les Romains à ce changement de culture pernicieux à leur santé? l'avarice, dit Varron. Ce terme est vague; mais il est facile de l'expliquer, lorsque Caton-le-Censeur nous apprend [2] que, de son temps, les terres de labour n'étaient déjà qu'au sixième rang et au-dessous des prés; que même Scrofa [3] préfère les bons prés aux vignobles, que Caton regarde comme le bien le plus productif, quoique les prés ou pâtures

---

(1) Voyez PLINE, XVIII, 7; t. II, p. 101 et 102, lign. 2. AUL. GELL., *Noct. Attic.*, IV, XII.

(2) *Re rustica*, I, 7.   (3) Cité par VARRON, I, VII.

donnent, d'après lui, le produit net le plus sûr [1]. Ajoutez à cela le bas prix du blé, depuis l'an 298 de Rome jusqu'à l'an 604, qui nous a été transmis par Pline [2] et que j'ai déjà cité.

Du temps de Varron [3], l'éducation des paons, des pigeons, des grives, des merles, des loirs, des escargots, des cailles, des ortolans, des lièvres, des lapins, des cerfs et des chevreuils; les cultures en grand de lys, de safran, de violettes, de roses et de serpolet, rapportaient le double de la culture ordinaire; c'est-à-dire qu'un capital, employé à une villa où l'on nourrissait ou cultivait ces objets de luxe, rendait moitié plus que la même somme placée en fonds de terre : «L. Albutius, dit Varron, homo « apprime doctus, dicebat in Albano, fundum suum « pastionibus semper vinci a villa; agrum enim mi- « nus dena millia reddere, villam plus vicena. Idem, « secundum mare, quo loco vellet, si parasset vil- « lam, se supra centum millia e villa receptu- « rum. »

L'éducation et l'engraissement des poissons de mer rapportaient, comme on le voit par le passage de Varron que j'ai cité, dix fois plus que la culture des terres, même dans un lieu salubre, près de Rome, enfin dans le territoire d'Albe. Nul doute que ces lagunes factices ne fussent des centres d'exhalaisons pernicieuses et des causes permanentes d'insalubrité. Ces piscines étaient immenses, car, dans celle de Lucullus seules, Caton d'Utique ven-

---

(1) Cic., de Offic., II, 25. Colum., VI, præfat., § 4.
(2) XVIII, 4.
(3) Varro, III, ii, 17.

II.

4

dit du poisson pour quatre millions de sesterces, environ un million de francs [1].

Ainsi, dans ces grandes questions de la population et des produits, aucun fait n'est à négliger ; tous se lient et s'enchaînent nécessairement si l'on s'est appuyé sur une base juste et solide.

La concentration des richesses et l'abus du pouvoir ont détruit les petites propriétés, et avec elles la culture. L'avarice a transformé en pâtures les terres de labour et accru l'insalubrité. Le luxe, l'avidité et la gourmandise réunis ont inventé des piscines, des étangs d'eau dormante, douce ou salée, et ont créé par là de nouveaux foyers d'infection. On sent la justesse et l'étendue de cette phrase de Pline, que je ne me lasserai pas de répéter : « Latifundia perdidere Italiam. »

J'ai indiqué l'affaiblissement de la population libre de l'Italie, dans les cinq premiers siècles, comme une des causes de la diminution des cultures et de l'accroissement de l'insalubrité de cette contrée. En effet, indépendamment du nombre de bras que les guerres d'extermination enlevèrent à l'agriculture, par qui furent remplacés ces Italiens robustes et laborieux, ces descendants des anciens Grecs, accoutumés aux vicissitudes des climats et des saisons, habitués à ces précautions sanitaires que leur avait transmises l'expérience des siècles ? par des esclaves ou des prisonniers de guerre, gaulois ou syriens, asiatiques ou maures, qui ne travaillaient qu'enchaînés, qui vivaient le reste du temps entassés dans des cachots, *ergastulis*[2], et

(1) PLIN., IX, 80. VARRO, III, 11, 17, et SCHNEID., *Comment.*
(2) COLUM , I, VIII, 16.

dont la santé, déjà si altérée par leur transplanta-
tion dans un climat différent de leur pays natal,
avait à souffrir des mauvais traitements, de la mauvaise nourriture, de la réclusion, du manque d'air
et d'espace. Il me semble qu'on peut se représen-
ter ces prisons d'esclaves étrangers en Italie, comme
offrant chacune, en petit, l'image d'un de ces vaisseaux employés à la traite des nègres, où quelques-
unes des causes que j'ai rapportées produisent si
souvent l'infection et le développement des fièvres
pernicieuses. Les maladies devaient être très nombreuses et la mortalité très grande parmi cette classe
d'hommes. La modicité du prix de ces esclaves,
aux époques de conquêtes et d'invasions, faisait
négliger leur conservation, et, dans les saisons
malsaines, ces prisons et ces geôles devenaient autant de foyers d'infection.

Je crois maintenant pouvoir résumer les faits
principaux contenus dans les pages précédentes,
et assigner, pour causes de l'accroissement de la
population des cantons infectés de l'Italie dans les
premiers siècles de la république :

1° L'arrivée des colonies pélasgiques et grecques,
sorties d'un climat semblable et de cantons malsains, accoutumées à l'intempérie et aux précautions salutaires qui la combattent;

2° Le développement de la culture, utile à l'é-
coulement des eaux, à l'évaporation de l'humidité
et à l'assainissement de l'air, en diminuant la putréfaction des substances animales ou végétales.
L'art du cultivateur était alors encouragé par les
mœurs et les lois.

Je crois, au contraire, pouvoir signaler comme causes principales de l'accroissement de l'insalubrité et de la diminution de la population :

1° Les guerres d'extermination en Italie;

2° La destruction des petites propriétés;

3° La substitution des pâtures aux labours, suite nécessaire de la concentration et de l'extension des propriétés;

4° L'abandon des précautions sanitaires;

5° La substitution des esclaves aux hommes libres pour la culture;

6° L'importation des esclaves étrangers, non acclimatés, non habitués aux précautions exigées par l'intempérie, leur entassement dans des prisons étroites et le peu de soins employés pour leur conservation;

7° Enfin les étangs d'eau douce ou salée créés par les progrès du luxe, l'avarice, la gourmandise, et qui, de même que les prisons d'esclaves, que les pâtures substituées aux terres labourées, devinrent, sous ce climat chaud et dans un sol privé d'écoulement, de nouveaux foyers d'infection, de nouveaux centres d'exhalaisons pernicieuses.

CHAPITRE IV.

AGRICULTURE DE CATON.

Tous les écrivains agronomes latins s'accordent à vanter la culture du territoire romain dans les ive et ve siècles de la république. Caton le Censeur[1], le plus ancien de ceux qui nous restent, Varron[2], Columelle[3], Pline le Naturaliste[4], sont unanimes sur ce point. Caton même avance que la culture a beaucoup décliné à l'époque où il écrit. Columelle en fait, sous Claude et Néron, un tableau encore plus affligeant; et cependant l'art de la mécanique, si important pour les instruments aratoires, avait fait de grands progrès. Les capitaux acquis par la conquête, et formés des dépouilles de l'Europe, de l'Afrique et de l'Asie, abondaient alors dans l'Italie. Le luxe des tables, des maisons, des vêtements, les consommations qu'il entraîne, semblaient devoir offrir de nombreux débouchés aux produits de l'agriculture. L'effet contraire a eu lieu; la culture a décliné en raison directe de l'accroissement des richesses.

Je dois signaler, parmi les causes de la diminution des produits, la concentration des propriétés, la substitution du travail des esclaves à celui des hommes libres, substitution pernicieuse pour l'agriculture, dont Pline[5] a résumé les effets en quelques mots avec son énergie ordinaire : « Coli rura « ab ergastulis pessimum est, et quidquid agitur a « desperantibus. » Ce changement s'opéra dans les quarante dernières années du vie siècle de Rome, après la conquête de la Macédoine par Paul-Emile, conquête qui exempta les citoyens romains de tout

(1) Il naquit l'an de Rome 520, mourut l'an 605, 148 avant J.-C. Vid. SCHNEIDER, Script. rei rust., t. V, p. 6 et 7.
(2) III, 1, 4.   (3) I, III, 10.   (4) XVIII, 4.
(5) XVIII, 7, t. II, p. 102, lin. 26.

impôt territorial; les effets s'en firent sentir plus fortement, dans le vii° et le viii° siècle, depuis la destruction de Carthage jusqu'à la fin du règne de Néron.

La régie des terres confiée à des esclaves ignorants, paresseux et infidèles, fut une cause puissante de décadence. Les lois impolitiques sur l'exportation et l'importation des grains, l'insuffisance de la quantité des engrais, suite nécessaire de la petite culture à main d'homme, y contribuèrent beaucoup sans doute. Dans le vii° siècle de Rome, comme le sol, épuisé par une succession continuelle des mêmes espèces de grains, ne produisait plus qu'une médiocre quantité de céréales, on convertit en pâtures une grande partie des terres labourables de l'Italie, et le champ de blé n'était déjà placé par Caton qu'au sixième rang dans l'ordre de valeur et de rapport, ou produit net des fonds de terre [1].

« Si vous me demandez, dit Caton [2], quel est le premier fonds de terre, c'est-à-dire le plus productif, je vous répondrai ainsi : parmi toutes les espèces de propriétés rurales, si vous achetez cent jugères [3] (25 hectares) de bon fonds et bien situé, la vigne est au premier rang lorsqu'elle donne beaucoup de vin; au deuxième, le jardin arrosé; au troisième, la saussaie; au quatrième, le plant d'oli-

---

(1) *De Re r.*, I, 7.   (2) C., 1, 7.

(3) Le mot *jugère* vient de *jugum*, quantité de terre labourée en un jour par un *joug* de 2 bœufs, comme notre *journal* de terre en France. Dans l'Inde, 1 300 ans av. J.-C., le *coula*, unité de mesures agraires, était l'étendue de terrain labourée par 2 charrues attelées chacune de 6 bœufs. Lois de Manou, VII, 119, et not. r.

viers; au cinquième, le pré; au sixième, *la terre à froment*; au septième, le taillis ; au huitième, l'*arbustum* ou verger; au neuvième, la forêt qui donne des glands[1]. »

Columelle[2] est de l'avis de Caton : il compare les prairies et les pâturages avec la vigne, à laquelle il donne la préférence. Varron[3], qui cite le passage de Caton, met les bons prés au premier rang, parce qu'ils ne coûtent que peu ou point de frais; il ajoute que plusieurs personnes étaient de son avis, et Columelle rapporte aussi que les anciens Romains accordaient aux prés le premier rang dans les terres cultivées[4].

Caton[5] en préconise l'utilité dans une ferme : « Si vous avez de l'eau, créez préférablement à tout des prés arrosables ; si vous n'avez pas d'eau, faites le plus de prés secs possible. » Ce conseil est d'un agriculteur habile, et indique en même temps l'époque où les propriétés étaient déjà plus concentrées, et où la terre, épuisée par la petite culture, avait besoin d'une plus grande quantité d'engrais; car, au temps où les lois agraires étaient rigoureusement exécutées, où le territoire de Rome était très borné, et où le besoin d'une forte population pour le défendre ou l'accroître se faisait fortement

---

(1) « De omnibus agris, optimoque loco si emeris jugera agri centum, vinea est prima, si vino multo siet; secundo loco hortus irriguus, tertio salictum, quarto oletum, quinto pratum, sexto campus frumentarius, septimo silva cædua, octavo arbustum, nono glandaria silva. »

(2) III, III, 2.   (3) I, VII, 10.

(4) COLUMELL., II, XVII, 1, 2; sqq. PLIN., XVIII, 5.

(5) Chap. IX.

sentir, enfin au iv° siècle de Rome, à l'époque
de cette agriculture de Licinius Stolo, de Cincinnatus, tant vantée par les agronomes romains, il devait y avoir peu de prés secs artificiels, tout comme
il y en a peu dans la Limagne, le Grésilvaudan, et
les contrées dans lesquelles la population est très
concentrée.

La raison en est évidente; il faut trois fois plus
de terrain en prés secs qu'en terre cultivée, pour
donner la même quantité de nourriture; or l'abondance des produits alimentaires étant alors d'une
nécessité absolue pour maintenir et accroître la
population, et cet accroissement de population
était une condition d'existence politique pour la
république romaine, on dut très peu étendre un
genre de culture qui, en nourrissant des animaux,
privait les citoyens d'une portion considérable de
nourriture, et restreignait la fécondité des mariages
en diminuant la production des aliments.

Le chapitre suivant de Caton[1] prouve cette assertion; car il fixe à 240 jugères (120 arpents ou
60 hectares) la contenance raisonnable d'une *olivette* dont la culture n'exigeait alors que treize personnes. Un ou deux siècles auparavant, des propriétés de cette étendue eussent été très rares.

Tous les hommes versés dans la connaissance de
l'agriculture ne seront plus étonnés désormais de
voir, dans le vi° et le vii° siècle de Rome, le sol de
l'Italie rendre moitié moins en grains qu'il ne faisait auparavant, et les propriétaires changer en
pâtures la plus grande partie de leurs terres de la-

(1) Chap. X, 1.

bour. Ils n'ont qu'à méditer le xxix°chapitre, où Caton prescrit l'emploi et la division des engrais entre les diverses cultures d'une ferme, et le chapitre x, où il nous donne la quantité d'habitants et de bestiaux fixée pour une terre de 240 jugères (120 arpents) cultivés en blé et en oliviers; leur nombre ne se monte qu'à treize hommes, six bœufs, quatre ânes et cent moutons.

Une ferme de même étendue, dans le Perche et dans le Maine, aurait aujourd'hui seize hommes, soixante moutons, seize chevaux, six porcs, un âne et vingt bêtes à cornes. Cette petite quantité de bestiaux chez les Romains devait évidemment ne fournir qu'une quantité insuffisante d'engrais. Pour une vigne de 100 jugères (50 arpents), Caton [1] n'exige que seize hommes, deux bœufs et trois ânes. Voici le texte latin[2], rendu mot à mot : « Partage ainsi l'engrais; mets-en la moitié dans la saison de grain où tu sèmeras ensuite des plantes pour fourrage; s'il s'y trouve des oliviers, déchausse-les et donne-leur une part du fumier; ensuite sème le fourrage; ajoute un autre quart de l'engrais autour des oliviers déchaussés où il sera le plus nécessaire, et recouvre de terre le fumier; réserve le dernier quart pour les prés[3]. » L'assolement ordinaire des Romains, à cette époque, était biennal[4]; le blé, l'orge, les céréales n'étaient fumés que dans la portion où l'on voulait obtenir ensuite une récolte

(1) Chap. XI.   (2) Chap. XXIX.
(3) Voy. Plin., XVII, 8, sur l'engrais. Ces conseils sont répétés, chap. L, par Caton, pour les prés secs et même pour les prés arrosés.
(4) Varro, I, 44, 3 ; Virg., *Georg.*, I, 71 ; Colum., II, ix, 4.

de fourrage; un quart de l'engrais était réservé
pour les prés : or, avec une rotation aussi courte,
les céréales n'étant fumées que par la jachère[1], il
était impossible que la majeure partie des terres
de labour ne fût pas bientôt épuisée. Les sols
d'une grande richesse et d'une grande fertilité naturelles pouvaient seuls résister à l'influence d'un
assolement et d'un emploi des engrais aussi vicieux.

Caton s'en était aperçu, car il dit[2] : « L'orge, le
fenu grec, (*trigonella polycerata*), l'*ervum* (*tetra-
spermum ?*), et tous les grains qui s'arrachent, épuisent la terre ; le lupin, la vesce, la fève (la fève de
marais, *faba equina*) servent d'engrais. Employez
pour litière le lupin, les pailles, les tiges de fèves,
les balles de céréales, les feuilles d'yeuse, de chêne ;
arrachez des terres à blé l'ièble et la ciguë, des
saussaies l'herbe haute et marécageuse ; étendez-les
sous les moutons et les bœufs ; jetez dans la forme
à fumier les feuilles pourries avec la chair gâtée des
olives ; ajoutez-y de l'eau, mêlez bien avec le rabot
(à remuer la chaux), mettez cette boue autour des
oliviers déchaussés ; ajoutez-y des noyaux brûlés.
Si la vigne est maigre, coupez menu ses sarments,
et enterrez-les sur le lieu par un labour ; ayez soin
de sarcler deux fois le froment, et d'en ôter la folle
avoine (*avena sterilis*). »

---

(1) Ce précepte de Caton est remarquable : « Quid est agrum
bene colere? bene arare. Quid secundum? arare. Tertio stereo-
rare. » L'adage de nos fermiers percherons est tout le contraire :
« Fumez bien , labourez mal, vous recueillerez plus qu'en fumant
mal et en labourant bien. »

(2) Chap. XXXVII.

On voit, par ces préceptes de Caton pour se procurer de l'engrais, combien la paille était rare, ainsi que les bestiaux propres à faire abondamment du fumier, sans quoi on n'eût pas employé pour s'en procurer une main-d'œuvre et une méthode aussi coûteuses.

La règle prescrite par Caton pour la récolte du foin s'accorde avec les expériences faites par MM. Sinclair et Davy, et par les plus habiles agriculteurs anglais, sur la quantité de substance nutritive que contient l'herbe des prés à diverses époques de sa croissance.

« Coupe le foin à temps, dit-il[1], et garde-toi de faucher tard; coupe-le avant que la graine soit mûre. » C'est à cette époque que l'analyse chimique a trouvé le plus de substance alimentaire dans les tiges des diverses plantes dont se compose le foin.

CHAPITRE V.

DU MODE DE FERMAGE.

Le mode de fermage chez les Romains était excessivement vicieux, même du temps de Caton; on doit lui attribuer une grande part dans la décroissance des produits et la décadence de l'agriculture italienne. L'extrême division des propriétés et le maintien des lois agraires étaient de nécessité abso-

---

(1) Chap. LIII.

lue avec une culture pareille. Du temps de Caton,
toutes les propriétés rurales que le maître ne faisait
pas valoir, soit par lui-même, soit par un régisseur,
étaient affermées à un *politor* ou colon partiaire,
partiarius, qui recevait, pour prix de ses soins et
de son travail, une portion de la récolte en nature.
Le maître fournissait tout, le sol, les esclaves ou
journaliers, les bestiaux, les semences, les outils,
vases ou instruments, enfin tout le mobilier nécessaire à l'exploitation. Cette coutume existe encore dans la moitié de la France où elle a passé, de
même que le système des jachères, avec les usages,
les lois, les institutions, les connaissances et la langue des Romains. C'est une des causes principales
qui mettent la culture et les produits des provinces
de l'intérieur, de l'ouest et du midi de la France, si
fort au-dessous de celles du nord et de l'est du
royaume. Voici la part que Caton assigne au colon
partiaire ou *politor*[1] : « Dans les terres de Casinum
et de Vénafre, et dans un bon terrain, il aura la
huitième corbeille; dans un sol assez bon, la septième; dans un sol de troisième qualité, la sixième;
si l'on partage le grain au *modius*[2] (boisseau de 6
kilogr. 5o), il en aura le cinquième. Dans le Vénafre,
les meilleures terres se partagent à la neuvième
corbeille. Si l'on écrase ou broie le blé en commun,

(1) Chap. CXXXVI, CXXXVII.
(2) Voy. Dickson, Agriculture des anciens, tom. I, pag. 98,
not. 9, tr. fr. Il explique bien la différence du partage au panier ou au
modius. Le poids moyen du *modius* de froment est de 13 livres
28498, un peu plus de 13 livres $\frac{1}{4}$. Voyez la table VIII à la fin du
1er volume.

les frais de mouture sont supportés par le *politor*, au prorata de sa portion dans la récolte des grains; l'orge et les fèves se partagent au cinquième boisseau [1].

« Si vous confiez au colon partiaire l'administration d'un ferme bâtie, avec une vigne, un plant ou des terres à blé, et qu'il en ait bien soin, le colon partiaire prélèvera, sur le foin et le fourrage qui y croissent, une quantité suffisante pour nourrir ses bœufs; tout le reste sera partagé également. »

On voit que le métayer romain n'avait que le cinquième au plus, et souvent le neuvième du produit des grains pour payer son travail, celui de sa famille, et subvenir à sa nourriture. En France, le métayer à cheptel a la moitié de tous les produits en grains et en bestiaux, pour sa nourriture, le prix de son travail et de celui de sa famille. Cependant le bénéfice du métayer est regardé généralement comme insuffisant, et la preuve positive en est que, dans toute la France, cette classe de cultivateurs sobres et économes vit dans un état voisin de la misère, ne peut amasser aucun capital, et que, de plus, le sol ne gagne point en valeur et en fertilité. Il y a donc perte à la fois pour le propriétaire et pour le métayer.

---

(1) Chez les Romains on partageait d'ordinaire le grain non battu à la corbeille. Il y avait néanmoins deux manières de moissonner le blé; dans l'une on séparait l'épi de la tige; alors on mesurait les épis *à la corbeille;* dans l'autre on coupait une partie de la paille avec l'épi, et on transportait le tout sur l'aire, où il était battu; alors le grain se mesurait et se partageait au *modius.* Voy. Mongez, Second mémoire sur les instruments d'agriculture employés par les anciens, Académie des Inscriptions, t. III, p. 37 et suiv.

Dans les provinces de France où les terres sont affermées par des baux fixes, sans que le fermier puisse être évincé s'il remplit ses engagements, et où celui-ci fournit tout le mobilier mort ou vif, on calcule que trois neuvièmes du produit brut paient le fermage de la terre; quatre neuvièmes, les frais de culture, impôts, nourriture des hommes et des animaux nécessaires à l'exploitation, et deux neuvièmes, le travail, l'industrie du fermier, l'intérêt du capital avancé par lui, et le profit légitime dû à ses soins et à son intelligence.

On conçoit qu'avec une rétribution aussi faible accordée au colon partiaire du temps de Caton, il était impossible que les terres fussent cultivées avec zèle et avec fruit. L'activité du colon n'était pas éveillée par un intérêt personnel assez actif, et son sort n'était guère au-dessus de celui des esclaves; pour la nourriture, pour les vêtements, pour l'aisance personnelle enfin et pour celle de sa famille, il devait être souvent inférieur à cette classe méprisée de la société.

CHAPITRE VI.

PROCÉDÉS D'AGRICULTURE.

Après avoir signalé les vices capitaux de l'agriculture romaine décrite par Caton [1], il est juste de louer l'emploi du travail, l'ordre et la vigilance

(1) vi⁰ siècle de Rome, ii⁰ avant J.-C.

qui étaient la base de cette agriculture [1]. Le second
chapitre de Caton est un modèle sous ce rapport.
Des travaux particuliers sont prescrits pour les
jours fériés; il ordonne de vendre tous les produits, s'ils sont à un prix raisonnable, tout mobilier, mort ou vif, maladif, épuisé par l'âge ou usé
et hors d'état de servir; il termine enfin par cette
sage maxime : « Il faut qu'un agriculteur vende
beaucoup et achète peu. Patrem familias venda-
cem non emacem esse oportet. »

Les conseils généraux qu'il donne sur l'utilité,
pour un propriétaire marié, de planter dans sa première jeunesse, de ne bâtir qu'à trente-six ans si la
terre est plantée, de proportionner l'habitation à
la terre, et d'avoir assez de logement pour attendre le moment favorable de vendre ses produits,
sont aussi justes que bien exprimés; leur concision est remarquable, et ces préceptes, aisés à retenir, sont une sorte de catéchisme agricole. J'en citerai quelques-uns.

« Prima adolescentia patrem familiæ agrum con-
« serere studiose oportet; ædificare diu cogitare
« oportet; ubi ætas accessit ad annos xxxvi, tum
« ædificare oportet, si agrum consitum habeas. Ita
« ædifices ne villa fundum quærat, neve fundus
« villam [2]. »

Enfin, les méthodes pour l'entretien des fossés,
des rigoles d'écoulement dans les champs cultivés
en blé, pour remédier à l'entraînement des terres

---

(1) « Opera omnia mature conficias face; nam res rustica sic
est : si unam rem sero feceris, omnia opera sero facies. » Cat., V, 7.

(2) Cato, C, iii.

labourées, causé par les grandes pluies d'automne, pour empêcher le terrain d'être battu par les averses et le maintenir propre à la végétation des céréales, sont supérieures à tout ce que nous pratiquons ordinairement sous ce rapport. Caton conclut ce chapitre par ce précepte général et précis[1] : Per se-« getem in frumentis, aut in segete, aut in fossis, « sicubi aqua constat, aut aliquid aquæ obstat, id « emittere, patefieri removerique oportet.»

Il donne aussi, pour la coupe des bois de construction dont on veut obtenir le plus de force et de durée, un précepte fondé en raison, qui me paraît le résultat de l'expérience, et fort au-dessus de ces préjugés qui règlent encore la coupe de nos forêts d'après le cours de la lune[2]. Il serait à désirer que des expériences exactes fussent faites pour confirmer ou détruire ses assertions. Caton dit[3] que «le chêne (*robur*) pour échalas doit être coupé depuis le solstice d'hiver jusqu'à l'équinoxe; les autres bois, quand leur graine est mûre; les arbres verts, en tout temps; l'orme, lorsque les feuilles tombent. »

Nous savons qu'en écorçant un arbre six mois d'avance, et le laissant mourir sur pied, on rend le bois plus fort et plus dur : la sève s'est arrêtée et convertie en tissu ligneux. Le même phénomène se produit dans les plantes herbacées, quand leurs graines sont venues à maturité. En serait-il de

(1) CLV.
(2) On croit que les arbres de haute futaie, coupés dans le croissant de la lune, se déjettent ou sont piqués de vers, et partout en France on n'abat les forêts que dans le décours.
(3) Chap. XVII.

même pour les bois de construction, quand la sève s'est arrêtée, soit par la formation de la semence, soit par la chute des feuilles, dans les espèces dont la graine mûrit quand elles sont en pleine végétation? Des expériences comparatives, faites avec le dynamomètre, sur la force des bois coupés à ces différentes époques, seraient, je le redis, fort utiles à répéter.

Il y a encore dans Caton[1] la mention succincte d'une pratique bien utile en agriculture, le parcage des moutons; mais on aurait de la peine à l'y reconnaître si Varron[2] et Pline[3] n'aidaient à déterminer le sens un peu vague de ce passage. Caton traite de la nourriture des bestiaux. « Donne aux bœufs, dit-il, des feuilles d'orme, de peuplier, de chêne, de figuier, tant que tu en auras; aux brebis des feuilles vertes tant que tu pourras leur en fournir. Lorsque tu seras près de semer, retiens sur ton champ les moutons par une nourriture appétissante[4], et donne-leur des feuilles jusqu'à ce que les fourrages verts soient venus; donne en hiver le fourrage sec que tu as rentré; conserve-le le plus possible et calcule la longueur de l'hiver. »

Ces préceptes et ces pratiques pour la nourriture des bestiaux sont très sages; mais ils prouvent en même temps que l'agriculture romaine, à cette époque, n'avait pas une grande abondance de fourrages verts ou secs, naturels ou artificiels,

(1) Chap. XXX.   (2) II, 11, 9-12.
(3) « Sunt qui optime sterc. .ari putent sub dio nunc retibus inclusa pecorum mansione. » PLIN., XVIII, 53.
(4) « Ubi sementim facturus eris, ibi oves delectato. »

II.   5

propres à la nourriture et à l'engrais des bestiaux.

Je me suis étendu sur les procédés d'agriculture transmis par le vieux Caton, et je les ai exposés séparément, parce que cet homme, si remarquable pour l'instruction, les talents administratifs, réunis à beaucoup d'ordre, de vigilance et d'économie, parcourut une très longue carrière dans le vi* et le vii* siècle de Rome, et qu'enfin son livre *De Re rustica*, quoique bien mutilé, est presque le seul monument qui puisse nous fournir des idées positives et un aperçu assez exact de l'état de la culture romaine dans les iv*, v* et vi* siècles de la république.

J'ai négligé de m'occuper de la culture des céréales autres que le blé. Le seigle et l'avoine étaient alors inconnus aux Romains. L'orge n'était cultivée, de même que les grains ronds et les légumes, qu'en petite quantité; le froment, l'épeautre et leurs diverses variétés formaient la base principale, et on pourrait dire, à eux seuls, presque la totalité de la nourriture des peuples de l'Italie.

Je n'ai point traité non plus de la culture des vignes, des oliviers, de celle des vergers et des jardins, des semis et plantations de bois, qui ne rentreraient dans mon ouvrage, que comme objets accessoires. Le sujet que j'ai embrassé (l'économie politique des Romains) est si vaste que je dois, pour être clair et utile, généraliser, resserrer, circonscrire. On voit en résultat que, comme je l'ai avancé dans un Mémoire lu en 1826 à la séance publique de l'Academie des Inscriptions, l'Italie donna des produits bruts considérables dans le

IIIe, le IVe et le Ve siècle de Rome[1], tant que les lois agraires et la grande division des propriétés se maintinrent. Ces lois étaient la condition nécessaire de ce genre de culture et de l'accroissement de population, qui est un fait remarquable chez un peuple toujours en guerre. L'abondance des produits bruts en donne l'explication d'une manière positive. De même, l'énormité des frais de cette culture à bras, l'imperfection des méthodes et des instruments, l'ignorance des lois de l'alternance dans la végétation, la grande consommation de grains faite par les cultivateurs pour leur nourriture[2], consommation due à l'ignorance des procédés avantageux de mouture et de panification, explique très bien comment les plébéiens romains, avec un arpent ou trois arpents et demi de propriétés, se trouvèrent toujours pauvres et endettés; ils étaient dans la position où sont actuellement les paysans de l'Irlande.

Le manque d'engrais, suite nécessaire de la petite culture à bras, de la rotation biennale du blé, et d'une trop grande extension de la production des céréales[3], explique naturellement la décroissance de la fertilité du sol en Italie et la conversion en pâtures d'une grande partie des terres labourables.

Enfin, la substitution du travail des esclaves à

(1) Ce Mémoire est refondu dans les derniers chapitres de ce 3e livre.

(2) Voy. DICKSON, Agric. des anc., tom. I, p. 121 et suiv., not. 42, et ci-dessus, t. I, p. 273, ss.

(3) Cf. COLUM., II, 9. CATO, XXXVII. VIRG., *Georg.*, I, 71. PLIN., XVIII, 50. VARR., I, 44.

celui des hommes libres, qui commença à s'opérer
vers le milieu du vi° siècle de Rome, après la fin de
la deuxième guerre punique, et dura jusqu'à la destruction de Carthage, période pendant laquelle Caton écrivit son livre *De Re rustica,* rendit la culture plus dispendieuse, les produits bruts moins
forts. L'aristocratie prit le dessus, l'usure devint
générale, les lois agraires tombèrent en désuétude, la propriété se concentra dans un petit nombre de familles. On fut forcé d'établir les distributions gratuites de blé, qui furent, sous un autre
nom, ce qu'est chez les Anglais la taxe des pauvres. La concurrence des sols meubles et extrêmement fertiles de l'Égypte, de la Sicile, de l'Afrique,
dont on importait les blés par mer, fit tomber, en
Italie, la culture des grains dont la production coû-
tait beaucoup plus de frais. Toutes ces causes réunies, jointes à celles que j'indiquerai dans le dernier chapitre de ce livre, amenèrent la conversion
en prairies des terres de labour, et produisirent
le décroissement de la population libre en diminuant les moyens de subsistance, qui n'étaient
remplacés que pour une faible portion par l'importation des blés étrangers.

Ce changement fut très prompt et ses effets très
rapides, puisqu'ils causèrent, de 619 à 630 de
Rome, les mouvements des Gracques, et leurs propositions, si fortement appuyées par le peuple,
pour le rétablissement des lois agraires.

C'est en traitant de l'agriculture de Varron, qui
a écrit dans le 1er siècle avant J.-C., viii siècle de
Rome, que je vais donner, par des faits positifs, les
preuves de ce que j'ai avancé.

CHAPITRE VII.

EXPOSÉ DE L'AGRICULTURE DE VARRON.

Le savant Varron, qui, dans son premier livre sur l'agriculture proprement dite, *de agricultura* (car le deuxième traite des bestiaux, *de re pecuaria*, le troisième des basses-cours, des parcs et des viviers, *de villaticis pastionibus*), Varron, dis-je, qui fait exprimer ses idées sur la culture par Tremellius Scrofa, regardé alors comme le plus habile agriculteur parmi les Romains [1], définit l'agriculture non-seulement comme un art, mais comme art vaste et nécessaire, comme une science qui apprend ce qu'il faut semer et faire dans chaque champ, et quelle terre donnera perpétuellement les plus grands produits : « Non « modo est ars, sed etiam necessaria ac magna. « Eaque est scientia, quæ docet quæ sint in quo- « quo agro serunda ac faciunda, quæque terra « maximos perpetuo reddat fructus [2]. »

On voit que, depuis Caton, la science a déjà pris un vol plus élevé; aussi le docte Varron a-t-il soin de nous apprendre [3] qu'il a extrait les faits les plus importants de cinquante auteurs grecs, parmi lesquels figurent des hommes tels que Hiéron et Attale Philométor, rois de Sicile et de Pergame, Démocrite, Xénophon, Aristote et Théophraste, et qu'en outre il a pris la substance des vingt-

---

(1) *De R. r.* I, ii, 10.   (2) I, iii.   (3) I, i, 7-11.

huit livres du Carthaginois Magon et de ceux des
auteurs romains qui avaient écrit sur cette matière. Il trace [1] en peu de mots le plan de son ouvrage, dont un livre est consacré à l'agriculture,
l'autre à l'éducation et à l'engrais des bestiaux, et
le troisième à la propagation, à la nourriture et à
l'engrais des volailles, des poissons et du gibier. Il
indique les trois sources dans lesquelles il puisera
ses préceptes : « Ce sont, dit-il : 1° les faits que j'ai
observés en cultivant mes propriétés; 2° ceux que
j'ai trouvé consignés dans les livres; 3° ceux que
j'ai recueillis dans la conversation des agriculteurs
instruits. « Tum de his rebus dicam, sequens natu-
« rales divisiones : ea erunt ex radicibus trinis, et
« quæ ipse in meis fundis colendo animadverti, et
« quæ legi, et quæ a peritis audii. »

Il prescrit d'abord de choisir un canton et un
emplacement salubres. Je ne reviendrai pas sur cet
objet, que j'ai traité dans le troisième chapitre de ce
troisième livre. « Il y a, dit Varron [2] par la bouche
de Scrofa, quatre parties principales en agriculture,
dont la première est la connaissance du terrain,
des qualités du sol, et de son emploi en général et
en particulier; la seconde, ce qui est convenable
au terrain et doit déterminer le genre de culture;
la troisième, les frais qu'entraîne la culture de
cette propriété; la quatrième, ce qu'il convient de
faire et en quel temps il convient de le faire sur ce
terrain. Chacun de ces quatre points comporte au
moins deux subdivisions; le premier renferme ce

(1) I, 1, 11.   (2) I, v, 2, 3, 4.

qui appartient au sol de la terre et ce qui concerne les étables et les villas; le second, qui embrasse tout ce qui agit et doit être dans la propriété instrument de culture, se partage en deux :
les hommes avec lesquels on cultive, et les autres moyens d'action ; le troisième, qui traite des
choses, enseigne ce qu'il faut préparer pour chaque chose et où l'on doit faire chacune d'elles ;
le quatrième est relatif aux temps ou aux saisons,
que règlent le cours annuel du soleil et les phases
du cours mensuel de la lune. Je traiterai d'abord,
dit Varron, des quatre premières parties, et ensuite
avec plus de soin des huit secondes. »

Il est difficile de mettre plus d'ordre, de netteté,
de liaison, de sagesse dans l'exposition d'un ouvrage de ce genre et dans la distribution de ses
parties principales et accessoires. Nous ne connaissons guère dans l'antiquité qu'Aristote chez qui
l'esprit méthodique et la faculté d'ordonner et de
déduire soient portés aussi loin ; et l'étonnement
redouble quand on songe que cette lucidité, cet
ordre, cette précision, cette propriété d'embras-
ser, de coordonner, de diviser, de disposer enfin
ai judicieusement l'ensemble et les parties d'un
sujet si vaste, étaient le partage d'une tête octogénaire et d'un homme dont la vie avait été remplie
par les emplois divers de la guerre, du forum, de
l'administration, et par les travaux de la gram-
maire et de l'érudition.

Varron, témoin oculaire, cite [1] un fait curieux

_____

(1) I, vii, 8.

sur l'emploi que faisaient les Gaulois de la marne comme engrais, et du charbon de certains arbrisseaux brûlés en place de sel. « Dans l'intérieur de la Gaule transalpine, vers le Rhin, j'ai traversé, dit-il, lorsque je commandais les armées, quelques provinces où il ne croissait ni vignes, ni oliviers, ni fruits, où les hommes fument les champs avec une craie blanche fossile, où ils n'ont ni sel marin, ni sel fossile, et où ils le remplacent par des charbons salés tirés de la combustion de certaines espèces de bois. »

C'est la plus ancienne mention de l'usage de la marne en Gaule; il subsiste encore aujourd'hui; mais je ne connais aucune province de France où l'on use de charbon en place de sel. Cependant la combustion des espèces de soudes, de salicornes, qui fournit la soude du commerce, pouvait produire un sel approchant du sel marin ou muriate de soude.

Varron met, comme je l'ai dit, dans le classement des terres, au premier rang, les bons fonds de prés, et cite ceux de Rosea, près de Riéti, où une perche (*pertica*), laissée la veille dans une partie rase, ne se voyait plus le lendemain et était déjà cachée par l'herbe qui avait poussé dans l'intervalle [1].

La même rapidité de végétation a été observée dans quelques prairies de la vallée d'Auge, département du Calvados.

Varron fait aux vignes le même reproche que

(1) Varro, I, vii, 10.

nous leur faisons, de coûter autant qu'elles rapportent : « Vineam sunt qui putent sumptu fruc-
« tum devorare [1]. » Il décrit ensuite les diverses
manières de cultiver la vigne; il distingue les vignes
basses sans échalas, comme celles de l'Espagne et
de l'Asie, et les hautains, ou vignes soutenues par
un échalas de cinq pieds, tantôt droites, tantôt
conduites en festons transversaux sur des perches,
des roseaux [2], des cordes, des arbres, comme la
plupart de celles de l'Italie.

Il décrit ensuite [3] les diverses variétés de terre,
froide, sèche, humide, argileuse ou pierreuse,
crayeuse ou siliceuse, et veut qu'on approprie les
cultures à la nature du terrain. Voilà pourquoi,
dit-il, les cultivateurs habiles sèment dans les lieux
humides le *far adoreum,* ou l'épeautre, plutôt que
le *triticum,* ou froment, et au contraire, dans les
lieux secs, l'orge plutôt que le *far.*

Quant aux engrais, dit Varron [4], il faut avoir deux
formes à fumier, ou une seule divisée en deux parties. Il faut porter de la ferme dans les champs une
portion du fumier fraîche et une autre consommée.
Le fumier employé frais est moins bon; il est meilleur quand il a bien pourri, et qu'on a défendu des
ardeurs du soleil, avec des branches garnies de feuilles, la superficie et les côtés du tas; car il ne faut
pas que le soleil pompe d'avance les sucs que la terre
réclame. C'est pour y retenir le jus que les cultivateurs habiles y font couler de l'eau, quand ils le

(1) I, viii, 1-5.   (2) L'arundo donax.   (3) I, ix, 2-5.
(4) I, xiii, 4.

peuvent, et que quelques-uns y placent les lieux d'aisances [1].

Toute celte théorie de l'engrais et les méthodes indiquées pour les formes à fumier sont vicieuses et devaient l'être en effet. Nous devons aux progrès de la chimie moderne la connaissance des gaz qui s'exhalent des sécrétions animales ou des substances en putréfaction, et celle de l'influence de ces gaz sur la végétation des plantes. On sait maintenant qu'il y a plus d'avantage à enterrer de suite le fumier dans le champ qu'à le laisser réduire en terreau, parce que, dans ce dernier cas, il perd presque toutes ses parties gazeuses, alcalines et acides, si importantes pour le succès de la végétation.

Varron traite ensuite [2] des clôtures, qu'il range en quatre classes : les haies vives [3], les lices ou les haies sèches, les fossés avec une levée, *agger;* enfin les murs, *maceria,* qui sont construits, ou avec des pierres, comme dans les champs de Tusculum, ou avec des briques cuites, comme dans la Gaule cisalpine et le territoire de Rimini (*agro Gallico* [4]), ou avec des briques crues, comme dans la Sabine, ou avec de la terre et de petits cailloux arrangés dans des formes, comme dans l'Espagne et le territoire de Tarente.

(1) Columelle, I, vi, 21, 22, ne fait que répéter ce passage de Varron.
(2) I, xiv, 2, 3, 4.
(3) Les haies vives pour clore les champs sont déjà usitées dans l'Inde, et citées dans les lois de Manou qu'on croit rédigées de 1500 à 1300 ans avant l'ère vulgaire, VIII, 238, 239, 240.
(4) Vid. Varro, I, ii, 7.

Ce passage curieux nous apprend qu'à cette époque, le 1er siècle avant J.-C., l'agriculture était assez soignée dans la Gaule cisalpine pour qu'on fît les frais d'enclore des champs avec des murs en briques cuites, et que dans l'Espagne et chez les Tarentins on connaissait l'usage des constructions en *pisé*. Ce mode de construction avait été introduit sans doute par les Carthaginois, qui avaient été forcés de l'employer, à cause de la mauvaise qualité de leurs pierres à bâtir [1].

Dans les pays où les clôtures étaient inconnues, les Romains plantaient [2], pour marquer les limites des terres, des arbres, comme des pins, des cyprès et surtout des ormes, arbre qu'ils préféraient à tous les autres, à cause de l'utilité de son tronc comme appui de la vigne, comme bois de chauffage, et de celle de ses branches et de ses feuilles pour la confection des haies sèches et la nourriture des bestiaux.

Après avoir traité de la composition de la propriété, de la nature du terrain, de la mesure des terres, du mode de culture, Varron, sous le nom de Scrofa, parle [3] des choses qui sont hors de la propriété et qui influent puissamment sur la culture, à cause de leur rapport avec elle. Ainsi il faut considérer : 1° si le pays voisin est tranquille ou non ; 2° s'il y a ou non des débouchés faciles pour les produits, des facilités pour se procurer ce qui est nécessaire ; 3° si les routes et les rivières

---

(1) Voyez mes Recherches sur la topographie de Carthage, p. 239. Paris, 1835, chez Firmin Didot, 1 vol. in-8, avec 4 pl.
(2) VARRO, I, xv.　　(3) I, xvi, 2.

utiles à l'exportation ou à l'importation des denrées sont en bon, en mauvais état, ou s'il n'en existe pas ; 4° s'il y a dans les propriétés limitrophes quelque chose qui nuise ou qui serve à vos terres.

Varron donne ensuite des exemples. L'ordre et la méthode de ses déductions sont, je le répète, dignes de toute sorte de louanges ; on peut s'en convaincre par cet abrégé concis, dont je m'abstiens de rapporter les développements.

Je ne citerai qu'un seul précepte très sage sur la culture en grand des jardins. « Il y a, dit-il[1], du profit à cultiver en grand, près d'une ville, le jardinage, même les roses et les violettes, et beaucoup de choses que consomme la ville ; tandis qu'il n'y a point d'avantage à le faire dans une propriété éloignée, qui n'a pas de marché ouvert à ces sortes de produits. » « Itaque sub urbe hortos colere late « expedit, sic violaria, ac rosaria, item multa, quæ « urbs recipit. » Le goût des fleurs était alors si répandu en Italie qu'on cultivait avec fruit des champs de violettes et de roses, tandis qu'aujourd'hui les dames romaines ne peuvent supporter sans s'évanouir l'odeur d'une fleur. Ce fait curieux mérite d'être remarqué. On voit quel progrès le luxe avait fait dans le siècle écoulé depuis Caton-le-Censeur jusqu'à Varron.

(1) I, xvi, 3.

CHAPITRE VIII.

DES INSTRUMENTS D'AGRICULTURE.

Je traiterai maintenant, dit Varron [1], des choses avec lesquelles on cultive les terres. On divise ces choses en deux : les hommes et les aides des hommes, tels que les bœufs et les instruments, sans lesquels la culture est impossible. Toutes les terres sont cultivées par des hommes libres ou esclaves, ou par un mélange de ces deux classes. Varron conseille d'employer, pour les gros ouvrages et la culture des lieux insalubres, les hommes libres payés à la journée ou à la tâche. J'ai déjà cité ce passage dans mes chapitres sur la population de l'Italie [2], et j'ai fait voir que le nombre des esclaves en Italie était, même à cette époque de la puissance de Rome, beaucoup moins considérable qu'on ne l'avait cru jusqu'ici.

Varron donne pour la direction, la surveillance, la nourriture et l'entretien des esclaves, des préceptes sages; il prescrit le bon exemple, la douceur, les distinctions, les encouragements, les récompenses, soit en vêtements, soit en aliments, soit en concessions d'une portion de terrain que les esclaves puissent cultiver à leur profit, enfin le mariage avec leurs compagnes de servitude, comme les moyens les plus efficaces de les attacher à la propriété et à leurs maîtres. Ces maximes étaient généralement suivies par les colons éclairés de

(1) I, xvii, 1-6.   (2) Voy. liv. II. ch. ii, t. I, p. 242 s.

Saint-Domingue envers leurs nègres esclaves. Mais on voit par cela même que le mariage entre esclaves n'était pas commun; car Varron cite comme exception l'Epire, où cet usage s'était introduit. Caton [1] exigeait une rétribution en argent de ses esclaves pour leur permettre d'avoir commerce avec leurs camarades de l'autre sexe. On remarque dans la comparaison de ces deux époques un véritable progrès des lumières.

Varron [2] discute ensuite les chapitres de Caton [3] où cet auteur exige treize hommes pour la culture de 240 *jugères* (120 arpents) plantés en oliviers, et seize hommes pour celle de 100 *jugères* ou 50 arpents de vignes; il cite Saserna, qui dit qu'un homme suffit pour cultiver 8 *jugères* (4 arpents) de vignes; d'après le même Saserna [4], un *arbustum* de 200 *jugères*, c'est-à-dire 100 arpents d'un sol cultivé en grains, mais planté d'oliviers, de vignes mariées aux arbres, ou d'arbres fruitiers en allées, comme cela se fait encore en Italie, exige le travail annuel de deux paires de bœufs, de deux bouviers et de neuf ouvriers. Varron juge que si ce nombre était suffisant pour les plaines de la Gaule cisalpine, où se trouvaient les propriétés de Saserna, il ne pouvait suffire dans le sol montueux de la Ligurie; il conseille sagement de prendre pour guides l'expérience et l'observation, d'imiter les bonnes pratiques reçues, et de tenter quelques essais nouveaux; comme si, par exemple, on a biné plus ou moins profondément, de noter quel effet cela a produit.

---

(1) PLUTARCH., *Cato major.*, c. 21.   (2) I, xviii.
(3) X et XI.   (4) Cité par COLUMELLE, II, xii, 7.

« C'est ce qu'ont fait ceux qui ont imaginé de renchausser le blé deux et trois fois [1], » et ceux qui ont
transporté l'époque de la greffe des figuiers du
printemps à l'été.

Cette petite parenthèse, que Varron jette en passant, et que nul commentateur n'a remarquée,
est très curieuse et très importante; elle explique
naturellement la grande quantité de produits bruts
en blé qu'obtenait l'agriculture ancienne. L'opération de biner et de renchausser le blé à diverses
époques, opération que nous ne pratiquons pas,
et qui était d'un usage général chez les Romains,
fait taller les tiges et augmente beaucoup le produit de la récolte. Le fait a été prouvé par des
expériences positives. M. Coke, l'un des agriculteurs les plus distingués de l'Angleterre, et qui,
en trente ans, a porté le revenu de sa terre d'Holkam, dans le Norfolk, de 2,000 livres sterling à
50,000 de revenu, M. Coke sème son froment en
ligne, avec le drille, à neuf pouces de distance; ce
qui lui permet de faire passer plusieurs fois entre
ces rangées la houe à cheval, tant pour détruire
les mauvaises herbes que pour renchausser le blé.
Cette méthode excite dans le blé cultivé ainsi une
végétation beaucoup plus vigoureuse, le fait taller,
pulluler au point qu'avant la récolte, on ne peut
passer le doigt entre les tiges, et qu'enfin le produit de l'acre de terre médiocre est de 10 à 12
coombs de froment et 20 d'orge. L'acre anglais est

---

(1) « Ut fecerunt ii (antiquissimi agricolæ) in sarriendo iterum et
tertio. » Le premier binage se donnait avant l'équinoxe de printemps (VARRO, I, XXIX, 1): « Inter favonium et æquinoctium vernum
segetes sarriri oportet. »

de 40 ares 46 centiares; le coomb contient 142 litres 62 centilitres; notre arpent est de 51 ares 7
centiares, d'un cinquième et quelque chose plus
grand que l'acre de Norfolk. Ainsi les quatre cin-
quièmes de l'arpent légal donnent en froment, à
Holkam, un produit de 14 à 17 hectolitres, pesant
2 144 à 2 692 livres, ou un produit en orge de 28
hectolitres et demi, pesant environ 3 000 livres[1].
Les Romains faisaient à bras et avec la houe ce
que M. Coke fait avec le secours d'une machine
et d'un cheval. Le produit net doit être beaucoup
plus considérable pour M. Coke; même le rapport
de la récolte à la semence, qui était, selon Cicéron[2] et Varron[3], de 8, 10 et 15 pour 1 dans quelques cantons privilégiés de Sicile et d'Italie, est de
20 pour 1 chez M. Coke. La quantité des engrais,
la perfection des instruments pour semer, labourer, cultiver, expliquent cette différence. Il n'en
est pas moins étonnant de voir que, par le binage
et le renchaussement seuls, avec des pratiques
aussi vicieuses en général que celles qui étaient en
usage chez les Romains, ils obtenaient alors un tel
produit en blé, tandis qu'avec une culture plus
perfectionnée la moyenne du rapport de nos terres
à blé n'est que de 7 à 8 pour 1.

« Caton, dit Varron[4], estime qu'il faut trois paires
de bœufs pour une olivette de 240 *jugères* (120
arp.), Saserna quatre bœufs pour 200 *jugères*;
mais il ne peut y avoir rien de fixe dans cette éva-

---

(1) Voy. Système d'agriculture suivi par M. Coke, décrit par
Ed. Rigby et F. Blaikie, traduit par Molard. Paris, 1820, p. 15,
21, 35, 61.

(2) *In Verr.*, III, 47.   (3) I, 44, 1.   (4) I, xix, 1.

luation, car une terre est plus facile ou plus difficile à labourer qu'une autre. Il faut donc s'en
tenir aux trois règles que j'ai prescrites, et dans
une propriété acquise nouvellement, tant qu'on
est novice, consulter les méthodes des prédécesseurs, celles des voisins, et enfin l'expérience. Il
faut n'avoir en bêtes de trait et de somme que le
nombre indispensable pour la culture, afin que les
serviteurs soient moins détournés de leurs travaux. Pour ceux qui possèdent des prés, qu'ils aient
des moutons plutôt que des porcs; je le conseille
même à ceux qui n'ont pas de prés, à cause de
l'engrais que les brebis fournissent. »

Quant au mobilier nécessaire à l'exploitation,
tel que les tonneaux, les paniers, etc., etc., voilà,
dit Varron[1], mon précepte : ne rien acheter de ce
qui croît sur le sol et qui peut être fabriqué, tra-
vaillé par les domestiques; telles sont les choses
qui se font avec de l'osier ou du bois, comme les
paniers, les corbeilles, les *traîneaux* pour battre
les grains, les maillets, les râteaux; et aussi celles
qui se fabriquent avec le chanvre, le lin, le jonc,
les feuilles de palmier et le sparte[2]. Varron avait
déjà prescrit[3] que, si la propriété était éloignée de
la ville ou des bourgs, on eût dans la maison tous
les ouvriers et artisans nécessaires, afin d'éviter aux

---

(1) I, XXII, 1.

(2) J'adopte la correction de Pontedera, qui substitue *sparto* à
scirpo (VARRO, I, XXII, 1, ed. Gesner). Un passage analogue (I,
XXIII, 6), *juncum, spartum unde nectas*, etc., appuie fortement
cette correction.

(3) I, XVI, 4.

gens de travail le dérangement et la perte de temps qui, sans cela, seraient continuels.

Ces deux passages de Varron prouvent que les Romains n'avaient pas encore reconnu le grand avantage de la division du travail, avantage que l'économie politique moderne a signalé, et qui aujourd'hui n'est plus contesté. Peut-être l'état de la société ne permettait-il pas alors cette division si utile.

On voit aussi que, puisque la majeure partie des propriétaires, et tous les grands propriétaires sans exception étaient obligés de faire fabriquer chez eux tous les objets nécessaires à leurs besoins, le nombre des villes et des bourgs pourvus d'ouvriers, d'artisans, de manufacturiers, était alors beaucoup moins considérable qu'il ne l'est de nos jours en France et en Italie, et on pourrait en inférer, quand même je ne l'aurais pas établi par des faits d'un autre ordre, que la population de l'Italie ancienne était relativement moins forte que celle de la France actuelle.

Varron, enfin, prescrit[1] au propriétaire d'avoir deux inventaires de tout son mobilier, l'un déposé à la campagne, l'autre à la ville, et au régisseur de tenir tout sous clef, ou rangé par ordre et en vue, pour prévenir le vol et la fraude. Ce seul précepte montre combien cette administration des biens ruraux était compliquée, minutieuse, prêtait à l'infidélité, et combien est préférable notre système de baux et de fermages en argent.

(1) I, xxii, 6.

CHAPITRE IX.

SEMENCES ET ENGRAIS.

Scrofa traite ensuite[1] le troisième point de sa division, *le produit.* «Puisque j'envisage, dit-il, comme le fruit d'un bien rural tout ce qui, y étant semé, rapporte quelque chose d'utile, il faut considérer : 1° ce qu'il convient d'y semer; 2° à quel lieu est mieux appropriée telle ou telle semence; car certains sols sont propres à produire du foin, d'autres du blé, d'autres du vin, d'autres de l'huile; de même pour le fourrage vert, *pabulum,* qui comprend l'*ocimum* ou *ocinum*[2], le *farrago*[3], la vesce,

(1) VARRO, I, XXIII, 1, 2, 3, 4.

(2) Le mot *ocimum,* que l'on traduit par *basilic,* n'est pas ici un nom de plante, mais désigne un fourrage vert coupé de bonne heure et formé de plusieurs espèces de plantes. Varron le prouve par un autre passage formel (I, XXXI, 1, 4) : « Inter vergiliarum exortum et solstitium omne pabulum, primum *ocinum,* farraginem, viciam, novissime fœnum secari. Ocinum dictum a Græco verbo ὠκύς, quod venit cito; similiter quod *ocimum* in horto. Id ex *fabuli* segete viride sectum antequam genat siliquas. » L'*ocimum* était donc ce que nous appelons une primeur, ou le sommet de la tige des fèves de marais, *fabulum,* que les géoponiques grecs rendent, en traduisant Varron, par ἄχυρα κυάμινα. PLINE. (XVIII, 42) explique la composition de l'*ocimum* en disant : « Sura (Mamilius) rapporte que, pour un *jugère* d'*ocimum,* on avait l'usage de mêler et de semer en automne dix *modius* de fèves, deux de vesce, et deux d'*ervilium.* » Varron nomme ce mélange *fabulum,* parce que la fève y prédominait.

(3) Le fourrage vert, nommé *farrago,* est très bien décrit par VARRON, I, XXXI, 5 : « Contra, ex segete, ubi sata admixta hordeum et vicia et legumina, pabuli causa, viridia, quod ferro cæsa *farrago* dicta, aut nisi quod primum in farracia segete seri cœptum. » L'étymologie de φάρ et de ῥαγόω, *scindo,* me semble bonne;

la luzerne, le cytise, le lupin. Les plantes qui n'exigent pas beaucoup de sucs, comme le cytise et les légumes, excepté le *cicer*, viennent mieux dans une terre légère, et mieux au contraire dans une terre grasse celles qui sont plus voraces, comme le chou, le froment (*triticum*), l'épeautre (*siligo*) et le lin[1]. Il faut semer quelques espèces, moins pour l'utilité présente que pour le bien de la récolte future, parce que ces plantes, coupées et laissées sur le lieu, rendent le sol meilleur. Voilà pourquoi, si la terre est maigre, on y enterre, en place de fumier, le lupin, lorsqu'il n'a pas encore pris ses silicules, et quelquefois les fèves, quand leurs siliques ne sont pas encore parvenues à maturité. Il faut faire les mêmes distinctions quand on sème les espèces qui donnent des fruits ou des fleurs, *pomaria vel florida*. Celles qui sont utiles pour la culture, comme le saule et le roseau (*arundo donax*), et les autres végétaux qui aiment l'humidité, veulent un sol particulier. Il en est de même des plantes qui se plaisent dans les terrains arides. D'autres préfèrent les lieux ombragés, comme le *corruda* et l'asperge : vous les y placerez ; d'autres les lieux exposés à la chaleur, semez-y la violette, et faites-y des jardins. Ces espèces sont nourries par le soleil. De même, vous sémerez dans le lieu qui leur est propice les arbres dont les branches souples et flexibles vous don-

c'est ce que nous appelons *du coupage, de la mélasse;* c'est, chez nous, du seigle ou de l'avoine semés en automne, avec de la vesce, pour être coupés en vert au printemps.

(1) Cf. Dikson, tom. II, p. 144, sqq., not. 56, sur la détermination du *far, siligo, triticum, zea, arinca ;* et Link, *Monde primitif,* t. II, p. 326 et suiv., tr. fr.

nent des paniers, des vans et des claies. Il faut choisir le lieu propre au taillis, le lieu propre à la culture du chanvre, du lin, du jonc, du sparte, qui vous fournissent des sandales pour les bœufs, *soleas*, des lignes, des filets, des cordes. Certains lieux peuvent admettre des semences diverses dans le même terrain; ainsi, dans les nouvelles pépinières d'arbres fruitiers, lorsque les graines ont été déposées, même les premières années, lorsque les jeunes plants ont été rangés en lignes, avant que les racines se soient étendues, on sème des légumes ou quelque autre chose; on s'en abstient ensuite quand les arbres ont pris de la force, pour ne pas nuire à leurs racines. » A ce sujet, dit Stolon, l'un des interlocuteurs de ce livre de Varron, Caton avait donné un assez bon précepte en disant : « Si ta terre est forte et fertile, et qu'il n'y ait point d'arbres, il faut en faire un champ de froment. Si cette même terre est ombragée, sèmes-y la rave, le raifort, le millet et le sorgho. »

J'ai traduit en entier ce chapitre de Varron, qui est curieux sous plusieurs rapports; il donne des conseils généraux très sages sur la manière d'approprier la culture au terrain. Il fait mention de l'usage d'enterrer certains fourrages verts pour remplacer le fumier; il montre, par cette prescription expresse de choisir pour cela le moment où leurs graines ne sont pas mûres, qu'il savait que c'est surtout l'œuvre de la maturation des semences qui épuise les sucs de la terre. On y voit que les Romains avaient des cultures en grand de fruits et de fleurs, *pomaria ac floralia;* il spécifie même la violette, et il nous indique une variété de cultures beaucoup plus grande que celle qu'on voit aujourd'hui en France. Ce fait s'explique par la variété de température que donnent à l'Italie sa latitude et l'élévation ou l'abaissement successif du sol au-dessus du niveau de la mer. Les Alpes qui la bordent, l'Apennin qui la partage, les deux mers qui l'entourent, rendent cette belle contrée susceptible de fournir une étonnante diversité de productions.

Varron traite ensuite[1] des époques et donne des préceptes très utiles sur celle des labours. « Quelques semailles, dit-il, se font au printemps; il faut alors ouvrir la terre en jachère pour déraciner les herbes qu'elle a produites, avant qu'il n'y tombe quelqu'une de leurs graines, et en même temps pour que les glèbes, échauffées par le soleil, soient plus aptes à recevoir la pluie, et deviennent, en se désunissant, plus faciles à travailler. Il ne faut jamais alors labourer cette terre moins de deux fois ; il est mieux même de lui donner trois labours. »

Ce précepte a été répété par Virgile[2], qui, dans ses *Géorgiques*, a suivi le plan, la distribution de Varron, et a souvent traduit en vers la prose élégante et concise du savant agronome. C'est le plus grand point de perfection qu'atteigne l'agriculture moderne que de parvenir à rendre, sans beaucoup de frais, le sol propre et net, à le purger de toutes les mauvaises herbes, et à obtenir, lors de la récolte, le grain pur et dégagé de toute graine étrangère.

Varron nous indique encore[3] une sorte de culture en grand que nous ne pratiquons pas généra-

(1) I, xxvii.   (2) *Georg.*, I, 64.   (3) I, xxxv, 1, 2.

lement. « Entre le coucher des Pléiades et la *brume*
ou solstice d'hiver, il faut semer ou planter le lys et
le safran, qui poussent déjà leurs racines. Le rosier
se coupe jusqu'à la racine en boutures d'une palme
de long; on enterre ces boutures, et on les transplante quand elles se sont garnies de racines. Depuis le *favonius* jusqu'au lever de l'*arcture*[1], le
serpolet peut très bien être arraché de la pépinière
et mis en place. » En terminant ces préceptes sur
l'époque des semences, préceptes qui sont contenus
dans neuf chapitres, Varron ajoute[2] : « Il faut que
tout ce que j'ai prescrit soit écrit et affiché dans la
villa, surtout pour que le régisseur en ait connaissance. »

Ce paragraphe nous apprend deux faits curieux :
l'un, qu'on cultivait en grand, avec fruit, les lys, le
safran, les roses et le serpolet; l'autre, que les rosiers se plantaient de boutures, et, excepté le rosier
du Bengale, je ne sache pas qu'on ait réussi, chez
nous, à propager en grand et par les procédés ordinaires de cette culture aucune espèce de roses.
C'est toujours par la greffe, par des drageons, ou
par des graines que nous multiplions les rosiers.

Le chapitre suivant traite[3] de l'influence des
phases de la lune sur les semences et les récoltes.
Les vieux préjugés sur l'utilité de moissonner le
froment, de couper le bois dans le décours, même
de tondre les brebis, et de se couper les cheveux
dans cette période, sous peine d'être chauve, y sont
rapportés par Agrasius, Agrius et Stolo, interlocuteurs que Varron, sous le nom de Scrofa, réfute

---

(1) De février à octobre.　　(2) I, xxxvi.　　(3) I, xxxvii.

souvent. Il semble ne pas leur accorder une grande
confiance ; cependant ces erreurs sont devenues
des préjugés populaires qui subsistent, et qui sub-
sisteront encore longtemps, malgré les preuves que
l'expérience a données de leur futilité, et les efforts
que la science a faits pour les détruire.

Varron dit ensuite [1], en parlant des engrais : « Il
faut voir quels lieux dans votre terre il convient de
fumer, quels engrais il faut y mettre, et de quelle
manière il est préférable de les employer. Cassius
a écrit que la fiente des volatiles, excepté celle des
oiseaux de marais ou des oiseaux nageurs, est le
meilleur fumier; que surtout celle de pigeon est
excellente parce qu'elle est plus chaude, et qu'elle
a la puissance d'exciter la fermentation dans la
terre; qu'il faut, non la déposer en tas comme le
fumier ordinaire, mais l'épandre dans les champs,
comme on fait pour la semence. Quant à moi, dit-il,
je pense que le premier rang doit être accordé à la
fiente provenant des volières de grives et de merles,
non-seulement à cause de son utilité pour les
champs, mais parce qu'elle fournit une nourriture
éminemment propre à engraisser les bœufs et les
cochons. C'est par cette raison que ceux qui affer-
ment ces volières en paient un moindre loyer
quand le propriétaire se réserve la fiente que lorsqu'il l'abandonne. Après la fiente de pigeon, Cassius place les excréments humains; au troisième
rang, le fumier de chèvres, de moutons et d'ânes.
Celui de cheval est le moins bon, mais pour les
terres à grains seulement, car il est le meilleur

_____

(1) I, xxxviii.

pour les prés, ainsi que celui de tous les animaux
qu'on nourrit avec de l'orge, en ce qu'il fait pousser une grande quantité d'herbe. »

Tout ce chapitre est très curieux ; il montre quel
était alors le luxe des Romains, et combien était
grande la consommation des grives et des merles
engraissés dans des volières, puisque leur fiente
était comptée comme un engrais pour les terres.
Nous savons par Pline[1] que, de son temps, cette
branche d'industrie avait déjà beaucoup décliné.
Varron nous apprend que cette fiente engraissait
aussi les bœufs et les cochons plus promptement
qu'aucune autre nourriture. Je ne crois pas qu'on
ait répété l'expérience, ni que la chimie ait analysé
encore les excréments de grives et de merles ; mais
on peut regarder ce fait comme positif, car Varron
nous dit[2] qu'il était possesseur de volières de ce
genre dans ses terres de Casinum, et il a souvent
eu l'occasion d'observer les effets que produisait
cette matière pour engraisser les champs et les
animaux.

Notre expérience est d'accord avec la sienne sur
la vertu de la fiente de pigeon et des excréments humains. Mais lorsqu'il affirme que le fumier de cheval et des autres bêtes de somme, *veterinarum*,
est mauvais pour les terres à grains, *segetes*, et le
meilleur pour les prés, parce qu'il produit beaucoup d'herbe, nous ne pouvons pas nous ranger à
son opinion sans la discuter. En France surtout,

(1) « De nostris moribus bene sperare est si tanta apud majores fuere (turdorum) aviaria ut ex his agri stercorarentur. »
PLIN., XVII, 6, t. II, p. 55, lign. 6.
(2) *De villaticis pastionibus*, III, IV, 2 ; V, 1-14.

dans les terres argileuses, calcaires, fortes ou légères, le fumier de cheval est préféré comme engrais
pour le grain, et le fumier des bêtes à cornes est
réputé le meilleur pour les prairies. La différence
de nourriture en serait-elle la cause? Varron assure
que le fumier des chevaux et des autres bêtes de
somme ou de trait qu'on nourrit avec de l'orge
produit beaucoup d'herbe. Nos chevaux ne mangent guère en grains que de l'avoine; nos bêtes à
cornes, excepté celles qu'on engraisse pour la boucherie, n'en mangent pas du tout. Au contraire, les
bœufs de travail chez les Romains étaient nourris
habituellement avec des grains ronds, des fèves,
du gland, des pepins de raisin, du marc d'olives.
On leur donnait même à boire, pendant les grands
travaux, une ration de douze à quinze pintes de
petit vin. Je serais tenté de croire que cette différence dans la nourriture en causait une dans les
effets produits par les sécrétions de ces deux sortes
d'animaux; car on a observé en France (et j'ai vérifié moi-même le fait) que le fumier des bœufs et
des animaux qu'on engraisse, l'hiver, avec de la farine de grain et des gâteaux huileux est un engrais
deux fois plus puissant, pour le blé, que celui des
mêmes animaux quand on les nourrit avec du foin
et de la paille. L'odeur même du fumier des bœufs
à graisse est tout-à-fait différente de celle du fumier
des bœufs de travail[1].

Varron consacre cinq chapitres à la reproduc-

(1) Toutes ces questions seront développées dans un grand travail, résultat de trente ans d'expériences comparatives, faites sur
l'action des divers engrais minéraux, animaux et végétaux, dans
les différents terrains classés suivant leur constitution géologique.

tion des arbres, soit par des transplantations, soit par des marcottes, soit par des boutures, soit enfin par la greffe.

Je n'en citerai que deux passages assez courts, le reste étant étranger à mon sujet.

On retrouve dans le premier cet esprit droit et dégagé des préjugés de son siècle. Ses contemporains croyaient qu'on pouvait greffer avec succès des arbres de familles très éloignées. Cette erreur subsiste encore en Italie et en France, où l'on dit et l'on écrit qu'en greffant un rosier sur du houx on obtient des roses vertes. Varron combat ce préjugé et dit formellement[1] : « Il faut prendre garde à l'espèce de l'arbre que vous voulez transporter sur un autre ; car si le pommier adopte le poirier, le poirier pourtant ne peut se greffer sur le chêne. »

Pendant dix ans consécutifs j'ai répété, avec M. Thouin, membre de l'Institut, des expériences que les anciens assuraient avoir pratiquées avec succès sur des greffes entre des arbres disgénères. Nous avons varié de cent manières les époques et les procédés de l'insertion, et nous n'avons obtenu d'autre résultat que celui de signaler et de détruire un vieux préjugé.

Varron nous apprend[2] qu'on greffait avec succès les figuiers et les vignes. L'expérience avait prouvé que cette opération, qui se faisait anciennement au printemps pour le figuier, réussissait beaucoup mieux étant pratiquée à l'époque du solstice d'été.

« Il faut, dit-il, couper le rameau de vigne qui

_____

(1) I, xl, 5.   (2) I, xli, 1, 3.

doit servir de greffe trois jours avant d'en faire usage, afin que la sève qui s'y trouve en surabondance puisse s'en échapper, et on fait une incision au cep qu'on a greffé un peu au-dessous de l'endroit de la greffe, afin que la sève ascendante puisse s'écouler par cette plaie. »

Je n'ai point de connaissance qu'en France on greffe le figuier ni la vigne. Il est singulier qu'un pays renommé par l'excellence de ses vins, et par la culture habile et variée qu'il donne à l'arbrisseau qui les produit, n'ait pas essayé le procédé de la greffe, généralement pratiqué chez les Romains, et n'ait pas cherché à multiplier de cette manière les espèces les plus agréables et les plus utiles, d'autant plus qu'il emploie ce procédé avec succès pour la plus grande partie des arbres à fruits.

« Le cytise (*medicago arborea*), dit Varron [1], se sème, comme la graine de chou, dans une terre bien meuble. On le transplante ensuite et on le place à un pied et demi de distance, ou bien on le multiplie par des boutures formées de la partie la plus dure du bois, et on les plante à la distance fixée. »

Varron a donné auparavant des préceptes sur le semis et la culture de la luzerne. Il est assez singulier que l'Italie moderne, qui a conservé tant de pratiques, de procédés, d'usages, et jusqu'à la forme des instruments de l'agriculture romaine, ait entièrement abandonné la culture de ces deux fourrages si productifs et si convenables à son sol et à son climat. J'avais consigné cette remarque sur

_____

(1) I, XLIII.

mon journal, en 1811, année que j'ai employée à
parcourir presque toute l'Italie. M. Lullin de Châteauvieux, agriculteur distingué, qui en 1813 a
visité et décrit cette contrée sous le rapport de la
culture et des produits, a fait la même observation [1]
qu'on peut classer désormais au rang des faits positifs.

CHAPITRE X.

PATRIE DES CÉRÉALES, NOTAMMENT DU BLÉ ET DE L'ORGE [2].

Si l'origine des plantes alimentaires, répandues
aujourd'hui dans les cinq parties du monde, est en-
veloppée de profondes ténèbres, si, à travers la
nuit des temps, il est difficile de découvrir l'aurore
de la civilisation, qui tient essentiellement à l'introduction et à la culture des céréales, cette époque, cependant, présente un si grand intérêt, et a
exercé une si grande influence sur le bonheur de la
société, que ces recherches ne paraîtront ici ni dé-
placées ni tout-à-fait inutiles. Je sens que, dans la
question dont je vais m'occuper, on ne peut apporter
qu'une certaine somme de probabilités, car la preuve
évidente consisterait à mettre sous les yeux un indi-

(1) « La luzerne, dont les anciens faisaient un grand cas,
n'existe plus en Italie, et j'ai même été surpris de n'en avoir pas
vu survivre une seule plante. » Lettres écrites de l'Italie, en 1812
et 1813, à M. Charles Pictet, 2ᵉ édit., in-8, p. 398.

(2) Voy. DE CANDOLLLE, Distrib. géogr. des plantes aliment.,
Bibiloth. de Genève, ann. 1836; HALLER, Genera, species et va-
rietates cerealium, serm. I et II, Nov. Comment. Soc. reg. Scient.
Gœtting., t. V et VI; HEYNE, Opusc. acad., t. VI, p. 445.

vidu de chaque espèce dont l'état sauvage et la pro-
venance seraient parfaitement constatés. Mais cette
preuve est très difficile à fournir pour les espèces
non indigènes, cultivées depuis un temps presque
immémorial, puisque, d'après les observations unanimes des agriculteurs, si la terre est restée assez
meuble, le blé et l'orge se perpétuent quelquefois
de graine dans nos climats pendant deux ans après
une première culture, puis meurent la troisième
année[1]. L'avoine même, comme on a pu l'observer,
s'est reproduite depuis 1815 jusqu'en 1819, dans
les parties du bois de Boulogne[2] occupées par les
bivouacs des armées étrangères. Il aurait donc fallu
que les botanistes qui ont cru avoir trouvé en différents lieux des céréales à l'état sauvage, fussent
restés plusieurs années dans le pays natal de ces
plantes, et eussent constaté avec soin la perpétuité
de leur reproduction spontanée. Quant à moi, je
m'estimerai assez heureux, si je réussis à appeler
sur ce sujet l'attention des voyageurs et des botanistes qui parcourent le globe, et si je parviens à
jeter quelques lumières sur cette partie de l'histoire
des plantes, de la culture et de la civilisation.

J'ai cru qu'on pouvait parvenir à une solution

(1) Voy. FAZELLO (cité par HEYNE, *Opusc. acad.*, t. I, p. 356,
not. 2), qui dit que le blé croît et fructifie en Sicile sans culture.
(2) Près de la mare d'Auteuil et le long des murs de la route
de Neuilly. Pline est le premier (XVIII, 44, 1) qui parle de l'avoine
(*avena sativa*) comme plante alimentaire en Germanie. Gallien
nous apprend qu'elle était cultivée en Mysie (*Alim. facultat.*, t. VI,
p. 322, ed. Khun). Cette même avoine, portée par les Européens
à Rio de la Plata, y est devenue sauvage et s'y perpétue d'elle-
même depuis plus de quarante ans sans aucune espèce de culture.
Ce fait curieux a été constaté par M. A. de Saint-Hilaire, qui est
resté six ans dans le pays.

satisfaisante de ce problème historique en combinant les dénominations appliquées aux céréales dans les plus anciennes langues, les traditions les plus anciennes, les plus anciens monuments sculptés, avec les récits de la Bible, en rapprochant l'origine et les migrations du culte de Cérès, qui ne sont probablement que les migrations de la plante, avec les figures de l'*Epi*, représenté sur les zodiaques dans le signe de la Vierge, avec les céréales elles-mêmes trouvées dans les tombeaux de Thèbes, et en appliquant ensuite aux genres *triticum* et *hordeum* cette règle de critique adoptée par les plus savants botanistes[1]. « Lorsque la patrie d'une espèce cultivée est inconnue, le pays qui renferme le plus grand nombre d'espèces indiquées de ce genre doit être regardé comme la patrie probable de cette espèce. »

Je procéderai d'abord par une méthode d'exclusion qui resserrera beaucoup la zone qu'on peut attribuer pour patrie aux céréales.

Le blé[2] et l'orge[3] gèlent souvent dans nos climats; ils ne vivent ni dans les contrées équatoriales d'une hauteur médiocre, ni au-delà des tropiques, à une très haute élévation au-dessus du niveau de la mer. Cette circonstance doit faire présumer qu'ils sont originaires d'un pays tempéré[4], soit par la latitude, soit par sa hauteur absolue.

---

(1) HUMBOLDT, *Geograph. Plant.*; Essai politiq. sur la Nouvelle-Espagne, t. II, p. 360. BROWN, Appendice du Voy. de Tuckey sur le Zaire, p. 44, 5o.
(2) *Triticum hibernum, triticum œstivum.*
(3) *Hordeum vulgare, hexastichon.*
(4) M. DE HUMBOLDT, *Distrib. geogr. Plant.*, p. 160, donne les hauteurs auxquelles ces plantes cessent de fructifier.

On sait positivement que leur reproduction spontanée n'existe ni dans l'Europe, ni dans toutes les parties de l'ancien et du nouveau continent où les Européens ont porté leurs colonies et cultivé ces grains si utiles pour les progrès de la civilisation et le bonheur de la société. Théophraste[1] dit qu'en Egypte et dans plusieurs autres lieux, le blé et l'orge sont bisannuels, et qu'après avoir été coupés, ils produisent de racine un autre épi l'année suivante : Φύεται δὲ καὶ ἀπὸ τῶν ῥιζῶν πυρὸς, καὶ κριθή, πολλαχοῦ τῷ ὑστέρῳ ἔτει. C'est une preuve que dans ces contrées ces grains étaient plus rapprochés du lieu de leur origine.

On peut supposer avec beaucoup de probabilité que les céréales n'existent pas à l'état sauvage dans les vastes contrées habitées par les peuples chasseurs et nomades ; car ces peuples auraient changé assurément une nourriture incertaine et précaire pour un aliment agréable, qui leur offrait des produits abondants, devait augmenter leur population, concentrer leurs forces, assurer l'existence et le bonheur de leurs familles.

Les Egyptiens, les Hébreux, les Grecs, plusieurs peuples de l'Asie et de l'Europe, nous offrent l'exemple de ce passage de la vie nomade à la vie agricole sitôt qu'ils ont découvert les céréales ou qu'on les a importées dans leurs pays.

Maintenant que la philologie et l'histoire naturelle nous ont donné des lumières précises sur les anciennes migrations des peuples, sur l'origine des langues anciennes et modernes de l'Europe, sur

(1) Hist. des Plant., VIII, 7.

celle de nos animaux domestiques et de nos plantes
usuelles, nous nous servirons de ce nouvel instrument pour parvenir à déterminer la région d'où
ont été importées chez nous les céréales. J'em-
ploierai toujours la méthode d'exclusion, en par-
courant le globe de l'est à l'ouest.

La Chine ne peut pas être la patrie de l'orge et
du blé; car, dans les anciens caractères qui ont
servi à former l'écriture chinoise, le riz et le millet
sont au premier rang, et l'on n'y voit pas encore
l'orge et le froment. J'en ai pour garant l'autorité
imposante d'Abel-Rémusat[1].

Dans l'Inde, le froment n'a que deux noms,
godhúma et *sumanas*. Le premier document dans
lequel on trouve le mot *godhúma* avec la signification de froment est de beaucoup postérieur à la
mention des céréales dans les hiéroglyphes égyptiens, dans la Genèse, dans Homère et Hésiode;
ce mot n'a d'ailleurs aucune ressemblance avec les
noms des céréales en égyptien, en hébreu et en grec.

Nous savons au contraire que le riz est originaire
de l'Inde; aussi le mot sanscrit *vrihi* est-il la racine
incontestable de l'ὄρυζα grec et de tous les noms de
ce grain dans les langues anciennes et modernes[2].
Les céréales ne sont point originaires de la Tartarie;
l'épi de blé ne se trouve point sur le zodiaque tar-

(1) Mém. sur les plus anciens caractères qui ont servi à former
l'écriture chinoise. Journal asiatique, t. II, p. 136. Recherches sur
l'origine et la formation de l'écriture chinoise, dans les Mém. de
l'Acad. des Inscr. et Belles-Lettres, t. VIII, p. 28.

(2) Voy. LINK, Monde primit., t. II, p. 338 et 339. THÉO-
PHRAST., *Hist. Plant.*, IV, v, 2, le premier, fait mention du riz.

tare. En turc, le froment s'appelle *boghdaï*, l'orge, *kèchkèk*, l'épeautre, *chinthah*, comme en arabe[1]. En arménien, *tsoriean* est le froment pur, l'épeautre, *tzavar*, l'orge, *kari*.

Le nom du blé est *agd* en pelhvi, en persan, *guendum*. Tous ces noms n'ont aucune analogie avec ceux des langues égyptienne, hébraïque, grecque et latine.

Suivant Moïse de Chorène[2], l'orge se trouve sauvage sur les bords de l'Araxe ou du Kur, en Géorgie; aussi le nom arménien, *kari*, de cette graminée est-il presque identique avec κρῖ ou κριθή, qui la désigne dans la langue grecque.

Le nom générique du froment, dans les hiéroglyphes égyptiens, est *har*, selon Salvolini; en hébreu, *bar*; en arabe, *bourr*[3]; en grec, πυρός; en latin, *far*, et en celtique, *bara*. Cette analogie de noms est frappante, surtout chez ceux de ces peuples dont la langue dérive presque entièrement des idiomes indo-persans. Car la brebis, dont l'origine est asiatique, se nomme en sanscrit *kurari*; en celtique irlandais, *caora*[4]. *Bahusa*, truie en sanscrit, a fait en celtique le sanglier *baez* et le cornique *bahet*. Le suédois *basse* signifie aussi sanglier,

---

(1) Voy. LINK, Monde primitif, t. II, p. 321, ss.

(2) Géogr. armén., p. 360.

(3) Ce mot signifie primitivement *pur, purus*, comme si l'on voulait désigner par cette dénomination le véritable froment. C'est peut-être la racine de l'adjectif latin *purus*. Les Hébreux appellent *kusemeth* une espèce de blé qui paraît être le *triticum spelta*, le *dinkel* des Allemands. (Voy. *Exode*, ch. IX, v. 32.)

(4) Voy. AD. PICTET, Sur l'affinité des langues celtiques avec le sanscrit, Nouv. Journal asiatiq., t. I, 3e série, p. 425.

tandis que l'allemand *bache* a conservé le sens de
truie[1]. Or, nous savons que ces deux animaux domestiques sont originaires, la brebis de l'Asie
orientale, et le cochon de l'Inde. Enfin n'est-il pas
remarquable qu'à l'extrémité de l'Occident, dans
une population celtique, dont la langue est presque
entièrement dérivée de l'idiome sanscrit, les deux
mots pain et vin, *bara, gouin*, soient absolument
identiques avec les mots hébreux qui ont formé le
πυρός et le *far*, l'οἶνος et le *vinum* des Grecs et des
Latins? et ne peut-on, sans trop d'invraisemblance,
y voir une trace de l'importation, par un peuple
sémitique, de ces deux plantes qui étaient originaires de sa patrie, et qu'il avait cultivées le premier
dès l'aurore de la civilisation? Ne semble-t-il pas
qu'on suive en quelque sorte, de l'orient à l'occident, les migrations de la plante dans la filiation
du langage et dans l'identité de l'étymologie?

Selon les plus anciens monuments de l'histoire
égyptienne, c'est près de Nysa ou Bethsané, dans
la vallée du Jourdain, qu'Isis et Osiris trouvèrent à
l'état sauvage le blé, l'orge et la vigne.

Il s'agit d'abord de fixer la position de cette ville
de Nysa. Homère est le plus ancien auteur qui en ait
parlé. «Il y a, dit-il, une ville de Nysa, située sur une
haute montagne couverte d'arbres fleuris, assez
loin de la Phénicie, plus près des eaux de l'Egypte. »

(1) *Id.*, t. II, p. 453. Le mot irlandais *tolg*, lit; le gallois *tyle*,
couche, lit de repos (identique avec le grec τύλη, matelas, coussin),
ont une affinité évidente avec le sanscrit *tûlikâ*, matelas, lit; or, ce
substantif est un dérivé de *tûla*, l'un des noms sanscrits du *coton*
(de la racine *tûl*, jeter au dehors). *Ibid.*, 458.

Ce passage [1] et quatre autres de Diodore [2] fixent d'une manière générale la position de Nysa dans l'Arabie, entre le Nil et la Phénicie.

Pline [3] est plus précis : il met Nysa en Palestine, sur les frontières de l'Arabie. « Philadelphiam, Ra-« phanam, omnia in Arabiam recedentia, SCYTHO-« POLIM, ANTEA NYSAM, a Libero patre, sepulta ibi « nutrice. » Etienne de Byzance [4] est du même avis : Nysa ou Scythopolis, dit-il, ville de la Cœlé-Syrie (dans l'Ammonite); et Josephe nous apprend [5] que cette ville de Nysa, nommée ensuite par les Grecs *Scythopolis*, s'appelait de son temps Bethsané, et était située au bout d'une grande plaine, au-delà du Jourdain.

La position de cette ville est donc établie par les textes positifs de Diodore, de Pline, de Josephe, d'Etienne. Nysa, Scythopolis et Bethsané sont la même cité. Du temps d'Osiris et même de Diodore, comme les limites de l'Arabie ont toujours été très indéterminées, la portion de la Palestine voisine de l'Arabie a pu être comprise sous le nom géné-rique de la Syrie ou de la Péninsule arabique dont elle fait partie. L'épithète εὐδαίμων, donnée à l'A-rabie par Diodore [6], doit être considérée comme une glose insérée dans le texte, ou comme une épi-thète d'ornement, appliquée à tous les terrains fer-

---

(1) Cité par DIODORE, III, 65, p. 235, éd. Wesseling.
(2) I, 19; III, 64, 65; IV, 2.
(3) Hist. nat., lib. V, c. XVI, p. 262, éd. Harduin.
(4) *De urbib. voce Nisa.*
(5) *Ant. Jud.*, XII, VIII, 5, p. 620, éd. Havercamp.
(6) DIOD., liv. I, c. XV, p. 19.

tiles ou remarquables par des productions précieuses, d'autant plus que ce même Diodore, en parlant de la ville de Nysa qu'Osiris bâtit dans l'Inde,
en mémoire de l'autre ville de Nysa κατ' Αἴγυπτον,
où il avait été élevé, ne fait plus mention de l'Arabie
Heureuse, et qu'en un autre endroit[1] il place cette
même Nysa vers l'Arabie, entre la Phénicie et le
Nil. Dans l'ancienne histoire de Java, l'orge est regardée comme une plante importée, et se nomme
Jawa nusa[2]. Serait-ce une vieille tradition de l'o-
rigine et de l'ancienne introduction de cette cé-
réale? Je ne présente cette idée que comme un
doute; mais l'identité de nom est frappante. Une
autre raison, tirée de la patrie bien connue d'une
plante fameuse, vient à l'appui des géographes que
j'ai cités, et doit fixer irrévocablement en Palestine
la position de Nysa. C'est auprès de Nysa qu'Osiris
et le Bacchus égyptien, regardés par Diodore et les
Grecs les plus instruits comme un seul et même
roi, trouvent la vigne sauvage en général suspendue
ou mariée aux arbres[3]. C'est aussi dans la terre de
Chanaan que Noé découvre la vigne[4]. On connaît
la grosseur des grappes de raisin rapportées à
Moïse des environs d'Hébron[5]; or, on sait que la
vigne est un arbrisseau affecté en général au bassin de la Méditerranée[6]; il ne croît spontanément

(1) L. IV, c. 2, p. 248.　　(2) RAFFLES, t. II, p. 65.
(3) DIOD. SIC., lib. III, c. 67, 69, lib. I, c. xv.
(4) « Cœpitque Noe vir agricola exercere terram, et plantavit
vineam, bibensque vinum inebriatus est. » *Genes.*, c. IX, vers.
20, 21.
(5) *Numeri*, cap. XIII, vers. 23, 24.
(6) Je n'entends point pourtant circonscrire aux environs de

ni dans l'Éthiopie, ni dans l'Arabie proprement
dite, ni même dans l'Égypte. Ainsi les livres sacrés,
l'histoire ancienne des Egyptiens et l'histoire naturelle s'accordent sur ce point important. C'est
dans la Palestine que l'agriculture a commencé;
on y a d'abord trouvé le blé, l'orge, puis la vigne,
qu'Osiris a importée dans la Haute-Egypte, et dont
les descendants de Seth et de Caïn ont perfectionné
la culture. Ce fait historique, que j'appuierai bientôt de grandes probabilités, découle immédiatement de la position de la ville de Nysa, qu'il s'agissait de fixer, et que j'espère avoir maintenant déterminée avec assez de précision.

C'est donc dans la vallée du Jourdain que, selon
les traditions égyptiennes, Isis et Osiris trouvèrent à
l'état sauvage le blé, l'orge et la vigne, qu'ils trans-
portèrent en Egypte, dont ils enseignèrent la culture et dont ils montrèrent l'utilité aux Egyptiens.

L'histoire égyptienne assure, dit Diodore[1], «qu'O-
siris, originaire de Nysa, située dans l'Arabie fertile
qui avoisine l'Egypte, aima l'agriculture, et trouva
la vigne dans les environs de sa ville natale. Cet
arbrisseau y était sauvage, très abondant, et en
général suspendu aux arbres. »

« C'est là aussi, dit toujours Diodore[2], qu'Isis

Nysa la patrie de la vigne ou son habitation primitive; je sais
qu'elle est sauvage en Arménie. M. du Petit-Thouars l'a vue à
Madagascar; y est-elle native ou importée? est-ce bien la *vitis
vinifera?* Je dis seulement que les traditions, les histoires égyptiennes recueillies par Diodore la placent, à l'état sauvage, près
de Nysa et du Jourdain.

(1) Diod. Sic., l. I, c. 15; l. III, c. 67, 69.
(2) Diod. Sic., l. I, c. 14.

trouva le blé et l'orge, croissant au hasard dans le pays, parmi les autres plantes, mais inconnu aux hommes. »

Des fêtes où l'on portait des gerbes de blé et des vases pleins de blé et d'orge, servirent à conserver la mémoire de cette grande découverte, qui fit cesser chez les Egyptiens l'horrible usage de l'anthropophagie. Diodore cite même les écrivains qui assuraient qu'à Nysa, une colonne avec une inscription en caractères sacrés, ἱεροῖς γράμμασιν, attestait cette découverte d'Isis. Elle portait[1] : « Je suis la reine de toute cette contrée ; je suis la femme et la sœur d'Osiris. Je suis celle qui ai fait, la première, connaître les grains aux mortels. Je suis celle qui se lève dans la constellation du Chien. Réjouis-toi, Egypte, ma nourrice. »

C'est aussi dans la Palestine que, selon la Genèse, les céréales ont été découvertes et que l'agriculture a commencé[2].

Moïse, dans le Deutéronome, rappelle au peuple hébreu cette circonstance qui devait lui rendre la Terre Promise plus désirable encore et plus chère.

« Dieu, lui dit-il[3], t'introduira dans une bonne terre, une terre pleine de ruisseaux et de fontaines,

---

(1) Diod., I, 27.

(2) « Fuit autem Abel pastor ovium, et Caïn agricola. Factum est autem post multos dies ut offerret Caïn, de fructibus terræ, munera Domino. » *Genes.*, cap. IV, vers. 2, 3.

(3) «Deus introducet te in terram bonam, terram rivorum aquarumque et fontium, *terram frumenti, hordei* ac vinearum, in qua ficus et mala granata et oliveta nascuntur, terram olei ac mellis, cujus lapides ferrum sunt et de montibus ejus æris metalla fodiuntur. » *Deuter.*, VIII, 7, 8 et 9.

la terre du froment, de l'orge et de la vigne, où nais-
sent le figuier, le grenadier et l'olivier, une terre
d'huile et de miel, dont le fer sont les pierres, et
des montagnes de laquelle on extrait le cuivre
métallique. »

C'est aussi dans la Palestine que Noé trouve la
vigne[1]; c'est la patrie du bitume[2]. C'est cette même
Palestine, la terre du blé, de l'orge et du vin[3], que la
Bible nous représente comme la patrie ou le séjour
du cèdre du Liban, du baumier (*Amyris opobalsamum*), du *Solanum melongena,* du palmier dattier,
du figuier sycomore; c'est le pays du dromadaire,
du chacal, du daman, de la gerboise, du lion, de
l'ours et de la gazelle. L'histoire égyptienne et l'histoire hébraïque s'accordent tout-à-fait sur l'origine
des céréales, de la vigne et de l'olivier.

Voyons si la Palestine réunit effectivement le
concours des diverses circonstances que j'ai pré-
sentées d'après les plus anciens monuments. Si,
l'origine des céréales n'étant pas encore bien établie,
la patrie, l'*habitat* des différentes espèces de végétaux, de minéraux et d'animaux indiqués, a néanmoins été constatée avec certitude, nous connaî-
trons déjà un des termes de la proposition, et il
nous deviendra facile d'éliminer l'inconnu.

Or, tous les savants qui ont visité la Palestine
y ont constaté l'*indigénat* de la vigne, de l'olivier,

---

(1) *Genes.,* IX, 20, 21. Voy. ci-dessus, page 101, not. 4.
(2) « Bitumine linies intrinsecus et extrinsecus. » *Genes.,* VI, 4.
(3) Voy. *Deuteron.,* XXXII, 14; *Psalm.,* LXXX, 17; *Numer.*
XIII, 24; *Judic.,* XIV, 5.

du grenadier et du figuier. Ils y ont trouvé à l'état sauvage, le cèdre, le figuier sycomore, les pins et les palmiers; l'existence dans cette contrée du baumier (*Amyris opobalsamum*) et du *Cupressus phœnicea*, du daman, de l'ours, du lion, du chacal, de la gazelle et de l'abeille, a été vérifiée; la présence des mines de fer, de cuivre, et des lacs de bitume, a été mise hors de doute. On voit aussi que l'existence, dans la même contrée, de vegétaux à qui une grande chaleur est nécessaire, et d'autres qui se plaisent dans un climat froid ou tempéré, tels que les palmiers et le cèdre, le baumier et la vigne, circonscrit beaucoup le terrain et indique positivement un pays de montagnes, susceptible, par la différence de son élévation, de températures très variées.

Maintenant, puisque les assertions des traditions ou des histoires hébraïques et égyptiennes se trouvent confirmées sur tous ces points, il y a, ce me semble, une grande probabilité qu'elles se vérifieront aussi pour le froment et l'orge, qu'elles assurent être indigènes dans la Judée, et dont une trop ancienne culture nous avait fait perdre l'origine.

Ce fait, assez intéressant pour l'histoire de la botanique et de la civilisation, ne serait peut-être plus mis en doute si des botanistes, occupés de ce genre de recherches, fussent restés plusieurs années sur les lieux et eussent été à même, pendant ce séjour, de distinguer positivement les espèces reproduites momentanément dans des cultures abandonnées des espèces véritablement sauvages et indigènes.

Théophraste, dans son histoire des plantes[1], nous dit que, dans l'Egypte et dans plusieurs autres lieux, le blé et l'orge repoussent de leurs racines après avoir été coupés, et produisent encore des épis une seconde année. Ce fait, que j'ai déjà signalé[2] et que l'on n'a jamais vu se produire en Europe, semble indiquer que ces céréales se trouvent, sinon dans leur patrie, au moins très près du lieu de leur origine.

M. de Labillardière a observé dans une contrée voisine et m'a transmis un fait qui confirme entièrement l'observation curieuse de Théophraste. Il a vu auprès de Baalbec, en Syrie, du blé se reproduire pendant deux ans consécutifs, et, dans un autre endroit, du froment, que la sécheresse avait empêché de germer, se développer et fructifier la troisième année, dans ce même champ resté sans culture. Cette circonstance n'a été observée dans aucune autre contrée où l'on cultive nos céréales, et tend à prouver que les chaînes du Liban, du Kurdistan et peut-être de l'Arménie, sont le pays d'où l'orge et le blé tirent leur origine. Olivier[3] dit positivement que dans la Mésopotamie, près d'Anah, sur l'Euphrate, il a trouvé le froment, l'orge et l'épeautre à l'état sauvage. Ailleurs[4], il assure les avoir rencontrés à une journée d'Amadan. Le botaniste Michaux, qui a voyagé en Arménie et en Mésopotamie, affirme aussi

(1) Liv. VIII, ch. 7.
(2) Voy. ci-dessus, page 96.
(3) Voyag., t. III, p. 460.
(4) Encyclop. méthod., art. Botanique, t. II, p. 160.

qu'il a trouvé l'épeautre sauvage près d'Amadan, et un fragment de Bérose[1] nous apprend que la Babylonie, c'est-à-dire la plaine située entre l'Euphrate et le Tigre, produisait spontanément le blé, l'orge, le sésame et le lupin, plantes auxquelles la Bible ajoute[2] la vigne et l'olivier. Tous ces faits, comme on le voit, se contrôlent, se vérifient mutuellement, et apportent une grande somme de probabilités pour faire attribuer à la zone que j'ai indiquée l'origine et la patrie des céréales.

Je prévois deux objections qu'on pourrait me faire, l'une que le blé (*chittah, barah, πυρὸς* ou *triticum*) et l'orge (*hordeum* ou *κριθή*), indiqués par la Bible et les historiens de l'Egypte, peuvent n'être pas les espèces cultivées aujourd'hui sous ce nom;

L'autre, que ces espèces peuvent être fort différentes de leur état primitif et avoir été améliorées, dénaturées par la culture.

Je répondrai à la première objection, que les espèces simples à trois étamines, telles que les graminées, changent peu ou point par la culture; de plus, que le blé trouvé dans les vases fermés, tirés des tombeaux des rois à Thèbes[3] et dont la forme, la couleur avaient été, grâce au bienfait de ce climat, et à l'embaumement avec le bitume, entièrement conservées, a paru à M. Delille et aux savants

(1) *Ex Alexandr. polyhistor. descript. a Syncello, chronograph.*, p. 28.
(2) IV *Reg.*, xviii, 32.
(3) On y a trouvé aussi des pains entiers et très bien conservés; ils sont à Turin, dans la collection de M. Drovetti. Leur analyse chimique serait du moins curieuse quand même elle ne parviendrait pas à déterminer l'espèce botanique; ce but a été rempli en partie par M. Brown.

de la commission d'Egypte tout-à-fait identique avec notre froment actuel. D'ailleurs la culture du blé n'a point été interrompue en Egypte et en Palestine depuis l'époque où elle y a commencé, et ces plantes ont toujours gardé le même nom. Les épis représentés sur les zodiaques peints de Thèbes et d'Esné, les blés figurés dans les scènes d'agriculture d'Eleithuia, qui sont aussi d'une très haute antiquité, ont paru de même offrir une exacte ressemblance avec nos céréales. J'ajouterai que le blé cultivé en Egypte, par la longueur de ses barbes et par son épi carré, est facile à distinguer ; c'est celui qu'on voit sur les monuments.

En juillet 1826, M. Brown, l'un des plus habiles botanistes de notre siècle, m'a fourni ce fait remarquable et m'a autorisé à le publier : « Dans les pains extraits des hypogées de la Haute-Egypte et rapportés par M. Heninken, M. Brown a trouvé plusieurs glumes d'orge entières et parfaitement semblables à celles de l'orge cultivée aujourd'hui. Il a reconnu, à la base de ces glumes d'orge antique égyptienne, un petit rudiment dont l'existence n'est pas consignée dans les descriptions des botanistes modernes. M. Brown s'est assuré que ce rudiment se trouvait tout semblable, et à la même place, sur les balles de l'orge que nous cultivons. C'est une preuve sans réplique que depuis deux mille ans au moins cette espèce de céréales n'a pas été altérée, ni même modifiée par la culture dans la moindre de ses parties. »

L'Exode nous en offre même une autre assez positive, en indiquant l'époque de la maturité du blé et de l'orge. Dans une des plaies de l'Egypte, celle de *la grêle*, le lin et l'orge furent détruits; car l'orge était montée, et le lin était en graine. Le froment et l'olyre ou l'épeautre ne furent pas détruits parce qu'ils mûrissent tard [1].

Or, nous savons que dans les climats chauds l'orge et le lin mûrissent avant le blé et l'épeautre. M. Delille m'a confirmé ce fait pour le blé, l'orge et le lin. L'épeautre ou l'olyre n'est plus cultivé en Egypte.

Quant à l'objection de la *dégénérescence* ou du changement de ces espèces par la culture, ce blé des tombeaux de Thèbes, qui compte peut-être trente à quarante siècles d'existence [2], les grains plus modernes trouvés à Herculanum, à Pompéi, à Royat en Auvergne, et qui n'ont à la vérité que dix-sept cents ans d'ancienneté, prouvent que, depuis ce temps au moins, l'espèce n'a point changé de forme.

Il y a cependant un blé qu'Homère désigne sous le nom de μίκρους πυρούς, de μελιηδέα πυρὸν [3], qui ne me semble pas devoir être notre froment; car il le donne pour nourriture aux chevaux [4]. Or, Galien avait déjà observé [5] que l'usage de ce grain est très nuisible à ces animaux; ce fait a été confirmé dans

(1) *Exod.*, IX, 31, 32.
(2) JOMARD, Notice sur les nouvelles découvertes faites en Egypte, p. 16; Revue encyclopédique, mai 1819.
(3) *Iliad.*, X, 569.
(4) Andromaque donne aux chevaux d'Hector le μελίφρονα πυρὸν, et Eustathe dit que les chevaux mangent non-seulement l'orge et l'olyre (*), mais même les blés. P. 591, éd. Basil.
(5) *Facult. alim.*, I, 313.

* Je crois qu'Eustathe désigne ici le *triticum spe''a.*

les dernières guerres, où la nécessité a souvent forcé
de nourrir les chevaux avec du blé et où une
grande mortalité a toujours suivi l'usage de cet
aliment.

Il serait à désirer qu'on fît des expériences pour
constater cette observation ; car les chevaux se
nourrissent très bien avec du pain et même avec
du poisson sec[1], mêlé, à la vérité, de fourrage et
d'avoine. Le pain seul leur suffirait-il? C'est un
essai à faire.

M. Magendie a observé que les lapins et les ca-
biais ou cochons d'Inde, qui, comme les chevaux,
sont herbivores, meurent quand on les nourrit
seulement avec du froment, mais vivent très bien
de chair et de pain mêlés aux végétaux.

L'épithète de μίκρους appliquée à ce blé me porte-
rait à croire qu'Homère a voulu indiquer ici l'é-
peautre (*triticum spelta*), dont les grains sont plus
petits que ceux du froment.

Il n'est pas étonnant que l'assertion d'Homère[2],
de Diodore[3] et de Bérose, qui donnent pour patrie
au froment, les deux premiers la Sicile, le troisième
la Babylonie[4], ait trouvé peu de croyance. Celle de
Heintzelman, rapportée par Linnée[5], qui assigne
pour patrie au *triticum æstivum* le pays des Bas-
kires, n'est pas plus admise. Le froment d'été, qui,
selon Strabon[6], croît naturellement dans le pays

(1) Buffon (VI, 5o, éd. in-8°, 1817, par Lacépède), en cite un
exemple pour l'Islande.

(2) *Odyss.*, IX, 109.   (3) V, 2.

(4) *Ex Alexandr. polyhistor. descr. a Syncello*, chronogr.,
p. 28.

(5) *Spec. plant.*, t. I, p. 126.   (6) L. xv, p. 694.

des Musicans, province du nord de l'Inde, n'y a point été trouvé à l'état sauvage par les botanistes anglais.

On avait imprimé dans la Bibliothèque britannique qu'un petit froment d'été avait été envoyé, sous le nom de *hillwheat*, à M. Banks, des provinces du Bengale, comme y étant indigène. M. Brown a bien voulu, sur ma demande, vérifier ce fait dans l'herbier de M. Banks. Ce blé a été recueilli et envoyé en Angleterre par une dame; son état sauvage n'est nullement constaté, ni même son identité avec les *triticum*.

On a rejeté aussi les témoignages de Moïse de Chorène[1], de Marc Pol[2] et de Bérose qui donnent pour patrie à l'orge, le premier, les bords de l'Araxe ou du Kur en Géorgie, le second, le Balaschiana, province de l'Inde septentrionale, et le troisième, la Babylonie.

Enfin, Théophraste et Pline lui donnent les Indes pour patrie[3], et Pausanias[4], dont l'opinion a été adoptée par le savant Barthélemy[5], le fait venir avec Cybèle de la Phrygie.

L'origine de l'épeautre (*triticum spelta*) n'est pas non plus regardée comme certaine, quoique le savant botaniste Michaux ait rapporté cette plante des environs d'Amadan, où il a cru la trouver sauvage, et que des graines envoyées et semées par M. Bosc aient donné le véritable épeautre.

Il faut reléguer au rang des fables l'origine que

(1) Géogr. armen., p. 360.   (2) *Ramusio*, t. II, f° 10, r° B.
(3) THEOPHR., *Hist. plant.*, IV, 5; PLIN., *Hist. nat.* XVIII, 13.
(4) L. I, c. 38.   (5) T. V, p. 538, ch. 68.

Pline[1] attribue au seigle. Il lui assigne le pays des Taurins et les Alpes pour patrie; peut-être même le mot *secale* désigne-t-il, dans Pline, une espèce toute différente de la nôtre[2]?

Le blé dur ou *triticum durum* paraît être cultivé depuis très longtemps en Afrique, où M. Desfontaines l'a observé avec soin; mais on croit que ce n'est qu'une variété du *triticum turgidum*.

Le peu de foi qu'on a ajoutée à ces diverses assertions tient à ce que les voyageurs n'ont pas fait un assez long séjour dans le pays pour distinguer avec certitude l'individu sauvage de l'individu provenant d'une culture abandonnée.

L'origine et la patrie des céréales étaient donc un problème historique qui restait encore à résoudre. Essayons si nous ne pourrons pas nous approcher de cette solution par un examen attentif des divers zodiaques connus.

L'examen des zodiaques dans lesquels les différents peuples ont placé les objets de leurs affections, de leur culture, les animaux avec lesquels ils avaient des rapports plus habituels, ou plutôt les animaux dont la reproduction, les végétaux dont la maturité rappelaient une époque constante, peut encore servir à éclairer le sujet que je traite. Ceux des peuples agricoles, nomades et chasseurs diffèrent totalement les uns des autres, comme M. de Humboldt l'a déjà remarqué en expliquant le zodiaque mexicain[3].

(1) *Hist. nat.*, XVIII, 40.
(2) Voy. LINK, Derniers Mémoires de l'Académie de Berlin, p. 124.
(3) Vues des Cordillières, p. 158 à 162, f° 168, etc.

Ainsi, la Cérès mexicaine, ou la déesse de l'agriculture, est représentée avec une tige de maïs dans la main.

Le blé n'est point aussi l'emblème du dieu de l'agriculture adoré chez les Chinois; l'orge ni le froment ne se trouvent point dans les signes simples des caractères chinois, dont l'invention remonte à 2200 ans avant l'ère chrétienne; le riz, au contraire, et le millet y sont exprimés [1].

L'épi ne paraît pas non plus comme emblème dans le signe de la Vierge de la sphère arabe d'Abd-Arrahman, ni dans les zodiaques indiens.

Le blé ne faisait la principale nourriture ni des Chinois, ni des Indiens, ni des Arabes.

Tous les zodiaques égyptiens, au contraire, représentent la constellation de la Vierge, de Cérès ou d'Isis, sous la forme d'une femme portant un épi qu'elle tient, soit à deux mains, soit d'une seule main [2].

Les zodiaques grecs et romains, qui dérivent de cette source, offrent le même emblème. Ne peut-on pas en tirer cette induction que le blé, dont nous voyons l'épi dans la main de la déesse de l'agriculture, était originaire des pays où les zodiaques ont été sculptés; que le temps de sa maturité formait une époque de l'année agricole; qu'il était, en Egypte, la principale nourriture comme le maïs au

(1) Voyez le Mémoire curieux d'Abel-Rémusat sur les Signes primitifs de l'ancienne écriture chinoise, lu à l'Acad. des Inscript. le 22 décembre 1820. Journ. asiat., tom. II, p. 136.
(2) Voyez Table synoptique des Constellations dans les différents planisphères, pl. A. Recherches sur les bas-reliefs astronomiques égyptiens, par MM. Jollois et Devilliers.

Mexique, et que la reconnaissance de ces différents peuples a placé dans le ciel le végétal qui
était le plus utile à leur existence. Les zodiaques
indo-persans n'offrent pas non plus cet emblème,
quoiqu'on ait voulu assigner la Bactriane pour patrie à nos céréales.

Je ne ferai que rappeler ici, car il est inutile d'insister sur un fait aussi connu, que la Cérès des
Grecs n'est autre chose que l'Isis; que c'est une
divinité d'origine égyptienne; que les Grecs, dans
les premiers temps de leur existence, se nourrissaient principalement de glands, non de ceux
du *quercus robur*, mais probablement de ceux
du *quercus ballota*, qu'on mange encore aujour-
d'hui dans l'Espagne, dans l'Afrique et dans le
Levant; enfin, que c'est seulement depuis l'arrivée
des colonies phéniciennes et égyptiennes, que le
culte de Cérès ou d'Isis s'est introduit dans leur
pays avec la culture des céréales qui lui avaient
donné naissance.

Vous ne trouvez au contraire de divinité présidant aux céréales, ni dans l'Inde, ni dans la Bactriane, qu'on avait, sans aucunes preuves, dési-
gnées comme la patrie de l'orge et du froment.

Toutes les traditions historiques et mythologi-
ques, les voyages d'Osiris et d'Hermès, de Cérès
et de Triptolème, dans le but de répandre la culture des céréales, nous indiquent les migrations
successives de ces plantes alimentaires, et nous
offrent toujours pour premier point de départ
l'Egypte et la Phénicie[1].

(1) Diod. Sic., I, 17, 18.

Il me reste maintenant à appliquer aux genres *triticum* et *hordeum* la règle de critique dont j'ai parlé au commencement de ce mémoire.

M. Brown, l'un des botanistes les plus distingués de notre époque, a employé cette méthode pour déterminer la patrie de certaines plantes dont la culture est aujourd'hui très ancienne et très répandue en Afrique et en Amérique.

« On peut, dit-il[1], assurer avec confiance que le maïs, le manioc ou la cassave, ont été apportés d'Amérique en Afrique, ainsi que l'arbre à pain, le *capsicum*, le papayer et le tabac, tandis que le bananier, le citronnier, l'oranger, le tamarin et la canne à sucre sont d'origine asiatique. »

« Dans la première partie de cet essai, dit M. Brown, j'ai avancé qu'une recherche attentive et faite avec soin de la distribution géographique de certains genres pouvait faire connaître de quels pays sont originaires les plantes actuellement dispersées sur la surface du globe. On peut déterminer ainsi qu'il suit le degré de certitude qui peut dériver de la source à laquelle on remonte. Dans les cas douteux, où les arguments sont de force égale, il devra paraître plus probable que la plante en question doit appartenir au pays dans lequel toutes les autres espèces du même genre sont certainement indigènes, que dans celui où il n'existe qu'une seule espèce du genre connu. »

M. Brown suit ce raisonnement; il conclut que le bananier, dont on trouve cinq espèces distinctes dans l'Asie équinoxiale, tandis qu'on n'en a pas

---

[1] Voyage au Congo, p. 8, trad. franç.

trouvé une seule autre espèce en Amérique, est d'origine asiatique. Il applique le même argument au papayer (*carica papaya*), au *capsicum* et au *nicotiana*, auxquels il assigne de cette manière une origine américaine.

Je ferai usage de cette règle pour les genres *triticum*, *hordeum* et *secale*.

On verra, en consultant les catalogues les plus complets des plantes connues aujourd'hui, que presque toutes les espèces des genres *triticum*, *hordeum* et *secale*, dont l'*habitat* est connu, sont indigènes dans le Levant.

Il est juste néanmoins de convenir que cet argument, appliqué à un groupe nombreux en espèces, tel que les céréales, que M. Kunth a compris sous le nom général de *hordéacées*, est moins positif que lorsqu'on l'emploie pour des genres offrant un petit nombre d'espèces, et dont l'habitation est restreinte à une zone plus resserrée. On peut m'objecter aussi que le concours des mêmes *influences cosmiques* (et je comprends sous cette dénomination abrégée toutes les circonstances nécessaires à la production et à la conservation de l'espèce, telles que température moyenne, chaleur estivale, élévation du sol, latitude, humidité, nature du terrain), que la reproduction, dis-je, des mêmes circonstances a dû faire naître des végétaux semblables dans les divers continents, et que les monocotylédones, par exemple, dont l'organisation est plus simple, ont un plus grand nombre d'analogues dans les régions des diverses parties du monde qui ont de l'analogie entre elles.

Cependant, pour me borner aux graminées et à un

seul exemple frappant, le rapport, dans l'Amérique septentrionale et la Scandinavie, entre les plantes propres à chaque pays et celles qui sont communes à tous les deux, est de $6\frac{2}{3}$ à 1; celui des dicotylédones est de $10\frac{1}{2}$ à 1 [1]. Si l'on resserre la comparaison et qu'on la restreigne à deux genres, le *triticum* et l'*hordeum*, si l'on prend pour base la Syrie, l'Égypte, la Barbarie et l'Amérique équatoriale, on reconnaîtra que le Levant, le bassin de la Méditerranée renferment la plus grande quantité d'espèces des genres *hordeum* et *triticum*; or, ce qui est un fait assez singulier, MM. de Humboldt et Bonpland n'ont trouvé en Amérique qu'un seul *hordeum*, l'*hordeum ascendens*; ils n'y ont vu aucune espèce de *triticum*.

Il faudrait, de plus, pour que l'objection que j'ai rapportée eût de la force dans ce cas particulier, trouver, pour la patrie des céréales, un pays qui, par sa latitude, son élévation au-dessus du niveau de la mer, réunît le concours des *influences cosmiques* propres à la fois aux régions alpines ou sub-alpines et aux contrées équatoriales.

Maintenant, d'après les faits que j'ai développés plus haut, ne sera-t-on pas disposé à convenir que la ville de Nysa, patrie du blé et de l'orge, est la même que Scythopolis ou Bethsané, et est située dans la vallée du Jourdain; que l'identité du blé et de l'orge cultivés anciennement en Egypte et en Palestine avec nos céréales est certaine; que

(1) Voyez SCHEW, *Dissert. de sedibus plantarum originariis*, in-12 de 80 pages. Harniæ, septembre 1816.

l'*habitat* de tous les végétaux, animaux, minéraux, indiqués par les monuments les plus anciens, comme existant dans la patrie de l'orge et du blé, a été constaté avec certitude; que la comparaison des divers zodiaques, les migrations du culte de Cérès confirment cette origine des céréales; enfin, que le plus grand nombre d'espèces des genres *triticum*, *hordeum* et *secale* dont l'*habitat* est connu, étant indigènes dans le Levant, les témoignages de l'histoire s'accordent assez bien avec les règles de critique établies par la science, et que la vallée du Jourdain, la chaîne du Liban, ou la partie de la Palestine et de la Syrie qui avoisine l'Arabie, doit être, avec une grande probabilité, assignée pour patrie à nos céréales?

Un des faits les plus probants en faveur de cette conclusion, est celui que j'ai déjà signalé d'après l'observation de M. de Labillardière. Il a vu auprès de Baalbec, en Syrie, du blé, que pendant deux ans consécutifs la sécheresse avait empêché de germer, se développer et fructifier la troisième année dans ce même champ resté sans culture. Cette circonstance n'a été observée dans aucune autre contrée où l'on cultive nos céréales, et tend à prouver que la chaîne du Liban est le véritable pays d'où l'orge et le blé tirent leur origine.

Reprenons maintenant l'examen de la culture du blé en Italie.

CHAPITRE XI.

RAPPORT DE LA SEMENCE AU PRODUIT.

« On sème, dit Varron[1], par *jugère* (demi-arpent) quatre *modius* de fèves, cinq de froment, six
d'orge, dix de *far* ou épeautre[2], mais dans quelques localités un peu plus ou un peu moins ; plus
si le sol est compacte ; moins s'il est maigre. C'est
pourquoi vous observerez quelle est dans le pays la
proportion usitée, afin de vous régler sur ce que
comportent le canton et la nature de la terre, puisque le même grain rapporte ici dix pour un, ailleurs quinze pour un, comme en Etrurie et dans
quelques cantons de l'Italie. On dit même que
dans le territoire de Sybaris, en Syrie près de Garada, et à Byzacium en Afrique, on recueille cent
modius pour un. Il est aussi fort important de distinguer, quand vous semez, si c'est une terre neuve
ou une terre qui soit ensemencée tous les ans et
qu'on appelle *restibilis*, ou un guéret qui se repose
de deux années l'une. »

Tout ce chapitre de Varron est très curieux. Il
donne une nouvelle preuve de la sagesse de son

(1) I, XLIV, 1, 2.
(2) Les Grecs avaient deux mots pour indiquer l'épeautre,
ὄλυρα et τίφη. GALIEN (*de Alim. fac.*, l. I, c. 13) dit que le τίφη a une
enveloppe comme l'ὄλυρα et l'orge. Suivant HÉRODOTE (l. II, c. 36),
le mot ζειά est synonyme d'ὄλυρα. Ζειά était la grande épeautre,
τίφη la petite. On l'appelait chez les Romains *far, ador, adoreum,
semen adoreum* ou simplement *semen*. (Voy. LINK, Monde primitif, tr. fr., t. II, p. 326-329.)

esprit et de la précision avec laquelle il a soin de classer et d'apprécier les faits; car, après avoir cité, d'après ses propres observations, quelques cantons de l'Italie où le produit est de dix et de quinze grains pour un, il exprime son doute sur des produits extraordinaires par cette formule : *on dit même, dicunt etiam*, qu'à Sybaris, à Garada et à Byzacium on recueille cent *modius* pour un.

Plusieurs personnes, entre autres M. Dikson, dans son ouvrage sur l'agriculture des anciens[1], se sont trompées en admettant que le rapport des terres à blé de l'Italie était alors, en terme moyen, de dix pour un, tandis que Varron ne cite dans ce passage que les cas extraordinaires de fertilité qu'il a observés. Un passage formel de Cicéron, contemporain de Varron, lève tous les doutes. Le territoire des Léontins, en Sicile, était renommé par sa fécondité. Pline[2] dit que quelques champs y rendaient cent grains pour un ; or Cicéron, qui, je l'ai déjà dit, avait administré la Sicile en qualité de questeur, qui, pendant le procès qu'il intenta contre Verrès, était venu y prendre les renseignements les plus exacts, et qui accuse spécialement ce préteur d'exaction dans la levée de la dîme, Cicéron s'exprime ainsi sur le rapport de la semence au produit[3] : « Dans les terres des Léontins un médimne de froment peut être regardé comme la quantité ordinaire et exacte qui se sème par *jugère* (demi-arpent). Lorsque les terres rendent huit

(1) T. II, p. 106-107, tr. de Rondelet, 1802.
(2) XVIII, 21.   (3) *Verr.*, III, 47.

pour un[1], c'est un bon produit. Lorsque toutes les
circonstances sont favorables, on obtient dix pour
un. Quand cela arrive par hasard, la dîme égale la
quantité semée, c'est-à-dire que, quel que soit le
nombre de *jugères* ensemencés, on doit un médimne par *jugère* pour la dîme.» Il ajoute plus
loin : «Un médimne par *jugère* est donc tout ce
qu'on doit au décimateur, lorsque la terre, ce qui
arrive très rarement, produit dix pour un[2]. »

Columelle dit positivement[3] que le produit des
terres à blé dans la majeure partie de l'Italie n'est
que de quatre pour un[4] : «Nam frumenta, majore
«quidem parte Italiæ, quando cum quarto respon-
«derint, vix meminisse possumus.» Tous ces nombres s'accordent parfaitement, comme on voit. Les
terres fécondes des Léontins, quelques cantons privilégiés de l'Italie et de l'Etrurie rendaient huit,
dix et quinze grains pour un ; mais la moyenne
n'était que de quatre pour un, du temps de Columelle, dans la plus grande partie de l'Italie.

(1) Dans les plaines de Catane (anciennement champs Léontins), le rapport du produit à la semence est encore de huit pour
un dans les bonnes années, de dix pour un dans les années rares
pour la fertilité. (*Discorsi intorno alla Sicilia di Rosario di Gre-
gorio*, tom. I, p. 119. Palermo, 1821.)

(2) « In jugero agri Leontini medimnum fere tritici seritur,
perpetua atque æquabili satione. Ager efficit cum octavo, bene ut
agatur ; verum, ut omnes dii adjuvent, cum decumo. Quod si
quando accidit, tum fit ut tantum decumæ sit quantum severis ;
hoc est ut quot jugera sunt sata, totidem medimna decumæ de-
beantur... Medimnum autem ex jugere decumano dari poterat,
cum ager, id quod perraro evenit, cum decumo extulisset. »

(3) III, III, 4.

(4) C'est encore aujourd'hui le produit moyen du froment en
Piémont. Voyez le mémoire du comte PROSPERO BALBO intitulé :
Discorso intorno alla fertilità del Piemonte.

Très peu d'endroits, dans la Toscane, rendent maintenant dix grains pour un en blé[1]. Le val d'Arno ne rapporte guère plus de six pour un[2].

Quelques terres, dans l'immense plaine de la Pouille, donnaient, en 1767, douze, quinze et même dix-huit boisseaux pour un. Le sol est une glaise légère, sablonneuse et peu profonde; c'est ce que nous apprend Jean Symonds, professeur d'histoire moderne à Cambridge, qui a employé quatre ans consécutifs à parcourir et à observer l'Italie sous le rapport de l'agriculture, et dont les observations ont été imprimées à la suite du voyage d'Arthur Young en Italie[3].

La marche d'Ancône, dont le sol est une bonne terre forte, tirant un peu sur l'argile, rend, dans les saisons favorables, environ dix pour un[4].

Le val de Chiana, qui, dans le XVII⁰ siècle, n'é-tait presque qu'un lac et un marais pestilentiel, a été desséché, et le blé y rapporte communément dix à douze boisseaux pour un. Cependant la Toscane, malgré sa fertilité si vantée, ne produit point, dit Symonds, dans les années passables, plus de grain qu'il n'en faut pour nourrir ses habitants pendant neuf à dix mois[5].

La plaine de Crotone, dont le sol est une terre forte, blanche, mêlée d'un peu de glaise, une partie du territoire de Métapont, dont le sol est en gé-néral une glaise profonde, humide et friable, sont d'une grande fécondité. Symonds ne donne pas le rapport du produit à la semence[6].

(1) J. SYMONDS, p. 246.   (2) *Id.*, p. 248.
(3) P. 241, tr. fr.   (4) *Ibid.*, p. 245.
(5) *Ibid.*, 249 et 250.   (6) Voy. p. 235, 237.

Le comte Prospero Balbo [1] et M. Charles Pictet [2], dans leurs mémoires sur l'agriculture du Piémont, donnent les rapports de la semence au produit, qui sont tout-à-fait conformes à ceux que nous a transmis Columelle. Leurs observations expliquent en même temps très bien le phénomène d'une grande population avec de mauvais assolements et une agriculture peu habile. Le rapport de la semence à la récolte en blé est, d'après le comte Balbo, en Piémont, de un à quatre, celui du seigle de un à neuf; il n'y a point de jachères; on fait deux récoltes par an [3]. On ne donne que peu d'engrais au sol, relativement à cette continuité de production; mais les prés sont presque tous fécondés par des irrigations, et fournissent trois récoltes de foin [4]. Les feuilles des arbres sont employées à nourrir les bestiaux. C'est surtout l'excellente construction de la charrue piémontaise, l'*araire*, conduite par deux bœufs et un homme, ce sont les quatre à cinq labours qu'on donne avec cette charrue pour la culture du froment, ce sont les binages répétés pour le maïs et les légumes, qui, selon M. Pictet [5], sont la cause principale de cette abondance de produits bruts. La terre est tout entière affermée à moitié, lorsqu'elle produit du blé, du maïs, du seigle, du

---

(1) *Discorso intorno alla fertilità del Piemonte*, extr. des mémoires de l'Acad. de Turin, année 1819, suivi d'un *Estratto di due opuscoli del signor Carlo Pictet, sopra l'agricoltura del territorio d'Azigliano e sopra l'aratro piemontese.*

(2) Biblioth. britann. Agricult., VII, septembre 1822, p. 301-344, et octobre, p. 357-396.

(3) Mém. du comte Balbo, p. 99.   (4) *Ibid.*, p. 93.

(5) *Ibid.*, p. 95 et suiv.

riz et de la soie; les prés sont seuls à reute fixe et affermés la moitié du revenu net. Le propriétaire paie les impôts; le métayer (*massaro*) fournit les bestiaux et les instruments aratoires; cependant, le rapport en blé de la récolte à la semence n'est, je le répète, que de quatre pour un. Le cadastre et les registres des propriétaires cités par MM. Balbo et Pictet, et que j'ai consultés moi-même en 1811 et 1830, donnent avec certitude ce rapport de la semence au produit. Ainsi, dans le Piémont la terre labourée ne rend aujourd'hui, comme dans les six premiers siècles de Rome, qu'un produit net très faible; mais elle donne un produit brut très fort qui nourrit une population très nombreuse.

La Toscane et l'Etat de Lucques, où il y a cinq ou six mille habitants par lieue carrée, et où l'on ne cultive pas la pomme de terre, où le produit net est très faible, mais le produit brut énorme et employé presque en totalité à la production des hommes, explique très bien le phénomène de la grande population italienne dans les cinq premiers siècles de la république romaine; car même système de culture, de baux à part de fruits, mêmes outils aratoires imparfaits, même assolement vicieux. La grande population en France, au XIVe siècle, sous le régime féodal, s'explique aussi par la culture à bras, par les labours, les binages et les sarclages répétés[1].

Le produit moyen en blé de la France était es-

---

(1) J'ai traité cette question dans un Mémoire sur la population de la France au XIVe siècle, lu à l'Académie en 1828, et qui sera imprimé dans son recueil.

timé de cinq à six grains pour un en 1780, par
Necker et Lavoisier; il est à présent de sept à huit,
grâce aux progrès qu'a faits la culture depuis qua-
rante-six ans. Il est donc évident, d'après les faits
nombreux que j'ai rapportés, qu'on s'est grossièrement trompé en prenant le rapport de dix grains
pour un, donné par Varron, comme la moyenne
du produit de toute l'Italie, tandis qu'il était alors
au plus de cinq pour un, ce qui explique pourquoi, à cette époque, le prix du blé étant augmenté
d'un tiers, on convertit en pâtures la plus grande
partie des terres labourables. L'énormité des frais
de culture, accrue encore par la substitution du
travail des esclaves à celui des hommes libres, rend
raison de ce fait d'une manière satisfaisante.

CHAPITRE XII.

REVENU DES TERRES LABOURABLES ET DES PRÉS.

Nous avons le prix et la rente des terres à blé
d'une fertilité moyenne du temps de Columelle[1];
dans son calcul des dépenses d'une vigne, il compte
sept *jugères* à 7000 sesterces, ce qui fait 1000 sesterces par jugère (260 fr.). Ordinairement, les terres rapportaient 4 p. $\frac{0}{0}$ du prix d'acquisition; à ce
taux, la rente des terres moyennes était alors de
40 sesterces le *jugère*, ce qui faisait 3 $\frac{54}{100}$ *modius*, à
12 sesterces le *modius*.

---

(1) Dans les premiers siècles de l'ère chrétienne, sous Tibère
et Néron. COLUM., III, III, 8.

Suivant Columelle, les récoltes sur une ferme de cent *jugères* étaient vingt-cinq *jugères* de froment d'hiver, quinze de froment de printemps, et vingt-cinq de légumes[1]. Admettons vingt *jugères* de légumes pour la nourriture de deux bœufs, suffisants pour l'exploitation d'une ferme de cette étendue, et supposons que les cinq autres *jugères* égalaient le produit de trois *jugères* de froment ; voici le calcul du produit total :

Modius

43 jugères de froment, à 5 *modius* de semence par jugère, en supposant 5 pour 1 de produit. 1 075

Dont il faut déduire la semence à 5 *modius* par jugère. 215

La rente étant de 40 sesterces et le *modius* en valant 12, pour produire là somme de la rente il en fallait. . . . . 3 $\frac{34}{100}$

$\left.\begin{array}{l}\\\\\\\\\end{array}\right\}$ 218 $\frac{34}{100}$

Il restait donc pour les frais d'exploitation de 100 jugères. . . . . .   856 $\frac{66}{100}$

Ce qui fait par jugère 8 $\frac{56}{100}$ *modius*[2].

Supposons une ferme tenue par un *politor* du temps de Columelle :

Modius.

Produit, comme ci-dessus.. . . . .   1 075
A déduire $\frac{1}{5}$ pour la portion du *politor*. 215
La semence.. 215
Intérêt et entretien du bétail et ustensiles.. 100

$\left.\begin{array}{l}\\\\\\\end{array}\right\}$ 530

Reste.   545

[1] En tout 65 jugères ; il en restait donc 35 en jachères.
[2] Cf. DIKSON, Agr. des anc., tom. II, p. 113, 134, 135, tr. fr.

La rente est de 5 $\frac{45}{100}$ *modius* par jugère.

Rien n'est plus facile maintenant que. de se rendre compte de la valeur que représentent, en argent, les deux produits que nous venons de désigner en nature.

Nous savons positivement par Cicéron[1] qu'en Sicile, en 670, d'après la loi *Terentia* et *Cassia frumentaria*, le prix du *modius* de blé avait été fixé à 3 sesterces pour le blé provenant de la dîme, et à 4 sesterces pour celui que les villes étaient chargées de fournir à Rome. « Ex senatus-consulto, et ex « lege Terentia et Cassia frumentaria... pretium « constitutum (tritico) decumano in modios sin-« gulos H. S. III. imperato H. S. IV. »

Mais, pour des évaluations données par Columelle, il vaut peut-être mieux s'en rapporter à Pline, qui dit que le prix moyen d'un *modius* de farine est de 40 as.

L'as étant le seizième du *denarius*, et le *denarius* étant égal à 4 sesterces, 40 as égalent 2 $\frac{1}{2}$ *denarius* ou 10 sesterces, 2 fr. 49 cent., d'après le prix connu de 99 cent. pour le *denarius* de cette époque; ce qui met le pain commun à environ 23 cent. la livre; car un *modius* de blé, pesant à peu près treize livres et un tiers, devait produire un peu moins du même poids en pain[2].

Quant au prix donné par Cicéron et qui était, de son temps, le taux moyen du blé dans les marchés de Sicile, province abondante en grains, on

(1) *Verr.*, III, 70.
(2) Voy. pour tous ces détails liv. I, ch. XI, p. 109, 110.

peut présumer qu'il devait être un peu plus élevé
en Italie; car le blé sicilien avait à supporter, pour
arriver jusqu'à Rome, les frais de chargement, de
transport, et les avaries du voyage.

Nous pouvons aussi tirer d'un passage de Varron[1] le taux de la rente des meilleurs fonds de
prés en Italie, ceux de Rosea, près de Riéti, vers
l'an 703 de Rome; car il dit « que la villa de la
tante de Merula rendait par an 60 000 sesterces
(16 800 fr.), deux fois autant que le domaine
d'Axius à Réaté (Riéti), qui était de deux cents jugères (100 arpents); » c'est donc 8 400 fr. pour
cent arpents, ou 84 fr. l'arpent par an, que rapportaient les meilleurs fonds de prés, tels que ceux
d'Axius[2], que nous savons avoir été situés à Rosea,
près de Riéti, sur les bords du Velino, canton qui
possède encore aujourd'hui les meilleures prairies
de l'Italie. Le prix de cette nature de propriétés est
plus élevé en France, et il y a des herbages, tels
que ceux de Corbon, dans la vallée d'Auge, département du Calvados, qui sont loués, francs d'impôts, 120 fr. l'arpent par an, payés d'avance.

Un petit fait, rapporté par Varron[3] à l'article des
récoltes, prouvera ce que j'ai avancé sur la cherté
de la culture et l'imperfection des instruments chez
les Romains. Après avoir décrit les opérations du
fauchage, du fanage, de la mise en bottes, du râ-
telage, qui sont semblables aux nôtres, il ajoute :
« Cela fait, il faut *scier* les prés, c'est-à-dire reprendre avec la faucille ce que le faucheur a laissé de-

(1) VARRO, III, 11, 15.   (2) III, 11, 9, 10.   (3) I, XLIX, 2.

bout, et qui rend l'aire du pré comme barbue et pleine d'inégalités. C'est de ce sciage qu'est venue, à mon avis, la locution *scier un pré*[1]. »

Si l'on songe que les anciens faisaient usage alors de faux d'airain, c'est-à-dire d'un alliage d'étain et de cuivre jaune ; qu'ils ne connaissaient pas l'art de bien tremper le fer et de fabriquer l'acier ; qu'ils n'ont découvert qu'assez tard l'espèce de pierre propre à aiguiser la faux[2], on ne sera pas étonné qu'ils fussent obligés de faire en deux fois, et par une main-d'œuvre bien plus chère, l'opération du fauchage des prés que nous exécutons complétement d'un seul coup. Ce n'est même, comme on sait, que depuis le dernier siècle que la fabrication des fers de faux a été portée à une assez grande perfection.

Les travaux de la moisson n'étaient pas moins compliqués ni moins coûteux. « Il y a, dit Varron[3], trois manières de moissonner les blés : l'une est en usage dans l'Ombrie, où l'on coupe la paille à ras de terre avec la faucille, en posant sur la terre chaque poignée à mesure qu'elle est sciée ; lorsqu'il y en a une certaine quantité on la reprend et l'on sépare la paille de l'épi. On jette les épis dans des

---

(1) « Quo facto sicilienda prata, id est falcibus consectanda quæ fœniseces præterierunt, ac quasi herba tuberosum reliquerunt campum. A qua sectione arbitror dictum *sicilire pratum.* »

(2) Pline dit qu'avant l'époque où il écrit on se servait de pierres à aiguiser qu'on tirait de l'île de Crète, et qui ne pouvaient sans huile aiguiser le tranchant de la faux. « L'Italie, dit-il, fournit à présent des pierres qui, avec de l'eau, affûtent le fer aussi bien qu'une lime. » PLIN., XVIII, 67, 5.

(3) I, L, I, 2, 3.

II.

9

corbeilles et on les envoie à l'aire; la paille reste sur le champ, d'où on l'enlève ensuite pour la mettre en meule. On moissonne aussi d'une autre manière, comme dans le Picenum, où l'on se sert d'une pelle de bois recourbée, à l'extrémité de laquelle est une petite scie en fer; lorsqu'elle a saisi un faisceau d'épis elle le coupe et laisse la paille sur pied pour être sciée plus tard. Il y a encore une troisième manière de moissonner, en usage aux environs de Rome et dans la plus grande partie des provinces; on coupe la paille au milieu de sa hauteur, en saisissant la partie supérieure de la main gauche, et je crois que c'est de cet usage de scier la paille par le milieu qu'est dérivé le mot *messis*. La paille qui se trouve au-dessous de la main, et qui reste fixée au sol, est coupée ensuite; celle qui tient à l'épi est portée sur l'aire dans des paniers. » Ici le simple exposé des faits suffit et n'a pas besoin de commentaire. On voit clairement combien ces manières de moissonner devaient être dispendieuses, puisqu'elles exigeaient une main-d'œuvre double de la nôtre quand nous coupons le blé à la faucille, et plus que quadruple si nous nous servons de la faux.

De plus, le grain, chez les Romains, était toujours battu, sur une aire découverte [1], immédiatement après la récolte, soit avec une table armée de dents, en pierre ou en fer, nommée *tribulum* [2], soit avec une sorte de herse portée sur des roulet-

(1) VARR., I, LI, 1, 2.
(2) Le *tribulum* garni de cailloux existe encore en Géorgie, où il sert à battre le grain. (Voyage de Gamba, t. II, p. 85.)

tes, nommée *plostellum pœnicum*[1], soit enfin par
les pieds des chevaux qu'on faisait courir sur les
épis en tournant sur l'aire comme dans un ma-
nége[2]. J'ai vu encore, en 1811 et en 1830, ce dernier procédé employé dans la campagne de Rome
au battage des grains[3]. On voit que la méthode
employée dans la plus grande partie de la France,
de mettre les blés en meule ou en grange, est bien
préférable., en ce qu'elle permet de consacrer au
battage des grains les jours de pluie, de neige, le
temps de l'hiver enfin, où il est impossible de travailler dehors.

Dans la récolte des olives Varron conseille[4] de
les cueillir à la main et de se garder de les meurtrir;
alors elles rendent une huile plus abondante et de
meilleure qualité. Il veut que celles qu'on ne peut
atteindre avec la main, même en s'aidant d'une
échelle, soient abattues avec une gaule de roseau, et
en frappant la branche transversalement pour ménager l'écorce de l'arbre et les bourgeons à fruit

(1) VARRO, I, 52. Voyez, sur la forme de ces instruments, le
Mémoire intéressant de M. MONGEZ, Mémoires de l'Acad. des
Inscript., t. III, p. 45 et suiv.

(2) VARRO, l. c. Voyez BOCHART, *Hieroz.*, part. I, col. 310.

(3) Dans quelques provinces méridionales de la France, à mesure
que le blé tombe sous la faucille du moissonneur il est mis en gerbe
par des femmes; on transporte ensuite les gerbes sur l'aire, où on
les empile en meules. Lorsque le propriétaire a réuni ainsi toute
sa récolte, il commence immédiatement les travaux du battage des
grains, qu'on appelle la *dépiquaison*. On y procède comme en
Italie, en faisant fouler les gerbes sous les pieds des chevaux.
Quand on veut conserver la paille entière et sans la briser, on
sépare les épis en les frappant avec un bâton court sur une pierre,
et ensuite on jette les épis sous les pieds des chevaux pour extraire le grain de la balle.

(4) I, LV, 2, 3, 4.

de l'année suivante. C'est, dit-il, dans l'omission de cette pratique que réside la principale cause qui empêche les oliviers de donner des fruits deux ans de suite ou d'en donner d'aussi beaux.

On a observé en Normandie la même chose pour les pommiers; quand leurs fruits étaient abattus à coups de gaule, l'année suivante ils ne produisaient ni fleurs ni fruits; depuis quelques années on laisse les pommes à cidre mûrir complétement sur l'arbre; alors elles tombent d'elles-mêmes ou on les fait tomber en montant sur le pommier et secouant les branches. Depuis l'introduction de ce procédé les récoltes sont devenues moins alternatives, et les arbres du moins donnent une plus grande quantité de fleurs qu'auparavant.

Quant aux greniers publics ils devaient être, selon Varron[1], secs, élevés, bien aérés, ouverts à l'est et au nord, enduits, murs et planchers, d'une espèce de stuc[2], ou bien d'un mélange d'argile, de balle de blé et de lie d'huile, qui écarte les souris et les insectes et rend le grain plus dur et plus coulant. Quelques peuples, comme les Thraces, les Cappadociens, ont leurs greniers sous terre, dans des fosses qu'ils appellent *siros*, σειροὺς; d'autres dans des puits, comme les peuples de l'Espagne citérieure, les Carthaginois et les habitants d'Osca[3]. Ils en couvrent le fond de paille, et ils ont soin que l'air

(1) I, LVII.
(2) *Parietes et solum opere tectorio marmorato loricandi.* C'est, je crois, cette espèce d'enduit, formé de stuc mêlé de marbres cassés, qui est d'usage en Italie et qu'on appelle *lastrico.*
(3) COLUMELL., I, VI, 15. PLIN., XVIII, 73. HIRTIUS, *Bell. Afric.*, c. 65.

ni l'humidité n'y puissent pénétrer; de cette manière leurs grains sont à l'abri du charançon et le blé se conserve cinquante ans, le millet plus de cent années. Mais quand on veut se servir du grain, il ne faut le tirer des *siros* que quelque temps après les avoir ouverts; il y a péril à y entrer au moment de l'ouverture; plusieurs personnes y ont été asphyxiées et en ont perdu la vie.

Ce passage de Varron décrit exactement les *silos* que l'agriculture moderne cherche à propager comme le meilleur moyen de conserver les grains; il contient un fait exact qui peut s'ajouter à tous ceux que j'ai réunis sur la longue durée de l'existence des semences, lorsqu'elles sont soustraites par un moyen quelconque aux influences atmosphériques [1].

CHAPITRE XIII.

DES TROUPEAUX.

Le second livre de Varron traite des bestiaux, *de Re pecuaria*; il commence par l'exposé de l'état de l'agriculture ancienne et de son état actuel. « Ce n'est pas sans raison, dit-il [2], que nos ancêtres, ces hommes si éclairés, estimaient les Romains de la campagne plus que les Romains de la ville; ils pensaient que ceux qui résidaient dans la cité étaient moins propres à toute espèce de travail

(1) Mémoire sur l'*Alternance*, lu à l'Académie des Sciences, le 1er septembre 1824, imprimé dans les Annales d'hist. natur., août 1825.

(2) VARRO, II, Introduct.

que ceux qui cultivaient leurs champs. Aussi par-
tagèrent-ils l'année de manière qu'ils ne consa-
craient aux affaires publiques que les jours de
marché[1], et que les autres jours étaient employés
à la culture des terres. Tant qu'ils conservèrent
cette institution ils obtinrent deux avantages : d'a-
voir des terres plus fécondes, mieux cultivées, et
de jouir eux-mêmes d'une santé plus robuste.
Maintenant que les pères de famille, abandonnant
la faucille et la charrue, se sont presque tous glissés
dans les murs de Rome et aiment mieux se servir
de leurs mains au cirque et au théâtre que dans
les vignobles et les moissons, nous payons, pour
ne pas mourir de faim, le blé nécessaire à notre
nourriture; nous passons des marchés pour qu'on
nous l'apporte par mer d'Afrique et de Sardaigne,
et nous allons vendanger avec des navires dans les
îles de Cos et de Chio. Aussi, dans cette contrée où
les pâtres fondateurs de Rome ont appris à leurs
enfants l'art de cultiver la terre, on voit leurs ar-
rière-neveux, par avarice, au mépris des lois, con-
vertir les terres labourables en pâtures, ignorant
que l'agriculture et le pacage ne sont pas la même
chose. Autres sont la science et le calcul du colon,
autres le calcul et la science du pasteur. Le colon
tire son bénéfice des produits que l'agriculture
obtient de la terre, le pasteur des produits du troupeau. Mais, comme ces deux genres d'industrie ont
entre eux une grande affinité, parce qu'il est souvent
plus profitable au propriétaire de faire consommer

(1) *Nonis diebus.* Les marchés revenaient tous les neuf jours,
et se nommaient pour cela *nundinæ.*

ses herbes dans sa terre que de les vendre, comme, de plus, le fumier est très utile pour les productions du sol et que les troupeaux remplissent surtout ces objets, je pense que celui qui possède une propriété doit réunir la triple industrie de l'agriculture, de la nourriture des troupeaux et de l'éducation des animaux de basse-cour[1], car les volières, les parcs de bêtes fauves et les viviers peuvent donner de grands produits. Il me sera d'autant plus facile de traiter ce sujet que j'ai possédé moi-même de grands troupeaux de brebis dans l'Apulie, de grands haras de chevaux dans le territoire de Réaté[2], et que j'ai souvent conféré de ces matières avec les possesseurs des grands troupeaux de l'Épire, lorsque, pendant la guerre des pirates, je commandais les flottes de la Grèce entre Délos et la Sicile. »

Cette introduction du deuxième livre de Varron prouve qu'il s'est opéré une diminution dans les produits de l'Italie, à l'époque où la puissance romaine était au comble et où Rome s'était enrichie des dépouilles du monde. Ce témoignage a d'autant plus de force que l'écrivain dont nous le tenons n'est pas un déclamateur ampoulé. Varron nous transmet les résultats de sa propre expérience, de ses recherches directes, de ses conférences avec les

---

(1) Je n'ai pu trouver une expression générale pour rendre *villaticæ pastiones*, qui comprend la nourriture, la multiplication et l'amendement des oiseaux de basse-cour, des oiseaux de volière, du gibier volatile ou quadrupède, et enfin des poissons et des insectes.

(2) Les plaines de Satureia, près de Tarente, étaient aussi célèbres par leur race de chevaux de pur sang. (HORAT., *Serm.*, I, VI, 59, et *vet. Scholiast.* : « Satureiani fundi sunt in Apulia fertiles, et equorum nobilium genitores. »)

hommes qui s'étaient spécialement occupés de l'objet qu'il traite. On a vu avec quelle réserve il parle des choses peu croyables. On a pu juger de l'ordre et de la méthode qu'il met dans les sujets qu'il traite, de la justesse et de la netteté de ses idées, de la concision précise de son expression. Son livre est un des documents les plus précieux pour l'appréciation de la richesse de l'Italie à cette époque; car puisque cette contrée n'était ni manufacturière ni commerçante, c'est dans son agriculture qu'il faut chercher la source principale d'une richesse que ne lui procurait point l'industrie. Je ne crois donc pas m'écarter de mon sujet en continuant l'analyse exacte et détaillée des ouvrages de Varron et de Columelle, qui contiennent les meilleurs renseignements sur les produits de l'Italie dans le siècle qui précéda et dans celui qui suivit la naissance de Jésus-Christ.

Varron[1] divise son livre en trois points : Quelle est l'origine de la vie pastorale? quel est le rang, quel est l'art du pasteur? Il rapporte et paraît approuver[2] l'opinion des philosophes grecs que le mouton avait été le premier animal soumis à l'état de domesticité, à cause de son utilité et de sa douceur; car les brebis, disent ces écrivains, sont surtout d'un naturel paisible, et l'animal le plus approprié aux besoins de la vie humaine, puisqu'elles ont apporté à l'homme, pour sa nourriture, le lait et le fromage, et pour se vêtir leurs laines et leurs peaux. « Maintenant encore, dit Varron[3], il existe dans plusieurs contrées, à l'état sauvage, quelques-

---

(1) II, 1, 1.   (2) II, 1, 4.   (3) II, 1, 5.

uns des animaux que nous avons rendus domestiques. En Phrygie, on voit plusieurs troupeaux de
brebis sauvages. »

Deux animaux différents ont été indiqués comme
étant le mouton sauvage; ce sont le *mouflon* et l'*argali*, qui, suivant Pallas, sont de simples variétés
de la même espèce, et que Linnée avait confondus
sous le nom d'*ovis ammon*[1].

« La chèvre sauvage, qu'on appelle en latin *rota*
ou *strepsiceros*[2], existe en Samothrace, et, en Italie,
dans les montagnes qui sont aux environs de Fiscellum et de Tetrica. Quant au cochon, tout le
monde sait qu'il est provenu du sanglier. » Cette
assertion de Varron, qui avait été admise jusqu'ici
par tous les naturalistes, peut maintenant être révo-
quée en doute. On a reçu récemment de l'Inde un
cochon sauvage, qui a des rapports beaucoup plus
intimes que le sanglier avec nos cochons domestiques, et qui me paraît, ainsi qu'à M. Frédéric Cuvier, devoir être la souche de ces animaux utiles.

En effet, le sanglier et le porc domestique diffèrent par des caractères importants. Le sanglier est
plus grand, plus épais et d'une couleur noire; le
marcassin est noir fauve, rayé de blanc. Le front
est plus bombé dans le sanglier que dans le cochon

(1) LINK, Monde primitif, t. II, p. 290, tr. fr.
(2) Rota, *lectio inepta*, dit SCHNEIDER, *Comment.*, t. V, p. 392.
Le strepsiceros est deux fois mentionné dans PLINE, lib. XI,
c. 45; lib. VIII, c. 79. C'est une espèce de brebis plus grande que
la brebis ordinaire, dont les deux sexes ont les cornes droites
d'abord, puis contournées et en quelque sorte tordues. Je pense
avec Schneider que dans le passage cité de Varron il faut lire
strepsicerotas. C'est sûrement l'espèce gravée dans Buffon sous
le nom de *bélier de Valachie*.

privé, le groin plus allongé, les oreilles plus courtes et plus arrondies, et les organes internes ont des rapports différents. Ainsi, il paraît que ce n'est pas avec le sanglier de nos forêts que notre cochon privé a le plus d'affinité, mais qu'il dérive de cette espèce de l'Orient dont j'ai parlé, grosse, mais inoffensive, et qui avait déjà été indiquée dans diverses relations de voyages [1].

Le cochon siamois vient de la partie orientale de l'Asie; il forme sans doute une espèce particulière qui est très importante pour la Chine.

« M. Geoffroy-Saint-Hilaire, dit M. Link [2], dans une savante dissertation placée à la suite de la Relation de l'expédition en Morée, a cherché à montrer que le sanglier d'Erymanthe était, d'après les anciens monuments, une espèce particulière non décrite et maintenant perdue. Assertion bien hasardée ! »

Je donnerai ici l'énoncé d'un résultat assez remarquable auquel m'ont conduit mes recherches sur l'histoire des animaux. Je crois pouvoir assurer que presque toutes nos espèces domestiques sont originaires de l'Asie. Ainsi, l'histoire naturelle, quoique procédant par d'autres moyens que la philologie, confirmerait un fait que l'analogie des idiomes indo-persans avec les langues anciennes et modernes de l'Europe avait déjà fait entrevoir : c'est qu'antérieurement aux temps historiques il est venu dans notre Occident une grande immigration

---

(1) OTTER, Voyage en Perse, t. II, p. 2. D. MAILLET, Descript. de l'Egypte, t. II, p. 176.

(2) Monde primitif, t. II, p. 299, 300, trad. franç.

de peuples orientaux qui nous ont apporté les éléments de leur langage, leur civilisation, et les animaux qui en marquent l'origine et les progrès.

« Il existe encore maintenant, continue Varron,
un grand nombre de bœufs sauvages dans la Dar-
danie, la Médie et la Thrace, des ânes sauvages en
Phrygie et en Lycaonie, des chevaux sauvages dans
quelques cantons de l'Espagne citérieure. »

Ce paragraphe est très curieux pour l'histoire de
l'origine de nos animaux domestiques; car nous
savons que Varron avait parcouru presque toutes
les contrées où il assure que les espèces dont il
parle existaient à l'état sauvage. Les notions qu'il
donne n'ont pas été connues de Buffon, qui pourtant a traité la question dans son *Histoire des Animaux domestiques*.

L'opinion des Grecs et de Varron sur l'époque
de la domestication de la brebis est différente de
celle de Buffon et des naturalistes modernes, qui
pensent que le chien est le premier animal dont
l'homme ait fait l'acquisition, et que c'est par son
secours qu'il a pu dompter et réduire en esclavage
les autres espèces. Je ne pousserai pas plus loin
cette discussion, qui sera traitée dans un ouvrage
spécial sur l'origine de nos animaux domestiques
et de nos plantes usuelles [1].

La science pastorale est traitée par Scrofa, auquel,

(1) Voyez, dans les Annales des sciences naturelles, année 1832,
le Mémoire intitulé Considérations générales sur la domestication
des animaux; un autre, de 1829, qui a pour titre : Recherches
sur l'histoire ancienne de nos animaux domestiques; un troisième
sur le développement des facultés intellectuelles des animaux sauvages et domestiques, 1831.

dit Varron[1], notre siècle accorde la palme dans
toutes les parties de l'agriculture. « Cette science
est l'art d'acquérir et de nourrir le troupeau de
manière à en retirer le plus grand produit possible.
Elle a neuf parties distinctes qu'on peut ranger,
trois par trois, en trois divisions principales : l'une
pour le petit bétail dont il y a trois espèces, la brebis, la chèvre, le cochon ; l'autre pour le gros bétail, que la nature a également divisé en trois espèces, le bœuf, l'âne, le cheval. La troisième partie
a pour objet des choses que l'on se procure, non
pour en obtenir le produit, mais pour les faire
servir à l'utilité des troupeaux : ce sont les mulets,
les chiens, les pasteurs. Chacune de ces neuf parties renferme neuf préceptes généraux, dont quatre
sont nécessaires pour acquérir le troupeau, autant
pour le nourrir, et en outre un est commun à ces
deux choses. Ainsi, ces parties sont au nombre de
quatre-vingt-une, toutes nécessaires et importantes. »

Je ne suivrai pas Varron dans le développement
de toutes ces divisions. J'indiquerai seulement les
neuf dernières, qui concernent : 1o l'âge auquel on
doit acheter chaque espèce ; 2o la connaissance des
formes ; 3o celle des races ; 4o celle des lois sur l'a-
chat ; 5o la manière de faire paître et de nourrir le
troupeau, quand on l'a acheté ; 6o la manière d'o-
pérer la reproduction ; 7o celle d'en nourrir et élever les produits ; 8o celle d'en conserver la santé.
Le neuvième point, relatif à la fois à l'acquisition
et à la nourriture du troupeau, est la détermination

(1) II, 1, 11, 12, 13.

du nombre de têtes auquel on doit le porter selon l'espèce et les localités.

On reconnaît tout de suite, dans cette marche, l'esprit d'ordre et de méthode éminemment propre à la science, et que j'ai déjà fait remarquer comme une qualité distinctive de Varron, ce qui doit redoubler nos regrets de la perte de ses ouvrages sur la philosophie et sur les antiquités [1].

Quant au choix des races, Varron [2] dit, en parlant des ânes : « C'est ainsi qu'en Grèce ont acquis une grande réputation les ânes de l'Arcadie, et en Italie les *réatins* (ceux de Riéti, près de Narni), au point qu'à ma connaissance un âne de Riéti s'est vendu 60 000 sesterces (16 800 francs), et un attelage d'ânes du même pays, pour un quadrige, a coûté à Rome 400 000 sesterces (112 000 francs). » Ursini pense qu'il faut lire ici, pour le prix du quadrige, XII H. S., 1 200 000 sesterces (336 000 fr.), car Varron porte ailleurs [3] la valeur d'un étalon à 340 000 sesterces (95 200 fr.) Dans un autre endroit [4], Varron nous apprend que le sénateur Q. Axius avait acheté un âne 40 000 sesterces (11 200 fr.); Pline [5], en citant Varron, rapporte le même fait, mais il élève le prix de l'animal à 400 000 H. S., ou 112 000 francs, ou bien 99 000 francs si Pline a converti l'estimation en monnaies de son temps.

Quelque leçon qu'on adopte, ce fait peut donner

(1) Vid. SCHNEIDER, *M. Ter. Varronis vita et scripta*, t. V, p. 230-232.

(2) II, 1, 14. (3) VARRO, II, VIII, 3. (4) III, II, 7. (5) VIII, 68.

une idée du luxe des patriciens à cette époque, et
s'ajouter à tous ceux que j'ai rapportés dans mes
recherches sur l'économie politique des Romains[1].

Sans doute, dans ces cas, le prix est extraordinaire; mais un autre passage de Varron montre[2]
que ces ânes, qui se vendaient fort cher, coûtaient
peu à nourrir : « Ego enim uno servulo, hordeo
« non multo, aqua domestica, meos multinummos
« alo asinos. »

Quant à la manière de faire paître les troupeaux,
pascendi ratio, c'est celle qui est usitée encore en
Italie, en Espagne, et qui n'est pratiquée en France
que dans les cantons limitrophes des Alpes et des
Pyrénées. Varron nous apprend[3] qu'il y avait, pour
les différentes espèces de troupeaux, des pacages
d'hiver et d'été. « Ainsi, dit-il, les troupeaux de
moutons sont emmenés de l'Apulie, pour aller bien
loin passer l'été dans le Samnium, et font leur déclaration au publicain; car faire paître le troupeau
sans l'avoir fait enregistrer serait une contravention aux règlements des censeurs. Les mulets aussi,
en été, sont chassés des prés fertiles de Rosea sur
les hautes montagnes des Gurgures[4]. »

_____

(1) Voy. le chapitre sur l'étendue et la population de Rome,
ci-dessus, liv. II, chap. x, tom. I, p. 353 et suiv., et ci-dessous le
chap. sur la diminution de la population et des produits de l'Italie.

(2) III, xvii, 6.   (3) II, 1, 16.

(4) Le changement de station des troupeaux et les règlements
des Romains à cet égard subsistent encore dans le royaume de
Naples. Ceux qui, pendant l'hiver, envoient paître leurs troupeaux
dans les plaines de la Pouille, sont obligés de les faire enregistrer
dans les bureaux de la douane de Foggia, où le prix du pâturage
est fixé, selon une ancienne coutume. Ce droit de pâture dans
l'herbage de la Pouille, propriété de la couronne, forme un revenu

Il est fort singulier qu'un aussi bon esprit qu'A-
ristote ait admis[1] ce conte populaire que, dans les
Algarves, près du promontoire sacré, les cavales
soient fécondées par le vent, ἐξανεμοῦσθαι. Il est plus
surprenant encore que Varron, si judicieux, si
exempt de préjugés, qui avait voyagé dans ce pays,
que le savant Columelle, qui était Espagnol, aient
adopté cette fable. Varron dit[2] : « Le fait est incroyable, mais réel : *res incredibilis est, sed vera.* »
Pline[3], Solin[4], Silius Italicus[5] l'affirment, et on
devait s'y attendre ; Justin[6] seul met cette assertion au rang des fables et en donne une explication
raisonnable. Tout cela prouve que les meilleurs
esprits sont forcés de payer tribut à ce besoin de
croire l'incroyable qui est inné chez l'homme, et
qui semble être une condition de sa nature. Varron
a consigné dans son ouvrage un petit fait[7], que les
naturalistes modernes ont vérifié, et que je ne
dois pas négliger d'inscrire. Il dit « qu'à Rome,
quand une mule produisait, cela était considéré
comme un prodige, mais qu'il n'en était pas de
même en Afrique, » et il cite Denys et Magon qui

de 1 920 000 francs. Comme il y a divers genres de bestiaux, on
y soigne aussi la végétation de plusieurs plantes salutaires à certains animaux. On voit d'immenses terrains couverts d'asphodèles
(*asphodelus ramosus*, Linn.), qui est une excellente nourriture
pour les moutons ; d'autres de *férule*, qui est agréable aux buffles
et qui croît à une hauteur considérable. On consacre même au
chardon béni et à l'artichaut sauvage un grand espace de terrain,
préférablement à l'herbe, à cause de la nourriture qu'ils fournissent à certains animaux. Voy. SYMONDS, p. 241.

(1) *Hist. anim.*, VI, 18 ; cf. SERVIUM *ad Georg.*, III, 273.]
(2) II, 1, 19.   (3) IV, 35 ; VIII, 67.
(4) C. XXIII, *Plin. Exercit.*, p. 32, B.   (5) Lib. III, vers. 379.
(6) Lib. XLIV, ch. III.   (7) II, 1, 27.

semblent regarder le fait comme ordinaire, et
disent simplement que la mule et la cavale mettent
bas le douzième mois après la conception. Or nous
savons maintenant avec certitude que dans les climats chauds les mules sont fécondes[1].

CHAPITRE XIV.

DU MENU BÉTAIL.

Les Romains s'étaient aperçus que les voyages
et le changement de station étaient utiles à la santé
des brebis, qu'ils augmentaient la quantité du lait,
et accroissaient la finesse de la laine. Ils avaient
organisé un système de parcours semblable à celui
de la *Mesa* en Espagne, qui est peut-être un reste
de leurs règlements. Varron[2] nous en a conservé
quelques détails. Comme les pâturages d'été étaient
souvent très éloignés des pacages d'hiver (car il
dit que ses propres troupeaux, qui hivernaient
dans l'Apulie, passaient l'été sur les montagnes de
Riéti), il y avait, entre les deux stations, des chemins publics, et, à des distances réglées, des pacages réservés pour les moutons, et qui étaient
pour les troupeaux une véritable étape.

Les brebis qu'on couvrait de peaux, *pellitæ*, à
cause de la supériorité de leur laine, comme celles

(1) Voy. mon Mémoire sur la domestication des animaux, dans
les Annales des sciences natur. de 1832, p. 57.
(2) I, ii, 9, 10.

de Tarente et de l'Attique, exigeaient, dit Varron[1],
plus de soins que les brebis à laine grossière, *hirtæ*.
Dans l'Epire, qui servait de modèle pour la manière de gouverner les troupeaux, on employait un
berger pour cent brebis communes et deux pour
autant de brebis habillées de peaux. On devrait
peut-être essayer sur nos mérinos ce procédé, qui,
en concentrant l'évaporation du suint, doit augmenter la finesse de la laine.

Varron avance[2] que les brebis domestiques sont
issues de brebis sauvages, comme les chèvres domestiques des chèvres sauvages qui ont imposé
leur nom à l'île de Caprasia, près de l'Italie[3]. Il
prise en elles surtout la légèreté; et Caton assure
que sur le Soracte et dans les monts de Fiscellum
il y a des chèvres sauvages qui sautent d'un rocher
à une profondeur de 60 pieds (plus de 18 mètres).
J'ai vu, dans les Alpes, des exemples de l'agilité du
bouquetin, qui rendent croyable le récit de Caton.

Buffon[4] a pensé que le mouflon, qui est encore
sauvage en Corse, était la tige de nos moutons.
M. Caillaud assure avoir trouvé des brebis sauvages
à soixante lieues à l'ouest de l'Egypte, dans le dé-

(1) II, II, 18-20. En comparant les descriptions des écrivains
latins et grecs qui ont traité de l'agriculture, descriptions que
Schneider a rassemblées au t. V, p. 405, 406, de son édition des
Script. R. r., on est conduit à une détermination que ce savant a
omise, c'est-à-dire que ces moutons à laine fine, épaisse et crépue
de Tarente et de l'Attique, *oves pellitæ*, étaient véritablement l'espèce connue aujourd'hui sous le nom de *mérinos*, que nous avons
importée d'Espagne.
(2) II, III, 3.
(3) Les plus beaux boucs se tiraient de l'île de Mélos.
(4) Supplément, t. V, p. 113, éd. in-12, 1777.

sert qui s'étend entre les oasis. Nos naturalistes actuels n'admettent pas l'opinion de Buffon, et je me range à leur avis. Le pays d'où nos moutons sont originaires reste encore à déterminer positivement ; on présume cependant qu'ils descendent des moutons sauvages des chaînes de l'Oural et de l'Altaï.

M. Link[1], après avoir réfuté l'opinion que nos moutons domestiques ont pour tige le mouflon ou l'argali, conclut ainsi : « Il est très probable qu'il faut dire du mouton ce que nous avons dit du chien et du bœuf, qu'on a apprivoisé plusieurs espèces différentes. On peut en compter jusqu'à six : 1° le mouton d'Europe, dont la toison, variable pour la finesse, est mêlée de poils plus ou moins durs ; 2° le mouton dont les cornes sont contournées en spirale, du sud et de l'est de l'Europe ; le mouton à longue queue, qui paraît en être une sous-espèce ; 3° le mouton à grosse queue, ou chez lequel cette partie a des dispositions pour attirer à elle la graisse : on en compte diverses variétés ; par exemple, le mouton kirguise, dont la queue est large ; le mouton de Bukarie, dans la laine duquel sont des poils longs et soyeux ; le mouton du Cap, avec une longue queue chargée de graisse ; 4° le mouton de Guinée, qui a les jambes élevées et du poil en place de laine ; 5° le mouton du Thibet, qui a des poils longs et soyeux, et qui ne diffère de la chèvre que par l'absence de la barbe ; 6° le mouton de la Thébaïde, qui a de longs poils soyeux brun-rougeâtre et une queue courte. Toutes

(1) Monde primitif, t. II, p. 294-296, tr. fr.

ces espèces sont à l'état domestique; on ne les connaît point à l'état sauvage. Aucune des espèces sauvages connues n'a de laine, il n'est donc point probable qu'elles aient été la source des espèces lanigères. Nous ne savons du mouflon des montagnes de l'Afrique septentrionale que ce qu'en a écrit M. Geoffroy Saint-Hilaire; il porte un poil mou, rouge, blanc vers la pointe, avec une longue crinière; de sorte que c'est l'animal qui se rapproche le plus du mouton, quoique pourtant de loin. »

Quant au bouquetin des Alpes, il a moins de rapport avec la chèvre domestique que l'ægagre (*capra ægagrus*), espèce sauvage répandue dans toutes les chaînes du Caucase et du Taurus, et qui paraît être la souche de nos troupeaux de boucs et de chèvres.

« La chèvre, dit M. Link[1], ne présente pas moins de variété que le mouton dans les diverses contrées qu'elle habite, et probablement aussi l'homme en a apprivoisé plusieurs espèces. La chèvre de Cachemire, avec ses cornes en hélice, ses longs poils soyeux entremêlés de ce duvet fin avec lequel on fait des châles si précieux; la chèvre du Thibet et celle du Népaul, aux poils fins, et qui n'est peut-être qu'une variété de la précédente; la petite chèvre d'Afrique (*capra depressa*), avec laquelle la chèvre d'Angora ne fait qu'une même espèce; la petite chèvre de Whida et la grande chèvre de Mamré, qui n'ont pas de poils soyeux; toutes ces

(1) T. II, p. 296-298.

variétés, en général, existaient déjà, avec tous les
caractères qui les distinguent, avant de passer à
l'état de domesticité. La souche de notre chèvre
paraît présenter moins d'incertitude que celle de
la plupart de nos animaux domestiques. Varron [1]
parle des chèvres sauvages de l'Italie, et il ajoute
que c'est d'elles que l'île Caprasia tire son nom.
Cetti soutient qu'il se trouve dans l'île de Tavolara
des chèvres sauvages en grand nombre, et il ajoute:
« La barbe, les cornes et la couleur sont les mêmes
chez la chèvre sauvage et la chèvre domestique; la
seule différence consiste en ce que les chèvres sauvages ont le poil plus court et que leur taille est
très grande, de sorte qu'une chèvre sauvage est
égale à deux chèvres communes [2]. » Il peut encore se trouver, suivant Strabon [3], des chèvres sauvages (δόρκαδες) en Espagne. Pallas regarde le *paseng* du Persan, ou le bouc à bezoard, qu'il nomme
capra ægagrus, comme la souche de la chèvre sauvage, et Gmelin en a apporté à Saint-Pétersbourg
une tête accompagnée des cornes que Pallas a
décrite avec précision; Gmelin a donné aussi de
cet animal une description qui n'a d'autre défaut
que celui d'être trop courte [4]. Le même auteur
ajoute ce fait remarquable, que notre bouc se trouve
sauvage dans les montagnes de la Perse, et consé-
quemment il le distingue du paseng, ou bouc à be-

(1) II, III, 3.
(2) Histoire naturelle de la Sardaigne, 1re partie, sect. 110.
(3) Liv. III, p. 163.
(4) PALLAS, *Spicileg. zoolog.*, XI, 43. GMELIN, Voyage en Russie, 3e partie, sect. 493.

zoard (ægagre). Elphinston fait aussi deux espèces distinctes du paseng et du bouc sauvage[1]. Le bouc asiatique ressemble exactement, pour la forme de la tête, au bouquetin du Mont-Blanc, dont il a été donné une description exacte dans la *Ménagerie du Muséum*. Je ne doute point que ce dernier ne soit le bouc sauvage; la taille, la couleur, la queue courte et les cornes le caractérisent très bien. Cet animal est probablement le même que celui qu'on trouve à Tavolara; est-il aussi le même que le bouc d'Asie? C'est ce que nous apprendront des recherches ultérieures. Des investigations plus approfondies pourront dans la suite faire découvrir de nouvelles espèces, comme le fait présumer la découverte du bouquetin du Sinaï (*capra sinaïtica*) par Ehrenberg, qui l'a décrit et figuré avec beaucoup d'exactitude. »

Au sujet des cochons, Varron et les anciens ont fait une observation qui a été confirmée par les modernes : c'est que les cochons nés en hiver ne croissent et ne se développent pas bien à cause des froids[2], tandis que le sanglier brave les hivers les plus rudes. Ce fait vient encore à l'appui de l'opinion que notre porc domestique doit son origine aux contrées chaudes de l'Orient.

Varron conseille[3] de ne faire porter les truies qu'à vingt mois, afin qu'elles mettent bas ayant deux ans faits. Peut-être peut-on de cette manière obtenir une race plus forte? Je l'ignore; mais, cer-

(1) *Account of Cabul*, p. 122.
(2) « Porci qui nati hieme fiunt exiles propter frigora. » II, iv, 13.
(3) II, iv, 7.

tes, la méthode usitée dans le Perche et en Normandie, dans le canton du Merleraut, où les cochons
atteignent une taille et un poids énorme[1], est préférable pour le profit. On fait saillir la truie à sept
ou huit mois par des verrats de cet âge, et, au
moyen de ce procédé, l'on obtient en deux ans
trois levées de cochons gras. On voit que le capital
circule plus vite, et que l'intérêt de ce capital ou
le produit net est plus fort.

CHAPITRE XV.

DU GROS BÉTAIL.

Varron traite ensuite des bœufs[2]. « Le bœuf, dit-
il, est le compagnon de l'homme, le ministre de
Cérès; c'est pour cela que les anciens avaient établi la peine de mort contre celui qui le tuerait;
témoin l'Attique, témoin le Péloponnèse[3]. »

M. Link[4] rappelle les nombreuses recherches
auxquelles on s'est livré pour tâcher de trouver la
souche sauvage du taureau. Les travaux de Cuvier[5]
sont au premier rang dans cette matière; M. Link
y a ajouté quelques-unes de ses vues. Après avoir
discuté la réssemblance de notre bœuf démestique

---

(1) 600 à 700 livres.   (2) II, v, 4.
(3) Vid. PAUSAN., *Attic.*, 24; MEURSIUS, *Græciæ feriatæ* 2, *in*
βουφονιά, et *Attic. lect.*, 6, 22; PETR. CASTELL., *de Festis Græco-*
rum, 2, 7; et HARDUIN. *ad Plin.*, VIII, 70.
(4) Monde primitif, t. II, p. 280.
(5) Descript. des animaux foss., t. IV, p. 119 et suiv.

avec l'*urus* ou l'*aurochs*, le bison ou wysent des anciens Allemands, le bœuf d'Afrique, le *zèbu* ou bœuf bossu, l'arni, le buffle et le yack (*bos gruniens*), le gour (*bos gaour*), le gayal (*bos frontalis*), et enfin le bœuf fossile des tourbières, il pense qu'on a apprivoisé plusieurs espèces de bœufs toutes différentes, et que la domesticité de l'une a peut-être amené la domesticité de l'autre. «Il est vraisemblable, dit-il, que la fusion des espèces polonaise et égyptienne en une seule a produit notre espèce commune. Ainsi, deux pays s'occupèrent à la fois de la domesticité du bœuf, l'Afrique et l'Inde méridionale, comme, dans l'Afrique et dans l'Inde septentrionale, on s'occupa de celle du chien. »

La couleur préférable pour les bœufs, dit Varron[1], est le noir, ensuite le rouge, troisièmement l'alezan, quatrièmement le blanc.

Ce petit paragraphe est curieux pour quiconque a voyagé en Italie, et a observé les races de bœufs qu'on y emploie pour l'agriculture. Il paraît que l'irruption des Barbares, du IVe au VIIe siècle de l'ère chrétienne, a changé la race des bêtes à cornes, tout comme elle a influé sur le sang italien, sur les lois, le gouvernement et les institutions de l'Italie soumise à la domination romaine. Aujourd'hui tous les bœufs, toutes les vaches existant dans l'Italie transpadane[2], sont gris, de cette race à grandes cornes évasées, connue sous le nom de *bœufs de la Romagne*. C'est elle qui peuple les maremmes toscanes, les marais Pontins, tout l'état de l'Eglise et les pays qui s'étendent vers le Pô. Elle

---

(1) II, v, 8.   (2) Relativement à la France.

prédomine en Lombardie, où elle est pourtant mêlée avec la race aux petites cornes courtes, au toupet
frisé sur le front, au poil noir ou rouge, race qu'on
tire de la Suisse et du Tyrol. Il y a encore dans le
royaume de Naples une variété de bœufs gris, destinée aux charrois, et qui s'attelle avec un collier;
ils ont les cornes longues et minces, sont très haut
montés sur jambes, ont peu de ventre et de fanon,
et sont très vites à la marche. Or cette première
race gris-blanc règne seule dans la Pologne, l'U-
kraine et la Russie méridionale, qui s'étend vers
l'Euxin et la mer d'Azof. Elle y existait déjà un
siècle avant J.-C.; car Varron[1], nous dit que, dans
la Thrace, presque tous les bœufs étaient blancs:
« Albi in Italia non tam frequentes quam qui in
« Thracia, ubi alio colore pauci. » L'autre race grise,
napolitaine, se trouve abondamment dans les provinces du Caucase, où elle sert à porter les far-
deaux à travers les montagnes[2]. C'est de ces contrées que sont sortis les Barbares qui, dans le
moyen âge, envahirent l'empire romain. Il n'est pas
étonnant que ces peuples pasteurs aient amené
leurs troupeaux avec eux, et que la race qu'ils af-
fectionnaient, par suite des habitudes d'enfance et
de patrie, ait fini par prédominer dans le pays dont
ils avaient fait la conquête et où ils s'étaient établis[3].

Quoique Aristote et Elien aient décrit le buffle
sous le nom de *bœuf d'Arachosie,* je serais porté à

(1) II, v, 10.   (2) Voyez le Voyage de Gamba.
(3) Voy. Lettres sur l'Italie à M. Charles Pictet, par M. DE
CHATEAUVIEUX, p. 130, 2ᵉ édit.

croire que c'est aux peuples indo-scythiques que l'Italie doit l'introduction du buffle, originaire de l'Inde, et qui peuple les marais Pontins, les maremmes et les marécages insalubres ; car il n'était pas domestique chez les Grecs ni chez les Romains, et l'époque de son importation, consignée dans les annales d'Italie, remonte à l'an 595 de l'ère chrétienne [1].

Varron nous apprend [2] que les troupeaux de bœufs avaient aussi dans l'année trois stations différentes : « Au printemps, dit-il, on les fait paître avec avantage dans les bois où il y a de jeunes branches et beaucoup de feuilles ; ils hivernent le long de la mer ; l'été, on les conduit sur des monts boisés. »

Cet usage s'est encore conservé dans la Toscane, et les bœufs qui passent l'été sur les cimes de l'Apennin hivernent dans les maremmes.

Dans le chapitre où il traite des ânes, Varron dit [3] : « Il en existe deux variétés ; l'une sauvage, qu'on appelle *onagre* : il en existe beaucoup vivant en troupes dans la Phrygie et la Lycaonie ;

(1) BUFFON, t. X, p. 63, dit, d'après Masson, Voyage en Italie, t. III, p. 54 : « On sait par les annales d'Italie que le premier buffle y fut amené l'an 595. »

(2) « Pascuntur armenta commodissime in nemoribus, ubi virgulta et frons multa. Hieme secundum mare, æstu abiguntur in montes frondosos » II, v, 11. Je regrette de ne pouvoir employer le vieux mot d'*aumaille*, dérivé d'*armentum*, et qui exprime aussi d'une manière générale les grands troupeaux de bœufs, de chevaux, d'ânes et de mulets, et celui de *bergeat*, qui correspond à *pecus*, et comprend les petits troupeaux de brebis et de chèvres. Ces deux mots ont existé dans la langue jusqu'en 1580 ; ils se trouvent dans les Mémoires sur l'histoire de France jusqu'à la fin du XVIᵉ siècle, et sont encore vivants dans le patois percheron et normand ; ils manquent tout-à-fait à notre langue actuelle.

(3) II, vi, 3.

l'autre domestique, comme tous ceux de l'Italie. L'onagre est très propre à être employé comme étalon. »

L'intérieur de l'Asie-Mineure a été peu visité par les voyageurs modernes. Nous ne savons pas si l'âne sauvage existe encore dans les montagnes de la Phrygie et de la Lycaonie; M. Charles Texier ne l'y a pas trouvé, mais il s'est assuré qu'on le trouve dans l'une des Sporades (*Piscopia*)[1]. Les derniers voyageurs anglais, MM. Ouseley, Malcolm, Kinneir et Ker-Porter, ont assuré que l'onagre vit à l'état sauvage dans plusieurs provinces de l'orient de la Perse, d'où l'on a pu conclure que cette contrée et la chaîne du Taurus sont la patrie de l'âne, cet animal qui depuis tant de siècles a été réduit à l'état domestique; mais il est difficile aujourd'hui d'adopter cette opinion. Jusqu'à l'année 1835 on ne connaissait d'autre bonne représentation du prétendu âne sauvage que celle qui est donnée dans le voyage de Ker-Porter. Ce voyageur avait chassé, tué, et dessiné après la mort, un solipède qu'il croyait être l'âne sauvage; aujourd'hui il y a tout lieu de penser que cette figure représente, non pas l'*onagre* sauvage, mais l'*equus hemionus*. Deux individus de cette dernière espèce, mâle et femelle, existent à la ménagerie du Jardin des Plantes, et leur couleur isabelle, avec la raie dorsale noire qui se partage en croix sur le garrot, la forme de la tête, du corps et des jambes, la brièveté relative des oreilles de l'*hemionus*, se rapportent complétement à la figure et à la description fort exacte

---

(1) Strabon, p. 568, l. XII, c. v, l'indique dans la Lycaonie.

données par Ker-Porter. Je regarde donc comme très probable que le solipède, vivant en société à l'état sauvage dans la Perse et la Haute-Asie, qui a été décrit sous le nom d'*onagre* par les Hébreux, les Grecs, les Latins, les Arabes et les voyageurs modernes en Asie, n'est autre chose que l'*equus hemionus*, et que l'âne sauvage, au lieu d'être commun aux deux continents, a véritablement pour patrie l'intérieur de l'Afrique. Les nombreuses espèces du même genre, zèbres, couagas, etc., que nous connaissons pour vivre à l'état sauvage dans ce continent, donnent à cette détermination de l'origine de l'âne une fort grande probabilité[1]; de plus, dans les contrées tropicales, l'âne jouit d'une forme plus grande et plus belle que dans les pays froids; il y est aussi plus vif et plus fort, et ce solipède qui, au Chili, est rentré dans la vie sauvage, ressemble beaucoup à la souche primitive, telle que nous pouvons la concevoir d'après les descriptions des anciens[2].

On voit par la description du cheval que nous a donnée Varron[3], et encore mieux par les monuments, que l'espèce prisée chez les anciens, soit pour la guerre, soit pour l'attelage et les courses de char, était fort différente des races arabe, anglaise, limousine ou normande; le cheval barbe ou napolitain est celui de nos chevaux modernes qui s'en rapproche le plus. Par exemple, les anciens

(1) Voyez ci-dessus, chapitre X, p. 115, le principe posé relativement à la patrie des plantes de même genre. BROWN, Voyage au Congo, p. 304, 305, tr. fr.

(2) LINK, Monde primitif, t. II, p. 304, 305.

(3) II, VII, 5.

prisaient dans un étalon une crinière et une queue
épaisses et fournies[1], tandis que nous regardons
comme un signe de race d'avoir la crinière mince
et courte, la queue légèrement garnie de crins et
des poils très courts au paturon.

La description du cheval de guerre thessalien,
donnée par Xénophon, est confirmée par les re-
présentations exactes de ce cheval sur le Parthénon,
dans les statues équestres, les bas-reliefs grecs et
même la colonne Trajane, et les sculptures romaines qui ont adopté ce type pour le cheval héroïque.
Les médailles de Thessalie, en général, et, entre
autres, celles de Phalanna, qui existent à la Bibliothèque royale, donnent une idée précise des formes du cheval thessalien. Ce trait caractéristique
d'avoir le haut de la tête large était le trait frappant
des chevaux nommés *bucéphales*[2], variété particulière de chevaux thessaliens; de ce genre est la
belle tête de cheval du palais Colombrano à Naples.
Le cheval de Marc-Aurèle, au Capitole, est bucé-
phale; quant aux proportions du corps, c'est un
cheval napolitain entier; il a, en tout, le caractère
des belles races de la Calabre et de la Pouille[3].

« On prétend, dit Varron[4], que ceux qui ne font
rapporter leurs juments que de deux années l'une
obtiennent de meilleurs poulains. » J'ignore si cette
remarque a été faite dans nos haras. On ne sevrait

(1) VARR., I, VII, 5.   (2) XENOPH,, *de re Equestr.*, I, I.
(3) Note de Courier, traduction de l'Equitation de XÉNOPHON.
OEuvres de Courier, t. IV, p. 241. Voyez Considérations générales sur la domestication des animaux, Histoire du genre *equus*;
Annales des sciences nat., cahiers de septembre et octobre 1832;
et LINK, Monde primitif, t. II, p. 301.
(4) II, VII, II.

les poulains de leur mère que lorsqu'ils avaient deux ans faits; nous les sevrons à six mois; des essais comparatifs de ces deux manières de procéder pourraient être fort utiles.

A trois ans on exerçait les chevaux, et, quand ils étaient en sueur, on les frottait d'huile; lorsqu'il faisait froid on allumait du feu dans les écuries[1]. Nous ne donnons pas à nos chevaux ces soins recherchés.

Les chevaux italiens ne mangeaient, en fait de grains, que de l'orge, comme cela se pratique encore en Espagne; ils n'en goûtaient qu'à trois ans et se nourrissaient jusque-là de foin, d'herbe et de *mélasse*[2] (*farrago*).

Le cheval sauvage, dans les temps qui précédèrent l'ère chrétienne, occupait sur le globe un espace beaucoup plus étendu qu'aujourd'hui. Hérodote[3] l'indique dans la Russie, Strabon[4] dans l'Inde, dans les Alpes, dans l'Ibérie, chez les Celtibériens et enfin dans le Caucase, où, dit-il, la rigueur du froid lui donne un poil très fourni. Pline[5] dit que le Nord renferme des troupeaux de chevaux sauvages, de même que l'Afrique des hordes d'onagres. Selon les missionnaires qui ont le mieux connu la Chine, on trouve encore des chevaux sauvages dans la Tartarie occidentale et sur les terres des Kalkas, dans le voisinage de Hami; ils ressemblent aux chevaux ordinaires, mais ils vivent en grandes troupes. S'ils rencontrent des chevaux domestiques,

---

(1) Varr., II, vii, 15. (2) Varr., II, vii, 7, 14.
(3) IV, 52. (4) Pag. 710, 207, 163, 520, éd. Casaubon.
(5) VIII, 16.

ils les enveloppent, les placent au milieu d'eux, et, les serrant de tous côtés, les entraînent dans leurs forêts du Saghatur[1].

Nous apprenons, par la relation d'un voyage du roi arménien Héthoum, insérée par M. Klaproth dans le Journal asiatique[2], qu'il existe des chevaux sauvages aux environs de Bar-Koul, ville située sur le lac du même nom, au nord de Hami. Ces chevaux sont de couleur jaune et noire; mais M. Klaproth en donne, d'après les auteurs mogols, une description qui ne permet pas de les confondre avec l'*hémione*.

Je ne crois pas ici devoir adhérer à l'opinion de M. Link, lorsqu'il dit[3]: « Si nous voulons trouver la patrie du cheval, il faut la chercher dans le pays où cet animal se présente le plus parfait, et particulièrement là où il jouit au plus haut degré de l'agilité, cette faculté qui le caractérise, qui rappelle le plus son état sauvage, c'est-à-dire l'Arabie et le nord de l'Afrique. L'Asie centrale et l'Inde ne peuvent jamais élever cette prétention, parce que l'espèce n'y atteint point un degré de supériorité assez marqué, bien que les chevaux sauvages soient devenus très nombreux chez les nomades de l'Asie. » La force et l'agilité des races tartares, persanes et turcomanes, réfutent évidemment l'assertion du savant naturaliste allemand.

(1) GROSIER, Description de la Chine, IV, 224, 2ᵉ édit. in-8°. DU HALDE, Descript. de la Chine et de la Tartarie chinoise, t. IV, p. 28, in-fol.

(2) Voyage du roi arménien Héthoum auprès de Batou et de Mangou-Khan, dans les années 703 et 704 de l'ère arménienne, 1254, 1255 de J.-C. (Nouveau Journal asiatique, octobre 1833, t. XII, p. 281, et *ibid.*, not. 1.)

(3) T. II, p. 303, tr. fr.

CHAPITRE XVI.

DES MULETS ET DES CHIENS.

Varron, suivant son plan méthodique, traite ensuite sa troisième division, des mulets, des chiens et des pasteurs[1]. « Les mulets et les bardeaux sont, dit-il[2], bigénères, pour ainsi dire greffés, et ne sortent pas des racines de leur espèce propre; car le mulet est le produit de la jument et de l'âne, et le bardeau (*hinnus*) celui du cheval et de l'ânesse; tous deux sont utiles pour le service, mais nuls pour la reproduction. Ceux qui veulent avoir une belle race de mulets ont soin de choisir pour étalon le plus grand et le plus bel âne possible, issu d'une bonne race, soit de l'arcadienne, selon le précepte des anciens agronomes, soit de la réatine, suivant ma propre expérience; car j'ai vu vendre pour étalons quelques ânes de Réaté (Riéti) quatre cent trente mille sesterces (120 000 francs)[3]. »

Ce passage donne une idée du luxe et des richesses concentrées à cette époque dans l'oligarchie romaine; car les voitures n'étant pas suspendues et leur mouvement étant par conséquent très rude, les riches et voluptueux Romains fai-

---

[1] II, VIII, IX, X et XI.   [2] II, VIII, 1-8.
[3] En toutes lettres, *trecenis ac quadrigenis millibus*. Ce passage, rapproché de celui de PLINE, VIII, 68, qui cite Varron, ne laisse aucun doute sur ce prix de 430 mille sesterces, tout exorbitant qu'il paraît. GRONOVIUS, *de Pec. vet.*, I, 4, p. 22; BUDÉE, *de Ass.*, p. 171; URSINI et GESSNER, h. l., sont tous d'accord sur cette évaluation.

saient leurs voyages en litières. C'est ce qui explique l'estime qu'on faisait des beaux mulets destinés à les porter, et le prix exorbitant des étalons employés à la production des mulets.

Dans la colonie de Saint-Domingue, fondée par mon trisaïeul, et où j'ai possédé trois habitations, nous n'employions que des mulets pour le transport des cannes aux moulins à sucres, et des barriques de sucre, de sirop et de rhum à l'embarcadère. Nous avions des juments tirées de la partie espagnole de Saint-Domingue, et nous achetions dans le Mirbalais, canton du Poitou renommé pour la beauté et la haute taille de ses ânes, comme l'Arcadie en Grèce et Réaté en Italie, les étalons destinés à couvrir ces juments. Souvent un bel âne mâle, qu'on nommait *bouriquet équïors*, nous a coûté de 4 à 6 000 francs.

Le passage de Varron, que j'ai cité plus haut, comparé avec deux autres du même livre, dans lesquels nous voyons presque tous les produits pesants, tels que l'huile, le vin et le blé, portés à dos d'âne, de l'intérieur de l'Italie aux bords de la mer, où on les embarquait pour leur destination [1], montre aussi que, bien que les Romains eussent ouvert et pavé des routes principales, telles que les voies Appienne, Latine, Emilienne, Flaminienne, etc., cependant les routes de deuxième et de troisième classe, et les chemins vicinaux, étaient en fort mauvais état, puisque les transports des

---

(1) « Greges fiunt fere mercatorum, ut eorum qui e Brundisino aut Apulia asellis dossuariis comportant ad mare oleum aut vinum, itemque frumentum, aut quid aliud. » II, vi, 5.

marchandises de l'intérieur de l'Italie à la mer, et
des ports dans les villes méditerranées, se faisaient
généralement à dos d'âne ou de mulet. Bien différente de l'Angleterre, où des communications par
terre et par eau s'ouvrent et se ramifient à l'infini
dans tous les sens pour faciliter le débouché des
produits de la nature et de l'industrie, l'Italie romaine était un corps qui avait de grandes artères
libres, mais dont les veines et les petits vaisseaux
étaient presque tous oblitérés.

Le haut prix des beaux ânes destinés à servir
d'étalons s'explique aussi par la grande consommation qu'on faisait alors de mulets et de mules.
« C'étaient, dit Varron [1], les seuls animaux employés
au tirage des voitures : « Hisce enim binis conjunc-
« tis (mulis aut mulabus) omnia vehicula in viis
« ducuntur. » Il nous apprend encore que les mulets nés dans les lieux humides et marécageux ont
la corne molle, et que ces mêmes mulets, si on les
mène l'été sur les montagnes, comme cela se pratique dans le canton de Réaté, acquièrent alors une
corne extrêmement dure.

Cette qualité de la corne était beaucoup plus importante pour les anciens que pour nous, puisqu'ils ne connaissaient pas l'art de ferrer les chevaux, qui ne fut découvert que dans le v° ou le vi°
siècle.

C'est aussi, je crois, à cause des pertes en chevaux boiteux, que devait faire nécessairement, dans
les sols pierreux, la cavalerie non ferrée, que les
Grecs et les Romains, habitant un pays de mon-

(1) II, viii, 5.

II.   11

tagnes, ont fait de leur infanterie leur principale force, et ont attaché à leurs armées un nombre de cavaliers si petit relativement à celui des fantassins.

Quant à l'histoire ancienne des mulets, c'est-à-dire des trois produits de l'âne avec la jument, de l'ânesse avec le cheval, et de la jument avec l'onagre, à l'influence prédominante du mâle dans la génération, aux progrès successifs de la *domestication* de ces métis, et à un grand nombre de faits concernant leurs vices et leurs qualités, la durée de leur vie, leur aptitude à la course, je m'abstiendrai d'en parler, ayant traité ces questions d'une manière spéciale dans deux mémoires [1] particuliers.

L'espèce des chiens offrait beaucoup moins de variétés chez les anciens que chez nous. Aristote [2] n'en distingue que trois : le chien de Laconie, le molosse, tous deux chiens de chasse, et le chien destiné à la garde des troupeaux, qu'il dit excéder de beaucoup les autres chiens par la grandeur.

« On s'était presque généralement accordé, dit M. Link, à regarder le chien comme pouvant provenir du *chacal* ou *chagal* (*canis aureus*), animal que Guldenstædt a le premier décrit avec assez d'exactitude, mais dont il n'a donné qu'une mauvaise figure. Ce qui a porté à cette opinion, c'est la description que Guldenstædt et Pallas font des ha-

(1) **Considérations générales sur la domestication des animaux,** Annales des sciences naturelles, septembre et octobre 1832; de l'Influence de la domesticité sur les animaux, depuis le commencement des temps historiques jusqu'à nos jours, lu dans la séance publique des quatre académies, en 1829.

(2) *Hist. animal.*, IX, 1.

bitudes du chacal, desquelles ils concluent la disposition à passer à l'état de domesticité. Mais une difficulté s'est présentée, car le nombre des chacals s'est tout à coup multiplié. » M. Frédéric Cuvier admettait une différence entre le chacal de l'Inde (*canis aureus*) et le chacal à longues jambes du Sénégal (*canis anthus*)[1]. Lorsqu'il eut vu la bonne description et la figure exacte que Tilesius a donnée du chacal[2], il reprit la question en 1831 dans le *Supplément à l'histoire naturelle de Buffon;* il sépara le chacal de Guldenstædt de son chacal indien, et lui donna le nom de *canis caucasicus;* il ajouta le chacal d'Alger et le chacal de Nubie (*canis crezschmar*), que Rüppel avait rapporté. A ces diverses espèces vient encore se joindre le chacal de Morée, que M. Geoffroy Saint-Hilaire a décrit et dont il a fait dessiner un crâne dans la Relation de l'expédition en Morée; mais sa description laisse à désirer. Ce chacal est d'une couleur plus foncée que les autres. L'auteur les regarde tous comme des variétés et non comme des espèces. De Ehrenberg a donné une description exacte et une bonne figure du chacal de Syrie (*canis syriacus*), qui diffère beaucoup du chacal de Guldenstædt par la brièveté de son museau[3]. A cette occasion, l'auteur fait des remarques sur les chiens domestiques en général. Il dit, après avoir émis l'opinion que le chien privé est issu du *canis aureus:* « Il est pro-

(1) Hist. natur. des Mammifères, liv. I, II et XVII.
(2) *Act. Academ. Leopold. Carol.*, t. XI, p. 389.
(3) *Icones et descriptiones mammalium, Decas* 2; Berol., 1830, in-fol.

bable que chaque pays avait dans son voisinage
la souche de son chien domestique, et qu'il n'y a
eu qu'un petit nombre de contrées dans lesquelles
les formes se soient mêlées entre elles et variées à
l'infini. L'Afrique nous donne une preuve de la
vérité de cette assertion. Ou les voyageurs se trom-
pent, ou ils ont mal observé, lorsqu'ils disent qu'il
n'y a dans cette partie du monde qu'une seule espèce de chien domestique. Le chien d'Égypte, analogue au *canis lupaster* (*canis anthus crezschmari*),
ne se trouve comme animal domestique, en Egypte,
que dans le voisinage de la mer. Nous avons vu en
Nubie, à partir de la Haute-Egypte, dans les villages,
un chien tout différent du premier. Le chien de la
Nubie est plus petit, beaucoup plus vif, plus élancé;
sa couleur est le rouge brun. Les habitants de
Dongolah l'emploient à la chasse de l'antilope et
du lièvre, exercice auquel serait peu propre le chien
paresseux de l'Egypte. Le chien de Dongolah se
rapproche beaucoup de ce chien sauvage que j'ai
décrit sous le nom de *canis sabbar*, et dont j'ai
rapporté un individu à Berlin [1]. »

Buffon [2], faute d'avoir connu les mor ments et
la description très longue et très détaillée que Varron [3] nous a donnée du chien des pasteurs, est
tombé dans des erreurs continuelles. Il dit que le
chien de berger à oreilles droites est l'espèce primitive et le type d'où sont sorties toutes les varié-

(1) Voy., sur l'origine du chien, LINK, Monde primitif, t. II,
p. 272, trad. franç.
(2) Tom. XII, pag. 253, 255; VI, 332, 334, édit. citée.
(3) II, IX, 3, 4.

tés de chiens que nous connaissons. Il croit que le chien de Laconie, qu'Aristote [1] dit être le produit du chien et du renard, est notre chien de berger, et cela parce que le renard a les oreilles droites. Mais il est évident qu'Aristote répète sur l'origine du chien de Laconie un conte populaire; d'ailleurs le lacon, le molosse et le chien des pasteurs sont représentés sur une foule de monuments grecs et romains, et je ne me rappelle pas y avoir jamais vu un chien à oreilles droites. Tous ont le nez proéminent, l'épine du dos droite, la mâchoire inférieure plus courte que l'autre, et les oreilles longues et pendantes comme les dépeint Varron : « Mento suppresso, auriculis magnis ac flaccis, spina « neque eminula, neque curva, latratu gravi. » Notre chien de berger est celui de tous les chiens dont la voix est la plus brève et la plus rare; il est levretté, il a le dos voûté [2]; le chien pasteur des anciens est donc très différent de notre chien de berger; il a plus de rapport avec notre chien courant. Le chien de Brie à oreilles droites, ce type de l'espèce, d'après Buffon, paraît n'avoir pas été connu dans l'antiquité.

Varron cite un fait qui prouve que l'espèce dont il parle était pourvue d'un odorat très fin. «Aufidius Pontianus, dit-il [3], avait acheté dans le fond de l'Ombrie des troupeaux de moutons, avec les chiens, mais sans les bergers, à condition que ceux-ci amèneraient les troupeaux dans les pacages de Métapont et d'Héraclée. Les bergers qui avaient

(1) *Hist. animal.*, VIII, 28.   (2) BUFFON, t. VI, p. 267.
(3) II, ix, 6.

conduit les troupeaux retournèrent chez eux; au bout de quelques jours les chiens, qui regrettaient leurs maitres, partirent d'un commun accord, et, quoiqu'il y eût entre les deux points une distance de plusieurs journées de chemin, ils se procurèrent de la nourriture dans les champs situés le long de leur route et revinrent en Ombrie trouver leurs bergers. »

On n'a pas observé de fait semblable dans l'espèce des dogues et des lévriers, qui ont peu de nez, pour me servir de l'expression technique.

Varron dit aussi[1] : « Il est très important que les chiens soient de la même portée, parce que les proches parents sont plus enclins à se défendre et à se secourir mutuellement. » Sans doute l'expérience avait enseigné aux Romains cette pratique que nous ne suivons pas en France. Il m'a semblé utile et intéressant de rechercher la marche et les lois du développement des facultés intellectuelles des animaux sauvages et domestiques, surtout des chiens, qui tiennent le rang le plus élevé dans cette hiérarchie. J'ai fait pendant trente ans de nombreuses observations, de longues expériences, que j'ai consignées dans un ouvrage dont je ne donnerai ici que les conclusions.

Il résulte des faits nombreux que j'ai présentés que les animaux domestiques sont susceptibles d'un développement de facultés intellectuelles plus étendu qu'on ne le pense communément; qu'il y a chez eux, mais dans des limites que nous ne pouvons pas encore déterminer, qualités instinctives,

1) II, ix, 6.

facultés d'imitation, mémoire et réminiscence, volonté, délibération et jugement; que l'individu et même la race sont perfectibles en raison de l'instruction des classes ou des personnes avec lesquelles ils vivent, de l'éducation qu'on leur donne, des besoins, des dangers, et, pour généraliser la proposition, des circonstances dans lesquelles on les place; que plusieurs des qualités qu'on regardait comme instinctives sont en effet des qualités acquises par leur faculté d'imitation, et que certains actes qu'on attribuait à l'instinct sont réellement des actions électives du domaine de l'intelligence, de la mémoire et du jugement.

CHAPITRE XVII.

DES BERGERS ET DE LEURS TRAVAUX.

Quant aux pasteurs, Varron dit[1] : « Toutes les nations ne sont pas propres au métier de pasteur; le Basque et l'Andalou s'y refusent; les Gaulois y excellent, surtout pour les bêtes de somme. » Il me semble que, sur ce point, nous avons un peu dégénéré de nos ancêtres.

On peut inférer des conditions rapportées par Varron[2], pour l'achat des pasteurs, que, de son temps, ils étaient généralement pris dans la classe des esclaves, ce qui motiva la loi portée par Jules

(1) II, x, 4.   (2) II, x, 4, 5.

César dans sa dictature, loi qui exigeait qu'il y eût
parmi les pasteurs au moins un tiers d'hommes
libres[1].

Le système de spéculation sur la vie des esclaves
commençait à changer et faisait place à une phi-
lanthropie plus éclairée. Nous avons vu[2] que, sous
le vieux Caton, l'union entre les deux sexes était
défendue aux esclaves, et que, par exception, l'avare
agriculteur vendait à ceux qui étaient en état de
payer le droit de cohabiter ensemble.

Du temps de Varron on permettait souvent aux
pasteurs qui résidaient constamment dans le domaine de s'unir dans la ferme à une compagne
d'esclavage. « Quant à ceux, dit Varron[3], qui
paissent les troupeaux dans les monts et dans les
bois, plusieurs propriétaires ont jugé utile de leur
adjoindre des femmes qui suivent le troupeau, qui
apprêtent les repas des bergers et les rendent
plus assidus à leurs fonctions; mais il faut que
ces femmes soient robustes, bien constituées, et
qu'elles ne le cèdent pas aux hommes pour le travail; telles sont les Illyriennes. J'ai vu en Illyrie
des femmes grosses, lorsqu'elles étaient à terme,
quitter un moment leur ouvrage, et, après être
accouchées, y revenir, rapportant leur enfant
qu'on serait tenté de croire qu'elles ont trouvé et
non pas mis au monde. Là existe aussi cette coutume singulière : l'usage permet aux filles, qu'on

(1) Voy. le chapitre sur l'affaiblissement de la population et
des produits de l'Italie pendant le VIIe siècle de Rome, à la fin de ce
troisième livre.

(2) *Supra*, p. 78.   (3) II, x, 6, 7.

appelle *vierges*, d'errer dans le pays sans être accompagnées jusqu'à l'âge de vingt ans, de satisfaire, avant d'être mariées, leurs désirs avec tous ceux qui leur plaisent, et même d'en avoir des enfants. » Gessner[1] rapporte qu'un usage semblable a existé en Angleterre, dans les montagnes de l'évêché de Salisbury, et qu'il n'était pas honteux pour les jeunes filles d'avoir des *enfants du pacage de Weidkinder;* c'est le nom qu'on leur donnait.

« Quant au nombre des bergers, continue Varron, je crois qu'un seul suffit pour quatre-vingts brebis communes; Atticus n'en met qu'un pour cent brebis. Dans les troupeaux qu'on porte à des milliers de brebis il est plus facile de diminuer le nombre des bergers que dans les petits troupeaux, comme ceux d'Atticus et les miens. Deux hommes, dit toujours Varron[2], suffisent pour une bande de cinquante cavales; chacun d'eux doit avoir une jument domptée, dans les pays où l'on fait changer ces troupeaux de station, comme cela arrive souvent dans la Pouille et dans la Lucanie. »

Cet usage existe encore dans la plaine de Rome, l'*agro Romano*[3], et dans les marais Pontins, où l'on voit des bergers à cheval, armés de javelines, paître d'immenses troupeaux de bœufs, de buffles et de chevaux sauvages.

Le onzième et dernier chapitre du second livre de Varron traite du lait et de la tonte des troupeaux; c'est le complément des quatre-vingt-une parties

---

(1) *Nota ad hunc locum Varronis.*   (2) II, x, 11.
(3) Voy. Lettres sur l'Italie, par M. de Châteauvieux, p. 187,
2e édit.

dans lesquelles il a divisé son livre sur l'art de nourrir et d'élever les bestiaux, *De Re pecuaria*.

C'est encore un des fruits de la domesticité que
la production permanente du lait chez les vaches,
les brebis et les chèvres ; les espèces sauvages ne
le conservent que le temps nécessaire pour que leurs
petits puissent s'habituer à d'autres aliments. Les
espèces domestiques transportées dans le Nouveau-
Monde ont perdu, en acquérant l'indépendance,
cette propriété de leurs ancêtres, et n'ont du lait
que lorsqu'on garde les veaux et les chevreaux pour
téter leur mère.

Un curieux passage d'Aristote[1] nous montre
que cette sécrétion si utile, qu'on entretient par
une irritation mécanique, a été produite primitivement par une inflammation des mamelles, au moyen
d'une espèce d'urtication ; il ajoute même pour les
chèvres : « Quand elles n'ont pas été fécondées on
frotte leurs mamelles avec des orties assez fortement pour exciter de la douleur ; on trait un lait
mêlé d'abord de sang, ensuite de pus, et enfin un
lait aussi pur, aussi sain et aussi abondant que celui qu'on tire des chèvres pleines.

« De tous les liquides que nous prenons comme
aliments, le plus nourrissant, dit Varron[2], est le
lait, d'abord celui de brebis, ensuite le lait de
chèvre. Les fromages les plus nourrissants, et qui
tiennent le plus longtemps dans l'estomac, sont
ceux de lait de vache ; en second lieu, ceux de lait
de brebis, enfin les fromages de lait de chèvre. » Je
ne crois pas que l'analyse chimique et l'observa-

(1) *Hist. animal.*, III, 20.   (2) II, xi, 1, 3.

tion médicale aient confirmé cette assertion de
Varron; cependant les trois meilleurs fromages
connus, le stilton, le sept-moncel et le roquefort,
sont faits, les deux premiers avec le lait de vache,
le troisième avec le lait de brebis. Les fromages du
Mont-d'Or, près de Lyon, sont fabriqués avec du
lait de chèvre. C'est aux physiologistes et aux chimistes actuels à constater par des expériences la
proportion des substances nutritives contenues
dans ces diverses variétés de fromages.

Varron[1] nous apprend ensuite que les Grecs et
les Romains employaient, pour faire prendre le lait,
d'autres matières que nous. On se sert en général
de la liqueur contenue dans l'estomac du veau;
Varron regarde comme le meilleur *coagulum* la liqueur contenue dans l'estomac du lièvre, du che-
vreau et enfin de l'agneau; d'autres, surtout les
Grecs, y ajoutaient le lait qui coule d'un rameau de
figuier coupé, et qu'ils appelaient, les uns ὀπὸν, les
autres δάκρυον.

Pour saler les fromages on préférait le sel fossile
au sel marin [2].

Quant à la tonte des brebis à laine fine, *pellitæ*,
les Romains prenaient des précautions extraordinaires. L'époque de la tonte était entre l'équinoxe
du printemps et le solstice d'été; Columelle la
précise [3] en nommant le mois de mai. « Le jour
même de la tonte, dit Varron [4], on frotte les brebis
tondues avec du vin et de l'huile; quelques-uns y
ajoutent de la cire blanche et de la graisse de porc,

(1) II, xi, 4.   (2) VARR., II, xi, 5.   (3) XI, 2, 35.
(4) II, xi, 7.

et si elles ont l'habitude d'être couvertes d'une peau, ils oignent intérieurement cette peau avec le même onguent et en couvrent de nouveau les brebis. On tond les brebis communes (*hirtæ*) vers le temps de la moisson de l'orge ou avant la coupe des foins; quelques-uns les tondent deux fois l'an, tous les six mois, comme dans l'Espagne citérieure. Ils emploient le double de travail, parce qu'ils pensent de cette manière obtenir une plus grande quantité de laine. Les mots *vellera* et *velamina* prouvent que l'arrachement de la laine a précédé la tonte; ceux qui usent encore de ce procédé font jeûner les brebis trois jours auparavant, parce que, sur des animaux languissants, les racines de la laine sont moins adhérentes à la peau. Ce fut l'an de Rome 454 que P. Ticinius Menas amena pour la première fois en Italie des tondeurs de moutons, *tonsores*; ce fait est consigné dans une inscription publique de la ville d'Ardée[1]. Jusque-là les Romains n'avaient point eu de barbiers, qu'ils nomment aussi *tonsores.* »

« De même, continue Varron[2], que la brebis nous fournit sa laine pour les vêtements, la chèvre fournit ses poils pour l'usage des matelots, pour les machines de guerre et les havre-sacs des ouvriers[3]; quelques peuples, comme les Sardes et les

---

(1) Pline cite les inscriptions et les peintures d'Ardée, qui, dit-il, étaient plus anciennes que la fondation de Rome, XXXV, 6, 37 ; t. II, p. 682, l. 10 et p. 702, l. 4.

(2) II, xi, 11.

(3) *Fabrilia vasa.* Nul commentateur n'a fait de note sur ce passage. Serait-ce *le bagage des ouvriers en machines,* leur havre-sac, qui était couvert d'un tissu de poil de chèvre imperméable à

Gétules, s'habillent de leurs peaux. Il paraît que
cet usage existait autrefois chez les Grecs; car, dans
les tragédies et les comédies, les vieillards sont
nommés διφθερίαι, à cause de la peau de chèvre dont
ils sont revêtus. »

On trouve encore des *diphtères* en France au
xixe siècle; tous les paysans du Maine et des frontières de la Bretagne, depuis Mayenne jusqu'à Fou-
gères et Vitré, sont vêtus de peaux de chèvre.

Il me semble que ce dernier paragraphe du dernier livre de Varron renferme beaucoup de faits
curieux et peu connus, tels que la double tonte des
brebis en Espagne, les procédés de la tonte des
brebis à laine fine (*pellitæ*), la fixation de l'époque où l'on recueillait la laine en l'arrachant, de
celle où on commença à tondre les moutons, enfin
l'usage et l'emploi varié des poils de chèvre. Il me
reste encore à traduire les trois dernières lignes
dans lesquelles on peut démêler l'existence d'un
fait intéressant pour l'histoire naturelle.

« Les chèvres, dit Varron[1], ont des poils très
longs, et se tondent, à cause de cela, dans une
grande partie de la Phrygie, d'où l'on nous apporte
les cilices (*cilicia*), et autres tissus de ce genre
(faits de poil de chèvres tondues), dont le nom

l'eau? Les locutions connues de *vasa colligere*, plier bagage, de
præfectus fabrum, machiniste en chef, peuvent justifier cette
conjecture. Les Géoponiques (XVIII, 9), qui traduisent Varron,
l'appuient : ἡ δὲ θρίξ ἀναγκαία πρὸς τὶ σχοίνους καὶ σάκκους, καὶ
τὰ τοιούτοις παραπλήσια.

(1) II, xi, 12. Vid. COLUM., præf. 26, et VII, vi, 2 ; SCHNEID.,
not. h. l. ; et, sur la tonte des chèvres, et même du poil et de la
barbe des boucs, CALPURNIUS, *Ecloga* V, vers. 67, 68.

vient de ce que l'usage de tondre les chèvres s'est
établi d'abord en Cilicie. »

Pline dit[1] qu'en Cilicie et vers la Syrie on fait
les vêtements avec des poils de chèvres tondues.
Aristote[2] fait connaître le caractère propre de cette
espèce, en disant que les chèvres de Syrie ont les
oreilles pendantes et si longues qu'elles se touchent
par en bas, et qu'en Cilicie on tond les chèvres
comme des brebis.

L'identité des lieux, le caractère des oreilles longues et pendantes, et la circonstance de la grande
longueur des poils, probablement aussi de leur finesse et de leur épaisseur, qui rendit nécessaire
la tonte des chèvres phrygiennes, tandis qu'on ar-
rachait le poil de toutes les autres, nous font reconnaître la race des chèvres d'Angora que Buffon[3] a
très bien décrite d'après deux individus mâle et femelle qui vivaient à la Ménagerie du Roi. « Elles ont,
dit-il, le poil très long, très fourni, et si fin qu'on
en fait des étoffes aussi belles et aussi lustrées que
nos étoffes de soie. » Ainsi, nous apprenons que
cette race de chèvres à poil long et fin existait du
temps de Varron, dans le même pays qu'elle habite
aujourd'hui. Probablement les *cilices* qu'on importait à Rome étaient des étoffes fines et lustrées[4],
bien différentes, quoiqu'elles portassent le même
nom, du sayon grossier fait du poil des chèvres
communes que les moines portèrent sur la peau
par esprit de pénitence.

(1) VIII, 76.   (2) *Hist. animal.*, VIII, 28.
(3) T. VI, p. 270, 271, et 2e pl., éd. cit.
(4) Nous savons par MARTIAL (XIV, 140) qu'on en faisait des
chaussons.

CHAPITRE XVIII.

PRODUITS DE LA VILLA; DES VOLIÈRES.

Varron, dans le début de son troisième livre, compare la civilisation des villes à la culture des champs; il dit que les hommes se sont livrés à l'agriculture longtemps avant d'habiter des villes, et il donne à la vie des champs la préférence sur la vie urbaine : « Neque solum antiquior cultura agri, « sed etiam melior [1]. » « Aussi, ajoute-t-il, ce n'est pas sans raison que nos ancêtres rejetaient de la ville dans les champs leurs concitoyens, mais parce que, pendant la paix, ils étaient nourris par les Romains de la campagne et défendus par eux pendant la guerre. »

Varron définit ensuite [2], et cette définition était bien nécessaire, le mot de *villa*. Ce nom avait chez les Romains une acception générique et très étendue, comme les mots *armentum* et *pecus*. Il désignait, soit un édifice isolé dans une place hors des murs, comme la *villa* publique du Champ de Mars, qui servait aux opérations du cens, des levées de troupes, de l'élection d'un magistrat; soit une simple maison de plaisance hors de la ville; soit une ferme à blé, avec des vignes et des oliviers, comme celle de Caton le Censeur; soit une ferme à troupeaux; soit une ménagerie pour élever et engraisser des animaux, des oiseaux, des poissons, des

(1) III, 1, 4.   (2) III, 11, 5, 6, 7, 8, 9, 10.

insectes et des mollusques recherchés par le luxe des tables[1]; soit enfin une habitation de maître avec ses dépendances, jointe à un domaine, à des parcs, à des viviers. Les *fermes* ornées ou les châteaux des Anglais peuvent nous donner une idée assez juste de cette dernière espèce de villa.

« Il y a, dit Varron[2], deux genres de nourriture pour les animaux : celle des bestiaux, qui se fait dans les champs, et celle des poules, des pigeons, des abeilles, etc., qui a lieu dans l'intérieur de la villa. Le Carthaginois Magon, Cassius Dionysius et d'autres, ont semé à ce sujet dans leurs écrits quelques préceptes, que Seius paraît avoir lus. Aussi, par cette industrie, il tire de la maison seule de plus grands produits que d'autres d'un domaine tout entier. J'y ai vu de grands troupeaux d'oies, de poules, de pigeons, de grues, de paons, et même des loirs, des poissons, des sangliers, et d'autre gibier en abondance. L'affranchi qui tenait ses livres de recette et de dépense, et qui me recevait en l'absence de son maître, me dit que Seius retirait de son établissement 50 000 sesterces (14 000 francs) par an.

« La *villa* de la tante maternelle de Mérula était, dit toujours Varron[3], située dans la Sabine, sur la voie *Salaria*, à vingt-quatre milles de Rome. Il y avait dans cette villa des volières qui fournissaient 5 000 grives engraissées. Ces grives se vendaient 3 *denarius* la pièce (3 fr. 36 cent.), ce qui donnait

---

(1) C'est dans ce sens que le mot *villa* doit être pris dans les passages de Varron cités à la page suivante.

(2) III, 11, 13.   (3) III, 11, 14, 15.

par an, un revenu de 60 000 sesterces (16 800 fr.),
deux fois autant que le domaine d'Axius à Réate,
qui était de 200 jugères ou 100 arpents [1]. » Cependant le rapport d'une ferme à Cocaba, en Palestine,
cultivée par les petits-fils de l'apôtre saint Judes,
était, selon Eusèbe [2], de 9 000 drachmes, et n'avait
que 39 plethres [3]; ou c'est 39 jugères par saison,
ou c'était une villa, une culture spéciale, telle que
le baume; sans quoi ce produit, même brut, paraît
incroyable.

Le luxe des tables à Rome, les repas publics
donnés sans cesse par les colléges des augures et
les diverses confréries, assuraient la vente de ces
produits. « L. Albutius, dit Varron [4], homme très
éclairé, m'a assuré que dans le canton d'Albe, où
il avait ses propriétés, le produit des animaux
nourris dans la villa l'emportait toujours sur le
produit du domaine; que sa terre lui rendait moins
de 10 000 et sa villa plus de 20 000 sesterces
(2 800 à 5 600 francs), et que, s'il pouvait acquérir une villa près de la mer, dans le lieu qu'il choisirait, il en retirerait plus de 100 000 sesterces
(28 000 francs). En effet, M. Caton [5], lorsqu'il a
accepté la tutelle du fils de Lucullus, n'a-t-il pas

---

(1) Varro, III, ii, 15. Cf. Pancirol., *Diatrib.*, t. III, *Thes.
Ant. Rom. Grævii.* Columelle ajoute (VIII, x, 6) que, de son
temps, le luxe journalier des tables avait donné aux grives engraissées le prix constant de 3 *denarius*, ce qui rendait cette branche d'industrie très profitable aux propriétaires de maisons de
campagne.

(2) III, 20.

(3) Gibbon, *Decad.*, c. xxvi, t. III, p. 317 et not. 48-50.

(4) Varro, III, ii, 17.

(5) Celui qui se tua à Utique.

vendu pour 40 000 000 de sesterces (11 000 000 de francs) de poisson de ses viviers? »

Ces passages de Varron, écrivain consciencieux et bien au fait du prix de ces denrées, puisqu'il possédait lui-même des volières superbes et en tirait grand parti, donnent une idée du luxe et de l'opulence des oligarques de cette époque; mais ils ne prouvent pas plus la richesse de l'Italie en général que les grandes fortunes de quelques seigneurs russes, qui égalent celles des Crassus et des Lucullus, ne prouveraient l'aisance générale des habitants de l'empire moscovite.

Varron[1] divise l'industrie de la villa en trois genres : les volières, les parcs et les viviers. Le premier comprend tous les volatiles qu'on nourrit dans l'intérieur de la maison, tant ceux qui vivent sur terre seulement, tels que les paons, les pigeons, les grives, que ceux qui exigent la réunion de la terre et de l'eau, tels que les oies, les sarcelles, les canards. Le deuxième genre renferme tous les animaux sauvages ou privés qu'on nourrit dans des enceintes bien closes, annexées à la villa. De ce nombre sont les sangliers, les chevreuils, les lièvres, enfin les abeilles, les escargots et les loirs. Le troisième genre se divise en deux espèces : les poissons de mer et ceux d'eau douce. Pour se procurer ces objets, il faut des oiseleurs, des chasseurs et des pêcheurs. « L'attention vigilante de vos esclaves, dit Varron, soignera ces animaux, soit lorsqu'ils porteront, soit lorsqu'ils mettront bas leurs petits, et quand ces derniers seront nés, les nour-

---

(1) III, III, I.

rira et les engraissera jusqu'à ce qu'ils soient en
état d'être menés au marché. »

Varron fait ensuite l'histoire de ce luxe ; il nous
apprend qu'il était assez moderne et ne datait que
d'une ou deux générations. Ainsi le père d'Axius
n'avait dans son enclos qu'un lièvre, tandis que
son fils avait formé un vaste parc de plusieurs arpents, clos de murs, qui contenait un grand nombre de sangliers et de chevreuils. La gourmandise
en était venue au point de dédaigner les poissons
d'eau douce comme trop vulgaires, et les riches
Romains avaient prolongé jusqu'à la mer leurs viviers, parmi lesquels ceux de Philippe, d'Hortensius et des Lucullus tenaient le premier rang [1].

Quant aux volières qu'on entretenait pour en
tirer du profit, Varron nous apprend que les marchands de comestibles en avaient établi dans Rome
même, et en louaient à la campagne, surtout dans
la Sabine, parce que la nature du sol y attire beaucoup de grives ; on y ajoutait des ortolans et des
cailles qui se vendaient cher étant engraissés [2]. On
les privait de lumière ; on les nourrissait de bou-
lettes faites avec des figues et de la farine d'épeautre ; on faisait passer dans la volière un petit canal
d'eau courante pour qu'ils pussent boire et se baigner à volonté. On tenait la volière très propre.
Vingt jours avant de les prendre pour la consommation, on augmentait leur nourriture, on y mettait de la farine plus fine. A côté de la grande vo-

(1) VARRO, III, III, 5, 6, 8, 9, 10.
(2) III, IV, 2 ; III, V, 2, 3, 4, 5.

lière, on en avait une petite plus éclairée, où l'on
faisait entrer les oiseaux gras qu'on voulait tuer, et
on avait soin de les tuer tous dans ce lieu fermé, de
peur que les autres, s'ils voyaient la fin de leurs
compagnons, ne se laissassent mourir.

Les palombes et les tourterelles, les cailles, les
grives, étaient, en Italie comme chez nous, des oiseaux de passage. Mais Várron nous transmet un
fait curieux pour l'histoire des grives; il dit que
« tous les ans, vers l'équinoxe d'automne, elles
passaient la mer pour se rendre en Italie, et ne la
repassaient que vers l'équinoxe du printemps[1]. »
L'époque du passage en France des *turdus* (ou grives de vigne) est très différente; elles viennent en
mai, mais en petit nombre, pour faire leurs petits.
L'époque de leur grand passage est depuis la mi-
septembre jusqu'à la fin de ce mois; elles restent
tout le mois d'octobre, et repartent toutes dans
les premiers jours de novembre, tandis que, d'a-
près Varron et Columelle, elles passent l'automne
et l'hiver en Italie.

Le sixième chapitre traite de l'éducation des
paons. « C'est de notre temps, dit Varron[2], qu'on
a commencé à élever des paons en grandes troupes, et qu'ils se sont vendus un haut prix. On dit
qu'Aufidius Lurco en retire par an 60 000 sesterces

(1) Cf. COLUMELL., VIII, IX, 1. Cetti, cité par SCHNEIDER,
Comment. in h. l. s. 7, confirme l'époque du passage des grives;
mais il ajoute, et, je crois, sans fondement, que la mer désignée
par Varron est l'Adriatique. J'ai été moi-même plusieurs fois témoin de ce passage des grives en Italie à l'époque indiquée par
Varron.

(2) III, VI, 1.

(16 800 francs). » Pline[1] précise l'époque de l'introduction du paon en Italie : c'est le temps de la guerre des pirates ; or Varron commandait une flotte dans cette guerre. Pline ajoute qu'on voyait des bandes sauvages de paons dans l'île de Samos et dans l'île de Planasie.

Buffon assigne au paon les Indes-Orientales pour patrie[2]; Cuvier[3] adopte l'opinion de Buffon, fondée sur deux passages de Théophraste[4] et d'Elien[5], qui me semblent très vagues. Il prétend que les Grecs n'ont connu le paon que depuis l'expédition d'Alexandre ; mais nous trouvons dans le troisième livre *des Rois*[6] que Salomon avait des paons. Diodore de Sicile[7] dit qu'il en existait beaucoup en Babylonie; la Médie en nourrissait aussi de très beaux, et en si grande quantité que cet oiseau en avait pris le surnom d'*avis medica*. Philostrate parle de ceux du Phase, qui avaient une huppe bleue; mais Aristote, qui mourut l'an 322 avant l'ère chrétienne, plusieurs années avant Théophraste, son élève, né en 371, parle en plusieurs endroits des paons comme d'oiseaux très connus. De plus, des médailles de Samos, fort antiques, représentent le temple

(1) «Saginare (pavones) primus instituit, circa novissimum piraticum bellum, M. Aufidius Lurco, exque eo quæstu reditus sestertium sexagena millia habuit. » PLIN., X, 23.

(2) Histoire des oiseaux, t. IV, p. 5, éd. in-12, 1772.

(3) Règne animal, t. I, p. 473.

(4) Apud PLIN., X, 41. « Theophrastus tradit invectitias esse in Asia etiam columbas et pavones. »

(5) Γίνονται δὲ καὶ ταὼς ἐν Ἰνδοῖς τῶν πανταχόθεν μέγιστοι (ÆLIAN., *Hist. anim.*, XVI, 2). Λέγεται δὲ ἐκ Βαρβάρων εἰς Ἕλληνας κομισθῆναι. *Ibid.* V, 21.

(6) X, 22.   (7) *Biblioth. hist.*, l. II, c. LIII.

de Junon avec ses paons [1]. Les relations de l'Asie-
Mineure avec la Palestine étaient fréquentes, et ont
dû introduire cet oiseau à Samos et dans les colonies grecques longtemps avant Alexandre. Nous
avons d'ailleurs de ce fait des preuves directes; les
paons sont décrits dans deux pièces d'Aristophane[2],
l'une de la LXXXVIIIe, l'autre de la XCI[e] olympiade,
où l'auteur grec dit positivement que l'ambassa-
deur du roi de Perse a apporté des paons. Suivant
Plutarque et Athénée, ce serait seulement du temps
de Périclès que le paon aurait été apporté à Athènes,
où on le montrait alors pour de l'argent. M. Link
pense que le temps où le paon fut importé en Grèce
est celui où les républiques grecques étaient en
relation si particulière avec les Perses que l'on vit
quelquefois des personnages influents se laisser
corrompre par le grand roi. Du reste, je ne pré-
tends pas induire des passages de Varron, d'Aulu-
gelle[3] et d'Athénée, que le paon soit originaire de
l'île de Samos; mais peut-être l'est-il de la Médie,
comme la luzerne (*medica*), et a-t-il, ainsi que cette
plante, tiré son nom d'*avis medica* de sa province
natale. Les voyageurs naturalistes qui parcourront
la Médie pourront nous en instruire.

Nous avons appris dernièrement de M. Gamba,
consul de France à Tiflis[4], que le *faisan doré* ou
tricolor huppé, regardé par Buffon[5] et par tous les
naturalistes comme originaire de la Chine, a pour

(1) ATHÉN., l. XIV, c. LXX.
(2) *Acharn.*, 63; *Aves*, 102, 270.   (3) *Noct. Attic.*, VII, 16.
(4) Voyage dans la Russie mérid., t. II, p. 226.
(5) Hist. des ois., p. 101 et suiv.

patrie les chaînes du Caucase qui s'abaissent vers la mer Caspienne, où Pline l'a indiqué en donnant de ce bel oiseau une description précise[1]. M. Gamba l'a trouvé partout dans ces montagnes à l'état sauvage avec le faisan ordinaire.

Nous savons encore par lui que le peuplier pyramidal[2], *populus fastigiata,* nommé improprement *peuplier d'Italie,* est indigène dans la Géorgie et le Daghestan. Il s'est perpétué de bouture dans l'Europe, qui ne connaît encore que l'individu mâle de cette espèce.

L'âge de la pleine fécondité des paons est, selon Varron[3], à deux ans. Aristote[4], Columelle[5], Pline[6], le fixent à trois ans, et les observateurs modernes s'accordent avec eux sur ce fait. On leur donnait par mois à chacun un *modius* d'orge.

« Le propriétaire exige, dit Varron[7], de celui à qui il a confié le soin de ces oiseaux, six paons par couvée, lesquels, lorsqu'ils ont atteint leur croissance, se vendent cinquante deniers (ou 56 francs) la pièce, prix supérieur à celui de la plus belle brebis. »

La reproduction des paons, leur éducation dans leur jeunesse, sont sujettes à beaucoup d'accidents; voilà pourquoi, dans un temps où ce genre d'industrie ne faisait que de naître, on n'exigeait que trois paonneaux adultes par tête de paon, ou six par couvée; car la paonne pond de vingt-cinq à

---

(1) Voyez, dans les Annales des sciences naturelles, ma note sur le faisan doré.

(2) T. II, p. 353.   (3) III, vi, 3.

(4) *Hist. anim.,* VI, 9.   (5) VIII, xi, 5.

(6) X, 79.   (7) Varro, III, vi, 3.

trente œufs dans les Indes, douze en Italie[1], quatre
ou cinq en France[2]. La durée de leur vie est de
vingt-cinq ans. « Les paons, ajoute Varron, aiment
beaucoup la propreté; leur gardien doit tous les
jours les nettoyer et enlever le fumier, qui est très
bon pour engraisser les terres et pour servir de litière aux poulets. L'orateur Hortensius fut le premier qui, dans un festin d'apparat du collége des
augures, fit servir des paons[3]. Beaucoup de personnes, dit toujours Varron, ayant suivi l'exemple
d'Hortensius, ont élevé le prix des paons au point
que leurs œufs se vendent facilement cinq *denarius*
la pièce (5 francs 60 cent.); un paonneau 50 *denarius* (56 francs); de manière qu'un troupeau de
cent paons peut rendre aisément 40 000 sesterces
(11 200 francs), et même 60 000 (16 800 francs), si
l'on exige, comme Albutius, six paonneaux par
couvée. »

Le septième chapitre du troisième livre de Varron traite des pigeons, dont il décrit deux espèces,
le *pigeon fuyard* ou *biset*, et le *pigeon romain,*
l'un gris bleuâtre, sans mélange de blanc, volant
du colombier dans les champs pour chercher sa
nourriture et revenant de lui-même à son gîte;
l'autre généralement blanc, qui se contente de la
subsistance qu'il trouve à la maison, et qui ne
quitte pas les alentours de la volière. De ces deux
espèces on en a formé, en les croisant, une troisième qu'on élève pour en tirer du produit. Il y a

---

(1) COLUMELLE, VII, xi, 10.   (2) BUFFON, t. IV, p. 27.
(3) VARRO, III, vi, 6. PLINE, X, 23. ÆLIAN., V, 21, *De Nat.
anim.*

des colombiers qui en contiennent jusqu'à cinq mille.

On regarde le pigeon biset (*columba livia*) comme étant une espèce différente du pigeon ramier (*columba palumbius*). Le premier a la peau du bec rougeâtre ; elle est d'un blanc jaunâtre chez le second. Le ramier s'avance dans le nord bien plus loin que le biset. Celui-ci est le seul qu'on ait pu encore apprivoiser ; on en a obtenu un grand nombre de variétés. L'éducation du pigeon n'est point une chose nouvelle ; cependant ni Homère ni Hésiode n'en ont parlé. Le pigeon domestique se multiplia beaucoup à une époque plus rapprochée de nous. Si Homère, faisant la description d'un peuple encore mal civilisé, et de ses mœurs, garda le silence sur l'éducation du pigeon, ce n'est pas là une raison pour croire que, vers la même époque, des peuples de l'Orient, plus avancés dans la voie de la civilisation, aient ignoré ce moyen d'ajouter aux agréments de la vie[1].

Les Grecs connaissaient déjà, du temps d'Aristote[2], les pigeons de volière ; car cet auteur dit qu'ils produisent dix à onze fois l'année, et que ceux d'Egypte produisent jusqu'à douze fois : or, il n'y a que ce pigeon domestique qui soit doué de cette fécondité. Les pigeons fuyards ne produisent au plus que trois fois l'année, et le biset que deux. C'est donc le pigeon de volière que désigne aussi Varron[3] dans ce passage : « Nihil columbis fecun-« dius ; itaque diebus quadragenis concipit, et parit,

(1) LINK, Monde primitif. t. II, p. 316.
(2) *Hist. anim.*, VI, 4.   (3) III, VII, 9.

« et incubat, et educat, et hoc fere totum annum
« faciunt. »

Varron décrit le mode barbare qu'on employait
pour engraisser les pigeonneaux. « Quand ils com-
mencent, dit-il, à prendre des plumes, on leur
brise les jambes, on les laisse dans le nid et on
présente à leurs mères une nourriture plus abondante. Celles-ci mangent et font manger toute la journée leurs petits, qui de cette manière engraissent
plus vite et ont la chair plus blanche que les autres. Les pères et mères, s'ils sont beaux, de bonne
couleur, bien sains, de bonne race, se vendent
communément à Rome 200 sesterces (56 francs) le
couple. Les pigeons d'élite vont jusqu'à 1000 sesterces (280 francs). L. Axius, chevalier romain, a
même refusé, dit-on, de vendre une paire de pigeons de cette espèce pour moins de 400 deniers
(ou 448 francs). Il y a enfin, dit Varron [1], des personnes qui ont à Rome pour 100 000 sesterces
(28 000 francs) de pigeons, et qui en tirent cinquante pour cent par an de bénéfice [2].

Varron parle ensuite [3] de l'éducation en grand
des tourterelles; elle ressemblait tout-à-fait à celle
des pigeons [4]; seulement on balayait tous les jours
leur colombier, tandis qu'on ne nettoyait celui des

(1) III, vii, 11.
(2) Je lis, avec Victorius et Gesner, *ex asse semissem*, au lieu
d'*assem semissem*, qui n'a aucun sens.
(3) III, viii, 3.
(4) Cent vingt tourterelles ne consommaient par jour qu'un
demi-*modius*, six livres et demie, de blé sec. L'époque la plus favorable pour les engraisser est celle de la moisson, qui, en Italie,
avait lieu du 20 juin au 10 juillet. Vid. COLUM., VIII, 9, et
SCHNEID., not. h. l.

pigeons qu'une fois par mois ; les excréments des tourterelles étaient réservés pour l'engrais des terres. Les Romains nourrissaient et engraissaient aussi les palombes ou bisets [1].

Ainsi voilà deux espèces du genre des pigeons, la tourterelle et le biset ou pigeon sauvage, que les Romains élevaient en grande quantité, et qui trouvaient un débouché assuré dans la gourmandise du siècle et le luxe des festins. Les peuples modernes se sont bornés à l'éducation du pigeon de fuie, du pigeon de volière et de leurs nombreuses variétés.

Le chapitre IX, qui traite des poules, offre plusieurs faits curieux. « Il y en a, dit Varron [2], de trois espèces : les poules domestiques, les poules sauvages et les poules africaines ou pintades. » Je ne parlerai point de l'éducation des poules domestiques ; elle était la même chez les Romains que chez nous, et les procédés en sont très connus. Je ferai seulement remarquer que la basse-cour devait être couverte d'un filet pour empêcher les poules de s'envoler, preuve de la domesticité récente de l'espèce : « Intento supra rete, quod prohibeat eas extra septa evolare [3]. »

Les poules, dit M. Link [4], sont des oiseaux qu'on apprivoisa de bonne heure ; mais il est permis de douter qu'il en soit fait mention dans la Bible. Homère et Hésiode n'en disent rien, quoique souvent l'occasion s'offrît à ces poëtes d'en parler. La composition de la maison d'Ulysse est décrite avec

(1) VARRO, II, IX, 21.   (2) III, IX, 1.   (3) III, IX, 15.
(4) T. II, p. 310.

tant de détail qu'on doit s'étonner qu'il n'y soit pas question de poules, comme il paraît aussi extraordinaire qu'un poëme sur l'économie agricole et domestique (*Opera et dies*) n'en dise rien[1]. Plus tard, c'est-à-dire à l'époque des tragiques et des comiques grecs, il est souvent parlé du coq; on cite les combats de coqs qui se faisaient à Athènes du temps de Thémistocle[2]. Les gallinacées ont donc été importés en Grèce entre l'époque où écrivirent les premiers poëtes et celle où parurent les poëtes dramatiques.

L'histoire de la poule sauvage est plus digne de notre attention. « Les poules sauvages, dit Varron[3], sont rares à Rome, où on ne les voit guère que dans des cages. Elles ressemblent pour l'aspect, non à nos poules domestiques, mais plutôt aux poules africaines; elles ne pondent et n'élèvent de poulets que dans les bois et sont stériles dans nos villas[4]. On dit que ce sont ces poules sauvages, *gallinæ*, qui ont donné leur nom à l'île Gallinaria, située dans la mer de Toscane, vis-à-vis les monts de Ligurie; d'autres pensent que cette île doit son nom à des poules domestiques qui y ont été apportées par des navigateurs et dont les petits sont devenus sauvages. »

Ce paragraphe peut servir à confirmer notre opinion sur le climat primitif de nos coqs et de nos poules, que Buffon ignorait en 1772, et que Sonne-

---

(1) La *Batrachomyomachie* cite le coq; mais il est établi que ce poëme a été composé longtemps après Homère. LINK, l. c.

(2) ÆLIAN., *Var. hist.*, II, 28.   (3) III, IX, 16.

(4) Vid. COLUM., VIII, II, 2.

rat nous a fait connaître par son voyage aux Indes,
publié en 1782[1]. Hyde[2] croyait que la Perse était
la patrie du coq[3]; Varron et Columelle[4] disent, à
la verité, qu'une des plus belles races de coqs se tirait de la Médie; mais Sonnerat a trouvé le coq et
la poule sauvages dans les vastes forêts de l'Inde.
Il a rapporté les individus mâles et femelles qui
sont encore au cabinet du Muséum d'histoire naturelle. « Les Indiens, dit-il, nourrissent deux races
de coqs et de poules : la première est semblable à
celle de nos coqs et de nos poules domestiques et
se perpétue par des individus qui se renouvellent
et se succèdent; la seconde race est celle du coq
et de la poule sauvages, que les Indiens entretiennent et renouvellent en tirant les individus des
forêts où ils sont nés. »

A leur extrémité les plumes du cou, dans la poule
sauvage de l'Inde, sont, dit M. Link, larges et car-
tilagineuses, particularité qu'on observe aussi chez
le jaseur de Bohême (*ampelis garrulus*). La poule
sauvage n'a sur la tête ni crête ni appendice charnu,
caractère essentiel que n'a pu amener la domesti-

(1) T. II, p. 148-163, pl. 94, 95.
(2) *Histor. relig. veter. Persarum*, p. 163.
(3) Selon le Zend-Avesta (t. I, p. 406, trad. d'Anquetil-Duper-
ron), c'est Ormusd qui a donné aux Parses le coq et la poule, et
qui les a fait reproduire dans la domesticité. Ce passage de la
Batrachomyomachie, vers. 191, ἕως ἱδόησιν ἀλέκτωρ, prouve sa *domestication* ancienne chez les Grecs de l'Asie-Mineure. Comme il
est originaire de l'Inde, de Java, de Sumatra, de Perse, d'après les
savants modernes (Dict. des sc. nat., article Faisan, t. XVI,
p. 119, 121), de Médie, selon les anciens, il n'est pas étonnant
qu'il se trouve mêlé avec l'origine de la religion persane, qui a
commencé dans la Bactriane.
(4) COLUM., VIII, 11, 4, 13.

cité. Les indiens prennent ce coq dans les forêts;
ils le dressent pour les combats de coqs, parce
qu'il est plus fort et plus courageux que le coq
privé. Le *phasianus varius,* faisan panaché, autre
espèce originaire de Java, a été pris aussi pour la
souche primitive du coq domestique, mais il en
diffère, entre autres choses, par sa crête, qui n'est
point dentée[1]. L'espèce qui approche le plus de
nos coqs domestiques est le coq de Bankiva, originaire des forêts solitaires de Java et de Sumatra,
que Temminck[2] a fait connaître le premier; il n'y
a certainement point à douter que quelques-unes
des variétés du coq privé ne viennent de ce coq
de Bankiva. Ce fait est un argument d'un grand
poids à l'appui de l'existence des relations de commerce qui ont existé primitivement entre ces contrées méridionales et celles du Nord. Cependant
d'autres variétés pourraient bien aussi tirer d'ailleurs leur origine, et alors se présente tout naturellement un passage d'Athénée[3] qui place la patrie
du coq dans la Perse.

La poule, redevenue sauvage, ne perpétuait pas
son espèce dans la captivité en Italie, comme le
fait la poule sauvage des forêts de l'Inde; elle vivait dans les bois ainsi que cette dernière. De plus,
la couleur du coq et de la poule sauvages, que Varron compare à celle de la pintade, est aussi celle
de la poule et du coq sauvages de l'Inde. Or on sait
que les animaux et les oiseaux domestiques, aban-

(1) *Mar's naturalit's Miscellan.*, p. 353.
(2) Hist. nat. des Gallinac., Amsterdam, 1815, 3 vol.
(3) XIV, 20.

donnés à la vie sauvage, reprennent au bout de
quelques générations la couleur de l'espèce primitive.

Buffon dit[1], à l'article du coq sauvage de l'Asie:
« Je dois recommander aux voyageurs qui se trou-
veront à portée de voir ces coqs et ces poules sauvages de tâcher de savoir si elles font des nids et
comment elles les font[2]. »

Sonnerat se tait sur ce point, mais Varron nous
apprend que les poules sauvages dont il parle ni-
chaient et pondaient dans les bois.

C'est encore un fait curieux que celui de l'existence, en Italie, de poules et de paons à l'état sauvage, du temps de Varron et de Columelle[3], car
depuis bien des siècles l'Europe ne connaît plus
ces oiseaux que dans la domesticité.

La pintade (*numida meleagris*) peuplait les
basses-cours des Grecs et des Romains, comme
l'attestent Varron, Columelle et plusieurs autres
écrivains[4]. Cet oiseau est sauvage dans toute
l'Afrique, depuis le nord jusqu'au cap de Bonne-
Espérance[5]. Columelle indique déjà[6] deux espèces
ou variétés de pintades; il nomme la première
gallina africana et la seconde *meleagris*. Pallas

(1) T. III, p. 166.

(2) Voy. Dict. des sc. nat., article Faisan, t. XVI. Deux espèces
de poules trouvées sauvages à Java par Leschenault semblent avoir
plus de rapport avec nos poules domestiques que celles de l'Inde,
décrites par Sonnerat.

(3) VARR., III, IX, 2. COLUM., VIII, II, 2.

(4) Voy. BECKMANN, *in Symbolis ad hist. inventorum*, vol. III,
p. II, p. 239.

(5) *Lichtenstein's Reisen*, IIe part., s. 461.   (6) VIII, II, 2.

admet aussi plusieurs espèces de pintades [1], à l'une
desquelles il donne le nom de *numida mitrata*; il
y réunit la *gallina africana* de Columelle. Il paraît
que, dans une antiquité plus reculée, les Grecs ne
renfermaient pas la pintade dans les basses-cours,
et qu'à Rome même on la vendait encore un prix
assez élevé; elle vint sans doute en Grèce et à
Rome par Cyrène et par Carthage [2].

« Les poules africaines, dit Varron [3], que les
Grecs appellent *meleagrides*, sont de grande taille,
ont le dos rond, le plumage varié. Le besoin de ré-
veiller l'appétit émoussé des gourmands du siècle
a fait entrer dernièrement ces poules dans les festins; elles se vendent cher à cause de leur rareté.»

On reconnaît dans cette courte description de
Varron les traits caractéristiques de la pintade.
Aristote [4] n'en parle qu'une fois; il la nomme *meleagris* et dit que ses œufs sont marquetés de petites taches. Pline [5] n'a fait que copier Aristote et
Varron; il ajoute seulement que les pintades de
Numidie étaient les plus estimées, d'où l'on a donné
à l'espèce le nom de poules numidiques par excellence. Columelle, tout en commettant une erreur,
nous a décrit cette espèce de manière à ce qu'il est
impossible de la méconnaître [6]. « La poule afri-
caine, dit-il, que le plus grand nombre appelle
numidique, est semblable à la méléagride, excepté
qu'elle a la crête et les barbillons rouges; ces deux

---

(1) *Spicileg. zool.*, t. IV, p. 15.
(2) LINK, Monde primitif, t. II, p. 314, 315.
(3) III, ix, 18.   (4) *Hist. anim.*, VI, 11, 2.
(5) X, 67, 74.   (6) VIII, 11, 2.

parties de la tête sont bleues dans la méléagride[1]. »
Columelle n'avait pas observé ces oiseaux d'assez
près pour s'apercevoir que la première était la femelle et la seconde le mâle d'une seule et même
espèce[2]. Du reste il paraît, par deux passages de
Pline[3] et d'Athénée[4], qu'une variété de cette espèce se plaisait dans les lieux aquatiques. « On les
tient, dit Athénée, dans un lieu marécageux, et
elles montrent si peu d'attachement pour leurs petits que les prêtres commis à leur garde sont obligés
de prendre soin de leur couvée. »

Il est assez singulier que la pintade, élevée autrefois avec tant de soin chez les Grecs et les Romains, se soit perdue en Europe pendant tout le
moyen-âge et n'ait reparu que depuis que les Européens ont côtoyé l'ouest de l'Afrique en allant
aux Indes par le cap de Bonne-Espérance[5]. Du reste
cet oiseau était digne de la sensualité des Romains
du VIIe siècle de la république; je puis l'assurer
par expérience; nous élevons beaucoup de pintades
dans le Perche, et les jeunes pintadeaux rôtis ont
le fumet et le goût fin et délicat d'une bonne perdrix rouge.

Varron passe ensuite[6] à sa troisième division des
oiseaux, « que vous autres philhellènes, dit-il, appelez

---

(1) « Africana est, quam plerique Numidicam dicunt, meleagridi similis, nisi quod rutilam galeam et cristam capite gerit,
quæ utraque sunt in meleagridi cærulea. »

(2) Voy. BUFFON, Hist. des oiseaux, t. III, p. 234.

(3) XXXVII, 11.

(4) XIV, 71. Athénée emprunte tout ce qu'il dit sur les pintades
à Clytus de Milet, disciple d'Aristote.

(5) BUFFON, t. III, p. 236.   (6) III, x, 1.

amphibies, parce qu'ils ont besoin pour vivre de la terre et de l'eau. »

Les divers ouvrages qui ont traité de l'agriculture nous apprennent que le canard fut élevé par les anciens, qu'il peuplait leurs basses-cours et leurs pièces d'eau. Il serait difficile de fixer l'époque où le canard commença à devenir domestique, parce qu'il n'est pas pour l'agriculteur un oiseau d'une utilité aussi grande que les poules, qui, par leurs œufs, donnent à l'homme une nourriture abondante. Le Nord est la patrie du canard sauvage, mais, dans ses migrations, il s'avance très loin dans le Midi.

L'oie ne fut pas apprivoisée beaucoup plus tôt que le canard; comme celui-ci elle est un enfant du Nord, et, comme lui, elle s'étend dans ses migrations vers les régions méridionales. Les faits suivants établiront que la domesticité de l'oie ne commença pas dans le Nord. On peut, dans les oies sauvages de nos pays, reconnaître deux espèces: l'oie des moissons, *anas segetum,* et l'oie commune, *anas anser.* La première semble plus nombreuse que la seconde; cependant jamais on n'a pu en faire un oiseau domestique, quoiqu'elle n'ait rien qui la distingue de l'autre, ni dans la forme, ni dans la grosseur, ni dans les habitudes[1].

En lisant avec attention le dixième chapitre du troisième livre de Varron, j'y ai trouvé un fait intéressant pour l'histoire de la domesticité des oies. L'oie domestique n'est, comme on sait, que l'oie sauvage apprivoisée; elle est restée, de même que

(1) LINK, Monde primitif, t. II, p. 317, 318.

le canard et le pigeon fuyard, dans une sorte d'indépendance, ou du moins elle a subi une servitude
moins complète que la poule, le pigeon de volière,
la brebis et les autres animaux sur lesquels l'homme
a exercé son empire. La domesticité n'a presque
pas changé son plumage, excepté dans la variété
qui est devenue toute blanche; encore, dans chaque
couvée de ces oies blanches, il naît toujours des
petits mélangés, comme l'espèce primitive, de gris
et de blanc.

Varron recommande[1] de choisir, pour perpétuer l'espèce, les oies blanches les plus grosses,
parce que le plus grand nombre de leurs petits
ressemble alors aux pères et aux mères. « Il y a,
dit-il, une autre variété mêlée de gris et de blanc
qu'on appelle *sauvage*, qui ne vit pas volontiers
avec les autres et qui ne s'apprivoise pas aussi
bien[2]. » Columelle ajoute que cette espèce, de couleur mélangée, qui de sauvage a été rendue domestique, est moins féconde, a moins de valeur et ne
mérite point d'être élevée[3].

Il est intéressant d'observer les changements que
dix-huit siècles de domesticité ont opérés sur les
mœurs et même sur les facultés génératrices de cette
espèce. Aujourd'hui les oies dont le plumage est

[1] III, x, 2.
[2] « Sint ampli et albi, quod plerumque pullos similes sui faciunt. Est enim alterum genus varium, quod ferum vocatur, nec
cum iis libenter congregatur, nec æque fit mansuetum. »
[3] « Curandum est ut mares feminæque quam amplissimi cor-
poris et albi coloris eligantur. Nam est aliud genus varium, quod
a fero mitigatum domesticum factum est; id neque æque fecun-
dum est, nec tam pretiosum, propter quod minime nutriendum
est. » Columell., VIII, xiv, 3.

gris-blanc sont aussi grosses, aussi privées que les
blanches; elles vivent avec elles en bonne intelligence, et sont aussi fécondes que les autres. J'ai eu
occasion de les observer depuis trente ans dans
ma terre, située à quelques lieues d'Alençon. Mes
fermiers, qui en élèvent chaque année de grandes
bandes, ne font aucune différence entre les deux
variétés, et je me suis assuré de ces faits par de nombreuses expériences.

La gourmandise des Romains n'avait pas négligé
le procédé d'engraisser les oies de manière à ce que
le foie devînt plus gros que tous les autres vis-
cères réunis. Pline[1] discute avec soin la question
de la propriété de l'invention de cette méthode;
elle était encore indécise entre le consulaire Scipio
Metellus et le chevalier romain Marcus Seius, tous
deux contemporains de Varron, qui se disputaient
cet honneur. On nourrissait l'oie avec des figues
pour rendre le foie plus savoureux, dit Horace[2]:

> Pinguibus et ficis pastum jecur anseris albi.

On rendait le foie énormément gros, témoin ce
vers de Martial[3] :

> Aspice quam tumeat magno jecur ansere majus!

Le duvet précieux de l'oie n'était pas moins recherché par la mollesse voluptueuse des Romains.
Dans les pays froids, il est meilleur et plus fin. Pline
nous apprend[4] que celui des oies de Germanie était
le plus estimé, qu'une livre de ce duvet se vendait
5 *denarius* (4 fr. 95 cent. la livre de 12 onces), et

(1) X, 27.   (2) *Serm.*, II, 8, vers. 88.
(3) *Epigr.* XIII, 58.   (4) X, 27.

que ce haut prix fut la cause que les postes militaires, dans cette contrée, se trouvèrent parfois dégarnis; car les préfets envoyaient souvent des cohortes entières à la chasse des oies.

Les anciens employaient comme nous la chair et la graisse de l'oie, soit dans les ragoûts, soit dans les médicaments. Il n'y a que la plume des ailes, dont nous avons fait l'instrument de nos pensées, qu'ils aient négligée comme inutile. La première mention des plumes employées pour l'écriture se trouve dans un auteur anonyme du v⁰ siècle, publié par Adrien de Valois à la suite de son édition d'Ammien Marcellin[1]. Plus tard Isidore de Séville a donné de la plume une description très précise[2].

Varron[3] traite ensuite des oiseaux nageurs qui composaient le νησσοτροφεῖον. C'était une enceinte murée, avec un canal, une mare, un étang destiné à baigner et engraisser les canards, les sarcelles, les foulques et les perdrix de mer.

Columelle[4] ajoute une espèce d'oiseaux nageurs à ceux que Varron a mis dans son νησσοτροφεῖον. «Nessotrophii cura similis, sed major impensa est. «Nam clausæ pascuntur *anates, querquedulæ, bos-* «*cides, phalerides,* similesque volucres, quæ sta- «gna et paludes rimantur. » Les *phalerides* de Varron sont probablement du genre des sarcelles, dont une espèce, nommée *boscas* par Aristote[5] et

(1) Excerpt. auct. ignot., § 79.
(2) « Instrumenta scribæ calamus et *penna;* ex his enim verba paginis infiguntur; sed calamus arboris est, penna avis, cujus acumen dividitur in duo, in toto corpore unitate servata. » *Origin.,* VI, 14.
(3) III, xi, 1-4.   (4) VIII, xv, 1.
(5) *Hist. anim.,* VIII, 3, et VIII, v, 8, éd. Schneid.

boscis par Columelle, est décrite comme étant pal-
mipède et plus petite que le canard. La *querque-
dula* de Varron et de Columelle est probablement
notre foulque ou notre poule d'eau, dont le cri
plaintif est indiqué par son nom latin, et que les
Romains avaient soumise à une domesticité imparfaite. Je crois que les perdrix de Varron, qui
conçoivent en entendant la voix du mâle et qui
s'engraissent en paissant, sont les *boscides* de Columelle[1], et se rapportent au genre d'oiseaux de
rivage que Buffon décrit[2], sous le nom *de perdrix
de mer*, probablement la perdrix de mer grise,
glareola praticola de Kramer, qui se plaît sur les
grèves et dans les prés sur les bords des lacs, et qui
est très commune en Italie.

Pline et Aulu-Gelle[3] nous apprennent que les
Romains avaient aussi rendu les grues domestiques pour les engraisser, et qu'elles étaient un des
mets recherchés de leurs tables. Horace[4] et Plutar-
tarque[5] confirment ce fait. Apicius enseigne la manière d'apprêter les grues. Mercurialis nous apprend que les grues furent transportées à Rome de
l'île de Melos, et qu'on les tenait renfermées dans
des lieux obscurs pour les engraisser[6].

Le grand flammant (*phœnicopterus major*) fut
aussi apprivoisé chez les Romains et destiné à servir aux délices de leurs tables. Martial[7] place dans
la villa que Faustinus 'avait près de Baies, avec les
poules, le paon, les pintades de Numidie, le faisan

---

(1) VIII, xv, 1.   (2) T. XIV, p. 342.
(3) Plin., X, 30. Aul.-Gell., VII, 16.
(4) *Serm.*, II, viii, v. 86. (5) *De esu carnium disp.* ii, *ab initio.*
(6) *Var., lect.* II, p. 32.   (7) Martial., III, 58, v. 14.

de Colchide et la perdrix peinte (probablement notre perdrix rouge), l'oiseau qui doit son nom à ses ailes rouges, c'est-à-dire le phœnicoptère. Le luxe des tables modernes n'a pas été si loin. Il paraît que ces espèces, et même le canard, n'avaient pas encore subi complétement le joug de la domesticité; car Varron recommande [1] que tout l'enclos soit couvert d'un filet à grandes mailles, pour que les canards ne puissent pas s'envoler. « Idque « septum totum rete grandibus maculis integitur, « ne ex ea anas evolare possit. » Columelle [2] répète le même précepte au sujet des canards.

C'est un fait à ajouter à l'histoire de la *domestication* du canard, qui avait été négligé par les naturalistes. Chez nous ces oiseaux vivent libres et ne pensent pas à s'envoler, et ce n'est pas faute de pouvoir se servir de leurs ailes; car j'ai mis plus d'une fois de jeunes canards sauvages dans une couvée de canards domestiques, et quand les premiers sont devenus adultes, ils ont voulu jouir de leur liberté native, sont partis, et ont emmené avec eux toute la bande de leurs compagnons d'esclavage.

CHAPITRE XIX.

DES PARCS D'ANIMAUX.

Varron [3] nous introduit ensuite dans le *leporarium* ou parc attaché à la villa, qui avait conservé

(1) III, xi, 3.   (2) VIII, xv, 1.   (3) III, xii, 1-2.

l'ancien nom, quoiqu'il ne renfermât plus seulement, comme autrefois, « un ou deux jugères de
terrain et quelques lièvres, mais un grand nombre
d'arpents peuplés de cerfs et de chevreuils. Q. Fulvius Lippinus a, dit-il, dans le territoire de Tarquinie, un parc clos de murs de quarante jugères
(vingt arpents), où sont renfermés, non-seulement
des chevreuils et des cerfs, mais en outre des brebis
sauvages [1]. Il en a encore un plus grand près de Statonie[2], et d'autres dans d'autres cantons. T. Pompeius, dit toujours Varron, possède, même dans la
Gaule Transalpine, un parc enclos, pour la chasse,
de quarante mille pas d'étendue (30 400 toises).
On a en outre ordinairement dans le même enclos
des ruches, des réduits pour les escargots, et des
tonneaux pour nourrir et engraisser des loirs. »

Ce passage, s'il donne une haute idée de la gourmandise des Romains de cette époque, qui engraissaient des limaçons et des loirs, animaux qu'on ne
voit plus sur nos tables, nous prouve que les parcs
clos de murs, en Italie, étaient bien moins étendus
qu'ils ne l'étaient en France il y a quarante ans, et
qu'ils ne le sont encore en Angleterre et en Alle-
magne. En effet, nous voyons, par les mesures
que nous donne Varron, que les plus grands n'a-
vaient que dix à treize hectares de superficie, et
les parcs semblables, avant la révolution de 1789,

(1) Probablement des mouflons, ou l'espèce de brebis sauvage
de Portugal dont j'ai parlé.

(2) Tarquinie et Statonie étaient deux villes situées dans l'Etrurie, près de la mer. D'ANVILLE, Géogr. anc., t. I, p. 191, et no-
mencl.

étaient communs en France. Il en est de même de l'étendue et de la population de Rome, qu'on avait exagérées sans raison[1]. Des chiffres exacts et positifs mettront fin, je l'espère, aux hyperboles outrées qu'on avait admises jusqu'ici de confiance et sans examen.

Varron rappelle[2] l'étonnante fécondité que montre le lièvre lorsqu'il est mis dans un parc à l'abri de ses ennemis. Il connaissait ce fait curieux de l'organisation de cet animal, dont la femelle reçoit le mâle et conçoit même quand elle est déjà pleine : « Fit enim sæpe cum habent catulos re- « centes, alios ut in ventre habere reperiantur. » Aussi a-t-elle, dit Buffon[3], en quelque sorte deux matrices distinctes, séparées, et qui peuvent agir indépendamment l'une de l'autre ; en sorte que les femelles, dans cette espèce, peuvent concevoir et mettre bas en différents temps par chacune de ces matrices.

« On a, dit Varron[4], commencé dernièrement à engraisser le lièvre en le tirant de la garenne et en le nourrissant dans un lieu fermé. Il y a trois espèces de ce genre qu'il faut avoir dans le parc : le lièvre roux d'Italie, le lièvre blanc des Alpes, et le lapin natif de l'Espagne. » Xénophon[5] connaissait déjà en Grèce deux espèces de lièvres. Pline[6] décrit le lièvre blanc des Alpes, *lepus variabilis*, de Pallas[7].

---

(1) Voyez, sur l'étendue et la population de Rome, livre, II, chap. x-xiii, tom. I, pag. 340-408.
(2) III, xii, 4-5.   (3) T. VII, p. 105.
(4) III, xii, 5, 6, 7.   (5) *De Venatione*, c. V.
(6) PLIN., VIII, 81.
(7) *Nov. glirium spec.*, p. 2 sqq.

Le lapin, nommé χύνιχλος et χόνιλος[1] par les Grecs, décrit par Strabon[2] et par Elien[3], s'était tellement multiplié dans les Baléares que les habitants, ne pouvant plus résister à la grande quantité de ces animaux, demandèrent qu'il leur fût assigné une habitation plus commode. Pline ajoute[4] ce fait singulier, que les Baléares sollicitèrent des troupes d'Auguste pour les défendre contre les lapins : « Certum est Balearicos advèrsus proventum cuni- « culorum auxilium militare a divo Augusto pe- « tiisse. »

Les Romains tenaient aussi dans ces parcs fermés des sangliers, des cerfs et des chevreuils sauvages, dont les petits, élevés dans cette enceinte, engraissaient facilement et devenaient très apprivoisés. C'était au point que, dans le domaine acheté par Varron à Tusculum de Pupius Piso, et dans celui d'Hortensius, près de Laurente, on faisait monter, à des heures réglées, un esclave habillé comme Orphée sur la terrasse de la villa, et sitôt qu'il avait embouché la trompette, on voyait accourir au pied du balcon les sangliers, les cerfs, les chevreuils et les autres animaux, pour chercher le gland, la vesce ou les autres grains qu'on leur donnait pour nourriture[5].

Le quatorzième chapitre de Varron traite de l'éducation des mollusques d'eau douce à coquilles,

---

(1) POLYB., XII, III, 9 sqq. C'est sûrement du substantif χόνιλος qu'est dérivé notre vieux mot français *conil*, employé pour désigner le lapin.
(2) Liv. III, p. 144, ed. Casaub.
(3) *Hist. anim.*, XIII, 15.   (4) VIII, 81
(5) VARRO, III, XIII, 1, 2, 3.

qu'on engraissait aussi dans des parcs pour les délices de la table. Comme nous avons négligé ce
genre d'industrie, je traduirai ce chapitre presque
tout entier. Il prouvera jusqu'où les Romains
avaient alors poussé les recherches de la gourmandise.

« L'éducation et la multiplication des escargots
n'est pas, dit Varron, aussi simple qu'on le croi-
rait. Il faut d'abord choisir pour vos limaçons un
lieu convenable, en plein air, qui soit entouré
d'eau de tous côtés, de peur que lorsque vous vou-
drez aller prendre les petits, vous ne trouviez plus
même les mères. La position la plus favorable est
celle que le soleil ne brûle pas et qui est humectée
par la rosée. Si vous n'avez pas cette exposition
naturelle qu'on trouve au pied des rochers ou des
monts baignés par des lacs ou des rivières, il faut
vous créer une rosée artificielle; cela se fait en di-
rigeant un conduit auquel sont appliqués de petits
jets d'eau qui la lancent en l'air et la font retomber
sur une pierre d'où elle puisse s'étendre au loin
sur le terrain. Les limaçons n'exigent que peu de
nourriture et n'ont pas besoin d'esclaves pour la
leur servir. Ils la trouvent en se glissant, soit sur
le sol, soit sur les murs. Ils vivent longtemps en
ruminant un peu de son et quelques feuilles de
laurier qu'on leur a jetés. Aussi le cuisinier ne sait-
il souvent, quand il les fait cuire, s'ils sont morts ou
vivants. Il y a plusieurs espèces de ces mollusques:
les petits blancs, qu'on tire de Réaté, les grands [1],
qu'on appelle escargots d'Illyrie, et les moyens, qui

_____

(1) Je lis *maximæ* au lieu de *maxime*.

nous viennent d'Afrique. Ce n'est pas que dans chacune de ces contrées tous les mollusques aient absolument la même dimension; car ceux d'Afrique qu'on nomme *solitanæ*[1], sont si grands que leur coquille peut tenir 80 quadrans[2]. Ces mollusques se multiplient à un point incroyable. Les jeunes sont petits et ont la coquille molle; elle se durcit avec le temps. En formant de grandes îles sur les grèves et y élevant ces animaux, on en retire un grand produit. D'autres les engraissent dans des pots percés de petits trous qu'on a enduits d'un mélange de vin cuit et de farine de blé, car cette espèce est très vivace. »

Pline[3] nous a conservé le nom de l'inventeur des parcs d'escargots; ce fut Fulvius Hirpinus, qui, peu de temps avant la guerre civile de César et de Pompée, les établit dans ses propriétés du territoire de Tarquinie, eut soin de faire des parcs particuliers pour les escargots blancs de Riéti, pour ceux d'Illyrie, qui sont remarquables par leur grandeur, pour ceux d'Afrique, dont la fécondité est la

---

(1) « Ex Africa quæ vocantur *solitanæ ;* earum calices quadrantes OCTOGINTA CAPERE POSSUNT. » Les escargots nommés *solitanæ* tiraient leur nom, je crois, du promontoire d'Apollon (Ras-Zibib), et non du *promontorium Solis,* aujourd'hui le cap Cantin. La mention *ex Africa*, qui indique la province proconsulaire d'Afrique à cette époque, prouve qu'il ne s'agit pas d'un cap de la Mauritanie. L'identité du Soleil et d'Apollon a pu faire donner indifféremment au Ras-Zibib les noms de *promontorium Apollinis* et de *promontorium Solis.*

(2) 80 quadrans étaient $\frac{80}{4}$ du *sextarius* ou 20 *sextarius;* 20 *sextarius* étaient égaux à un *modius* et $\frac{1}{4}$ de *modius,* et le *modius* équivalait à 8 litres 67 centilitres. La capacité de la coquille des *solitanæ* répondait donc à 10 litres 84 centil.

(3) IX, 82.

plus renommée, et pour ceux du *promontorium
Solis*, qui sont les plus recherchés. Il eut aussi la
gloire de trouver l'espèce de nourriture la plus
propre à engraisser ces mollusques.

« Le parc des loirs, dit Varron[1], au lieu d'être
entouré d'eau, doit être clos de murs bâtis en pierre
de taille, ou revêtus d'un ciment uni, pour qu'ils
ne puissent s'échapper. Il doit contenir de petits
chênes qui portent du gland, sinon il faut jeter
dans leur enclos des glands et des châtaignes pour
nourrir les loirs. Il faut leur creuser de petites
fosses où ils puissent mettre bas leurs petits. Ils
aiment les lieux secs et boivent peu. On les engraisse aussi dans de grands vases de terre que les
potiers fabriquent exprès, avec des sentiers sur les
côtés du vase, et une cavité séparée pour contenir
leur nourriture. On met dans ces vases du gland,
des noix, des châtaignes ; et, privés de lumière,
avec de la nourriture à foison, ils engraissent promptement. Beaucoup de personnes ont dans leurs villas
ces espèces de mues pour les loirs. »

Nous ne mangeons plus ces animaux, que les
Romains, comme on le voit, élevaient en grande
quantité. Apicius[2] donne la manière de les cuire et
de les assaisonner, et les censeurs portèrent des
lois pour défendre de les servir dans les repas[3]. On

(1) III, xv, 1, 2.   (2) *Art. coquin.*, 8, 9.
(3) Pline rapporte (VIII, 82) cette loi somptuaire, publiée par
Marcus Scaurus dans son consulat, l'an de Rome 639. C'est dans
les forêts de la Carniole, de la Carinthie et de la Styrie, que les
loirs se trouvaient le plus abondants (HARDUIN., *ad Plinium*,
XVI, 7). Un passage de Plaute, cité dans Nonnius (chap. II, au
mot *Glis*), semble indiquer que, du temps de cet auteur comique,
les loirs étaient servis dans les festins. ALBERT (*de Anim.*, p. 221, a)

mange encore les loirs sauvages en Italie, mais on
ne les élève plus dans la domesticité.

Les deux derniers chapitres du troisième livre
de Varron traitent des abeilles et des viviers. Il
adopte en partie l'erreur des Grecs qui faisaient
naître les abeilles de la putréfaction d'un bœuf;
mais il rend justice[1] aux conceptions géométriques
de ces insectes qui, pour occuper le plus d'espace
possible dans leur ruche circulaire, ont donné à
leurs cellules la forme d'un hexagone inscrit dans
un cercle. « In favo sex angulis cella, quod geometræ
« ἑξάγωνον fieri in orbe rotundo ostendunt, ut plu-
« rimum loci includatur. » « Les abeilles, dit-il encore[2], ne vivent pas solitaires comme les aigles,
mais en société comme les hommes. Les corneilles
s'associent comme les abeilles, mais les résultats
sont différents. Il y a chez les unes association pour
le travail et pour les constructions, ce qui n'existe
pas chez les autres; les abeilles ont du calcul et de
l'art. C'est d'elles que les hommes ont appris à travailler, à bâtir des édifices, à mettre en réserve des
approvisionnements. »

décrit très bien le loir, et dit qu'on élève ces animaux en grand
nombre dans des parcs en Bohême et en Carinthie, et que leur
chair est un manger délicieux. VINCENT DE BAUVAIS (*Spect. nat.*,
XIX, 131) décrit cet animal. SWINBURNE (*Itiner.*, t. I, p. 385,
trad. allem.) nous apprend qu'en Calabre on leur fait la chasse
pour les manger. Il ne faut pas confondre le loir avec le muscar-
din, ἔλειος ou ἔλιος des Grecs (*mus*|*avellanarius*), dont parle MAR-
TIAL (V, 37), et que l'épithète d'*aurea* qu'il lui donne fait positivement reconnaître. Voyez, sur les causes et les effets de la tor-
peur de ces animaux, les naturalistes anciens et modernes cités
par SCHNEIDER, t. V, p. 568, 569.

(1) III, xvi, 4, 5.
(2) « Hæ apes non sunt solitaria natura, ut aquilæ, sed ut ho-

Quant au produit, Varron[1] cite un propriétaire qui affermait ses ruches pour cinq mille livres de miel par an (3 334 livres, poids de marc), et deux frères véiens qui avaient servi sous lui en Espagne, auxquels leur père n'avait laissé qu'une petite maison et un champ d'un jugère (un demi-arpent) d'étendue. Ils avaient placé des ruches partout autour de leur cabane, avaient planté un jardin et semé le reste du terrain en thym, en cityse et en mélisse[2], et ils ne tiraient jamais, année moyenne, moins de 10 000 sesterces (2 800 francs) de leur miel.

Quant aux ruches, Varron dit[3] que les meilleures

mines. Quod si hoc faciunt etiam graculi, at non idem : quod *hic* societas operis et ædificiorum, quod illic non est; *hic* ratio atque ars. Ab *his* opus facere discunt, ab *his* ædificare, ab *his* cibaria condere. » Ce dernier trait, assez obscur, n'a été interprété par aucun commentateur. On est d'abord porté à croire que ce sont les abeilles qui ont imité les hommes pour leurs travaux, leurs constructions, leurs approvisionnements ; mais il me semble que Varron a voulu dire le contraire; car ces mots *ab his* désignent évidemment le sujet de la phrase, auquel se rapportent plus haut le mot *hæ* et l'adverbe de lieu *hic* deux fois répété. Voyez, sur le gouvernement et les mœurs des abeilles, ARIST., *Hist. anim.*, V, 21; PLINE, XI, 4 sqq., et surtout RÉAUMUR, t. V, Mém. 9.

(1) III, XVI, 10.

(2) SCHNEIDER a rassemblé dans sa note (t. V, p. 578, sect. 26) une liste des plantes mentionnées par les anciens comme formant la nourriture des abeilles, telles que le cicer, la fève, le dolichos, le dyctame, la coriandre, etc.; quelques plantes odorantes nectarifères, telles que l'*anthoxanthum odorantum*, le *narcissus poeticus*, et la *fumaria officinalis*, sont rejetées par les abeilles. On sait que l'*azalea pontica* communique au miel une qualité vénéneuse. Selon HAGSTROM (*De apium cultura Suecica*, Holmiæ, 1773), qui a joint à son travail une liste des plantes de Suède d'où les abeilles tirent la cire et le miel, le *carex acuta* est la seule des graminées sur laquelle butinent ces insectes.

(3) III, XVI, 17.

sont faites avec de l'écorce, et les plus mauvaises avec de la poterie, parce que dans ces dernières ruches les abeilles souffrent beaucoup en hiver du froid et en été de la chaleur. Il serait curieux de vérifier ce fait par des expériences, maintenant que les progrès de la physique nous permettent de connaître assez bien les propriétés que possèdent les diverses substances pour la conductibilité du calorique.

Il est étonnant qu'un aussi bon observateur que Varron ait adopté les fables qui avaient cours de son temps sur la génération des *oiseaux des Muses*, car c'est ainsi qu'il nomme les abeilles, et j'engage les amateurs de la langue latine à lire dans l'original le chapitre tout entier, qui est écrit par un vieillard octogénaire, avec une grâce, une élégance, une verve d'images et d'expressions presque égale à l'admirable poésie du quatrième livre des Géorgiques de Virgile, et peut-être supérieure aux belles pages de Buffon et de Bernardin de Saint-Pierre.

La consommation du miel devait être très grande et le produit des abeilles considérable chez les Romains, qui ne connaissaient pas le sucre, et qui employaient le miel dans leur cuisine, leur pâtisserie, et même dans la fabrication de plusieurs sortes de vins. Je ne m'étendrai pas davantage sur les abeilles, et je n'ai presque rien dit de la culture de la vigne. Je me propose de discuter ces questions complétement dans un Mémoire sur l'agriculture de Columelle, qui, ayant écrit sous Néron, époque où le luxe des tables avait fait perfectionner la production du vin et du miel, principaux éléments de a bonne chère des Romains voluptueux et prodigues, a traité amplement de ces matières dans deux livres spéciaux.

CHAPITRE XX.

DES VIVIERS.

Je vais traduire tout entier le dernier chapitre de Varron, *de villaticis pastionibus.* « Il y a, dit cet auteur[1], deux sortes de viviers, ceux d'eau douce et ceux d'eau salée. Les premiers appartiennent aux plébéiens, et ne sont pas sans produit quand il se trouve, près des villas, des sources qui entretiennent l'eau des piscines. Les viviers[2] alimentés par la mer sont l'apanage de notre noblesse, à laquelle Neptune fournit ainsi l'eau et les poissons; mais ils satisfont la vue plus que l'estomac, et vident la bourse de leur maître, au lieu de la remplir.

« D'abord ils coûtent beaucoup à construire, beaucoup à peupler et beaucoup à nourrir. Hirrius tirait 12 000 000 de sesterces[3] (3 360 000 francs) des nombreux édifices qui bordaient ses viviers, et

---

(1) III, XVII, 2-10.

(2) Je me sers du mot *vivier*, qui désigne chez nous un bassin d'eau peuplé de poissons. Ce mot vient de *vivarium*, par lequel on désignait aussi à Rome un parc de lièvres, de bêtes fauves (COL., VIII; 1, 4; IX, 1, 3), et qui a perdu en français cette acception.

(3) Je lis ici avec Ursini *sestertium* au lieu de *sestertia*, qui ne ferait que 3 300 fr. La cuite des faits prouve la nécessité de cette correction. Je lis de même plus bas *quadragies sestertium.*

il dépensait cette somme tout entière en nourriture
pour ses poissons. Cela n'est pas étonnant; car je
me souviens qu'il a prêté une fois 6 000 murènes à
César[1], après les avoir pesées, et que sa villa seule
s'est vendue 40 000 000 de sesterces (10 000 000 de
francs) à cause de la multitude de poissons qu'elle
contenait.

« Les riches ne se contentent pas d'un seul vivier. De même que Pausias et les autres peintres du
même genre (c'est-à-dire à l'encaustique) ont de
grandes boîtes partagées en différentes cases qui
contiennent des cires de diverses couleurs[2], de
même ces voluptueux Romains ont des piscines
divisées en compartiments où ils tiennent enfermés
séparément les poissons d'espèces différentes. Ces
poissons pour eux sont sacrés, et plus révérés
même que ceux de Lydie qui, lorsque Varron offrait un sacrifice, accouraient en foule au son de la
flûte sur les bords du rivage et tout près de l'autel,
parce que personne n'osait les prendre[3]. Enfin les

(1) PLINE (IX, 81); MACROBE (*Saturn.*, II, 11), donnent ce
nombre au lieu de 2 000 qui est dans la plupart des éditions de
Varron. La murène est la murénophis de Lacépède, t. XI, p. 111,
119, 121, édit. in-12.

(2) Voyez, sur la peinture à l'encaustique, SCHNEIDER, *Comment. in Varron.*, III, XVII, 4; t. V, p. 586.

(3) Les poissons sacrés de Lycie et de Lydie, et même les îles
flottantes que Varron a vues dans ces provinces, lorsqu'il suivit
Pompée dans sa guerre contre les pirates et qu'il commanda une
partie de sa flotte (APPIAN., *De bell. Mithr.*, 95), me semblent un
fait curieux à noter pour l'histoire naturelle et les mœurs des
poissons. Ceux-ci, au rapport de Polycharme, historien de Lycie,
cité par ATHÉNÉE (VIII, 8, et SCHWEIG. h. l.), rendaient des ora-
cles. On tirait des augures de leur présence ou de leur absence;
on leur offrait les prémices de l'autel en viandes ou en gâteaux.
ÉLIEN (VIII, 5) confirme le fait rapporté par Polycharme, et

poissons de nos riches possesseurs de viviers jouis-
sent d'un tel privilége, que le cuisinier n'ose les
appeler à son tribunal[1].

« Le fameux orateur Q. Hortensius, mon ami,
avait à Baulos, près de Baies, des viviers bâtis à
grands frais. Je suis allé souvent avec lui dans cette
villa, et je sais que pour nos repas il envoyait toujours acheter le poisson à Pouzzoles. Ce n'était pas
assez que ses viviers ne le nourrissent pas; il les
nourrissait encore lui-même. Il avait plus de crainte
de voir souffrir de faim ses *mulets* que moi mes
ânes de Rosea. Je traite ces derniers, pour la boisson et la nourriture, beaucoup moins bien qu'il
ne traite lui-même ses poissons; car, avec un petit
esclave, un peu d'orge et de l'eau de la maison, je
nourris mes ânes qui sont d'un si grand prix. Hortensius avait plusieurs pêcheurs qui lui fournissaient sans cesse de petits poissons pour la pâture

place ces poissons sacrés dans un bourg de Lycie nommé *Syrrha*,
entre Myra et Phellus. PLINE (XXXII, 8) appuie encore le témoignage de Varron en disant que près de Myra, en Lycie, les
poissons, appelés trois fois au son de la flûte, viennent donner des
augures, et tout le monde sait qu'à Chantilly les carpes, auxquelles
on jetait leur nourriture à des heures réglées, accouraient en foule
sur le bord du vivier au bruit du sifflet de l'homme chargé de les
nourrir. Quant aux îles flottantes de Lydie, SOTION (*in Eclogis*),
PLINE (II, 96), et MARTIANUS CAPELLA (IX, 1), les appellent *Cala-
minæ*, et disent qu'elles obéissent non-seulement au souffle des
vents, mais encore aux crocs des bateliers, et que ces îles, nom-
mées *dansantes* par Varron, *choreusæ*, bondissent en quelque
sorte sous les pas des danseurs.

(1) « Hos pisces nemo cocus *in jus vocare* audet. » Varron
emploie ici le jeu de mots que Cicéron a répété dans ses *Verrines*;
jus signifie à la fois *jus* et *justice*. « *Vocare in jus pisces*, » *Mettre
les poissons au jus ou en justice*, tel est le double sens de ce ca-
lembourg, indigne de deux aussi bons écrivains, mais qui semble
leur avoir plu singulièrement.

des gros. Il achetait en outre et jetait dans ses viviers des poissons salés, afin que, si la mer était grosse, ses poissons pussent dîner de la boutique des marchands de marée, aussi bien que de la Méditerranée[1], quand les pêcheurs, en balayant la mer avec leurs filets, ne pouvaient leur apporter leur repas vivant en poissons dignes d'être servis sur la table d'un plébéien. Enfin vous auriez plutôt obtenu un carrosse attelé de mules de la bonne grâce d'Hortensius, et il l'eût tiré de ses écuries pour vous le donner, plutôt qu'un mulet barbu[2] de sa piscine. Il n'avait pas moins de soin de ses poissons que de ses esclaves quand ils étaient malades, et souffrait moins, dans ce cas, de voir un de ses serviteurs boire de l'eau froide que de voir un de ses poissons indisposés prendre une potion aussi dangereuse.

« Il disait que Marcus Lucullus[3] manquait à ces soins indispensables, et il méprisait ses viviers, parce qu'ils ne contenaient pas des stations d'été convenables, et que ses poissons vivaient dans une eau dormante et dans des lieux pestilentiels.

« Il disait qu'au contraire, depuis que Lucius Lucullus avait fait percer une montagne près de Naples et avait introduit dans ses viviers des fleu-

---

(1) COLUMELLE (VIII, XVII, 12) dit qu'on leur donnait des sardines pourries, des branchies de scare, des intestins de pélamide et de maquereau, des débris de beaucoup d'autres poissons, et tous les rebuts de salaison qui se trouvent dans les boutiques des poissonniers.

(2) C'est notre rouget, le mulet rouget, *mullus ruber*, de LACÉPÈDE, t. VI, p. 80; *Mullus barbatus*, CUVIER, Tabl. élém. des animaux, p. 348; Paris, an VI.

(3) Le frère du vainqueur de Mithridate.

ves marins qui coulaient ou s'écoulaient par le flux et le reflux, il pouvait rivaliser en poissons avec Neptune lui-même [1]; que par ce moyen il lui était facile, dans les ardeurs de l'été, d'amener ses poissons chéris dans des parages plus frais, ce que font les bergers apuliens pour leurs brebis, quand, afin de les garantir des chaleurs, ils les conduisent sur les monts de la Sabine [2]. Enfin il était épris d'une telle passion pour ses viviers de Baies qu'il permit à son architecte de consumer sa fortune, pourvu qu'il lui conduisît une galerie souterraine depuis ses viviers jusqu'à la mer, en la fermant d'une bonde qui permît à la marée d'y entrer et d'en sortir deux fois par jour, et de renouveler ainsi l'eau de ses piscines [3]. »

(1) PLINE (IX, 80) parle des grandes dépenses de Lucullus pour cette villa de Naples, où, dit-il, il fit entrer la mer et creusa un Euripe, ce qui donna lieu à Pompée de l'appeler le Xerxès romain. « Lucullus, exciso etiam monte juxta Neapolim, majore impendio quam villam ædificaverat, Euripum et maria admisit; qua de causa magnus Pompeius Xerxen togatum eum appellabat. » Cf. VELL. PATERC., II, 33, 4.

(2) VARRON a dit plus haut (II, 1, 16) que les troupeaux de brebis de l'Apulie allaient passer l'été dans les montagnes du Samnium, et (II, 11, 9) qu'une partie de ces mêmes troupeaux hivernait dans l'Apulie et émigrait dans les montagnes près de Rieti pendant les ardeurs de l'été. C'est toujours le système d'émigration des troupeaux qui subsiste encore en Espagne et dans plusieurs des provinces du sud-est et du midi de la France, voisines des Alpes et des Pyrénées.

(3) On avait cru jusqu'ici que la Méditerranée n'avait ni flux ni reflux; mais VARRON (*Ling. lat.*, VIII, 19), COLUMELLE (VIII, 17), SERVIUS (*ad Æneid.*, I, 250), CLAUDIEN (De vi cons. hon., 495 sqq.), PLINE (II, 99), attestent un certain flux et reflux dans la Méditerranée, fait qui est confirmé pour Livourne par TOZETTI (*Itiner. Tusci*, t. I, p. 190, tr. allem.), et par les observations des modernes, entre autres de M. le capitaine Bérard (Descript. nautique

Ce chapitre, qui termine l'ouvrage de Varron sur l'agriculture, donne une idée positive de l'immense richesse, des folles dépenses et du luxe effréné de ces nobles Romains, dont les profusions se signalèrent par d'incroyables excès en tout genre, depuis la prise de Carthage jusqu'au règne de Vespasien.

Mais on se tromperait grossièrement si l'on jugeait de la richesse et de la population de l'Italie tout entière par ces exemples particuliers. On a dû remarquer que cette culture en grand des fleurs, cette industrie si productive d'animaux de toute espèce, nourris et engraissés dans les villas, n'étaient destinées qu'au luxe de la capitale, et restaient concentrées dans un rayon circonscrit autour de Rome. L'état social des Romains ressemblait alors beaucoup plus à celui de la Russie ou de l'empire ottoman qu'à celui de la France ou de l'Angleterre : peu de commerce ou d'industrie; des fortunes immenses à côté d'une extrême misère; l'oligarchie ou la noblesse, dans ces trois empires, envahissant toutes les places, accaparant tous les monopoles, s'enrichissant par le pillage et l'oppression des provinces, des pachaliks ou des gouvernements. Seulement les nobles ou les riches étalaient toute leur fortune à Rome, où ils étaient libres; ils en mon-

des côtes de l'Algérie, p. 71), de DESFONTAINES (Voy. mon édit. de son Voyage en Afrique, p. 125 et suiv.), et de S. GRENVILLE TEMPLE (*Excursions in Algiers and Tunis*, t. I, p. 161), qui, près de la petite Syrte, ont reconnu que la mer s'élevait et s'abaissait quelquefois de huit à dix pieds. Le même phénomène a été observé par de SAUSSURE dans le lac de Genève (*Voyages dans les Alpes*, t. I, p. 11).

trent une partie en Russie, où le despotisme s'est
adouci, et ils la cachent tout entière en Turquie,
où le trésor public hérite des confiscations et où
le souverain bat monnaie en coupant des têtes. Dans
ces trois Etats, presque point de classe moyenne
propriétaire comme en France et en Angleterre : les
mœurs corrompues, la justice vénale, le crédit
presque nul, l'usure poussée à un degré exorbitant,
et par là paralysées toutes entreprises agricoles et
industrielles : peu de moyens pour les sujets de
faire écouter leurs plaintes et redresser leurs torts,
et cela pourtant un peu plus à Rome que sous les
czars ou les sultans; en dernier résultat, les abus,
les oppressions, les excès de tout genre, les malheurs de toute espèce, attachés par une fatalité
inévitable à ces Etats qu'opprime le despotisme ou
l'oligarchie, fléaux vivants avec lesquels le Tout-
Puissant châtie les peuples dans sa colère.

En résumant les principaux faits que présente
l'histoire de l'agriculture romaine pendant le vi°
et le vii° siècle de Rome, et qui résultent de l'analyse exacte des écrits de Caton et de Varron, que
j'ai assujettie à l'ordre chronologique pour obtenir
plus de précision dans le classement des faits principaux et des méthodes générales ou particulières,
nous voyons d'abord que l'agriculture de l'Italie fut
à son plus haut point de perfection dans les deux
siècles qui suivirent l'établissement des lois liciniennes [1], et pendant lesquelles les lois agraires furent religieusement observées. C'est l'époque de la
division des propriétés, de l'emploi de la population

(1) De 388 de Rome à 609.

libre à la culture, de l'invention des méthodes savantes, comme celle de semer le blé en lignes écartées, et de le renchausser trois fois avant la floraison. Alors la population libre s'accroît, l'Italie produit plus qu'elle ne consomme : elle exporte au dehors ses grains. La culture est néanmoins très dispendieuse, les instruments imparfaits, le travail à la main généralement adopté ; par conséquent le produit brut beaucoup plus fort que le produit net. Mais le but du gouvernement est de créer une pépinière de laboureurs et de soldats : il veut se défendre et conquérir ; le travail, les armes, la pauvreté sont en honneur. L'obéissance, la chasteté, la frugalité, la modération dans les désirs, la constance dans les revers, la patience dans les entreprises, l'amour de la gloire et de la patrie sont des qualités communes et vulgaires ; c'est pour Rome l'âge d'or des vertus publiques et privées.

Dès que Carthage est détruite, que l'oligarchie a envahi le pouvoir, aboli les lois liciniennes, usurpé les propriétés des plébéiens, accumulé et concentré les richesses, les mœurs se corrompent, le luxe s'introduit, l'usure naît, l'argent devient une puissance, l'agriculture change de face subitement ; on établit les distributions gratuites de blé ; on défend l'exportation des blés d'Italie ; on encourage par des primes l'importation des blés d'Afrique, de Sicile, de Sardaigne. Le peuple nourri par l'Etat devient oisif et turbulent, abandonne la culture des terres, méprise la profession de journalier : il faut importer une énorme quantité d'esclaves. La culture des grains devient trop dispendieuse, la concurrence des grains étrangers trop redoutable. On convertit en pâtures une grande partie des terres en labour ; on crée des basses-cours, des colombiers, des viviers, des parcs de bêtes fauves, pour la consommation de l'oligarchie de la capitale. Le produit, la valeur des terres diminue ; celui du blé n'est que de quatre pour un ; le revenu d'un arpent ou demi-hectare des meilleurs prés n'est que de 60 francs par an ; l'agriculture confiée à des esclaves déchoit ; les frais augmentent par la substitution de leur travail à celui des hommes libres. Les provinces de l'Italie se dépeuplent, la population libre décroît avec les produits. Cent cinquante ans de troubles, de séditions, de guerres civiles, les révoltes des esclaves, l'accroissement de la puissance des pirates augmentent la détresse de l'agriculture. La longue paix, la bonne administration d'Auguste et de Tibère ne peuvent la faire refleurir : c'est un arbre séché dans ses racines ; le mal est au cœur des institutions, des lois, des mœurs de la société romaine.

J'ai signalé, d'après Varron, plusieurs faits qui prouvent que, de son temps, la *domestication* de plusieurs espèces d'animaux était encore imparfaite, et quoique ces détails semblent s'écarter un peu de mon sujet, cependant ils s'y rattachent par plusieurs points, et leur résultat est si neuf et si important pour l'histoire de nos animaux domestiques que je n'ai pu me résoudre à en supprimer les développements.

On voit que les dix-neuf siècles écoulés depuis Varron jusqu'à nous ont exercé une influence marquée sur la domesticité de plusieurs animaux de nos étables, de plusieurs oiseaux de nos basses-cours. On acquiert des lumières plus vives et plus claires sur le climat originaire de ces espèces, qui existaient encore à l'état sauvage en diverses parties de l'ancien monde au dernier siècle avant J.-C., et que Varron y a observées.

On a remarqué que l'irruption des Barbares, au moyen-âge, a opéré la destruction totale de la race des bêtes à cornes de l'Italie, et l'a remplacée par celle du Caucase, de la Pologne et de la Russie méridionale. L'extermination de l'ancienne peuplade indigène et la fondation de cette nouvelle colonie n'avaient pas encore été inscrites dans les fastes de l'histoire.

CHAPITRE XXI.

DE LA CONCENTRATION DES PROPRIÉTÉS, PRINCIPALE CAUSE DE L'AFFAIBLISSEMENT DE LA POPULATION ET DES PRODUITS DE L'ITALIE, AUX VIIᵉ ET VIIIᵉ SIÈCLES DE ROME.

L'histoire des VIIᵉ et VIIIᵉ siècles de Rome nous présente un contraste singulier; on voit l'agriculture, la population et les produits de l'Italie romaine diminuer progressivement à mesure qu'elle étend ses conquêtes et sa puissance, qu'elle attire dans son sein les richesses d'une grande partie de l'univers. L'examen de ce problème important, sous le rapport de l'économie politique, a été jusqu'ici entièrement négligé.

J'établirai d'abord l'existence du fait et j'en déduirai les conséquences.

La concentration des richesses dans quelques familles privilégiées et l'accroissement prodigieux du nombre des esclaves n'ont-ils pas causé en partie la diminution progressive des produits naturels ou industriels de l'Italie, et, par une suite nécessaire, la diminution de la population de cette contrée ?

Tibère, cet administrateur si habile, avait senti que c'était une des grandes plaies de l'État[1]; aussi, lorsqu'on lui proposa de rétablir la loi somptuaire contre le luxe de la table, il signala tout de suite, comme un des fléaux de l'Italie, ces immenses maisons de plaisance des grands et ce peuple d'esclaves consacrés à leur service et à leurs plaisirs[2]. Plus loin[3] il ajoute : « Qu'est-ce que l'abus dont vous avertissent les édiles auprès des vices énormes qui affligent l'État? On se plaint des profusions de la table, mais on ne vous dit pas que l'Italie ne subsiste que des produits d'un sol étranger; que tous les jours la vie du peuple romain est à la merci.

(1) TACIT., *Annal.*, III, 53.

(2) « Quid enim primum prohibere adgrediar? Villarumne infinita spatia, familiarum numerum et nationes? » Serait-ce un des motifs politiques de sa cruauté? Frapper les grands, confisquer leurs biens, niveler les fortunes, en prêtant sans intérêt aux besoins réels le produit des confiscations et en l'employant à des entreprises utiles, voilà le résumé de l'administration de Tibère : les faits sont exprimés dans Tacite. On peut supposer qu'un prince cruel, mais éclairé, ne doit guère faire de mal ni commettre de crime sans un but d'utilité réelle. De plus, Tibère n'était point passionné.

(3) TACIT., *Annal.*, III, 54.

des flots et des tempétes[1]. Si l'abondance des provinces cessait de subvenir à l'insuffisance de nos champs, aux besoins de leurs maîtres, de leurs esclaves, seraient-ce nos maisons et nos bois qui nous feraient vivre? » Tibère avait *mis le doigt sur la plaie* en signalant, comme les causes principales de la diminution des produits et de la population libre en Italie, la concentration des richesses dans quelques familles, l'accumulation des esclaves inutiles, et l'emploi, en parcs ou en jardins d'agrément, d'une immense quantité de terrains consacrés auparavant à la culture; c'est ce qui a fait dire à Pline : *Latifundia perdidere Italiam, jam vero et provincias; sex domini semissem Africæ possidebant cum interfecit eos Nero princeps.* Cette assertion d'un auteur ordinairement hyperbolique est confirmée par un passage d'Aggenus, écrivain froid, arpenteur du IV° siècle, qui dit[2] : « In Africa saltus « non minores habent privati quam reipublicæ ter« ritoria. » On trouve encore aujourd'hui un exemple des fâcheux résultats de la concentration des propriétés, dans nos possessions d'Afrique et notamment à Bone, ou 14 propriétaires, possédant ensemble 7 138

---

(1) Déjà, en 689, les produits du sol de l'Italie ne pouvaient plus suffire à la nourrir; CICÉRON (*Lege Maniliâ*, 12) le prouve en disant : « Cum vestros portus, atque eos *portus* quibus vitam et spiritum ducitis, in prædonum fuisse.... potestatem sciatis, Siciliam, Africam, Sardiniam, hæc tria frumentaria subsidia reipublicæ. » Quand Pompée est nommé général pour la guerre des pirates, aussitôt les vivres tombent à bas prix : « Tanta repente vilitas annonæ ex summa inopia et caritate rei frumentariæ consecuta est, quantum vix ex summa ubertate agrorum diuturna pax efficere potuisset. » (*Lege Maniliâ*, 15.)

(2) *De controv. agr. ap. Goes.*, p. 71.

hectares, n'en cultivent que 207, tandis que 12 autres colons, n'ayant à eux tous que 84 hectares, en cultivent 52[1]. Quintilien nous montre un malheureux en procès avec un homme riche, parce que celui-ci, incommodé par les abeilles du pauvre, son voisin, les avait détruites. Le maître des abeilles proteste devant les juges qu'il a voulu fuir, s'établir ailleurs avec ses essaims, mais que nulle part il n'a pu trouver un petit champ où il n'eût encore un homme riche pour voisin : « Volui, judices, decedere, volui ; sed « nullum potui invenire agellum in quo non mihi « vicinus dives esset[2]. » Enfin, pour les temps même d'Honorius et d'Arcadius, pour cette époque de décadence où la richesse avait tant diminué, un renseignement authentique atteste que plusieurs des grandes familles de Rome possédaient un revenu, en argent ou en produits ruraux, qui équivalait à environ deux millions de francs de notre monnaie[3].

Auguste, administrateur non moins éclairé que Tibère, avait reconnu et signalé aussi, comme une des causes de la décadence de l'agriculture en Italie, cet abus des distributions gratuites de vivres aux citoyens romains, abus qui en faisait un peuple de mendiants adonnés à la débauche et à la paresse. Appien dit expressément : « Les distributions de blé qu'on faisait à Rome aux citoyens pauvres y avaient attiré tous les fainéants, tous les mendiants, tous les séditieux de l'Italie, ταχυεργόν. » Du pain et

(1) Tabl. des établ. franç. en Algér., 1838, in-4°, p. 282.
(2) *Declam.*, XIII, t. II, p. 185, ed. Varior.
(3) OLYMPIOD., dans Photius, cod. 80, p. 198. Cf. JUST.-LIPS., de *Magnit. Rom.*, II, 15. GIRAUD, Droit de propr., p. 66. s.

des spectacles c'était à quoi se bornaient tous leurs désirs, et l'absence des besoins éteignait l'activité et l'industrie.

Auguste avait formé le projet, à ce qu'il rapporte lui-même, d'abolir pour jamais les distributions gratuites de blé, parce que le peuple, se fiant sur ces largesses pour sa nourriture, abandonnait la culture des terres[1] : *quod. earum fiducia cultura agrorum cessaret;* mais il renonça, dit-il, à ce dessein, parce qu'il regardait comme certain qu'on rétablirait les distributions gratuites et qu'on s'en servirait comme d'un moyen de séduction. « C'est pourquoi, dit Suétone, il eut soin de faire exécuter le dénombrement des fermiers et des commerçants avec autant d'exactitude que celui du peuple[2]. »

En effet il y avait déjà, avant Jules César, 320 000 citoyens qui recevaient gratis du blé de la république[3]; qu'on y joigne les femmes et les enfants en multipliant ce chiffre par trois seulement, à cause du grand nombre des célibataires[4], on trouve

(1) Ce fait, important pour l'économie politique, nous a été conservé par SUÉTONE, *Aug.*, XLII.

(2) Cet usage de statistique avait été probablement emprunté par Auguste à Hiéron, et il prouve la bonne administration de la Sicile sous ce prince. Cicéron (*Verr.*, III, 51) à ce sujet s'exprime en ces termes : « Lege Hieronica numerus aratorum quotannis apud magistratum publice suscribitur. » Ce passage explique très bien celui de Suétone : « Temperavit ut non minorem aratorum ac negotiantium quam populi rationem deduceret, » et prouve l'erreur de La Harpe, qui traduit : « Il veilla à ce que *les entrepreneurs du labourage* et du commerce des grains eussent toujours des provisions proportionnées à la multitude du peuple. » La Harpe savait mieux sa langue que les langues anciennes.

(3) SUÉTON., *Jul. Cæsar*, XLI.

(4) Vid. DION., LVI, cap. 1, 2, sqq. MENGOTTI, p. 117, *Commerc. de' Romani*, éd. in-18, de Milan, 1821.

960 000 oisifs, consommant et ne produisant pas.
César, aussi grand homme d'état qu'habile général,
remédia à cet abus en réduisant à 150 000 le
nombre de ceux qui participaient aux distributions[1]. Beaucoup de Romains alors affranchissaient
leurs esclaves pour avoir une plus grande part aux
distributions gratuites, car les affranchis rapportaient à leur maître[2] ce qu'ils recevaient. César et
ensuite Auguste firent justice de cet abus[3].

La diminution des produits agricoles de l'Italie,
signalée par Auguste et Tibère, attestée par les di-
settes et les chertés de vivres qui affligèrent le
peuple romain sous l'empire des douze Césars,
s'était opérée assez rapidement; mais, avant d'en
rechercher les causes, je dois établir et constater le
fait.

Varron[4] fait vanter par ses interlocuteurs, Agrasius et Fundanius, la fertilité du sol et la variété
des productions de l'Italie. Fundanius loue le *far*
ou épeautre de la Campanie, le *triticum* ou froment
de l'Apulie, le vin de Falerne, l'huile de Vénafre;
il remarque avec Caton la fécondité des vignes de
Rimini, qui donnaient dix *culeus*[5], et de celles de
Faventia qui en donnaient quinze (c'est-à-dire 200
ou 300 amphores[6] par *jugère*[7] ou demi-arpent de
terre).

(1) DIO., XLIII, c. XXI. SUET. l. c.
(2) Vid. DIONYS. *Antiq. Rom.*, IV, p. 228.
(3) SUETON., *Aug.*, XLII.
(4) *De Re rustica*, I, II, 6 et 7. Sur la fertilité de l'Étrurie,
voyez TITE-LIVE, II, 14, 34.
(5) Le *culeus* valait 20 amph. = 5 hectolitr. 20 litr. 24 centil.
(6) Amphore, 26 litres 1 décil.
(7) Jugère, 25 ares 28 centiares.

Agrasius ajoute que l'Italie lui semble très bien cultivée; mais Varron, qui écrivait son traité étant âgé de quatre-vingts à quatre-vingt-un ans, semble n'être pas de cet avis, car plus bas il blâme son siècle de négliger les champs pour la ville et d'aimer mieux se servir de ses mains au théâtre qu'à la charrue : *et maluisse manus in theatro movere quam in aratro*. Il cite [1] comme modèle l'agriculture de Licinius Stolo, de Caton le Censeur, et Columelle, né environ vingt ou trente ans après la mort de Varron, appuie [2] cette assertion et nous peint la dégénération de la culture en Italie par cette phrase positive : « Les sept *jugères* que Licinius, tribun du peuple, distribua, après l'expulsion des rois, à chaque citoyen, rapportèrent à nos ancêtres de plus grands produits que ne nous en fournissent des pièces de labour beaucoup plus étendues, maintenant que les puissants du siècle ont des propriétés dont ils ne peuvent pas même faire le tour à cheval, qu'ils laissent fouler aux pieds des troupeaux, dévaster et ravager par les animaux sauvages, et qu'ils tiennent occupées soit par leurs concitoyens prisonniers pour dettes, soit par des bandes d'esclaves enchaînés [3]. »

Un exemple frappant de la concentration des propriétés se trouve dans la belle inscription latine découverte près de Viterbe, en 1824, par le

---

(1) I, 11, 9.   (2) I, 111, 10.

(3) « Post reges exactos Liciniana illa septena jugera, quæ plebi tribunus viritim diviserat, majores quæstus antiquis retulere quam nunc nobis præbent amplissima vetereta. » Voyez MENGOTTI, *Del commercio de' Romani dalla prima guerra punica a Constantino*, in-18, p. 116.

professeur Orioli[1]; un aquéduc, qui avait 6 milles, ou 8 886 mètres, ne traversait que onze propriétés appartenant à neuf individus.

Les témoignages d'Auguste et de Tibère que j'ai allégués, cette phrase de Pline, *latifundia perdidere Italiam*, ce passage de Columelle que je viens de citer, peignent avec justesse les avantages de la petite culture sur la grande, dans l'Italie en général.

Le mode de petite culture exige un plus grand nombre de bras, puisqu'il n'emploie que peu de machines et d'animaux; mais, en revanche, quand la nature du sol n'en repousse pas l'emploi, il donne une bien plus grande quantité de produits bruts.

Or, il n'y a peut-être pas de pays mieux disposé pour la petite culture que le Latium, l'Étrurie, la contrée des Volsques, des Sabins, des Herniques et la Campanie; je suis étonné qu'on n'ait pas encore fait cette observation, qui, fondée sur des causes physiques et sur la nature même du terrain, me semble presque incontestable. C'est un fait bien établi par les travaux de Breislack, de Brocchi, de Dolomieu, de M. de Buch et de tous les géologues et minéralogistes qui ont parcouru l'Etat romain, que toute la portion comprise d'un côté entre Radicofani et Velletri, et de l'autre entre Otricoli et Civita-Vecchia, est un terrain entièrement volcanique.

Tout le sol du vaste parallélogramme, de trente lieues de long sur dix à douze de large, borné par les points que je viens d'indiquer, a été profondément

_____

(1) *Instit. arch. Annal.*, t. I, p. 177.

soulevé, retourné, divisé par de nombreux volcans antérieurs à la dernière révolution du globe, et dont les cendres, les scories et les laves décomposées, ayant été remuées et transportées par les eaux, ont fourni une immense couche d'alluvions volcaniques. Il est évident que cette nature de terrain, par sa fertilité, sa perméabilité, l'extrême division de ses parties, exigeant très peu d'engrais et de forces pour être cultivée, la petite culture à la bêche ou à la houe lui est très appropriée, d'autant plus que ces sortes de terres sont éminemment favorables à la production des céréales, des légumineuses, des vignes et des oliviers.

Nous en avons en France un exemple frappant dans la Limagne d'Auvergne, qui est un sol volcanique formé des mêmes éléments et placé dans les mêmes circonstances que l'*agro romano*, ou la plaine ondulée comprise entre Radicofani, Velletri, Otricoli et Ostie.

J'ai visité avec soin cette intéressante contrée de la Limagne, à laquelle on donne le nom de vallée, mais qui est réellement une vaste plaine entremêlée de collines, de coupures et d'ondulations. Là presque toute la culture se fait à bras d'homme, avec la bêche, la pioche et la houe; par exception avec une charrue légère attelée de deux vaches laitières, et souvent d'une seule à côté de laquelle se place la femme du laboureur. Les propriétés sont très divisées, la population très nombreuse; aussi emploie-t-on au travail des animaux qui fournissent en même temps une nourriture journalière au cultivateur. On y obtient deux récoltes par an, en grains et en légumes; il n'y a pas de terrain en friche ou en jachère, et le prix moyen du loyer d'un arpent de terre labourable est de cent francs par an. La population par lieue carrée est l'une des plus fortes que l'on connaisse[1] dans une contrée purement agricole. J'ai recueilli ces détails sur les lieux; j'en ai conféré avec M. Ramond, qui a été dix ans préfet du Puy-de-Dôme, et qui avait été frappé des avantages de la petite culture et de la division des propriétés dans un pays tel que la Limagne. Il pensait comme moi que, si la Limagne était partagée entre six à sept grands propriétaires, si l'on y substituait le régime des intendants à gages et des journaliers mercenaires à l'activité, à l'industrie et à l'économie des petits cultivateurs propriétaires, en moins d'un siècle la Limagne serait inculte, dépeuplée, misérable, et se rapprocherait de l'état actuel de la campagne de Rome. Celle-ci pourtant, avec un sol non moins fertile, jouit d'une température plus favorable à la végétation, puisqu'on peut y obtenir, comme dans la Campanie, trois récoltes par an dans le même terrain.

J'ai insisté sur le développement et le rapprochement de ces faits, parce qu'ils me semblent propres à éclaircir une des questions obscures de l'histoire romaine, et à expliquer d'une manière précise et naturelle l'existence d'une agriculture très florissante et d'une population libre très nombreuse dans la même contrée qui, deux ou trois siècles plus tard, ne conservait qu'une faible par-

---

(1) 1 393 habitants par lieue carrée pour le département du Puy-de-Dôme, 2 500 au moins pour la Limagne.

tie de ses habitants, et cependant ne pouvait plus
suffire à leur nourriture. L'extension des propriétés
foncières, la concentration des biens fonds et des
capitaux mobiles dans un petit nombre de mains,
la destruction progressive des richesses de la classe
moyenne et des petits propriétaires, la substitution
du travail exclusif des esclaves à celui des hommes
libres, qui exécutaient jadis une grande partie de
la culture et en surveillaient l'ensemble avec toute
l'activité de l'intérêt personnel, le système des pâtures substitué à la culture des grains, telles ont été
les principales causes de la diminution des produits et de la population de l'Italie [1]. La petite culture, confiée à des mains libres, avait porté ce pays
à un haut degré de prospérité; la grande culture,
abandonnée à des esclaves, a consommé sa décadence; et cette idée complexe, Pline l'a exprimée
en trois mots par ce trait plein d'énergie : «Latifundia perdidere Italiam [2]. »

Les témoignages des historiens les plus graves
viendront se ranger à l'appui de cette explication.

Tite-Live[3] indique, pour le pays des Volsqueset
des Eques, la diminution de population qui suit
toujours celle des produits, en montrant qu'il y
avait, lors de la prise de Rome, un nombre immense d'hommes libres dans les mêmes contrées
où, de son temps, on trouvait à peine la pépinière

---

(1) Voy. MALTHUS, Essai sur la popul., III, 216, et suiv., tr. fr.
(2) PLIN., XVIII, vii, § 3.
(3) VI, 12. Voy. LUCAIN, I, 167 ; MENGOTTI, *Dissertazione del commercio de' Romani dalla prima guerra punica a Constantino*, in-18, p. 117.

de quelques soldats, et qui, dit-il, sans nos esclaves, ne seraient qu'un désert[1].

Plutarque, dans la vie de Tiberius Gracchus, confirme ce fait en disant que toute l'Italie était sur le
point[2] de se voir dépeuplée d'hommes libres, et
remplie d'esclaves et de Barbares dont les riches
se servaient pour cultiver les terres d'où ils avaient
chassé les citoyens.

Il ajoute plus loin : « Son frère Caïus, dans un
petit mémoire qu'il a laissé, écrit que Tiberius allant à Numance traversa la Toscane ; que là il vit
les terres désertes, et ne trouva d'autres pâtres que
des esclaves venus des pays étrangers et des Barbares, et que dès lors il conçut le projet de sa loi
agraire. »

Appien donne les raisons de cet état de choses[3] :
les Romains, dit-il, dans leur système de colonies,
avaient pour but de multiplier cette partie de la
population italienne qui leur semblait la plus propre à supporter des travaux pénibles, afin d'a-
voir dans leurs armées des auxiliaires de leur nation. Mais le contraire leur arriva. Les citoyens
riches accaparèrent la plus grande partie des terres
conquises qui n'avaient pu être concédées ou vendues, et à la longue ils s'en regardèrent comme les

(1) « Innumerabilem multitudinem liberorum capitum in eis
fuisse locis, quæ nunc, vix seminario exiguo militum relicto, servitia Romana ab solitudine vindicant. »

(2) L'an de Rome 620. « Ὥστε ταχὺ τὴν ἰταλίαν ἅπασαν ὀλιγαν-
δρίας ἐλευθέρων αἰσθέσθαι, δεσμωτηρίων δὲ βαρβαρικῶν ἐμπεπλῆ-
σθαι. » Cap. VIII, t. IV, p. 622, édit. Reiske.

(3) *Bell. civ.*, I, 7.

propriétaires incommutables. Ils acquirent de plus, par la voie de la persuasion, ils envahirent par la violence les petites propriétés des citoyens pauvres qui les avoisinaient. De vastes domaines succédèrent à de petits héritages. Les terres et les troupeaux furent confiés à des esclaves qui n'étaient pas soumis aux charges que la conscription militaire faisait peser sur les hommes libres [1].

Columelle, le plus savant agriculteur dont le temps ait respecté les ouvrages, s'accorde avec Auguste et Tibère sur les causes de la diminution des produits; il attribue [2] comme eux l'infertilité de l'Italie, *agrorum infecunditatem*, dans le temps où il écrivait, à ce que, pour la culture, on avait substitué l'ignorance, les vices et la paresse des esclaves du dernier ordre à l'activité et à l'instruction des propriétaires éclairés faisant valoir eux-mêmes leurs possessions [3]. Plus loin il insiste sur la nécessité de la présence du propriétaire, sur l'avantage de son instruction, de sa coopération, et prouve que les propriétaires cultivateurs, même peu instruits et suivant l'ornière de la routine, tireraient plus de parti de leurs immeubles que ne le font des intendants ou des fermiers esclaves. Cette vérité saute aux yeux, s'il est permis d'employer cette

(1) Voy. MALTHUS, t. I, p. 334, 3e éd., tr. fr.
(2) I, *Præf.* 3.
(3) « Nostro vitio, qui rem rusticam pessimo cuique servorum, velut carnifici, noxæ dedimus, quam majorum nostrorum optimus quisque optime tractaverit. » Cicéron indique aussi cette usurpation des riches (*pro Rosc. Amerino*, 18) : « Suos enim (majores nostri) agros studiose colebant, *non alienos cupide appetebant.* »

locution familière, mais énergique : c'est l'activité de l'intérêt personnel substituée à l'insouciance et à l'infidélité du gérant.

Mais laissons Columelle s'exprimer lui-même : « Cujus (agricolationis) præcepta, si vel temere ab « indoctis, dum tamen agrorum possessoribus, an- « tiquo more administrarentur, minus jacturæ pa- « terentur res rusticæ; nam industria dominorum « cum ignorantiæ detrimentis multa pensaret..... « Nunc et ipsi prædia nostra colere dedignamur, et « nullius momenti ducimus peritissimum quemque « villicum facere..... Sed sive fundum locuples mer- « catus est, e turba pedissequorum lecticariorum- « que defectissimum annis et viribus in agrum re- « legat.....; sive mediarum facultatum dominus, ex « mercenariis aliquem, jam recusantem quotidia- « num illud tributum (qui vectigalis esse non pos- « sit), ignarum rei cui præfuturus est, magistrum « fieri jubet. »

J'ai dû citer ce long passage de Columelle[1], parce que, embrassant les grandes et les petites fortunes territoriales, et signalant avec justesse les abus de leur administration, il donne une des causes per- manentes de la diminution des produits et de celle de la population libre de l'Italie. César avait voulu s'y opposer, au moyen de la loi par laquelle il or- donnait aux propriétaires qui élevaient des bes- tiaux d'avoir parmi leurs bergers au moins un tiers d'hommes libres[2], nouvelle preuve de la justesse de cet esprit si étendu qui brille dans les matières les

(1) Vid. COLUM., I, *Præfat.*, 11, 12.
(2) SUET., *J. Cæs.*, 42.

plus étrangères en apparence à ses études et à ses
réflexions. Une loi semblable avait été portée par
Licinius Stolo[1]. Un autre passage du douzième livre
de Columelle[2] prouve que de son temps les femmes, à l'exemple des hommes, avaient renoncé
aux soins et à la direction du ménage domestique,
tant à la ville qu'à la campagne, et qu'alors elles consommaient en parure et en· objets de luxe les capitaux qui, accumulés par l'économie et reversés
sur l'agriculture en travaux utiles, eussent augmenté et amélioré les produits.

Pline[3] et Aulugelle[4] ajoutent quelques faits positifs, tendant à prouver la supériorité de la culture
dans les cinq premiers siècles de Rome sur celle
des siècles suivants. Alors on dégradait celui qui
cultivait mal son bien : «Agrum male colere censorium probrum judicabatur. » Aulugelle précise
le délit : «Si quis agrum suum passus fuerat sor-
« descere eumque indiligenter curabat, ac neque
« araverat, neque purgaverat, sive quis arborem
« suam vineamque habuerat derelictui, non id sine
« pœna fuit : sed *erat opus censorium,* censoresque
« ærarium faciebant. » Bâtir une villa trop grande
pour le domaine mettait aussi dans le cas d'être
châtié par les censeurs. Pline consacre tout un chapitre à peindre les avantages de la division des propriétés et de la petite culture exercée par des propriétaires laborieux et intelligents, et il y oppose

(1) APPIAN., *Bell. civil.*, I, c. VIII.
(2) Liv. XII, *Præfat.*, § 9.
(3) PLIN., VIII, 3.
(4) AULUG., IV, 12.

la décadence de l'agriculture qui a lieu lorsque les propriétés très étendues, concentrées dans quelques familles, sont abandonnées à des esclaves ignorants, paresseux et infidèles. «Ainsi donc, dit-il [1], dans les premiers siècles de la république, avec des règlements et des mœurs semblables, non-seulement l'Italie se suffisait à elle-même, sans qu'aucune des provinces fût obligée de la nourrir, mais les vivres y étaient à un prix dont la modicité est presque incroyable [2].» Ce bas prix du blé fut une des causes qui en firent abandonner la culture. Il est difficile que les mêmes causes ne produisent pas les mêmes effets. Les anciens Romains avaient suivi en agriculture les principes d'administration qui ont porté l'exploitation agricole de l'Etat de Florence, de la Belgique et de l'Angleterre à un si haut degré de prospérité. D'un côté l'instruction, l'activité, l'aisance des propriétaires résidant sur leurs biens, excités par l'intérêt personnel, perfectionnant les méthodes, versant sur leurs domai-

(1) XVIII, 4.

(2) Il en cite plusieurs exemples. « Et cette modicité de prix n'était point, dit-il, le résultat de la concentration dans les mains d'un seul, de possessions immenses, puisque, d'après les lois Liciniennes, 500 jugères (ou 250 arpents) de terre étaient le maximum de la propriété foncière d'un sénateur, et 3 arpents et demi la plus forte mesure assignée à un plébéien. Quelle était donc, dit Pline, la cause d'une si grande fécondité? C'est qu'alors les champs étaient cultivés par les mêmes hommes qui commandaient les armées et remportaient les victoires. La terre se plaisait à accorder ses moissons à une charrue couronnée de lauriers et à des mains triomphales. Sans doute ils traitaient la culture avec autant d'habileté que la guerre; ils inspectaient leurs domaines avec autant de vigilance que leurs camps; sans doute sous des mains exercées tout vient avec plus d'abondance, parce que tout se fait avec plus de soin. »

nes la totalité ou au moins quelques portions des capitaux accumulés ; voilà la source de l'accroissement des produits. C'est aussi une des causes du progrès de notre agriculture depuis trente ans, malgré les guerres, les révolutions et les banqueroutes. De l'autre côté, l'Espagne et l'Etat romain, depuis trois cents ans, ont suivi le système opposé. Les propriétaires ont vécu dans les villes, ont abandonné la régie de leurs biens à des intendants, *fattori*, ignorants ou infidèles, et souvent l'un et l'autre. L'excédant des revenus, au lieu d'être reporté sur le sol, a été dépensé pour le luxe et la vanité. De là une armée de domestiques inutiles, et enfin une diminution notable dans les produits naturels et industriels de ces deux contrées. C'est l'histoire de l'Italie dans les six premiers siècles de la république, et de cette même Italie dans le dernier siècle de la république et sous les trois premiers des empereurs. Les mêmes causes, chez des peuples différents et à des époques très distantes, ont produit les mêmes résultats.

CHAPITRE XXII.

DESTRUCTION DE LA CLASSE MOYENNE.

Une autre cause non moins influente de la diminution des produits de l'Italie fut ce gouvernement arbitraire, ce système d'exactions, de concussions, de confiscations, de proscriptions, qui domina dans la république romaine depuis les Gracques jusqu'à l'avénement d'Auguste. L'envahissement continuel des petites propriétés par les hommes riches et puissants y détruisit totalement cette classe moyenne, active et industrieuse, qui forme la véritable richesse des empires, parce qu'elle produit toujours plus qu'elle ne consomme.

Ici les exemples et les témoignages se présentent en foule : je n'ai que l'embarras du choix. Nous avons vu[1] que, lorsque Tiberius Gracchus proposa sa loi agraire, les riches avaient, par l'usure, la violence, la faveur, l'abus du pouvoir, envahi presque toutes les petites propriétés des citoyens romains, et presque dépeuplé l'Italie d'hommes libres. Le parti du sénat et des riches ayant triomphé, il y eut trois mille hommes tués avec Caïus Gracchus; leurs corps furent jetés dans le Tibre et tous leurs biens confisqués. Sa femme Licinia fut privée de sa dot[2]. Les trois cents qui avaient péri avec Tiberius avaient été traités de même[3]. La guerre sociale, qui ne dura que trois ans, enleva à l'Italie trois cent mille hommes, dit Velleius. Il ajoute[4] : « Nec Annibalis nec Pyrrhi tanta « fuit vastatio. » Les proscriptions qui suivirent le bannissement de Marius, et sa rentrée dans Rome avec Cinna, diminuèrent beaucoup la population libre[5]. Aussi fut-on obligé plusieurs fois, dans cette période, d'armer les esclaves[6]. Mais le droit de propriété était si sacré, dit Velleius[7], que per-

(1) PLUTARCH., *T. Gracchus*, cap. VIII, ed. Reiske.
(2) *C. Graccus*, c. 17.   (3) *T. Gracch.*, cap. 19.
(4) II, 15.   (5) Vid. APPIAN., *Bell. civ.*, I, 69.
(6) PLUTARCH., *Marius*, c. XLI, XLII, *et passim*.   (7) II, 22.

sonne dans ces premières guerres civiles, où il y
eut beaucoup de citoyens condamnés à mort, n'osa
donner ou demander les biens d'un citoyen romain.
La deuxième guerre civile de Sylla contre Carbon
et le jeune Marius, guerre où l'on ne faisait point
de prisonniers et où la cruauté et l'acharnement
passèrent toutes les bornes[1], contribua à détruire
la population et à diminuer les produits de l'Italie;
les esclaves que l'on avait armés formèrent des
corps de brigands, pillèrent, égorgèrent leurs
maîtres[2]; il fallut les exterminer. Enfin les proscriptions de Sylla, avant et pendant sa dictature,
ces lois perverses qui confisquaient les biens des
fils et des petits-fils des proscrits[3], bouleversè-
rent l'Italie, firent changer de mains une foule de
propriétés, et ces désastres tombèrent principalement sur la classe moyenne qui avait suivi le parti
de Marius[4]. On peut juger du nombre des victimes
par l'exemple de Préneste, où, dans un jour, la
guerre terminée, Sylla fit égorger devant lui 12 000
habitants; Norba fut aussi détruite de fond en
comble. Appien[5] donne sur ces proscriptions
des détails plus nombreux et dit que Sylla pros-
crivit d'abord 40 sénateurs et 1 600 chevaliers;
d'autres furent exilés, d'autres n'éprouvèrent que
la confiscation de leurs biens. Ces mesures furent

(1) PLUTARCH., *Sylla*, c. 30. APPIAN., *Bell. civil.*, I, 82.
(2) APPIAN., I, 74.   (3) PLUTARCH., c. 31.
(4) Ces usurpations de Sylla s'étaient exercées aussi dans l'A-
sie, et elles furent réprimées après la mort du dictateur. CICÉRON
(*ad Quint. fratr.*, I, 1, VII) le dit formellement : « Cogebantur
Syllani homines quæ per vim et metum abstulerant reddere. »
(5) APPIAN., 95, 96.

étendues à toute l'Italie; on y égorgea, on y bannit, on y dépouilla de leurs biens tous ceux qui avaient agi sous les ordres des chefs du parti de Marius, même ceux dont les opinions seulement étaient supposées contraires au parti de Sylla.

Enfin, la population libre était tellement diminuée que Sylla fut contraint, pour recruter l'ordre des plébéiens, d'y introduire plus de 10 000 individus choisis parmi les plus jeunes et les plus vigoureux esclaves des proscrits; il donna la liberté à ces esclaves et les rendit citoyens romains. De plus il distribua aux vingt-trois légions qui avaient combattu pour sa cause les propriétés foncières, les maisons mêmes des proscrits, une grande partie du territoire des villes de l'Italie, d'abord celle qui était restée inculte et ensuite celle qu'il leur enleva à titre de châtiment et d'amende. César, marchant sur les traces de Sylla, établit plus de 120 000 légionnaires. Tous ces faits curieux nous ont été conservés par Appien[1].

Que le nombre des citoyens romains libres ait été faible depuis la dictature de Sylla jusqu'à celle de César, c'est ce qui est prouvé par les dénombrements. Mais il y avait déjà dans les provinces (dans l'Asie, par exemple, et la Syrie) beaucoup de citoyens romains compris dans le cens et soumis au service militaire; Cicéron et Bibulus en firent des levées pour grossir leurs légions et s'opposer aux Parthes[2]. Cependant tout l'empire, en 683, ne

---

(1) *Bell. civ.*, I. 96-100; II, 94, 119, 120, 135, 141. Cf. Suet., *Cæs.*, c. XX, XXXVIII. Cicer., *ad Famil.*, XIII, 8; *ad Attic.*, II, 16; *Agrar.*, II, c. 16.

(2) Cicer., *ad Attic.*, V, 18; *ad Famil.*, XV, 1.

renfermait que 45o ooo citoyens romains de dix-
sept à soixante ans; mais ce peuple romain était une
véritable noblesse. Or, ces corps privilégiés, comme
le prouve l'histoire de l'Europe moderne, tendent
toujours à se restreindre et leurs familles à diminuer. Aussi, sous Auguste, il ne restait plus de re-
jetons des *majorum gentium;* en France, les seuls
Montmorency remontent à la deuxième race. A ces
malheurs succéda le fléau de la révolte des esclaves
et de la guerre de Spartacus, qui affligea l'Italie
pendant trois années et demie consécutives[1]. Enfin
les 63 ans qui s'écoulèrent depuis la mort de Tiberius Gracchus jusqu'à celle de ce gladiateur fameux ne furent pour l'Italie qu'une continuité de
guerres civiles[2].

Le résultat de cet état de choses est indiqué
clairement dans Appien par la disette de subsistances qui affligea le peuple pendant la dictature
de César[3] et par la demande de l'abolition des
dettes, motivée sur ce que, par suite des guerres et
des séditions auxquelles la république avait été en
proie, la valeur des terres était singulièrement avi-
lie. César rendit alors la loi Julia, qui permit aux
débiteurs de s'acquitter en livrant des fonds de terre
estimés au prix où ils étaient avant les guerres civiles; la loi retranchait aussi du capital de la dette
les intérêts usuraires, qui formaient le quart de la
créance[4].

Ces deux passages prouvent évidemment, ce me
semble, la diminution des produits, l'avilissement

---

(1) Appian., I, 116.   (2) *Ibid.*, 121.
(3) L'an de Rome 705.   (4) Suet., *Cæs.*, XLII.

des propriétés territoriales et la pénurie d'argent dans l'Italie à cette époque ; d'ailleurs ces trois causes s'enchaînent par une suite nécessaire.

Enfin le dénombrement exécuté par les ordres de César, avec le plus grand soin, prouve combien les guerres civiles et les causes que j'ai indiquées avaient affaibli la population libre, puisqu'elle se trouvait réduite à moitié de ce qu'elle était avant la guerre [1].

Entre la première et la deuxième guerre punique, Rome, selon le récit de Polybe [2], menacée d'une invasion des Gaulois, fit le calcul de ses forces, et trouva qu'elle avait dans son sein et chez ses alliés 770 000 hommes en état de porter les armes ; le calcul semble exact. Polybe en donne le détail par peuples et par provinces, et cette grande population libre était comprise dans le tiers au plus de l'Italie, savoir : la portion qu'occupent aujourd'hui les États du pape, la Toscane et une partie du royaume de Naples. Hume [3] observe à ce sujet qu'il devait y avoir peu d'esclaves, excepté à Rome et dans les grandes villes.

Ici les faits parlent ; l'exactitude des chiffres nous répond de celle de l'histoire. Le cens exécuté, l'an 683, par les censeurs Lentulus et Gellius [4], ne nous offre plus que *quatre cent cinquante mille citoyens* de dix-sept à soixante ans, et, par conséquent, environ 1 800 000 personnes libres dans cette même

---

(1) « Τὸ δὲ τοῦ δήμου πλῆθος ἀναγραψάμενος, ἐς ἥμισυ λέγεται τῶν πρὸ τοῦδε τοῦ πολέμου γενομένων εὑρεῖν. » APPIAN., *Bell. civ.*, II, c. 102. DIO., XLIII, 25.

(2) POLYB., II, 24, 25.   (3) *Essays.*, I, 440 ; voy. t. I, p.
(4) TIT.-LIV., *Epitom.*, XCVIII.

portion de l'Italie où, en 529, les registres consultés par Polybe présentaient 750 000 combat-
tants et près de trois millions d'habitants, sans les
métœques et les esclaves [1].

Aussi voyons-nous César [2] porter plusieurs lois
dans le but de remédier à la dépopulation de la
capitale, *ut exhaustæ urbis frequentia suppeteret* [3] :

1° Défense à tout citoyen non soldat de rester
absent de Rome plus de trois ans, et aux patriciens
de voyager à l'étranger, sinon pour fonctions publiques;

2° Ordre aux herbagers, comme je l'ai dit, d'avoir
parmi leurs pâtres un tiers d'hommes libres;

3° Droits de citoyen romain accordés aux médecins et aux maîtres des arts libéraux afin de fixer
à Rome ceux qui y exerçaient leur profession et d'y
en attirer d'autres;

4° Prérogatives assurées à ceux qui auraient plusieurs enfants [4];

5° L'usage des litières, de la pourpre et des
perles, concédé aux femmes mariées qui avaient des
enfants [5].

(1) Voy. liv. II, ch. I, v, vi, t. I, p. 227, 286, 289.
(2) SUETON., *Cæs.*, cap. XLII.
(3) C'est le conseil que donne à César Cicéron dans sa harangue
pour Marcellus (chap. VIII) : « Constituenda judicia, revocanda
fides, comprimendæ libidines, propaganda soboles. »
(4) Trois enfants nés à Rome, quatre en Italie, cinq dans les
provinces, exemptaient le père des charges personnelles. Dig., L, v,
I, 2. HEINECC., liv. II, c. 8, *Scholiast.* JUVEN., *ad Sat.* IX, v. 60.
(5) SUETON., 43, et not. 16, PITISC. h. l. EUSEB., *Chron.*; a.
1972; DIO., XLIII, 25. Voy. AULUGELLE, II, 15, qui cite le
chapitre vii de la loi Julia sur le mariage; MONTESQUIEU, Esprit des lois, liv. XXIII, c. xxi, sur la propagation de l'espèce;
MALTHUS, Essai sur la population, liv. I, ch. 14, traduction de

Tite-Live[1] confirme ce fait, je veux dire la diminution de la population libre, et dit qu'en 406 de
Rome les alliés refusèrent leur contingent et que les
consuls levèrent subitement dans la ville et son
territoire dix légions de 4 200 fantassins et de
300 cavaliers, en tout 45 000 hommes, « conscription que ne pourrait, dit-il, fournir la même contrée, aujourd'hui que Rome a conquis l'univers,
quand même elle serait pressée par une invasion
étrangère; le luxe et les richesses se sont seuls accrus et nous épuisent. » Aussi, dans le vi° siècle de
Rome, les fils d'affranchis qui avaient un enfant
mâle au-dessus de cinq ans pouvaient-ils, dit Tite-
Live[2], faire partie des tribus rustiques (les plus
honorées).

L'agriculture et la population de l'Italie eurent
encore à souffrir des proscriptions ordonnées par
les triumvirs Octave, Antoine et Lépide[3], du pillage
des meubles des proscrits et du partage fait de
leurs terres aux soldats du parti victorieux[4].

Appien[5] compte dix-huit villes de l'Italie, les
plus florissantes par leurs richesses, la fertilité de
leur territoire et la beauté de leurs édifices, dont les

Prévost, sur la cinquième édition. Voyez surtout *Lipsii excurs. G.*
in lib. III Tacit. *Ann.*, ed. Var., 1685, *de leg. Julia et Pappia
Poppœa*, et Laboulaye sur cette loi, Droit de propr., t. I, p. 200-
204. Sévère força le père à donner une dot pour marier ses enfants. Dig. XXIII, 11, 19. Enfin la loi, sacrifiant au désir d'accroître la population, reconnut le concubinat. Dig. XXV, vii, 3
de Concubinis. Laboulaye, *ouvr. cit.*, p. 204.

(1) VII, 25.   (2) XLV, 15.
(3) Vid. Dio., XLVII, iii, p. 492.
(4) Dio., XLVII, 14. Sueton., *Aug.*, 13.
(5) *Bell. civ.*, IV, c. 3.

II.   16

possessions furent partagées entre les soldats comme si elles avaient été conquises à la pointe de l'épée.

Dion est plus précis dans les détails. Il établit d'abord[1] que les triumvirs étaient tombés d'accord de donner à leurs soldats tous les biens de ceux qui ne portaient point les armes; ils se divisèrent ensuite sur le mode de partage. Octave avait enlevé les terres à leurs maîtres dans toute l'Italie, πᾶταν κατ᾽ Ἰταλίαν, avec les esclaves et tout le mobilier, et il les donnait aux soldats; on n'exceptait que celles qui avaient été attribuées antérieurement à des vétérans ou achetées par eux.

Le nombre des soldats à récompenser était énorme; Appien[2] le porte à 28 légions, qui, avec les surnuméraires, formaient 170 000 hommes, sans compter la cavalerie et les autres troupes.

Cette assertion sur l'enlèvement des terres à leurs maîtres dans toute l'Italie est confirmée par Appien, qui fait dire à Antoine[3] : « Octave se rend maintenant en Italie pour distribuer les terres et les villes, et, s'il faut réellement dire ce qui en est, il va faire passer toutes les propriétés de l'Italie en d'autres mains. »

Ce projet presque inexécutable souleva la clameur et l'indignation publiques; de plus, Antoine ne jugea pas qu'il fût de son intérêt de laisser Octave disposer des propriétés de l'Italie entière. On se contenta de distribuer aux soldats les territoires de dix-huit villes, du nombre desquelles étaient Capoue et Crémone; mais l'avidité des soldats, dit

(1) XLVIII, 6.   (2) *Bell. civ.*, **V, 5.**
(3) *Bell. civ.*, **V, 22.**

Appien[1], empiétait sans cesse sur les propriétés de leurs voisins, dépassait les limites des colonies qui leur étaient assignées, et, par un abus de la force, changeait les terres qui leur avaient été concédées pour de meilleures et de plus fertiles. C'est à cet état de choses que Virgile fait allusion dans sa première églogue[2]. Les vétérans, peu contents du territoire de Crémone qui leur avait été livré, avaient envahi celui de Mantoue[3],

> Mantua, væ miseræ nimium vicina Cremonæ !

et ils en avaient chassé les anciens propriétaires, ce qui fait dire à Mélibée :

> Impius hæc tam culta novalia miles habebit?
> . . . . En quo discordia cives
> Perduxit miseros!

Virgile nous donne aussi un aperçu de l'état déplorable de la culture tombée dans les mains de ces guerriers avides et prodigues, dont l'un avait occupé les propriétés du poëte et les avait laissées dépérir par sa négligence :

> Fortunate senex, ergo tua rura manebunt.
> . . . . quamvis lapis omnia nudus
> Limosoque palus obducat pascua junco.

On peut encore citer les vers suivants des Géorgiques :

> . . . . Tot bella per orbem,
> Tam multæ scelerum facies; non ullus aratro
> Dignus honos[4].

(1) V, 13.   (2) I, 47, 65, 71, 73, et HEYN., *Argument.*
(3) *Eclog.*, IX, 28.   (4) *Georg.*, I, v. 506.

Ces vers se rapportent à l'an de Rome 717 ou aux préparatifs de la bataille d'Actium [1].

On pourrait peut-être induire d'un autre passage[2] que les habitants des villes et des contrées assignées aux soldats étaient transplantés dans des colonies frontières ou des possessions lointaines de l'empire romain. C'est, je crois, le sens de ces vers où Mélibée dit à Tityre :

> At nos hinc alii sitientes ibimus Afros;
> Pars Scythiam, et rapidum Cretæ veniemus Oaxem,
> Et penitus toto divisos orbe Britannos.

Cicéron[3] jugeait alors qu'il était sage de donner des terres à la *plèbe* de Rome, pour purger la ville et peupler un peu la solitude de l'Italie : « Sentinam urbis exhauriri et Italiæ solitudinem frequentari posse arbitrabar. » Lucain[4] attribue aux guerres civiles la dépopulation de l'Italie :

> At nunc semirutis pendent quod mœnia tectis
> Urbibus Italiæ, lapsisque ingentia muris
> Saxa jacent, nulloque domus custode tenetur;
> Rarus et antiquis habitator in urbibus errat,
> Horrida quod dumis multosque inarata per annos
> Hesperia est, desuntque manus poscentibus arvis,
> . . . . civilis vulnera dextræ.

---

(1) Heyne, Comment. sur Virg. l. c., v. 505 et 511.
(2) *Eclog.*, I, 65.   (3) Lib. I, *Epist.* 19, *ad Atticum*, t. I, p. 152, ed. Var.
(4) *Pharsal.*, I, 24.

CHAPITRE XXIII.

DIMINUTION DE LA POPULATION ET DES PRODUITS.

Maintenant que j'ai exposé les faits, il est facile d'en tirer les conséquences, et on se figurera aisément quelles durent être la dépopulation et la diminution des produits dans cette Italie où toutes les propriétés avaient été menacées, où la plupart avaient changé de mains, où des cultivateurs économes et industrieux avaient été remplacés par des soldats ignorants, paresseux et prodigues, où une partie de la population était arrachée de ses foyers et transplantée aux extrémités de l'empire, où, enfin, il n'y avait plus ni crédit, ni circulation de capitaux, ni valeur pour les biens, ni sûreté pour les personnes.

L'administration sage d'Auguste et la paix dont jouit l'Italie sous son règne ne purent y faire refleurir l'agriculture, ni rendre cette belle contrée capable de suffire à la nourriture de ses habitants. Deux passages de Josèphe[1] et d'Aurelius Victor[2], rapprochés l'un de l'autre, nous apprennent que du temps d'Auguste on apportait chaque année à Rome et en Italie, de l'Égypte et de l'Afrique, 60000000 de *modius* de blé[3]. L'insuffisance des produits de l'Italie fut la cause des soins que prit Auguste pour faire réparer les canaux de l'Égypte

(1) *Bell. Jud.*, II, 16, pag. 189, 190, ed. Haverc.
(2) *Epitom.*, I, p. 156.   (3) Voy. ci-dessus, t. I, p. 298.

et de l'administration sage qu'il y établit [1]; l'Egypte ne fournissait alors qu'un tiers ou 20 000 000 de *modius*, de cette importation [2]. Du temps de Justinien, elle n'en donnait plus que 8 000 000 [3]. L'an 715 de Rome, Sextus Pompée est maître de la mer; il intercepte les convois, et le peuple romain affamé contraint Octave à faire la paix [4].

Denys d'Halicarnasse assure qu'en Italie la plupart des villes autrefois florissantes étaient, de son temps, détruites ou inhabitées [5]. La disette d'hommes libres fut même si grande vers la fin du règne d'Auguste qu'on fut forcé d'enrôler les affranchis dans les légions [6]. C'est ce que prouvent trois passages de Suétone [7].

L'année de Rome 759, la trente-huitième du règne d'Auguste, une disette affreuse, λιμὸς ἰσχυρὸς [8], le force de reléguer à cent milles de Rome tous les esclaves en vente, tous les gladiateurs, tous les étrangers, excepté les médecins et les précepteurs, et même d'expulser une partie des esclaves employés au service domestique. Dion ajoute qu'Auguste lui-même se priva de la plus grande partie des siens [9].

De grandes causes, telles que la concentration des fortunes, le taux exorbitant de l'intérêt, la cul-

---

(1) Sueton., *Aug.*, 18.   (2) Aur. Vict., l. c.

(3) Voyez Gibbon, Décadence de l'empire romain, t. IX, p. 352, chap. xl, p. 56, tr. fr.

(4) « Pace facta, flagitante populo, ob interclusos commeatus famemque ingravescentem. » Suet., *Aug.*, XVI.

(5) Cité par Lips., t. III, p. 474.   (6) Velleius, II, cxi, 1.

(7) *August.*, XVI, XXV, XLII. Vid. Oros, VI, 18.

(8) Dio., LV, 26. Vell., II, xciv.

(9) Vid. Suet., *August.*, XLII.

ture vicieuse, mise en régie et abandonnée aux esclaves, les progrès du luxe qui enlevaient chaque
année plus de terrain à la production des subsistances, la multiplicité des fêtes et des jours consacrés aux jeux[1]; la diminution de la population
libre causée par la corruption des mœurs[2], les
goûts contre nature, l'usage des avortements et de
l'exposition des enfants, la progression toujours
croissante des célibataires et des hommes veufs
sans enfants, tous ces éléments de destruction
exercèrent leur influence sur l'Italie, dont les produits diminuèrent de règne en règne. Une autre
cause puissante de la décadence de l'agriculture
fut le despotisme impérial et l'instabilité de la
propriété, conséquence nécessaire de cette forme
de gouvernement.

Tacite le prouve en faisant l'éloge de l'administration de Tibère : « Les lois, dit-il[3], excepté celles
de lèse-majesté, étaient appliquées à l'utilité publique : *leges bono in usu.* Les approvisionnements
des grains, la perception des impôts étaient confiés à des compagnies de chevaliers romains. Dans
la distribution des charges il faisait les meilleurs
choix : *constabat non alios potiores fuisse.* Il ne
souffrait pas que les provinces fussent chargées de
nouveaux subsides, ni que les anciens fussent ag-
gravés par l'avarice et la cruauté des magistrats.

« Il s'efforçait de réprimer par son exemple les

(1) Voy. Tacit., *Hist.*, IV, 40. Sueton., *Aug.*, XXXII.
(2) Sous Auguste (Dion, LVI, c. 1), il y avait plus de célibataires que d'hommes mariés parmi les citoyens romains. Voy. Esprit
des lois, tom. III, p. 97.
(3) *Ann.*, IV, 6, 7.

excès du luxe, des maisons de plaisance, du nombre des esclaves, excès si funestes à la production
des grains en Italie : « Rari per Italiam Cæsaris agri,
« modesta servitia, intra paucos libertos domus. »
Cependant, sous son règne, le peuple souffrit
cruellement de la disette et de la cherté des vivres;
mais ce ne fut point la faute du prince, qui n'épar-
gna ni soins ni dépenses pour remédier, autant
qu'il le put, à l'infécondité du sol et aux contrariétés
des saisons et de la mer : « Plebes acri quidem an-
« nona fatigabantur : sed nulla in eo culpa ex prin-
« cipe, quin infecunditati terrarum, aut asperis
« maris obviam iit quantum impendio diligentia-
« que poterat. »

Enfin, l'an de Rome 785, la disette et la cherté
des grains excitèrent presque une sédition[1]; pendant plusieurs jours, au théâtre, le peuple s'em-
porta contre le prince à des murmures voisins
de la licence. Tibère en fut irrité; il reprocha
au sénat et aux consuls de n'avoir pas employé,
pour réprimer ces désordres, l'autorité dont ils
étaient investis; il présenta la liste des provinces
dont il tirait les blés, et prouva que l'importation
était beaucoup plus considérable qu'elle ne l'avait
été du temps d'Auguste : « Addidit quibus e pro-
« vinciis, et quanto majorem quam Augustus, rei
« frumentariæ copiam advectaret[2]. »

Columelle, écrivain de cette époque, dit aussi[3] :
« Dans ce Latium et cette terre si fertile jadis, nous
donnons une prime pour qu'on nous apporte du

___

(1) Gravitate annonæ juxta seditionem ventum.
(2) TACIT., *Ann.*, VI, 13.   (3) I *Præf.*, 20.

blé des provinces d'outremer, et nous faisons nos vendanges dans les Cyclades, la Bétique et la Gaule. » On serait presque tenté d'induire de ce passage que l'Italie alors ne suffisait pas plus à sa consommation en vins qu'à sa nourriture en grains. Mais je crois plutôt que c'est une déclamation contre le luxe du temps et l'usage des vins étrangers.

La diminution des produits de l'Italie ne fit que s'accroître sous Claude, quoique, depuis la bataille d'Actium, ce pays eût joui des bienfaits de la paix et de ceux d'une administration habile ; car l'insensé Caligula ne régna que trois ans et neuf mois.

Tacite nous apprend encore que, l'an de Rome 804[1], la disette des grains et la famine qu'elle amena furent telles qu'on les regardait comme une punition du ciel.

« Claude se vit assailli sur son tribunal et poussé jusqu'au bout du forum où on le pressait vivement, lorsqu'un gros de soldats parvint à le délivrer d'une populace furieuse. Il est certain qu'il ne restait pas de vivres à Rome pour plus de quinze jours. La bonté des dieux, dit Tacite, et la douceur de l'hiver nous mirent seules à l'abri des dernières extrémités. Mais certes l'Italie autrefois exportait elle-même des grains jusqu'aux provinces les plus éloignées, et son sol n'est pas plus stérile aujourd'hui ; mais on préfère de cultiver l'Afrique et l'Égypte, et l'on abandonne aux hasards de la mer la vie du peuple romain. »

---

(1) « Frugum egestas et orta ex eó fames in prodigium accipiebatur. » *Ann.*, XII, 43.

Suétone ajoute[1] à ces faits que Claude s'occupa avec une attention extrême du soin d'approvisionner la ville : « Urbis annonæque curam sollicitissime semper egit. » Depuis ce temps Claude ne négligea rien pour faire venir des subsistances à Rome, même en hiver. Il assura aux marchands de grains des gains considérables et de grands avantages, tels que l'exemption des charges publiques[2]; il prit les pertes sur lui et accorda de grands priviléges à ceux qui construiraient des vaisseaux pour le transport des blés[3].

Les lois qu'il porta ensuite avaient pour objet la reproduction et l'augmentation de la population libre des citoyens romains[4]. L'exemption de la loi *Papia* permettait de se marier passé soixante ans; les mères de quatre enfants héritaient de leurs fils ou de leurs filles morts ou mortes sans testament. Ces édits confirment ce que j'ai avancé sur le célibat, l'*orbité*[5], les avortements, en un mot la diminution progressive de la population libre, car les lois ne se font que pour réprimer des abus déjà existants ou des crimes déjà commis; on sait qu'à Rome anciennement il n'y avait pas de supplice prévu par la loi pour le parricide.

---

(1) *Claud.*, XVIII.

(2) Vid. CALLIST., *Digest.*, L, VI, 5, § 3.

(3) Vid. SCÆVOL., *Digest.*, L, V, 3; et FABR., *Semestr.*, I, 25, de hoc edicto Claudiano.

(4) « Pro conditione cujusque civis vacationem legis Papiæ Poppææ, latino jus Quiritum, feminis jus quatuor liberorum, quæ constituta hodieque servantur. » SUET., *Claud.*, XIX.

(5) J'ai adopté ce mot, qui exprime l'état d'un homme ou d'une femme, veuf ou veuve, sans enfants : notre langue ne saurait s'en passer.

J'ajouterai à ce tableau le portrait que Pétrone nous trace des mœurs de la ville de Crotone, ou plutôt de Rome qu'il déguise sous ce nom étranger : « Il n'y a, dit-il, que deux classes de citoyens, des adoptés et des adoptants. Personne n'y élève d'enfants, car ceux qui ont des héritiers directs ne sont admis ni aux festins ni aux spectacles publics; exclus de tous les avantages ils sont classés parmi les gens tarés. Au contraire, ceux qui ne sont pas mariés, et qui n'ont point de parents proches, arrivent au faîte des honneurs; eux seuls sont jugés dignes des emplois de l'armée, sont jugés les plus braves et même les plus vertueux[1]. »

Sous le règne de Néron[2], Rome eut encore à souffrir de la famine et l'état de l'Italie ne semble pas s'être amélioré, car on fut obligé de repeupler Tarente et Antium. Le passage dans lequel Tacite[3] nous a transmis ce fait est trop important pour ne pas être cité en entier : « On avait inscrit des vétérans pour repeupler Tarente et Antium; mais ces deux villes n'en restèrent pas moins désertes; la plupart des soldats se dispersaient dans les provinces où ils avaient achevé leur service. D'ailleurs, peu accoutumés à prendre les liens du mariage et à élever des enfants, ils mouraient sans postérité[4]. »

Ce document important, transmis par un historien si grave et presque contemporain, nous ex-

---

(1) Petron., t. II, p. 114, éd. 1756, avec la trad. fr.
(2) Suet., *Nero*, c. XLV.   (3) *Ann.*, XIV, 27.
(4) « Veterani Tarentum et Antium adscripti non tamen infrequentiæ locorum subvenere, dilapsis pluribus in provincias in quibus stipendia expleverant. Neque conjugiis suscipiendis, neque alendis liberis sueti, orbas sine posteris domos relinquebant. »

plique très bien la diminution du nombre des citoyens romains et la nécessité où se trouvèrent les
empereurs d'étendre aux provinces le droit de cité.
En effet, depuis les guerres civiles de Marius et de
Sylla, combien de Romains avaient été enrôlés dans
les légions où les vingt premières années de leur
engagement s'écoulaient dans le célibat? Octave et
Antoine, avant de marcher contre Cassius et Brutus, passèrent en revue à Modène trente-neuf légions; le parti contraire avait une armée moins
nombreuse, mais pourtant très forte [1].

Les vétérans, nourris dans les guerres civiles,
auxquels on distribuait les biens des proscrits ou
les territoires des villes qui avaient tenu le parti
contraire, ces vieux soldats, prodigues et dépravés,
rebelles aux lois du mariage, inhabiles à élever des
enfants, affluaient dans Rome pour y jouir des
jeux, des spectacles, des festins, des distributions
gratuites, et, après avoir dissipé en débauches de
tout genre une fortune acquise par la guerre, ils
attendaient ou suscitaient de nouveaux troubles
qui leur permissent de réparer leur ruine par de
nouvelles usurpations. Cicéron [2] nous trace un portrait semblable des vétérans dont Sylla avait formé des colonies, et qui prirent le parti de Catilina [3];
il conclut par ce trait frappant : « Enfin ils se sont

---

(1) PLUTARCH., *Brutus*, 38, edit. Reiske.
(2) *Catilin.*, II, 9.
(3) « Hi sunt coloni, qui se insperatis repentinisque pecuniis
sumptuosius insolentiusque jactarunt; hi, dum ædificant, tan-
quam beati, dum prædiis, lecticis, familiis magnis, conviviis appa-
ratis delectantur, in tantum æs alienum inciderunt ut, si salvi
esse velint, Sylla ab iis inferis sit excitandus. »

livrés à des profusions si exorbitantes, ils ont contracté des dettes si énormes qu'ils n'ont plus qu'une ressource, celle de ramener Sylla des enfers.»

Claude fut le premier qui accorda aux soldats les droits des citoyens mariés, parce que les lois leur défendaient d'avoir des femmes légitimes. Ce sont les propres termes de Dion[1].

Le célibat des soldats était une des bases fondamentales de la discipline romaine; il n'y eut que de faibles exceptions à cette règle sous Galba et Domitien[2]; Septime Sévère, le premier, porta un coup funeste à l'armée en permettant aux soldats de se marier, comme nous l'apprenons d'Hérodien[3].

Ainsi le célibat des soldats, à une époque où l'on entretenait des armées nombreuses, était un obstacle à la reproduction de la classe des citoyens romains, comme la dure condition des esclaves s'opposait à la reproduction de cette classe malheureuse[4]; l'une et l'autre ne se recrutaient que par des agrégations ou des importations tirées des diverses provinces de l'empire.

J'ai prouvé, je crois, par de nombreuses et graves autorités, que la décadence de la culture en Italie s'accrut progressivement depuis les Grac-

(1) « Τοῖς τε στρατευομένοις ἐπειδὴ γυναῖκας οὐκ ἐδύναντο ἔκ γε τῶν νόμων ἔχειν, τὰ τῶν γεγαμηκότων δικαιώματα ἔδωκε. » LX, c. 24.

(2) Vid. BROTTIER, *Not. et emend. ad Tacit. Ann.*, XIV, 27.

(3) Lib. III, p. 229.

(4) Ce serait perdre son temps que de l'employer à réfuter, sur un point de fait aussi bien constaté, Wallace, qui soutient l'opinion contraire (Examen critique sur la population, p. 197 et suiv., tr. fr.) en voulant combattre le sage et judicieux Hume. (Essai, XI, p. 406 et suiv., édit. in-8°, London, 1784.)

ques jusqu'à la bataille d'Actium ; je crois avoir
établi non moins positivement que la diminution
des produits en Italie, au lieu de s'arrêter pendant
le siècle de paix dont jouit cette contrée depuis
l'avénement d'Auguste jusqu'à la mort de Néron,
alla toujours en croissant. J'ai démontré, dans mon
chapitre sur la population libre, que le nombre
des citoyens romains de l'Italie décrut en proportion de la décroissance des produits ; je crois avoir
prouvé ailleurs[1] que le temps où la culture fut le
plus florissante en Italie fut aussi celui du plus
grand développement de la population libre dans
cette contrée. Ces deux ordres de faits ont une
connexion intime, et les chapitres où ils sont consignés s'éclairent les uns les autres et se contrôlent réciproquement.

(1) Voy. t. I, p. 233 et suiv.

LIVRE QUATRIÈME.

INSTITUTIONS POLITIQUES. — ADMINISTRATION. — FINANCES.

CHAPITRE I.

NATURE DES LOIS AGRAIRES.

L'influence des lois agraires et des distributions gratuites de blé sur la grandeur et la décadence de la république romaine, leurs effets qui me semblent évidents et dont la preuve se trouve à chaque page de l'histoire, ont échappé à la sagacité de Montesquieu [1] et aux recherches ingénieuses de l'abbé de Vertot.

Le premier cependant, dans l'*Esprit des lois* et dans son ouvrage spécial sur *la Grandeur et la décadence des Romains;* le second, dans ses *Révolutions romaines*, sembleraient avoir dû porter leurs méditations sur ce sujet important.

Un anonyme, M. C., auteur de trois volumes de Discours sur le gouvernement de Rome [2], a fort

---

[1] Voy. MONTESQUIEU, Esprit des lois, liv. XXVII, chap. 1, t. III, p. 242.

[2] Discours et réflexions critiques sur l'histoire et le gouvernement de l'ancienne Rome, pour servir de supplément à l'His-

bien exposé l'influence des lois agraires sur l'état de la république. J'avais été conduit à des résultats semblables en traitant de la population et des produits de l'Italie sous la domination romaine; mon savant confrère, M. Daunou, m'a fait connaître plus tard cet ouvrage, qui ne me semble pas aussi répandu et aussi estimé qu'il le mérite. Je m'empresse de le citer en commençant ce chapitre, car je pense qu'on doit être juste, même envers les morts, et qu'il faut rendre à chacun ce qui lui appartient.

Mais je dois d'abord définir les *lois agraires.* Les anciens désignaient par ces mots une certaine limitation de la propriété foncière entre les citoyens actifs, limitation qu'il n'était pas permis de dépasser. Chez nous, on leur attribue ordinairement l'idée d'un bouleversement général des propriétés, et d'un partage égal entre tous les membres de la société. Cette mesure, qui défendait à un homme de s'enrichir et de posséder au-delà de certaines bornes, nous semble, dans l'état actuel de la société, très extraordinaire, très vexatoire et très impolitique. C'était cependant la base de l'existence et de la prospérité des anciennes républiques, tant l'état social de ces temps diffère du nôtre[1] ! Les fondateurs des anciennes républiques,

---

toire romaine de Rollin et Crevier, recueillis et publiés par M. C.; 3 vol. in-12; Paris, 1784. On croit que cette initiale cache le nom de M. Hooke, bibliothécaire de la Bibliothèque Mazarine, fils de J. Hooke, auteur d'une histoire romaine en anglais, assez estimée.

(1) BOECKH (Econom. polit. des Athéniens, liv. IV, ch. 2) fait remarquer quels étaient, dans un état démocratique, l'importance du bien-être des citoyens, les troubles et les violences qu'on

Minos, Lycurgue, Romulus, Solon, avaient tous
établi des lois agraires, avaient également partagé
les terres. « Cela seul, dit Montesquieu [1], faisait un
peuple puissant, c'est-à-dire une société bien réglée ; cela aussi faisait une bonne armée, chacun
ayant un égal intérêt et très grand à défendre sa
patrie ; » cela créait une abondance de produits
bruts, et par conséquent une nombreuse population
tion libre. L'agriculture et la guerre y gagnaient
également. De plus, dans ces gouvernements
mixtes, tels que ceux de Sparte et de Rome, où la
prospérité de l'Etat dépendait d'un juste équilibre
entre les parties monarchiques [2], aristocratiques et
démocratiques qui le constituaient, les lois agraires
étaient une nécessité. Chaque citoyen, ayant part
au gouvernement et à la confection des lois, devait
offrir une garantie de sa probité et de l'intérêt qu'il
avait à maintenir l'ordre établi. Les législateurs
anciens cherchèrent cette garantie dans la propriété foncière, de même que nos gouvernements
constitutionnels exigent un cens de cette nature
des électeurs appelés à choisir la chambre élec-
tive, laquelle représente la partie démocratique de
la nation.

« Les rois Agis et Cléomène, dit Montesquieu [3],

avait à craindre des pauvres, et le besoin qu'avait l'Etat de secourir les nécessiteux, de peur qu'un appauvrissement général ne
compromît les prestations publiques.

(1) Grandeur et décadence des Romains, chap. III.

(2) Je dis *monarchiques*, parce qu'à Rome les consuls avaient
hérité de toute la puissance des rois, mais bornée seulement à une
année d'exercice; Polybe et Tite-Live l'attestent formellement.

(3) Grandeur et décadence des Romains, chap. III.

voyant qu'au lieu de neuf mille citoyens qui étaient
à Sparte du temps de Lycurgue, il n'y en avait plus
que sept cents, dont à peine cent possédaient des
terres, et que tout le reste n'était qu'une populace
sans courage, ils entreprirent de rétablir les lois à
cet égard, et Lacédémone reprit sa première puissance, et redevint formidable aux Grecs. »

« Ce fut, dit le même écrivain[1], le partage égal
des terres[2] sous Romulus, qui rendit Rome capable
de sortir d'abord de son abaissement. » Ce sont les
lois agraires portées par Licinius (l'an 388[3]) qui
l'ont conduite au plus haut degré de puissance et
de prospérité.

Voici quelles étaient ces lois, qui changèrent
entièrement la face de la république, et qui tirè-
rent les plébéiens de l'état de pauvreté et de misère où les patriciens les avaient tenus jusqu'alors.

---

(1) *Ibid.*

(2) M. GIRAUD (Droit de propr., p. 174, 175), en niant que
ce fût là le véritable but des lois agraires, n'établit pas nettement
leur véritable objet. Je crois voir cependant que, dans l'opinion de
ce jeune écrivain, les lois agraires n'auraient été que la distribution aux soldats vainqueurs des terres confisquées sur les vainc···
et sur les proscrits. Mais je ne puis me ranger à cette opinion,
combattue par les faits, rejetée par Sigonius, Montesquieu, Hooke
et tant d'autres.

(3) Ces lois, proposées dès l'an 378, ne furent cependant
adoptées que dix ans après.

CHAPITRE II.

DE L'INTÉRÊT LÉGAL DE L'ARGENT.

La loi sur les dettes avait statué simplement que les intérêts perçus seraient passés en compte et en déduction du capital, et qu'il serait donné trois ans aux débiteurs pour s'acquitter du reste en trois paiements égaux[1]. On n'avait pas pris d'autres mesures pour empêcher que les pauvres ne s'endettassent de nouveau par des emprunts usuraires.

La loi des Douze-Tables, l'an de Rome 303, avait fixé l'intérêt de l'argent à 1 pour $\frac{0}{0}$ par an[2]. « Si « quis unciario fœnore (quod unciam menstruam « dependit in centenos asses) amplius fœneravit, « quadruplione luito[3]. Ces lois, dit Ammien [4], étaient tirées, en grande partie, des lois de Solon ; elles furent promptement violées. Mais les patriciens n'étant plus seuls souverains de la république, M. Duilius, en 398, rappela la loi des Douze-Tables, et réduisit de nouveau l'intérêt de l'argent à 1 pour $\frac{0}{0}$ par an, *unciario fœnore*. Il fut réduit à $\frac{1}{2}$ pour $\frac{0}{0}$ en 408[5]; et, en 413, le prêt à intérêt fut

---

(1) Tit.-Liv., VI, 35.
(2) Niebuhr le fixe à 10 p. $\frac{0}{0}$ par an. Hist. rom., t. V, p. 73, ss. et not. 105, tr. fr.
(3) Cf. Gaji, lib. II, *ad leg.* xii tab. *c. a.*, de Martini, *Hist. jur. civ.*, p. 53, et Gothofr., *Fragm.* XII *tab.*, tit. xv.
(4) XXII, xvi, 22.
(5) « Semunciarium tantum ex unciario fœnus factum. » Tit.-Liv., VII, 27.

absolument défendu par un plébiscite qu'avait provoqué le tribun Genucius[1].

Il ne faut pas croire que Tite-Live désigne par ces mots *unciarium*, *semunciarium fœnus*, l'intérêt par mois, c'est-à-dire 12 pour $\frac{o}{o}$ ou 6 pour $\frac{o}{o}$ par an. La suite des faits le prouve, et Tacite, dont je vais rapporter un passage, explique clairement les textes de Tite-Live. « D'abord, dit Tacite[2], la loi des Douze-Tables réduisit à 1 pour $\frac{o}{o}$ l'intérêt, qui auparavant n'avait de bornes que la cupidité des riches. Depuis, une loi tribunitienne le restreignit à $\frac{1}{2}$ pour $\frac{o}{o}$; une autre enfin l'abolit tout-à-fait, et l'on tâcha, par différents plébiscites, de prévenir les fraudes, qui, souvent réprimées, reparaissaient toujours sous divers déguisements. »

Cette explication est confirmée par un autre passage de Tite-Live[3], qui prouve que la loi de Genucius fut appliquée, l'an 457, contre des citoyens qui prêtaient à intérêt. Du reste, il n'est pas étonnant que, dans une république où l'industrie, où le commerce en gros et en détail étaient inter-

---

(1) « Lucium Genucium tulisse ad populum ne fœnerare liceret. » TIT.-LIV., VII, 42. « Μὴ δανείζειν ἐπὶ τόκοις, » dit APPIEN, *Bell. civ.*, I, 54.

(2) « Primo XII tabulis sanctum « ne quis unciario fœnore am- « plius exerceret, » cum antea ex libidine locupletium agitaretur; dein rogatione tribunicia ad semuncias redacta; postremo vetita *versura*; multisque plebiscitis obviam itum fraudibus quæ, totiens repressæ, miras per artes rursum oriebantur. » *Ann.*, VI, 16. NIEBUHR (*Hist. Rom.*, t. II, p. 384) explique, à tort je crois, le mot *versura* par une conversion du capital échu et des intérêts en une nouvelle dette. Juste-Lipse, Gronovius, Saumaise, Ernesti, le font synonyme de *usura*.

(3) X, 23.

dits aux citoyens, on défendit aussi le commerce de l'argent.

Un passage de Cicéron[1] prouve qu'en 692 l'intérêt de 1 pour °/° par mois était regardé comme usuraire. Il avait besoin d'argent : « Il me faut, dit-il, recourir aux banquiers Considius, Axius ou Selicius; car, pour Cæcilius, ses parents mêmes n'en tireraient pas un sou à moins de 1 pour °/° par mois[2]. »

Le sens de la phrase concise de Tacite *postremo vetita versura*, « enfin le prêt à intérêt fut défendu, » est clairement expliqué et bien déterminé par ce passage de Cicéron[3] : « Iniquissimo fœnore versuram facere Aurelius coactus est; Aurelius a été forcé d'emprunter à un intérêt exorbitant. »

Il faut donc regarder comme prouvé que, depuis Romulus jusqu'aux décemvirs, l'usure fut permise; que l'intérêt de l'argent fut réduit à 1 pour °/° par an par la loi des Douze-Tables, puis à $\frac{1}{2}$ pour °/° l'an 405 de Rome, et qu'enfin le prêt à intérêt fut totalement défendu. Cet état dura trois cents ans, jusqu'à la prise de Carthage. Quand l'oligarchie eut envahi le pouvoir sur le peuple, il fut permis de prêter jusqu'à 12 pour °/°, mais 6 pour °/° était le taux commun de l'intérêt annuel.

La preuve arithmétique en est fournie par le calcul des frais d'achat et de plantation de sept jugères de vignes donné par Columelle[4].

---

(1) *Ad Attic.*, I, 12.

(2) « Nam a Cæcilio propinqui minore centesimis nummum movere non possunt. »

(3) *Ibid.*, XVI, 15.　　(4) *De Re rust.*, III, III, 5, 8.

Achat d'un esclave vigneron. . . .	8 000 sest.
Achat de sept jugères de terre de qualité moyenne.	7 000
Frais de plantation de vigne. . . .	14 000
TOTAL.	29 000
Intérêt pour deux ans (*semisses usurarum*), à 6 pour % par an. . . .	3 480
TOTAL.	32 480

Semisses usurarum (*centesimarum*) est bien la moitié de la *centesima usura*; donc *unciarium fœnus* signifie le douzième de l'*as* ou *centesima usura*. Il n'y a qu'à prendre la plume et à vérifier le calcul pour s'en convaincre.

As sortis annuus, ou *centesima usura*, désignent également, chez les Latins, l'intérêt de 12 pour % par an ou de 1 pour % par mois. Ainsi Justinien fixe l'intérêt à 4 pour %, lorsqu'il défend de stipuler dans les contrats plus du tiers de la *centesima usura*[1]; le tiers de l'*as* est de 4 onces. L'once est la douzième partie de l'*as*; donc *unciarium fœnus* signifie $\frac{1}{12}$ pour % par mois, ou 1 pour % par an[2]. L'intérêt de 5 onces, *usura quincunx*, exprimé dans

(1) Code Just., IV, xxxii, 26.

(2) SAUMAISE dit positivement (*de Modo usurarum*, cap. VII, p. 289, 292) : « Unciæ usuræ sunt cum nummus unus fœnoris in centum nummos sortis annuus infertur. » FORCELLINI dit (h. v.) : « Centesimæ erant usuræ in quibus centesima sortis pars, hoc est 1 p. %, *unum pro centum*, singulis mensibus solvebatur, atque adeo 12 pro % quotannis, *dodici per cento*, qua ratione centesimo mense usura sortem æquabat. Hæc erat usurarum gravissima et veluti *as* a qua usuræ minores nominibus partium assis appellabantur semisses, trientes, quadrantes. »

la table alimentaire de Trajan[1] est donc notre intérêt légal de 5 pour 0/0 par an.

Centesimæ cum anatocismo est la même chose que le *perpetuum fœnus,* mentionné par Cicéron en ces mots : « Centesimas perpetuo fœnore du-« cere, » « tirer 1 pour 0/0 par mois, ou 12 pour 0/0 par an de son argent, avec les intérêts composés[2]. » On prêtait aussi à 12 pour 0/0 par an, sans les intérêts composés, mais ajoutés au capital après l'année révolue. Le passage suivant de Cicéron[3] prouve la différence de ces deux sortes de prêts : « Totum « nomen Scaptio solvere, sed centesimis ductis a « proxima quidem syngrapha, *nec perpetuis,* sed « renovatis quotannis; » c'est-à-dire : « On offre de payer à Scaptius toute la créance, avec les intérêts à 12 pour 0/0 par an[4], à compter depuis la dernière obligation, intérêts non pas composés, mais ajoutés au principal à la fin de chaque année. » En 699 de Rome, l'intérêt, qui était à 4 pour 0/0, monta tout de suite à 8 pour 0/0, lors des élections. Cicéron[5] le dit en ces termes : « Fœnus ex triente Idib. « Quint. factum erat bessibus. »

(1) MAFFEI, *Museum Veron.,* p. 381.
(2) CICERO, *ad Attic.,* V, 21. Notre assertion est prouvée par ce passage de la même lettre : « Nihil impudentius Scaptio, qui centesimis cum anatocismo contentus non esset (12 p. 0/0 par an avec les intérêts composés); nam aut bono nomine, centesimis contentus erat, aut non bono quaternas centesimas sperabat. »Scaptius, prête-nom de Brutus, exigeait des Salaminiens 48 p. 0/0, avec les intérêts des intérêts.
(3) *Ad Attic.,* VI, 2, t. I, p. 606.
(4) C'était l'intérêt commercial en Egypte, 146 ans avant J.-C. LETRONNE, Récompense promise à celui qui ramènera un esclave échappé, p. 7, éd. 1833.
(5) *Ad Attic.,* IV, 15, t. I, p. 421.

Les deniers publics, en Bithynie, du temps de Trajan, ne pouvaient trouver d'emprunteurs à 12 pour % par an. Pline le jeune en rendit compte à l'empereur, qui fit baisser l'intérêt[1].

L'usura uncia, dit Forcellini, plus souvent nommée *unciaria*, était la douzième partie de l'*usura centesima*[2].

L'usage de ce prêt légal à 1 pour % par an est prouvé par la loi des XII tables, qui stipula « ne quis unciario fœnore plus exerceret. »

L'*unciarius hæres*, d'après Ulpien[3], est héritier pour une once ou la douzième partie de la succession. De même *unciarium fœnus*, dans Tite-Live, c'est-à-dire l'*usura uncia*, et, dans le même auteur, *semunciarium ex unciario fœnus factum*, représentent la douzième et la vingt-quatrième partie de la *centesima* ou de l'intérêt à 12 pour %. Enfin, Festus[4] nous apprend qu'une loi *Unciaria, de fœnore unciario*, fut portée par L. Sulla et Q. Pompeius Rufus.

Ainsi donc, pour établir qu'*uncia, unciaria usura, unciarium fœnus* signifient 1 pour % par mois ou 12 pour % par an, comme *as* et *centesima*, il

(1) *Epist.* X, 62, 63, ed. Schæff. Sous le quatrième consulat de ce prince on trouve un intérêt à 2 ½ p. % par an. Borghesi, Dissert. sur la table alimentaire *Bebbiana* et *Cornel.*, Bull. de l'Inst. archéol., an 1835, p. 151. Un intérêt à 3 p. %, *usura quadrantaria*, se trouve mentionné dans le Digeste.

(2) « Dicitur *unciaria*, quia sicut uncia est assis pars duodecima, ita hæc usura pars est duodecima *centesimæ* quæ est velut *as*. Unciaria usura omnium levissima et centesimæ opposita, qua scilicet unum pro centum, non singulis mensibus, sed singulis annis solvebatur. » Gloss., v. *Uncia*

(3) XXX, xxxiv, § 12.   (4) V. *Unciaria*.

faudrait qu'*as* et *uncia*, l'unité et le douzième de l'unité, l'once et la livre enfin, eussent eu, chez les Romains, la même signification et la même valeur, ce qui est tout-à-fait inadmissible.

Les meilleurs critiques et les hommes de loi les plus habiles évaluent *asses* ou *centesimæ usuræ* à 12 pour $\frac{o}{o}$, et les *unciariæ* à 1 pour $\frac{o}{o}$ par an. G. Noodt[1], Gravina[2], Heineccius[3], Montesquieu[4], Fr. Gronovius[5], Saumaise[6], M. Pastoret[7] adoptent unanimement cette interprétation, admise aussi par Gibbon[8].

Je me suis cru obligé de rapporter en détail toutes les preuves tendant à fixer le taux de l'intérêt de l'argent pendant la durée de la république romaine, parce que cette question, quoiqu'elle eût été traitée par les hommes les plus habiles, était encore controversée. L'ancien adage, *renvoyer aux calendes grecques*, et le terme d'*usura unciaria*, avaient établi le préjugé que l'intérêt légal de l'argent, chez les Romains, était à 1 pour $\frac{o}{o}$ par mois, ou 12 pour $\frac{o}{o}$ par an.

En 303, l'intérêt légal de l'argent avait été fixé à 1 pour $\frac{o}{o}$. En 429, la contrainte par corps fut abolie, et les créanciers n'eurent plus d'action que sur les biens de leurs débiteurs. Cette année, dit Tite-

(1) *De fœnore et usuris*, t. I, p. 175, ed. 1767.
(2) *Opp.*, p. 205, 210.
(3) *Antiq. ad Instit.* l. III, tit. xv, sqq., ed. Haubold, 1822.
(4) Espr. des Lois, l. XXII, c. 21, 22, et Défense de l'Espr. des Lois, chap. Usure, t. IV, p. 294, éd. in-12, 1769.
(5) *De pec. vet.*, III, 13, p. 213, 227.   (6) *L. c.*
(7) Mém. de la Classe d'Histoire et de Littérature ancienne, t. III, p. 314.
(8) Décadence de l'Empire rom., t. XI, p. 159, tr. fr.

Live[1], fut pour le peuple romain comme une ère nouvelle de sa liberté, puisque ce fut de ce moment que les débiteurs cessèrent d'être livrés à l'esclavage.

CHAPITRE III.

DES LOIS LICINIENNES.

Les lois liciniennes tendirent aussi à établir l'égalité permanente des fortunes, si nécessaire dans une république, et par conséquent la frugalité et toutes les vertus qui dérivent de cet ordre de choses.

La seconde loi portait qu'aucun citoyen, sous quelque prétexte que ce fût, ne pourrait à l'avenir posséder plus de cinq cents jugères de terre[2], et qu'on distribuerait gratuitement ou qu'on affermerait à vil prix le surplus aux citoyens pauvres; que, dans ce partage, on assignerait au moins sept jugères par tête à chaque citoyen; qu'on ne pourrait avoir sur ces terres pour les faire valoir qu'un nombre déterminé d'esclaves[3]; que le nombre des troupeaux serait aussi limité et proportionné à la quantité de terres que chacun occuperait; que les plus riches ne pourraient nourrir ni envoyer dans les communaux et les pâturages publics plus de

(1) VIII, 28.
(2) APPIAN., *Bell. civil.*, lib. I, c. 8.
(3) Voyez NIEBUHR, *Hist. Rom.*, t. V, p. 23 et note 18.

cent bêtes à cornes et cinq cents moutons; qu'on nommerait incessamment trois commissaires pour présider à l'exécution de la loi, et que l'auteur de cette loi ne pourrait être compris dans le nombre des triumvirs; qu'enfin le sénat, les chevaliers et le peuple jureraient solennellement d'observer cette loi, et que ceux qui dans la suite y contreviendraient seraient condamnés à une amende de 10 000 as[1] (environ 1 630 francs).

On sait que la loi agraire fut exécutée, en 397, sur son auteur même. Licinius Stolo, convaincu de posséder mille jugères de terre, contre les dispositions de sa propre loi, fut condamné, à la poursuite de Popilius Lænas, consulaire plébéien[2]. On lui en enleva la moitié, quoiqu'il les eût partagés avec son fils qu'il avait émancipé, dans le but d'échapper à la rigueur de la loi; et de plus, il fut forcé de payer l'amende de 10 000 as. Cette loi fut observée assez exactement jusqu'au temps de la vieillesse de Caton-le-Censeur; car il dit, dans son discours pour les Rhodiens, que nous a transmis Aulu-Gelle[3] : « Nous souhaiterions tous sans doute avoir plus de cinq cents jugères de terre, nous souhaiterions avoir un plus grand nombre de troupeaux; mais on ne nous punit pas pour nos désirs. [4] »

---

(1) L'as de cuivre pesait alors une livre romaine de douze onces, les deux tiers de la livre française, poids de marc.

(2) Tit.-Liv., VII, 16. Plin., XVIII, 4.

(3) VII, 3.

(4) « Quæ tandem lex est tam acerba quæ dicat... si quis plus quingenta jugera habere voluerit, tanta pœna esto; si quis majorem pecudum numerum habere voluerit, tantum damni esto; atqui nos omnia plura habere volumus et id nobis impune est. »

La troisième loi n'ouvrit aux plébéiens que le consulat; cependant ils arrivèrent bientôt au partage des autres charges que les patriciens s'étaient réservées. L'année 398 vit un dictateur plébéien dans Marcus Rutilus, qui prit pour général de la cavalerie C. Plautius, autre plébéien. Ce même Rutilus fut nommé censeur en 403, et, en 406, il fut arrêté qu'un des censeurs serait toujours pris parmi les plébéiens. Ils furent admis à la préture en 417, et enfin aux sacerdoces [1] en 452.

Mais avant d'exposer les effets des lois liciniennes, jetons un coup d'œil rapide sur l'état de la république, depuis sa fondation jusqu'à l'an 388, époque de la promulgation de ces lois.

Sous Romulus, le gouvernement fut tout despotique. Le chef, pour s'attacher le peuple qui formait sa milice, partagea également les terres conquises, et distribua, dit-on, deux jugères à chaque citoyen : c'est la première loi agraire. Sous Numa et ses successeurs jusqu'à Tarquin-le-Superbe, la royauté succéda au despotisme. Le peuple et le sénat furent traités avec douceur, quoiqu'ils eussent peu de part au gouvernement.

Sous le dernier Tarquin, la royauté se changea en tyrannie; le peuple et le sénat furent également opprimés, les grands et le peuple s'unirent pour l'abattre. Mais la révolution fut commencée par les patriciens, qui, dans le nouvel ordre de choses introduit par eux, s'arrogèrent presque tout le pouvoir. Ainsi s'établit l'aristocratie.

(1) Voyez les Discours cités sur le gouvernement de Rome, I, 349.

Jusqu'à la mort des Tarquins, le sénat, qui avait tout à craindre de leur retour, maintint les lois agraires, défendit l'usure, rendit dans les jugements exacte justice à chacun ; mais les fils de ces patriciens, affranchis de la crainte d'une contre-révolution, se permirent toutes les injustices qu'ils avaient le pouvoir de commettre. L'aristocratie se changea en oligarchie : c'est la marche naturelle des choses, et les hommes sont toujours disposés à abuser du pouvoir.

Alors le peuple se souleva contre cette injuste domination ; il obtint en 260 l'abolition des dettes usuraires, l'appel au peuple, l'établissement des tribuns. Des commotions continuelles s'élevèrent entre les deux ordres depuis cette époque jusqu'à la promulgation des lois liciniennes.

Mais le peuple accrut successivement son autorité, et les patriciens, à chaque mouvement populaire, perdirent toujours quelques-unes de leurs prérogatives[1]. Enfin les lois liciniennes furent portées, et depuis cette époque (388 de Rome) jusqu'à la destruction de Carthage, en 608, la partie démocratique prédomina un peu, ou plutôt il s'établit un juste équilibre entre les parties monarchiques, aristocratiques et démocratiques qui constituaient le gouvernement.

Cet exposé n'est qu'un abrégé concis, mais fidèle, du traité de Polybe sur le gouvernement de Rome. Outre qu'il me semble confirmé par les faits, l'impartialité de l'historien, qui ne pouvait avoir au-

---

[1] SALLUST., *Oratio prima ad Cæs. de Republ. ordinanda*, c. I., ed. Havercamp.

cun préjugé de caste ou de nation, l'étendue et la
profondeur de ses vues, la connaissance exacte
qu'il avait acquise de l'état de la république romaine, sont des présomptions très fortes en faveur de la justesse de ses déductions. Elles se trouvent encore confirmées par cette prévision, pour
ainsi dire miraculeuse, qu'il a étendue aux événe-
ments futurs et que les faits ont pleinement justi-
fiée. Je n'ai pas besoin de rappeler que Polybe,
contemporain de Mummius et de Scipion Emilien,
vécut dans le vi⁰ et le vii⁰ siècle de Rome, à peu
près depuis l'an 554 jusqu'à 634. L'historien, qui
n'est point prophète, juge de l'avenir par le passé;
écoutons-le lui-même [1].

 « Tant qu'il resta quelqu'un de ceux qui avaient
souffert des gouvernements précédents on se trouva
bien du gouvernement populaire; on ne voyait
rien au-dessus de l'égalité et de la liberté dont on
jouissait. Cela se maintint quelque temps; mais, au
bout d'une certaine succession d'hommes, on
commença à se lasser de ces deux grands avantages;
l'usage et l'habitude en firent perdre le goût et
l'estime; les grandes richesses firent naître dans
quelques-uns l'envie de dominer. Possédés de cette
passion et ne pouvant parvenir à leur but ni par
eux-mêmes ni par leurs vertus, ils employèrent
leurs biens à suborner et à corrompre le peuple
par toutes sortes de voies; celui-ci, gagné par les
largesses sur lesquelles il vivait, donna les mains à
leur ambition, et dès lors périt le gouvernement
populaire. Rien ne se fit plus que par la force et

(1) POLYB., VI, 8, 9.

par la violence; car, lorsque le peuple est accoutumé à vivre sans qu'il lui en coûte et à prendre ce qui lui est nécessaire sur le bien d'autrui, si alors il se présente un chef entreprenant, audacieux, et que la misère exclut des charges, le peuple se porte aux derniers excès, il s'ameute; ce ne sont plus que meurtres, qu'exils, que partages de terres, jusqu'à ce qu'enfin un nouveau maître, un monarque, usurpe le pouvoir et dompte ces fureurs.

« Telle est la révolution des États, tel est l'ordre suivant lequel la nature change la forme des républiques et les ramène au même point. Avec ces connaissances, si on peut se tromper sur le temps en prédisant ce qu'un Etat deviendra, on ne se trompera guère en jugeant à quel degré d'accroissement ou de décadence il est parvenu et en quelle forme de gouvernement il changera, pourvu qu'on porte ce jugement sans passion et sans préjugé. En suivant cette méthode il est aisé de connaître l'établissement, le progrès, le point de perfection de la république romaine; *car il n'y en a point qui se soit plus établie et plus augmentée selon les lois de la nature, et qui doive plus, selon les mêmes lois, prendre une autre forme.* »

Nous avons vu s'opérer en France, dans l'espace de trente ans, presque tous les changements de forme que décrit Polybe. A la monarchie tempérée de Louis XVI a succédé la démocratie, puis l'ochlocratie, depuis 1789 jusqu'en 1794; elles ont été remplacées par l'oligarchie du Directoire, qui, en 1799, s'est changée en despotisme entre les mains de Bonaparte, despotisme qui, en quatorze ans, s'est détruit lui-même et a fait place au gouverne-

ment mixte actuel, composé, quoique avec certaines modifications, des mêmes éléments que ceux
de Sparte et de Rome.

On pourrait faire la même observation pour
l'Angleterre, qui, depuis Guillaume-le-Conquérant
jusqu'à nos jours, a subi dans la forme du gouvernement presque toutes les mutations regardées par
Polybe comme une révolution inévitable et déterminée qui s'opère selon des lois naturelles et nécessaires.

L'égalité des fortunes et des prérogatives dans
les deux ordres de l'État, introduite par les lois liciniennes, fit naître, comme je l'ai dit plus haut[1],
une noble rivalité entre les patriciens et les plébéiens. On les voit lutter de modération, d'intégrité,
d'honneur, de frugalité, de dévouement à la patrie
et de respect pour les lois; les dissensions civiles
cessent; tous les citoyens sont réunis par le même
zèle et le même amour pour la république. C'est le
beau siècle des mœurs et des vertus romaines;
c'est l'époque illustrée par les Papirius, les Decius,
les Curius, les Fabricius, les Fabius, les Regulus et
tant d'autres grands hommes.

C'est le temps où la population s'accroît avec les
produits d'une terre cultivée par des mains libres
et par des propriétaires intelligents[2].

La liberté politique contenue dans de justes li-

(1) Voy. le chapitre sur la population servile ci-dessus, liv. II,
ch. II, t. I, p. 236.
(2) Il n'y avait pas dans l'Attique plus de cinq mille citoyens
sans propriétés foncières après la chute des trente tyrans, et la division des propriétés était grande. (BOECKH., Econom. polit. des
Athéniens, liv. IV, ch. III, t. II, p. 286, 287.)

mites, l'harmonie intérieure des parties constitutives du gouvernement, jointe à l'aisance des citoyens, à leur courage, à leurs vertus, assirent la puissance de la république sur des bases solides et la rendirent invincible.

Le résultat des lois liciniennes [1] fut cet admirable équilibre de pouvoir entre les différentes parties du gouvernement, équilibre tant et si justement vanté par Polybe. Le sénat et les consuls eurent presque tout le pouvoir exécutif, toute l'administration des affaires, tant au dedans qu'au dehors de la ville, de sorte qu'aux yeux des étrangers et de tous ceux qui ne l'observaient que superficiellement, le gouvernement paraissait entièrement aristocratique. Le peuple eut néanmoins tous les droits inaliénables de la souveraineté, tels que ceux de nommer aux magistratures, de faire ou de révoquer les lois, de décider de la guerre ou de la paix, de recevoir les appels dans les causes criminelles, de citer à son tribunal les magistrats après l'expiration de leurs charges, pour rendre compte de leur conduite.

L'union des citoyens donna de nouvelles forces à l'Etat, et la liberté semble avoir inspiré au peuple romain un courage plus élevé, plus infatigable que celui qu'il avait montré jusqu'alors dans la guerre.

Par une suite de victoires, les Romains, dans l'espace de 70 ans, à partir de la bataille contre les Latins en 413, étendirent jusqu'aux dernières limites de l'Italie leur domination, qui n'embras-

_____

(1) Voy. Disc. de M. C., I, 352.

II.   18

sait d'abord que quelques lieues autour de leur ville, et, quoiqu'ils n'eussent ni marine ni expérience dans la navigation, leur première guerre au-delà du continent fut contre une république rivale, qui joignait à de plus grandes richesses et à de plus grandes possessions l'empire absolu de la mer. Néanmoins, à force de courage et de constance, ils sortirent vainqueurs de cette lutte périlleuse.

Les lois agraires, maintenant la division des propriétés et encourageant l'agriculture, accroissaient aussi la population libre et fournissaient une pépinière de soldats qui réparait, et au-delà, les pertes causées par les combats, les naufrages, les fatigues et les maladies, suites inévitables de la guerre dans des contrées éloignées. Un article très sage de ces lois était celui qui obligeait d'employer des hommes libres à la culture et qui limitait le nombre des esclaves [1].

Tite-Live[2] rapporte qu'en 405, c'est environ 17 ans après la promulgation des lois liciniennes, le sénat, voyant l'Etat menacé de deux guerres étrangères, de la révolte générale de ses alliés, et se trouvant réduit à ses propres forces, forma sur-le-champ jusqu'à dix légions, chacune de 4 200 fantassins et de 300 cavaliers; cet historien ajoute : « Si, dans l'état actuel, pour repousser une invasion, on avait besoin d'une armée extraordinaire, il serait difficile de rassembler tout à coup autant de soldats dans ce même empire, qui s'étend presque aux ex-

---

(1) Appian., *Bell. civ.*, **I, 8.**   (2) **VII, 25.**

trémités de la terre; tant il est vrai qu'il n'a crû qu'en luxe et en richesses, qui minent et consument nos forces réelles. »

La république fit bien d'autres efforts pendant la seconde guerre punique. Ses soldats étaient des citoyens libres, aisés, remplis d'un courage animé par l'amour de leur patrie, infatigables et accoutumés à une discipline exacte et sévère. Ils étaient conduits par des chefs dont la passion dominante était la gloire; les opérations générales étaient dirigées par un sénat composé d'officiers expérimentés et de politiques habiles, enflammés de l'ambition la plus vive d'étendre leur empire, incapables de plier dans les plus grands revers et ne croyant aucune entreprise au-dessus de leurs forces et de leur courage. Aussi passèrent-ils rapidement de conquête en conquête, et, d'une domination circonscrite autour de leur ville, ils parvinrent à l'empire du monde en moins d'années qu'ils n'en avaient employé, depuis l'expulsion de rois, pour terminer leurs dissensions intestines.

Les triomphes de la république amenèrent la ruine de sa constitution. Après la bataille de Zama et la réduction de la puissance des Carthaginois, le sénat aspira à la domination universelle; depuis cette époque la mauvaise foi, la perfidie, l'injustice et la cruauté régnèrent dans ses conseils et déshonorèrent les généraux et les ambassadeurs.

La conquête de la Macédoine corrompit ensuite les mœurs du peuple. « Ce royaume subjugué, dit Polybe[1], on crut pouvoir vivre dans une entière

(1) *Exempl. vit ac virt.* c. **LXXIII.**

sécurité et jouir tranquillement de l'empire de l'univers. La plupart vivaient à Rome dans un dérangement étrange; l'amour emportait la jeunesse aux excès les plus honteux. On s'adonnait aux spectacles, aux festins, au luxe, aux désordres de tout genre, dont on n'avait que trop évidemment pris l'exemple chez les Grecs pendant la guerre contre Persée. » Le désordre s'accrut avec la puissance, jusqu'au moment où la destruction de Carthagène, ayant livré aux grands d'immenses possessions, porta la corruption au plus haut degré. Salluste nous en fournit[1] un témoignage irrécusable : « Lorsque la république, dit cet historien, se fut agrandie par de laborieux efforts et par la justice ; que les rois puissants eurent été vaincus dans la guerre, les peuplades sauvages et les grandes nations soumises par la force ; que Carthage, rivale de la puissance romaine, eut été détruite jusqu'en ses fondements ; que, par terre et par mer, tout fut assujetti à l'empire romain, il se fit une révolution étonnante dans tout le corps de l'État. Ceux que ni les travaux, ni les dangers, ni tant d'adversités n'avaient pu vaincre, succombèrent à la douceur du repos et aux attraits de l'abondance et de la prospérité. L'avarice et l'ambition, sources funestes de tous les maux, s'accrurent à mesure que la puissance de Rome prit de nouveaux accroissements. La cupidité abolit la bonne foi, la probité et toutes les autres vertus, mit à la place l'arrogance, la cruauté, apprit à négliger les dieux, à trafiquer de tout ; l'ambition, à son tour, introduisit la dissimulation, la four-

[1] *Catilina*, X.

berie, la perfidie, et, bientôt après, les violences, les cruautés et les meurtres. »

« Depuis longtemps, dit Cicéron[1], toutes les richesses de toutes les nations sont tombées entre les mains d'un petit nombre d'hommes ; aucun d'eux ne se cache, aucun ne prend la peine de déguiser les excès de sa cupidité[2]. »

Ainsi, d'après le témoignage unanime des historiens, les conquêtes des Romains introduisirent le luxe chez eux et changèrent leurs mœurs. Le luxe, l'ambition et l'avarice qu'il traîne à sa suite, amenèrent successivement l'abolition des lois liciniennes, et ces lois étaient si nécessaires pour maintenir la balance des trois pouvoirs, si intimement liées à la constitution de l'Etat, qu'elle ne put durer après leur abrogation. La loi agraire, qui défendait à chaque citoyen d'avoir plus de 500 *jugères* de terre et qui enjoignait de se servir d'Italiens et d'hommes libres pour leur exploitation, fut d'abord éludée frauduleusement.

Les riches acquirent des propriétés plus considérables sous des noms empruntés ; ensuite, encouragés par leur nombre, ils levèrent le masque, et continuèrent de les posséder par une violation ouverte et scandaleuse de la loi. Cette sorte de propriété était passible d'une location quinquennale, d'un bail emphytéotique ou d'une possession indéfinie à titre de tolérance. Les grands s'en étaient

---

(1) *In Verr. de Supplic.*, cap XLVIII.
(2) « Patimur enim jam multos annos et silemus, cum videamus ad paucos homines omnes omnium nationum pecunias pervenisse. Nemo istorum dissimulat, nemo laborat ut obscura sua cupiditas esse videatur. »

fait adjuger à vil prix de vastes portions; ils avaient
eu le crédit d'obtenir des baux à rente modique
ou des distributions privilégiées dans les diverses
colonies de la république[1]. De plus, pour soustraire
leurs domestiques aux charges du service militaire,
et dans l'espoir d'augmenter leurs revenus, ils firent
valoir leurs terres par des esclaves importés des
pays étrangers[2], réduisirent par là les hommes des
campagnes à la plus grande misère, et les forcèrent
à se réfugier au sein des villes pour y trouver leur
subsistance dans les largesses des grands. La république ne fut donc plus composée que de riches et
de pauvres, les uns et les autres également corrompus, de citoyens opulents qui prétendaient aux
places et aux dignités, non plus par leurs talents
et leurs vertus, mais par la brigue et la corruption,
et de citoyens indigents qui ne cherchaient qu'à
vendre leur suffrage au plus offrant[3]. Presque

(1) PLUTARCH., *Tiber. Gracch.*, ch. 8, t. IV, p. 621, 622, ed.
Reiske. Les faits que je viens d'énoncer peuvent encore s'appuyer
du passage suivant d'Hyginus : « Qui superfuerant agri vectigalibus
subjecti sunt, *alii per annos quinos*, alii vero mancipibus ementi-
bus, id est conducentibus in annos centenos. Plures vero, finito
illo tempore, iterum venduntur locanturque, *ita ut vectigalibus
est consuetudo.* » *Ap. Goes.*, p. 205. « Ce témoignage, dit M. Giraud, a une grande importance en ce qu'il indique la *tacite re-
conduction* comme un des moyens qui ont facilité l'usurpation de
l'ager. » Droit de propr., p. 171, not. 4.

(2) APPIAN., *Bell. civ.*, I, 7.

(3) Le discours du vieux Caton contre la loi *Oppia* (l'an de
Rome 540) montre que cet abus existait déjà et qu'on y avait re-
médié par une loi : « Cupiditates prius natæ sunt quam leges quæ
iis modum facerent. Quid legem Liciniam excitavit de quingentis
jugeribus, nisi ingens cupido agros continuandi? Quid legem Cin-
ciam de donis et muneribus, nisi quia vectigalis jam et stipendiaria plebs esse senatui cœperat? » TIT.-LIV., XXXIV, 3. LUCAIN

toute la classe moyenne des petits propriétaires, classe qui partout crée la grande masse des produits et de la population des empires, avait disparu, et avait été dépossédée par l'usure, la fraude ou la violence. Le curieux passage d'Appien mérite d'être rapporté tout entier : « Les riches, dit-il, se firent adjuger la plus grande partie des terres non distribuées ; se flattant qu'une longue possession serait pour eux un titre inattaquable de propriété, ils achetèrent ou prirent de force les petits héritages des pauvres gens leurs voisins et firent ainsi de leurs champs d'immenses domaines. Le service militaire arrachant les hommes libres à l'agriculture, ils employèrent des esclaves à la culture des terres et à la garde des troupeaux. Ces esclaves mêmes étaient pour eux une propriété des plus fructueuses, à cause de leur multiplication rapide, favorisée par l'exemption du service militaire. Qu'arriva-t-il de là ? Les hommes puissants s'enrichirent outre mesure, et les champs se remplirent d'esclaves ; la race italienne, usée et appauvrie, périssait sous le poids de la misère, des impôts, de la guerre. Si parfois l'homme libre échappait à ces maux, il se perdait dans l'oisiveté, parce qu'il ne possédait rien en propre dans un territoire tout entier envahi par les riches, et qu'il n'y avait point de travail pour lui sur la terre d'autrui, au milieu d'un si grand nombre d'esclaves. »

(*Phars.*, I, 167 et suiv.) indique et développe toutes les causes de décadence de la république que j'ai rassemblées dans ce paragraphe.

CHAPITRE IV.

LOIS DE TIBERIUS GRACCHUS.

Ce fut alors, l'an de Rome 619, que Tiberius Gracchus, citoyen très vertueux et homme d'état très éclairé, voyant que la constitution menaçait ruine, que l'équilibre des trois pouvoirs était détruit, que la population libre décroissait de jour en jour, ainsi que les produits de l'Italie, par l'introduction de la culture au moyen des esclaves et la concentration des propriétés dans les mains des grands, résolut, sitôt qu'il eut été nommé tribun, de remédier à ce désordre en remettant en vigueur la loi agraire portée par Licinius. « Il mit, dit Plutarque[1], dans sa proposition, toute la modération possible; il la communiqua aux citoyens les plus recommandables de Rome par leur réputation et leurs vertus, et prit leurs avis. De ce nombre étaient Crassus, grand-pontife, le jurisconsulte Mucius Scevola, alors consul, et Appius Claudius même, beau-père de Tiberius; et il me semble que jamais loi plus douce ni plus humaine ne fut portée contre une si grande injustice et une usurpation si criante; car, au lieu que les avides possesseurs du bien d'autrui devaient être punis par des amendes et chassés avec honte des terres dont ils jouissaient contre les lois, il se contenta d'ordonner qu'ils en sortiraient après avoir reçu de l'Etat le prix de ces

_____

(1) *Tiberius Gracchus*, cap. IX, ed. Reiske.

terres qu'ils retenaient si injustement, et que les citoyens pauvres y entreraient à leur place. »

Les motifs de la loi agraire portée par Tiberius Gracchus sont beaucoup mieux développés dans Appien que dans Plutarque. Je vais en donner l'analyse.

Tiberius Gracchus, dit Appien[1], ajouta même à sa loi qu'outre les 5oo jugères permis par la loi licinienne les fils des riches propriétaires en pourraient conserver 25o, et que le surplus seulement serait distribué aux pauvres.

Il avait pourvu au danger de la concentration des propriétés en défendant par sa loi, aux riches d'acheter ces biens, et aux pauvres de les vendre.

Le motif le plus important, aux yeux de Tiberius, était, dit encore Appien[2], la reproduction de la population libre; la limitation des richesses n'était que l'objet secondaire. Il demandait à ses adversaires : « Ne trouvaient-ils pas juste qu'on partageât au peuple ce qui était la propriété du peuple? Des citoyens ne devaient-ils pas être préférés à des esclaves? des hommes libres, propres à la guerre, jugés plus utiles à la patrie que des esclaves inhabiles au service militaire? enfin des propriétaires fonciers, plus intéressés à l'ordre public que de misérables prolétaires? Il ajoutait que Rome avait fait de grandes conquêtes, qu'elle avait l'espoir de parvenir à l'empire du monde, que le moment décisif était venu, et que l'accroissement ou la diminution de sa population guerrière lui ferait acquérir le reste du globe ou perdre les conquêtes

(1) *Bell. civ.*, I, 9, 11.   (2) *Bell. civ.*, I, 11.

acquises, la rendrait la maîtresse ou l'esclave de
ses ennemis.

« Il s'adressait aux riches, leur soumettait ses
craintes et ses espérances, leur demandait si, pour
de tels avantages, ils ne devraient pas céder, même
gratuitement, les terres usurpées à des citoyens
qui donnaient à la patrie des enfants et des défenseurs; si, pour conserver peu de chose, ils ne ris-
quaient pas beaucoup plus, surtout lorsqu'en dé-
dommagement des frais et du travail employés à la
culture de ces terres, on leur assurait à jamais la
possession de 5oo jugères pour chacun d'eux, et de
25o pour chacun de leurs fils, entièrement exempts
d'impôts et de redevances? »

Cette concession en faveur des grands est d'autant plus remarquable qu'Appien a dit[1] plus haut
que les plébéiens auxquels l'État distribuait des
terres conquises payaient au trésor public le
dixième du produit des grains, et le cinquième du
produit des arbres à fruits.

Le sénat et les riches s'élevèrent avec fureur
contre cette proposition, et engagèrent le tribun
M. Octavius à s'y opposer. Tiberius, irrité de cet
obstacle, changea sa première loi en une autre plus
sévère : elle ordonnait que tous ceux qui possédaient plus de terres que les anciennes lois ne le
permettaient les abandonneraient sur-le-champ.

Il ne faut point s'y tromper; ce n'est point seulement 5oo jugères de terres conquises, mais 5oo jugères de propriétés foncières de toutes natures,
qui furent le maximum fixé par la loi *Licinia.* Dix

(1) *Bell. civ.*, I, 7.

exemples le prouvent; « Si quis plus D jugera *ha-*
« *bere* voluerit, dit Caton[1], tanta pœna esto. » Tite-
Live dit de Stolo[2] : « Alteram (legem agrariam) de
« modo agrorum, ne quis plus quingenta jugera
« agri possideret. » Le même auteur l'affirme[3] dans
le discours de Caton contre la loi *Oppia :* « Quid
« legem Liciniam excitavit de quingentis jugeribus,
« nisi ingens cupido agros continuandi? » Valère-
Maxime dit aussi[4] : « L. Stolo cum lege sanxisset ne
« quis amplius quam quingenta agri jugera *possi-*
« *deret,* ipse mille *comparavit.* » Varron[5] : « Stolo-
« nis lex quæ vetat plus quingenta jugera *habere*
« civem romanum. » Pline[6] : « Lege Stolonis Licinii
« incluso modo quingentorum jugerum, et ipso
« sua lege damnato, cum substituta filii persona
« amplius *possideret.* »

Tite-Live dit la même chose[7], en d'autres termes,
que Pline. Enfin, Plutarque dit[8] de Stolo : Ἐκέλευσε
δ' οὗτος μηδένα πλέθρων πεντακοσίων πλείονα χώραν ΚΕΚ
ΤΗΣΘΑΙ.

Dans tous ces passages il n'est pas question des
terres conquises. C'est une loi somptuaire, une loi
agraire, qui limite l'étendue des propriétés et défend d'acquérir, de posséder, *comparare,* κεκτῆσθαι,
habere, possidere, au-delà de 5oo jugères de terres.
Elle avait pour but de maintenir l'égalité des fortunes, et de créer le droit égal pour tous d'arriver

(1) Voy. ci-dessus, p. 267. Consultez, pour le sens du mot
possessio, GIRAUD, Droit de propr., p. 192-196; LABOULAYE,
Droit de propr., p. 75.
(2) VI, 35.   (3) XXXIV, 3.   (4) VIII, vi, 3.
(5) *De Re rust.,* I, ii, 9.   (6) XVIII, 4, lin. 12.
(7) VII, 16.   (8) *In Camillo,* cap. 39.

aux emplois, base fondamentale du gouvernement démocratique. Appien est le seul auteur peut-être qui, avec l'*Epitome* de Tite-Live, prétende que la limitation de 5oo jugères ne regardait que les terres conquises, les terres du domaine public, *ager publicus*[1]. Cette opinion est combattue par Duker, Drakenborch et beaucoup d'autres érudits. Ils regardent même comme une glose les mots *agro publico* de l'*Epitome*. Velleius Paterculus[2] s'accorde avec les auteurs que j'ai cités précédemment. Dans une pareille dissidence, le témoignage de dix auteurs graves, écrivant à Rome et très voisins de l'époque des Gracques, m'a paru devoir l'emporter sur celui d'un Grec du second siècle de l'ère chrétienne; car tous les raisonnements des auteurs que j'ai cités porteraient à faux s'il ne s'agissait pas d'une véritable loi somptuaire. Appien même semble indiquer[3] que les *acquéts* étaient compris dans cette limite de 5oo jugères. Il dit que, pour l'exécution de la loi *Sempronia*, il s'éleva beaucoup de contestations sur l'étendue et les bornes des propriétés, et que ces procès étaient très difficiles à

---

(1) Je dois citer ici le passage entier de l'*Epitome* de Tite-Live : « Tib. Sempronius Gracchus, tribunus plebis, cum legem agrariam ferret adversus voluntatem senatus et equestris ordinis, *ne quis ex publico agro plus quam quingenta jugera possideret*, seque, et C. Gracchum fratrem, et App. Claudium, socerum, triumviros ad dividendum agrum crearet, promulgavit et aliam legem agrariam qua, si quis latius agrum patefaceret, *ut iidem triumviri judicarent, qua publicus ager, qua privatus esset.* Deinde cum minus agri esset quam quod dividi posset sine offensa etiam plebis, legem se promulgaturum ostendit ut iis, qui Sempronia lege agrum accipere deberent, pecunia, quæ regis Attali fuisset, divideretur. » *Epit.* LVIII.

(2) II, 6.　　(3) *Bell. civ.*, I, 18.

juger, les contrats de vente, les titres de partage
n'existant plus dans les mains de beaucoup des
possesseurs : Οὔτε τὰ συμϐόλαια, οὔτε τὰς κληρουχίας ἔτι
ἐχόντων ἀπάντων.

Je sais que Heyne[1] et Niebuhr[2] ont préféré l'autorité d'Appien à toutes celles que j'ai citées; mais
je persiste à croire que Caton, Varron, Cicéron,
Velleius, Valère Maxime, Columelle et Pline devaient mieux connaître les lois de leur pays qu'un
Grec Alexandrin du IIe siècle de l'ère chrétienne.

Je pense que la limitation des propriétés introduite à Rome, l'an 388, par Licinius, fut imitée
des lois que Charondas avait données à Thurium ;
car Aristote[3] nous dit que ce législateur avait établi la condition d'un gros revenu pour être admis-
sible aux magistratures, mais que ce principe était
tempéré par la loi qui défendait de posséder au-delà
d'une certaine quantité de terres[4].

Tiberius, comme on l'a vu, cherchait à concilier
l'intérêt des particuliers avec le bien de l'Etat, et à
établir l'exécution et la durée de la loi sur une sorte
de transaction entre les riches patriciens ou chevaliers, détenteurs de terres usurpées, et les pauvres colons, dépossédés de leurs propriétés légitimes.

On peut être étonné que les auteurs des lois
agraires n'aient pas proposé, pour en assurer le
maintien, l'égalité des partages dans les successions, la division de l'hérédité en ligne masculine

---

(1) *Opuscul.*, IV. p. 350.
(2) *Hist. rom.*, t. III, p. 178, tr. franç.   (3) *Polit.* V, 7.
(4) Voy. Dion., XII, 11, sqq.

et féminine, enfin la limitation du droit de tester, dispositions qui existaient dans les lois de Solon, si souvent reproduites dans celles des Douze-Tables. Il paraît que la jouissance du pouvoir paternel illimité, *patria potestas* [1], était si précieuse aux yeux des Romains, dérivait si intimement de leurs mœurs, que les tribuns les plus hardis n'ont jamais osé attaquer ce privilége de famille, et qu'ils ont préféré fonder la durée de leur loi sur l'inaliénabilité des propriétés foncières, sujette à beaucoup de graves inconvénients.

C'est à coup sûr un fait très remarquable, et qui jusqu'ici avait échappé à l'observation, que cette espèce de substitution appliquée à tout un peuple. Cependant cette mesure reçut une exécution complète à Rome pendant deux cent trente ans; ce qui prouve combien l'état social des anciens différait du nôtre, où une pareille loi serait à la fois ridicule et inexécutable.

Jusqu'ici il me semble que Tiberius ne pouvait être blâmé : il rétablissait une loi qui était en quelque sorte née avec Rome, une loi dont les effets salutaires, pendant deux siècles, avaient été appréciés par tous les hommes éclairés, vertueux et impartiaux. Q. Cincinnatus, l'un des soutiens du parti aristocratique et l'un des plus violents adversaires

(1) Pour juger de l'étendue de l'autorité paternelle chez les Romains, même du temps de Cicéron et des empereurs, je citerai la formule d'adoption, conservée par Aulu-Gelle (V, 19. Cf. Cicer., *pro Domo*, XXIX), qui donnait à celui qui adoptait le droit de vie et de mort envers son fils adoptif : « Velitis, jubeatis, Quirites, uti L. Valerius L. Titio tam jure legeque filius sibi siet, quam si ex eo patre matreque familias ejus natus esset, *utique ei vitæ necisque in eo potestas siet uti patri endo filio est.* »

des tribuns, se conformait exactement à la loi agraire et ne possédait que sept *jugères* en fonds de terre. Fabricius, Coruncanius, Emilius Papus, avaient conservé la même modération, et ils cultivaient leurs sept journaux sans esclaves.

Manius Curius, le vainqueur de Pyrrhus, refusa la part du butin et le don de cinquante *jugères* que le peuple lui offrit en reconnaissance de ses grands services. Le célèbre Regulus ne possédait aussi que sept *jugères* dans le territoire insalubre et stérile de Pupinies.

Fabius Cunctator, celui qui arrêta le premier les progrès d'Annibal, le grand Fabius, deux fois dictateur et cinq fois consul, n'avait en propriété que sept journaux de terres, qu'il vendit pour racheter des prisonniers et acquitter ses conventions avec Annibal.

Les deux Scipion morts en Espagne, Tubéron, tous les Ælius, s'honoraient de la même modération dans les désirs, et regardaient l'obéissance exacte aux lois liciniennes comme un devoir sacré envers la patrie [1].

Il me paraît donc évident que les écrivains latins qui ont blâmé les premières propositions de Tiberius parlent plutôt le langage de leurs intérêts que celui de la justice et de l'utilité publique. D'ailleurs ces auteurs, peu nombreux, étaient liés au parti oligarchique, qui prédomina dans Rome jusqu'au second consulat de César.

Les historiens neutres, tels que Polybe, Salluste, Pline, Tacite, et les écrivains qui ont traité de

---

(1) Voy. le chap. sur la popul. servile, t. I, p. 239. s.

l'agriculture, Caton, Varron, Columelle, s'accordent à vanter les avantages de la loi agraire et de la division des propriétés.

Tiberius épuisa tous les moyens de conciliation; il consentit à remettre sa loi au jugement du sénat; mais la faction des riches, détenteurs des propriétés publiques, l'accabla d'injures et ne voulut rien céder. Enfin, après plusieurs tentatives infructueuses pour ramener son collègue Octavius aux intérêts du peuple et le faire désister de son opposition, il rendit une ordonnance par laquelle il défendait à tous les magistrats de faire aucun exercice de leurs charges jusqu'à ce que le peuple eût délibéré sur la loi[1]. Cette ordonnance n'ayant produit aucun effet, il proposa la destitution de son collègue, mesure qui passa d'une voix unanime.

La loi ne trouva plus d'obstacle : le partage des terres fut ordonné, et l'on nomma trois commissaires pour en faire l'inventaire et la distribution, savoir : Tiberius lui-même, son beau-père Appius Claudius, et son frère Caïus, âgé de vingt ans, qui servait alors au siége de Numance, sous Scipion.

Quelque temps après, Attale Philométor, dernier roi de Pergame, étant mort, et ayant institué le peuple romain son héritier, Tiberius proposa[2] une nouvelle loi qui portait « que tout l'argent comptant de la succession de ce prince serait distribué aux pauvres citoyens, afin qu'ils eussent de quoi

(1) APPIAN., *Bell. civ.*, I, 12. PLUT., *Tib. Gracchus*, c. IX, sqq. FREINSHEM., *Suppl.*, liv. LVIII, 20, sqq.
(2) PLUTARCH., *Tib. Gracch.*, c. XIV.

s'emménager dans leurs nouvelles possessions, et se pourvoir des instruments nécessaires à l'agriculture. » Il ajouta que, quant aux villes et aux terres qui étaient de la domination d'Attale, ce n'était pas au sénat, mais au peuple, qu'il appartenait d'en ordonner.

Cette proposition, dit Plutarque, offensa extrêmement le sénat, dont l'autorité se trouvait diminuée au profit de celle du peuple.

Cependant l'usurpation des terres du domaine public avait été réprimée dès l'an 579. Le consul Postumius fut chargé alors de séparer par des bornes le territoire du domaine public d'avec les propriétés des particuliers, qui l'usurpaient sans cesse par des empiétements [1].

Les amis de Tiberius, voyant les manœuvres des nobles et les menaces terribles qu'ils faisaient contre lui, jugèrent que sa vie serait en danger dès qu'il aurait déposé la magistrature sacrée dont il était revêtu, et l'engagèrent à demander le tribunat pour l'année suivante.

Tiberius recommença à se concilier de plus en plus la faveur populaire par de nouvelles lois, où il abrégeait les années du service militaire pour les citoyens, où il leur accordait le droit d'appeler au peuple de tous les jugements des autres magistrats, où il mêlait dans tous les tribunaux, qui alors étaient composés entièrement de sénateurs, un nombre égal de chevaliers. Enfin, par ces lois,

---

(1) « Senatui placuit L. Postumium consulem ad agrum publicum a privato terminandum in Campaniam ire, cujus ingentem modum possidere privatos, paullatim proferendo fines, constabat. » Tit.-Liv., XLII, 1.

il rabaissait et détruisait de toutes manières la force et l'autorité du sénat.

Cependant, le jour de l'élection, pendant que le peuple donnait ses suffrages au Capitole, le sénat s'assembla dans un temple voisin, et prit, malgré les remontrances du consul Scevola, la fatale résolution d'employer la force. Le consul eut beau protester « qu'il ne donnerait jamais l'exemple de l'injustice et de la violence, qu'il n'ôterait la vie à aucun citoyen avant qu'il eût été jugé dans les formes, mais que, si le peuple, persuadé ou entraîné par Tiberius, venait à ordonner quelque chose d'injuste, il s'y opposerait de tout son pouvoir. » Animés par les discours furieux de Scipion Nasica, les sénateurs s'arment de bâtons et de leviers ; suivis d'une troupe de clients, de valets et d'esclaves qu'ils avaient fait venir pour les aider dans l'exécution d'un projet médité d'avance, ils percent la foule dans la place publique, ils massacrent un tribun présidant l'assemblée du peuple romain, et avec lui trois cents de ses amis, dont les cadavres sont aussitôt jetés dans le Tibre.

La faction des riches ne borna pas là sa vengeance : ils firent la recherche des partisans du tribun ; ils mirent à mort, sans forme de procès, ceux qui, en abandonnant la ville, s'étaient soustraits à leur fureur [1].

Les opinions ont été très partagées, et elles le sont encore, au sujet de l'entreprise de Tiberius. Appien, après avoir rapporté la mort du tribun,

---

(1) Vid. *Memmii, Orat.*, apud SALLUST., *Bell. Jug.*, c. XXXIII et XLVI.

s'exprime en ces termes [1] : « C'est ainsi que Gracchus, poursuivant avec trop de chaleur le meilleur de tous les projets pour le bien de sa patrie, fut tué dans le Capitole même, quoique revêtu alors de la charge de tribun, qui rendait sa personne sacrée et inviolable. »

Salluste ne reproche aux Gracques que d'avoir mis un peu trop de chaleur dans la poursuite de leur entreprise [2].

Plutarque approuve la loi de Tiberius [3], et blâme seulement la déposition d'Octavius comme injuste et illégale. Il ajoute même, après avoir raconté le massacre de Tiberius et de tous ses amis [4] : « Il paraît que cette sanglante exécution fut plutôt dictée par la colère des riches et leur haine personnelle contre le tribun, que motivée par les prétextes qu'ils mettaient en avant. »

Cicéron et tous ses admirateurs, tant anciens que modernes, condamnent hautement l'entreprise de Tiberius; ils décident que c'était un séditieux, et qu'on doit lui attribuer tous les troubles arrivés pendant son tribunat et dans lesquels il perdit la vie.

Il dit [5] que les amis de Tiberius, et entre autres Tubéron, l'abandonnèrent quand ils virent qu'il vexait la république. Il adopte ce conte forgé par

(1) *Bell. civ.*, I, 17.
(2) « Et sane Gracchis, cupidine victoriæ, haud satis moderatus animus fuit. Sed bono vinci satius est quam malo more injuriam vincere. » *Bell. Jug.*, c. XLVI.
(3) *Tiber. Gracch.*, c. XI et XII.   (4) *Ibid.*, c. XX.
(5) « Tib. quidem Gracchum rempublicam vexantem a Q. Tuberone æqualibusque amicis derelictum videbamus. » *De Amicit.*, cap. XI.

l'envie que Tiberius voulut se faire roi [1]. Il dit [2],
dans sa harangue pour Milon, que les meurtriers
de Tiberius Gracchus ont rempli l'univers entier
de leur gloire, et lui-même [3] loue Gabinius d'avoir
fait revêtir Pompée d'une puissance exorbitante et
contraire aux lois romaines. Nous l'avons vu vanter les assassins de Tiberius ; nous le voyons, dans
la seconde harangue sur la loi agraire, faire un
pompeux éloge des Gracques [4].

Ces disparates dans le jugement de Cicéron sur les
Gracques s'expliquent facilement par la différence
des dates auxquelles ont été prononcées ces diverses opinions. Dans son discours sur les provinces
consulaires [5], Cicéron blâme les Gracques : « An
« Tiber. Gracchus (patrem dico), cujus utinam filii
« ne degenerassent a gravitate patria ! » Mais cette
harangue sur les provinces consulaires est de 697
et postérieure à son consulat. En 698, dans sa
harangue contre Pison, il loue à outrance le féroce
Opimius, meurtrier de Caius Gracchus [6].

---

(1) « Tib. Gracchus regnum occupare conatus est, vel regna-
vit is quidem paucos menses. » *Ibid.*, c. XII.

(2) *Pro Milone*, 27.

(3) *Pro Corn.*, I, apud Asconium. Vid. *Not. orat. pro leg.
Manil.*, XVII, 52, edit. Brocas.

(4) « Nam, vere dicam, genus ipsum legis agrariæ vituperare
non possum ; venit enim mihi in mentem duos clarissimos, inge-
niosissimos, amantissimos plebis Romanæ viros, Tib. et C. Gracchos, plebem in agris publicis constituisse, qui agri a privatis antea
possidebantur. Non sum autem ego is consul qui, ut plerique,
nefas esse arbitrer Gracchos laudare, quorum consiliis, sapientia,
legibus, multas esse video reipublicæ partes constitutas. » *De lege
agr. contra Rullum*, II, 5.

(5) Cap. VIII, ed. varior.

(6) « L. Opimius ejectus est e patria, is qui prætor et consul
maximis rempublicam periculis liberarat. Non in eo cui facta est

Lorsqu'il parla contre Rullus et qu'il loua les Gracques[1], il venait d'être nommé consul par la faveur du peuple, qui portait un homme nouveau. Il les jugeait alors avec son esprit et sa raison dégagés de toute partialité. Lorsqu'il prononça les harangues pour Milon, pour Cornelius Balbus, qu'il écrivit le traité *de l'Amitié*, il s'était lié au parti oligarchique; il avait fait exécuter les complices de Catilina sans jugement et sans appel. Dès lors il était forcé de justifier Nasica et Opimius : sa position était semblable à la leur; il avait, comme eux, transgressé les lois protectrices de la liberté civile. Il jugeait les Gracques, il louait Gabinius avec une partialité évidente; il appliquait à l'appréciation d'un fait historique la morale de ses intérêts; car il possédait lui-même des terres du domaine public dont il ne payait pas de rente[2].

Enfin, ce qui est peu délicat, Cicéron acheta à vil prix, sous le nom de Philotime, son affranchi, les biens de Milon, son ami, exilé pour avoir tué Clodius sur les instigations réitérées de l'orateur. Milon lui en fait de vifs reproches[3]. C'était un bénéfice de 2 600 000 sesterces (625 000 francs). Cette vilaine action du père de la patrie, de l'intègre gouverneur de Cilicie, est prouvée par un passage énigmatique, écrit en grec, qu'il adresse à Atticus[4], concernant τὰς ψήφους ἐκ τῆς ὠνῆς τῶν ὑπαρχόντων τοῦ Κροτωνιάτου τυραννοκτόνου, ou le gain fait sur l'achat

injuria, sed in iis qui fecerunt, sceleris ac conscientiæ pœna permansit. » Cap. 39, ed. varior.

(1) Ann. R. 689.
(2) *Epist. ad Attic.*, II, 15.   (3) *Ad Attic.*, V, 8.
(4) VI, 4.

à vil prix des biens de Milon, le meurtrier du tyran.

« Tout ce qu'il y a eu de têtes plus sages et plus sensées, dit Crévier[1], ont prodigué aux Gracques les titres de factieux, de séditieux, de méchants ci-toyens, et leur mort a été traitée de supplice jus-tement mérité. » Il me semble qu'on peut appeler de cette prétendue décision des têtes les plus sages.

Il est d'abord certain, et les témoignages histo-riques l'attestent, que les grands s'étaient emparés, contre toute justice, des nouvelles conquêtes qui faisaient partie du domaine de l'Etat; que c'était une prévarication manifeste d'acquérir des biens en Italie au-delà des bornes prescrites par les lois; que c'était une barbarie révoltante, dans ces usur-pateurs, non-seulement d'enlever aux pauvres leurs possessions, mais de leur interdire encore la res-source de gagner leur vie en cultivant ces terres. Il était évident que le peuple d'Italie, dépourvu des moyens d'élever des enfants, renoncerait au mariage et ne fournirait plus bientôt de soldats pour les armées; que l'introduction et la multi-plication des esclaves importés des pays étrangers feraient diminuer à la fois la population et les produits du sol; de plus, que ces esclaves, enne-mis naturels des maîtres qui les traitaient si dure-ment, pourraient dans la suite devenir très redou-tables. Il n'était pas moins visible (et Polybe, que j'ai cité, l'avait prévu) que le peuple, opprimé et dépouillé par les riches, vendrait ces mêmes riches aussitôt qu'un acheteur se présenterait, et que les

(1) Hist. rom., t. VII, p. 349, ed. Didot, 1823.

noms de liberté et de patrie ne seraient plus pour lui que de vains sons, incapables d'exciter aucune affection dans les âmes[1]. « Autrefois, dit Salluste[2], ce n'était point par l'orgueil et les richesses, c'était par une bonne réputation et par des hauts faits que le noble l'emportait sur le plébéien. Les moindres citoyens, dans les champs ou à la guerre, assurés d'une honorable subsistance, conservaient leur indépendance et pour eux-mêmes et pour la patrie. Depuis, lorsque chassés peu à peu de leurs hérita- ges ils n'eurent plus de domicile fixe, lorsque la paresse et la pauvreté ne leur laissèrent plus qu'une existence précaire, ils commencèrent à convoiter les biens des autres et à vendre la république avec leur propre liberté. »

Cicéron[3] peint fortement aussi la prédominance coupable de cette oligarchie qui vendait la justice, opprimait le peuple et même le sénat : « Totus ordo « paucorum improbitate et audacia premitur, et « urgetur infamia judiciorum. »

L'usurpation des riches n'était donc pas seule- ment injuste en elle-même; elle était de plus con- traire à la loi fondamentale de la république, et elle détruisait à la fois la population et l'agricul- ture.

Cicéron, se constituant le défenseur de cette usurpation, s'élève contre l'iniquité qu'il y a,

(1) Voyez, sur la vénalité des élections et les manœuvres em- ployées pour acheter le consulat, la préture, l'édilité, le chap. LII de la deuxième Verrine : Cicéron y met à nu toutes ces turpi- tudes.

(2) *Orat.* II *ad Cæsar. de Repub. ord.* c. L, ed. **Havercamp.**

(3) *In Verr.* act. 1, c. XII, p. 387, ed. var. Cf. *Divin.*, 21.

dit-il[1], à enlever aux possesseurs, par une loi agraire, des propriétés dont ils jouissaient depuis beaucoup d'années ou même beaucoup de siècles[2]. En habile orateur, il dissimule le côté faible de sa cause; il allègue même, pour la rendre meilleure, des faits évidemment controuvés.

Il est facile d'établir que cette possession d'un grand nombre d'années et même de siècles dont il parle n'était qu'une usurpation très récente. En effet, Caton l'Ancien, dans son discours sur les Rhodiens que j'ai déjà cité[3] prouve qu'alors la loi licinienne était encore observée. « Nous souhaitons tous, dit-il, d'avoir plus de 500 *jugères* de terre, mais on ne nous punit pas pour nos désirs. » Or, ce discours fut prononcé trente-quatre ans avant le tribunat de Tiberius.

Les exemples de respect pour la loi licinienne, donnés par les Ælius, par Tubéron et Paul Emile, ces exemples que j'ai cités d'après les témoignages les plus positifs, sont tous de la fin du vi⁰ siècle de Rome, et la loi de Tiberius fut portée en 619. Ainsi les exagérations oratoires que le grand orateur nous donne comme des faits sont réfutées par des dates précises et tombent devant l'inflexible chronologie.

Les grands, avant la destruction de Carthage, n'avaient ni les fonds suffisants pour acquérir, ni

---

(1) *De Offic.*, II, 22.

(2) « Quam æquitatem habet ut agrum, multis annis aut etiam seculis ante possessum, qui nullum habuit habeat, qui autem habuit, amittat? »

(3) Supra, p. 267.

le pouvoir d'usurper cette quantité de terres qu'au mépris des lois ils possédaient en Italie du temps de Tiberius, et qu'ils couvraient de leurs esclaves. Salluste le dit positivement[1], et je dois le citer : « Depuis cette époque (*Carthaginem deletam*), au dedans et au dehors, tout se menait par la volonté de quelques patriciens. Ils disposaient du trésor public, des gouvernements, des magistratures, des triomphes. Le peuple avait tout le poids du service, et il était dans la misère. Tout le butin qui se faisait à la guerre devenait la proie des généraux, qui le partageaient avec quelques associés; et, pendant ce temps, si le père d'un soldat, si ses enfants en bas âge se trouvaient à côté d'un voisin puissant, ils étaient chassés de leurs possessions. Ainsi la cupidité, réunie à la puissance, ne gardant ni frein ni mesure, envahissait, outrageait, dépeuplait tout autour d'elle. Rien ne fut épargné, ne fut respecté, jusqu'à ce qu'enfin elle se creusa un précipice à elle-même. »

La prescription qu'allèguent Cicéron et Crévier[2] se réduit donc, pour la plupart des usurpations, à un terme de douze années. Il est certain que, dans ce cas, la prescription ne peut avoir lieu, ni autoriser personne à détenir des biens publics acquis injustement, frauduleusement, contre la disposition formelle de la loi et le bien évident de l'Etat.

Etait-il déraisonnable de chercher un remède à un mal si terrible, qui prenait chaque jour de nouveaux accroissements? N'est-il pas palpable que

---

(1) *Bell. Jug.*, cap. XLV.
(2) Hist. Rom., t. VII, p. 292, 294, édit. Didot, 1823.

tous les malheurs qui suivirent ne pouvaient être
prévenus que par une loi qui diminuerait l'inégalité des fortunes et rendrait les terres aux cultivateurs italiens? Ne fut-ce pas l'accroissement
immodéré du nombre des esclaves qui fut cause de
deux guerres cruelles où la république se vit à
deux doigts de sa perte? Ne fut-ce pas l'introduction de la culture par des esclaves et la concentration des propriétés foncières qui portèrent le plus
rude coup au développement de la population libre
et des produits de l'Italie? Ne fut-ce pas, enfin, la
richesse énorme de quelques particuliers qui les
mit en état de corrompre le peuple et l'indigence
des citoyens qui exposa ceux-ci à être corrompus?
On peut donc conclure, avec Salluste, Appien et
Plutarque, que la loi de Tiberius était juste et nécessaire, et qu'à l'époque où elle fut présentée
c'était peut-être le seul moyen de sauver la république.

L'obstination du sénat à repousser cette loi fut
très impolitique. Les partis s'échauffèrent, et, de
part et d'autre, on alla plus loin qu'on ne l'avait
projeté. Tiberius changea sa première proposition
en une autre plus sévère, fut forcé de faire déposer
son collègue, proposa ensuite que le peuple, et non
le sénat, réglât le sort des provinces léguées par
Attale, qu'on abrégeât le temps du service des soldats, qu'on établît le droit d'appeler au peuple de
tous les jugements des autres tribunaux, qu'on
mêlât parmi les juges, qui jusque-là étaient tous
pris dans le corps du sénat, un pareil nombre de
chevaliers.

Ces réformes étaient en effet si nécessaires qu'en

702 Appius Pulcher, censeur, quoique homme peu intègre et du parti des oligarques pompéiens, fit passer plusieurs lois sur le luxe, sur la fixation du taux de l'intérêt et de l'étendue des propriétés territoriales : « De signis et tabulis, de agri modo, « de ære alieno acerrime egit[1]. » Il raya plusieurs sénateurs, entre autres l'historien Salluste.

Les dernières propositions de Tiberius demeurèrent sans effet et furent anéanties par sa mort; il ne resta que la loi agraire, à l'exécution de laquelle le sénat s'opposa de toutes ses forces. Les trois commissaires nommés pour le partage des terres étaient Caïus Gracchus, Carbon et Fulvius Flaccus. Aussi la faction des riches reporta-t-elle sur Caïus toute la haine qu'elle avait vouée à son frère Tiberius. Caïus n'avait pas vingt et un ans lors de la fin tragique de son frère, qui n'avait pas lui-même atteint sa trentième année quand il fut tué.

CHAPITRE V.

LOIS DE CAIUS GRACCHUS.

Caïus, dit Plutarque[2], était questeur en Sardaigne; l'hiver était très rude; le général demanda aux villes des habits pour ses soldats. Les villes envoyèrent des députés au sénat pour le prier de les décharger de cette imposition trop onéreuse. Le sénat ordonna au général de chercher ailleurs de

---

(1) Vid. *Cæl. epist. fam.*, VIII, 14. Dio., XL, 63.
(2) Plutarch., *C. Gracchus*, cap. I.

quoi habiller ses troupes. Comme celui-ci ne trouvait aucun moyen de fournir à cette dépense et
que cependant les soldats souffraient beaucoup,
Caïus s'avisa d'aller de ville en ville, et fit si bien
par son éloquence qu'il leur persuada à toutes d'envoyer des habits et de secourir les Romains dans
leur détresse [1].

Ce grand service parut aux patriciens, de la part
de Caïus, un essai et un prélude pour gagner l'affection du peuple, et les indisposa fortement contre lui. Leur malveillance alla même si loin, dit
toujours Plutarque [2], que des ambassadeurs arrivés
en même temps à Rome de la part du roi Micipsa,
ayant déclaré au sénat que le roi leur maître, pour
l'amour de Caïus, envoyait en Sardaigne, au général romain, une provision de blé, les sénateurs
s'emportèrent contre eux et les chassèrent hon-
teusement.

Caïus fut ensuite accusé et cité devant les censeurs pour être revenu de Sardaigne avant son général. Il demanda audience pour se défendre; par
un discours plein d'adresse et d'éloquence, il changea l'esprit de tous ses auditeurs, et fut absous
complétement et à l'unanimité par ses juges.

Les nobles ne se lassèrent point de le poursuivre,
et ils intentèrent contre lui divers chefs d'accusa-
tions encore plus graves. On l'accusa d'avoir solli-
cité les alliés à la défection et d'avoir eu part à la
révolte de Frégelles [3]; mais il répondit si bien aux

(1) PLUTARCH., *C. Gracch.*, cap. II.   (2) *Ibid.*
(3) L. Opimius, préteur, réduisit et rasa cette ville, l'an de
Rome 629.

différents griefs qu'on alléguait contre lui qu'il détruisit tous les soupçons; et, après s'être lavé, il demanda le tribunat, auquel il fut porté par toute la faveur du peuple [1].

Bientôt il proposa deux lois qui tendaient l'une et l'autre à attaquer les ennemis de Tiberius [2]. L'une portait « que tout magistrat que le peuple aurait déposé ne pourrait plus aspirer à aucune charge; » l'autre ordonnait « que le magistrat qui aurait banni un citoyen sans lui avoir fait son procès dans les formes serait cité et poursuivi devant le peuple. »

Parmi les édits qu'il présenta pour relever la puissance du peuple et pour rabaisser celle du sénat, il y en avait un qui regardait les colonies et qui donnait aux citoyens pauvres les terres des villes où on les envoyait pour les repeupler; un autre en faveur des troupes, qui ordonnait qu'on leur fournirait des habits, sans rien retrancher pour cela de leur solde, et qu'on n'enrôlerait point de soldat qui n'eût dix-sept ans accomplis; un troisième en faveur des alliés, qui conférait à tous les peuples de l'Italie le droit de suffrage, tel que l'avaient les propres citoyens; un quatrième pour diminuer, à l'égard des pauvres, le prix du blé; un cinquième, enfin, concernant l'administration de la justice, par lequel il enlevait au sénat la plus grande partie de son autorité; car les sénateurs étaient les seuls juges de tous les procès, ce qui les rendait très redoutables aux chevaliers et au peu-

---

(1) Cf. VELLEIUM, II, VI, edit. varior.
(2) PLUTARCH., *C. Gracch.*, c. IV et V.

ple. Caïus ne se contenta pas d'associer les chevaliers au sénat pour le jugement des procès; il òta
entièrement le droit de juger aux sénateurs, et l'attribua aux chevaliers, qui en jouirent pendant
seize ou dix-sept ans[1].

Nous allons maintenant discuter ces diverses
lois, et nous ferons voir, par le développement des
faits, que les unes étaient très avantageuses à la république, que celles qui lui étaient nuisibles furent adoptées dans la suite par le sénat, et que le
seul moyen de les éviter eût été la pleine et entière exécution de la première loi agraire proposée par Tiberius. On sait quel fut le sort de Caïus
Gracchus; on sait que la faction des riches arma le
consul Opimius d'un pouvoir illimité, et qu'il fit
massacrer dans Rome Caïus et trois mille de ses
partisans, dont les corps furent jetés dans le Tibre
et tous les biens confisqués[2].

Les deux premières lois de Caïus, dont l'une portait «que tout magistrat que le peuple aurait déposé ne pourrait plus exercer aucune charge;»
l'autre, «que le magistrat qui aurait banni un citoyen romain sans lui avoir fait son procès serait
cité et poursuivi devant le peuple;» ces deux lois,
dis-je, me semblent irréprochables.

La première existe encore dans notre code pour

---

(1) Vid. Paul Manut., *de Legibus*, et Ruald., *Animadv.*,
XXVI ap. Plutarch., t. IV, p. 879, ed. Reiske. Ces savants réfutent, par les témoignages de Velleius, d'Asconius, de Tite-Live,
d'Appien et de Cicéron lui-même, Plutarque, qui dit que Caïus
forma le corps des juges, moitié de sénateurs et moitié de chevaliers.

(2) Plutarch., *ibid.*, c. XVII. Appian., *Bell. civil.*, I, 26.

les fonctionnaires destitués et flétris par un jugement légal; la seconde était l'*habeas corpus*, le
palladium de la liberté civile chez les Romains.

Tite-Live, Tacite, Cicéron louent unanimement
cette belle institution[1], en vertu de laquelle un citoyen devait toujours être jugé par ses pairs, institution qui donnait à l'accusé tous les moyens de
se défendre, et qui lui permettait même, avant le
prononcé du jugement, de se soustraire à la peine
en s'infligeant un exil volontaire.

Quant à la loi qui ordonnait « qu'on fournirait
aux légions des habits, sans rien retrancher pour
cela de leur solde, et qu'on n'enrôlerait point de
soldat qui n'eût dix-sept ans accomplis, » il me
semble qu'on peut aisément la justifier. La conquête de l'Asie et de l'Afrique avait jeté en Italie
beaucoup de métaux précieux; la culture par les
esclaves avait renchéri et diminué à la fois les produits; les denrées avaient beaucoup augmenté de
valeur, et cependant la solde des troupes était restée la même; il me semble qu'il était juste de leur
accorder cette indemnité.

Quant à la défense d'enrôler avant dix-sept ans
accomplis, elle était fondée sur les lois invariables
de la croissance de l'homme; je suis même étonné
que les lois romaines admissent au service des hommes d'un âge si peu avancé; car, en 1811, j'ai vu
plusieurs régiments de conscrits levés dans l'Etat
de Rome et le royaume de Naples, et parmi ces
jeunes soldats, dont le moins âgé avait vingt ans,

(1) Les lois Porcia, Sempronia.

il y en avait la moitié d'une petite taille et d'une
constitution faible.

La loi de Caïus « qui attribuait aux citoyens pauvres les terres du domaine public, dans les villes
qu'on voulait repeupler, » n'était qu'une modifica-
tion de la loi licinienne que Tiberius avait fait
passer, et dont le sénat avait su toujours éluder
l'exécution.

L'autre loi « en faveur des alliés, loi qui donnait
à tous les peuples de l'Italie inférieure[1] le droit de
suffrage, tel que l'avaient les propres citoyens, »
tendait évidemment à fortifier la puissance romaine, en intéressant au maintien de ses lois et
de son gouvernement des peuples unis par la
même langue, par les mêmes habitudes, par les
mêmes intérêts, enfin par une longue confrater-
nité d'armes et de succès. Ce n'était qu'étendre et
continuer ce principe d'incorporation suivi depuis
la fondation de la république, et auquel elle avait
dû sa force et son agrandissement. Velleius, ennemi
des Gracques, approuve fort ce projet de loi[2].

Le nombre des votants ne serait pas devenu, par
l'effet de cette loi, aussi énorme et aussi dangereux
que quelques publicistes ont paru le supposer; car
le dénombrement fait par César, dans sa dictature,
à une époque où tous ces peuples avaient reçu le
droit de suffrage, ne fournit qu'environ 450,000
citoyens[3].

(1) C'est-à-dire de la portion comprise entre le détroit de Messine, les deux mers et une ligne tirée du golfe de la Spezzia aux
bouches du Rubicon.
(2) II, xv.
(3) J'ai discuté à fond cette question dans mon chapitre sur le
Droit de cité depuis César et Auguste. Voy. t. I, p. 314.

De plus, le refus du droit de cité aux alliés excita une terrible guerre civile, qui pendant trois ans fit couler des flots de sang, ravagea l'Italie entière, mit Rome à deux doigts de sa ruine, et ne se termina enfin que par la concession de ce droit de suffrage.

Le sénat, à coup sûr, aurait pu éviter tous ces maux en accordant à propos et de bonne grâce ce qui était une justice et qui devint bientôt une nécessité.

L'autre loi de Caïus, «qui enlevait le jugement des procès aux sénateurs et le conférait aux chevaliers,» n'atteignait pas entièrement son but. Elle était motivée par les odieuses injustices commises dans les jugements, où les coupables les plus décriés pour leurs vols et leurs concussions trouvaient une protection assurée, en corrompant les juges à force de présents.

Cicéron le dit en termes formels [1]. Il y joint un tableau curieux de la haine et du mépris des nobles pour les hommes nouveaux. L'opinion générale est, dit-il, qu'avec les juges actuels nul homme riche, quelque coupable qu'il soit, ne peut être condamné [2]. Il rappelle comme un fait reconnu [3] que le sénat s'est rendu odieux au dedans et au dehors par l'infamie de ses jugements, et qu'évidem-

---

(1) « Tulit hæc civitas quoad potuit, quoad necesse fuit, regiam istam vestram dominationem in judiciis et in omni republica.» *In Verrem*, V, c. 68. Vid. et c. 69, sqq.

(2) « Et nihil esse tam sanctum, quod non violari, nihil tam munitum quod non expugnari pecunia possit. » *In Verr.*, actio I, 2.

(3) « Invidiam senatorii ordinis infamiamque judiciorum. » *Ibid.*, c. 1 et 2.

II.

ment toute justice est bannie de ses décisions[1]. Il précise enfin tous les genres de corruption devenus habituels chez les juges[2].

Aussi les sénateurs se sentant coupables n'osèrent-ils même point disputer aux chevaliers l'administration de la justice.

Mais les chevaliers, seuls maîtres des jugements, pouvaient imiter la corruption et l'iniquité des sénateurs qu'ils avaient remplacés. Comme les fermiers des revenus publics étaient tirés de leur ordre[3], leur nouvelle puissance leur donnait le moyen d'exercer hardiment le péculat et de piller la république avec une entière impunité.

Il est vrai qu'Appien dit[4] que les chevaliers vendaient aussi la justice, mais le témoignage de Cicéron, auteur contemporain, doit l'emporter sur celui d'un Grec du IIe siècle de l'ère chrétienne. « Le peuple romain, dit l'orateur, apprendra de moi par quelle raison, pendant près de cinquante ans de suite que l'ordre des chevaliers a jugé, jamais il n'y a eu contre un seul chevalier romain le plus léger soupçon qu'il eût reçu quelque argent pour le jugement d'une affaire[5]. » Asconius s'exprime dans des termes semblables[6].

(1) « Et aperte jam et perspicue nulla esse judicia. » *In Verr.*, act. I, c. 7.

(2) « Qui aut deponere, aut recipere, aut accipere, aut polliceri, aut sequestres, aut interpretes corrumpendi judicii solent esse, quique ad hanc rem, aut potentiam, aut impudentiam suam professi sunt. » *Ibid.*, c. 12.

(3) *Velleius*, II, p. 62, edit. Glasgow.

(4) *Bell. civ.*, I, 22.   (5) *In Verrem*, actio I, 13

(6) « C. Gracchus legem tulerat ut equites Romani judicarent; judicaverunt per annos XL sine infamia. Post victor Sulla leges tulerat ut senatorius ordo judicaret, et judicavit per X annos turpiter. » *Divinat.*, c. III.

La corruption des juges, en 682, était devenue si odieuse que le peuple redemandait la censure, magistrature jadis si impopulaire[1]. Cicéron parle[2] d'un sénateur qui, étant juge, reçut dans la même cause de l'argent de l'accusé, pour corrompre les autres juges, et des accusateurs, pour condamner l'accusé. Catulus lui-même, l'un des oligarques, prononça en plein sénat un anathème contre la vénalité des jugements du sénat[3].

On voit que, chez les Romains, le système de l'ordre judiciaire était tout-à-fait vicieux ; ils ne possédaient ni des juges inamovibles, ni des tribunaux désintéressés, tels que notre cour des comptes, dont la seule fonction est d'examiner et d'apurer les comptes de recette et de dépense des comptables.

Mais la loi la plus funeste de celles que firent éclore les débats entre Caïus et le sénat fut sans contredit la loi sur les céréales, *lex frumentaria*, pour faire distribuer aux pauvres citoyens du blé presque gratuitement, c'est-à-dire à raison de cinq sixièmes d'as[4] le *modius*, pesant 13 $\frac{1}{2}$ de nos livres.

Cette loi, dont tous les bons esprits, Cicéron, Salluste, J. César, Auguste, ont senti et fait con-

---

(1) « Judicum culpa atque dedecore etiam censorium nomen, quod asperius antea populo videri solebat, id nunc poscitur, id jam populare atque plausibile factum est. » CICER., *Divinat.*, 3.

(2) *In Verr.*, act. I, c. 13.

(3) « Patres conscriptos judicia male et flagitiose tueri, populatas vexatasque esse provincias, judicia autem turpia et flagitiosa fieri. » *Ibid.*, c. 15.

(4) « Semisse et triente frumentum plebi daretur. » TIT.-LIV., *Epitom.*, lib. LX.

naître les inconvénients, subsista cependant jusqu'à la chute de l'empire romain ; preuve évidente qu'elle était devenue une nécessité. Ce fut une concession obligée de l'oligarchie envers le peuple, qui, réduit à la misère par l'abrogation des lois liciniennes, par l'introduction de la culture au moyen des esclaves, et cependant conservant toujours ses droits politiques, avait besoin d'être contenu par de puissants motifs d'intérêt personnel pour ne pas être tenté d'exciter une révolution dans l'État.

Alors les hommes publics se virent contraints à rechercher comment ils pourraient soulager le peuple, non en favorisant le travail et l'industrie, mais en sacrifiant les revenus du trésor ; car on regardait la fortune publique comme une propriété commune qui devait être partagée entre les particuliers. Cependant les distributions gratuites ne semblent nulle part moins nécessaires que dans les États où il y a des esclaves, l'avilissement de la plus grande partie de la population permettant à ses maîtres de disposer de ses forces et de vivre sans peine à ses dépens.

Cicéron[1] a bien raison lorsqu'il dit : « C. Gracchus porta la loi sur les distributions de blé ; cette loi fut très agréable au peuple romain, car elle lui fournissait, sans travail, une nourriture très abondante. Les gens de bien s'y opposaient, tant parce

---

(1) *Pro Sextio*, c. XLVIII. Voyez Boeckh, Econom. polit. des Athéniens, liv. IV, ch. xxi, t. II, p. 482. Les motifs qui le portent à désapprouver les distributions et les salaires méritent d'être ajoutés à ceux que j'ai présentés.

qu'elle épuisait le trésor public que parce qu'ils
prévoyaient que le peuple s'éloignerait du travail
et se plongerait dans la paresse. »

Salluste[1] donne à César un conseil très sage :
« Il te faut, dit-il, pourvoir à ce que le peuple, cor-
rompu par les largesses et les distributions de blé,
soit retenu par des occupations personnelles, qui
lui ôtent le loisir de nuire à l'Etat.....Il faudra aussi
que les distributions de blé, qui jusqu'ici ont été
le prix de la paresse, ne se fassent dorénavant que
dans les villes municipales et les colonies, et soient
réservées pour les vétérans qui retourneront dans
leur patrie après avoir achevé le temps de leur
service. »

Auguste, cet administrateur si habile, voulut
supprimer l'abus des distributions gratuites de blé;
mais il fut retenu par des considérations politiques
dont j'ai parlé ailleurs[2].

Le véritable motif fut qu'Auguste redoutait les
excès auxquels pouvait se porter une populace privée de tout moyen de travail et d'existence[3], mais
qui se souvenait d'avoir été libre et puissante. On
jetait du pain au peuple, comme le gâteau dans la
gueule de Cerbère, pour l'empêcher de mordre.

Le despotisme est forcé à ces concessions. Il en
était à Rome sous les empereurs comme il en est
de nos jours à Constantinople; la crainte des ré-

---

(1) *Orat.* I, *ad Cæsar., de republica ordinanda*, XLI et XLIII.

(2) Voyez ci-dessus, dans le chapitre sur la concentration des
propriétés, page 222.

(3) Cicéron l'appelle énergiquement : « Illa concionalis hirudo
ærarii, misera ac jejuna plebecula. » *Ad Attic.*, I, 16, t. I, p. 114.

voltes, des incendies, fait que l'approvisionnement
de la capitale, le maintien des vivres à un prix très
bas, sont le principal soin du gouvernement ottoman, comme ils étaient l'objet de l'attention spéciale des empereurs romains.

J. César, qui avait reconnu aussi l'abus de ces
distributions gratuites, mais qui se sentait appuyé de toute la puissance de son génie et de ses
victoires, osa frapper un grand coup. « Il y avait,
dit Suétone[1], avant sa dictature, 320 000 citoyens
romains qui recevaient du blé gratis de la république ; il réduisit à 150 000 le nombre de ceux qui
durent participer aux distributions[2]. »

Une preuve évidente qu'à cette époque le travail
avait peu d'emploi et de valeur se déduit de ce fait,
rapporté par Denys d'Halicarnasse[3] et par Dion
Cassius[4], « que beaucoup de Romains affranchissaient alors leurs esclaves, pour avoir une plus
grande part aux distributions gratuites, que ceux-
ci partageaient avec leurs maîtres. »

Il faut nécessairement qu'à cette époque le prix
des esclaves fût très bas et au contraire le blé à
une très haute valeur, puisque c'était une bonne
spéculation que d'affranchir ses esclaves. Le montant de la moitié des distributions gratuites, des
repas publics, des *sportules*, des *congiaires*, de
l'argent donné pour acheter les voix dans les élections, devait donc surpasser l'intérêt du capital
employé à l'acquisition de l'esclave, plus le profit

(1) *J. Cæs.*, XLI.   (2) Vid. Dio., XLIII, 21, ed. Reimar.
(3) *Ant. Rom.* liv. IV, pag. 228, edit. Sylburg.
(4) XXXIX, 24.

annuel de son travail, sans quoi personne n'aurait
consenti à aliéner ainsi sa propriété.

Il existe depuis cent cinquante ans, dans un
royaume voisin de la France, une institution presque entièrement semblable aux distributions gratuites de blé chez les Romains : c'est *la taxe en
faveur des pauvres*, établie en Angleterre depuis le
règne d'Elisabeth. Cette taxe a été blâmée par les
économistes anglais les plus éclairés, par les administrateurs les plus habiles[1]. L'opinion publique,
si puissante dans ce pays et avec cette forme de
gouvernement, s'est unanimement prononcée contre cet impôt. Les mêmes motifs qui avaient déterminé la réprobation de Cicéron, de César et d'Auguste, ont été reproduits en Angleterre; car les
effets de ces deux mesures, les distributions gratuites de blé et la taxe en faveur des pauvres, ont
été semblables, au moins sous ce rapport, qu'elles
ont, selon l'opinion générale des Anglais, accru la
masse des impôts, détourné le peuple du travail, et
encouragé la dissipation et la fainéantise. « Repu-
« gnabant boni, quod et ab industria plebem ad de-
« sidiam avocari putabant, et ærarium exhauriri
« videbatur; » telles sont les propres expressions
de Cicéron, dans son discours pour Sextius[2]. Cependant on n'a jamais pu en Angleterre abolir cette
taxe, qui a dû son origine, soit à la réforme et à la
destruction des ordres religieux qui secouraient la
mendicité, soit à la crainte d'une révolte, soit aux
mouvements irréfléchis d'une charité peu éclairée;

---

(1) Voy. MALTHUS, Essai sur la population, liv. IV, ch. x, xi,
xii, tr. fr.
(2) Cap. XLVIII.

taxe qui, dans la dernière guerre, a grevé les propriétés foncières de la charge énorme de 12 à 15 000 000 de livres sterlings (300 à 375 000 000 de francs) par an.

Je crois que la concentration des propriétés foncières dans un petit nombre de familles, la prédominance d'une oligarchie jalouse de ses prérogatives, circonstances qui caractérisent l'état social des cent vingt dernières années de la république romaine et des cent trente dernières de l'Angleterre, peuvent donner une explication satisfaisante du maintien d'un abus universellement reconnu.

Dans les deux Etats on s'est vu forcé de nourrir les pauvres, au risque de leur ôter l'habitude du travail et de les encourager à la paresse, de peur qu'ils ne se jetassent sur les biens des riches et qu'ils ne produisissent une révolution dans le gouvernement.

Les deux lois des distributions gratuites et de la taxe en faveur des pauvres, si semblables sous tous les rapports, ont néanmoins produit à Rome et en Angleterre un effet directement opposé relativement à la population. Ce fait curieux, qui n'a point été remarqué jusqu'ici, mérite un examen particulier.

Nous avons vu que, lors de la dictature de César, l'an de Rome 705 (48 avant J.-C.), le cens exécuté par le dictateur avec un soin minutieux dans la portion de l'Italie comprise entre les deux mers, les golfes de Tarente et de Messine, et une ligne tirée de la Spezzia aux bouches du Rubicon[1], ne

---

(1) Cette portion seule de l'Italie avait reçu par la loi Julia le

douna que 450 000 citoyens romains. Ce ne fut probablement que vers la fin de cette même année (705) que toute la Gaule transpadane reçut le droit de bourgeoisie romaine[1]. Or, sur ces 450 000 citoyens, 320 000 recevaient gratis du blé de la république.

La population libre de l'Italie était donc considérablement diminuée, puisqu'en 529, entre la première et la deuxième guerre punique, cette même portion de l'Italie avait 750 000 citoyens mâles libres, de dix-sept à soixante ans, et il faut remarquer qu'il n'y avait point alors d'étrangers compris parmi les citoyens romains.

Cependant, depuis la loi de C. Gracchus, qui date de l'an de Rome 629, les distributions gratuites avaient nourri un très grand nombre de citoyens pauvres[2].

On s'est aperçu en Angleterre que la taxe en faveur des pauvres engage les journaliers ou les ouvriers à donner le jour à un grand nombre d'enfants. Cette classe imprévoyante, assurée que l'Etat nourrira sa progéniture, ne s'impose ni l'*obstacle privatif*, ni la *contrainte morale*, que Malthus lui

droit de cité. (Vid. P. MANUT. *Civit. Rom.* apud GRÆV. *Thes. antiq. Roman.*, t. I, p. 18, et PANVINIUS, *ibid.*, p. 363.) Cependant beaucoup de citoyens distingués des provinces, tels que les Balbus de Cadix, Théophane de Mitylène, et tant d'autres qui sont nommés dans les lettres et les harangues de Cicéron, avaient reçu le titre et les droits de citoyen romain.

(1) DIO., XLI, 36.

(2) « C. Gracchi frumentaria magna largitio exhauriebat ærarium; modica M. Octavii, et reipublicæ tolerabilis, et plebi necessaria; ergo, et civibus et reipublicæ salutaris. » CICERO, *de Offic.*, lib. II, c. XXI.

recommande si fortement comme la base de son
bien-être et de son indépendance.

Mais à Rome, au vii* siècle, il en fut autrement.
La disproportion des fortunes, la concentration
des richesses étaient à la vérité bien plus grandes
qu'elles ne le sont de nos.jours en Angleterre et
même en Russie, puisque, au rapport de Cicéron[1],
le tribun Philippe attestait qu'il n'y avait pas alors
2 000 citoyens qui eussent une fortune indépendante : « Non esse in civitate duo millia hominum
« qui rem haberent. »

La distribution des richesses était devenue tellement inégale qu'il n'y avait plus, dans le peuple
romain, que des fortunes colossales, et à côté,
l'extrême indigence. La classe moyenne, si utile à
l'Etat, et qui devait former les degrés intermédiaires, était presque entièrement anéantie[2].

Nous avons vu qu'en 705, lors de la dictature de
César, sur 450 000 citoyens, 320 000 recevaient
des secours de l'Etat; ce qui confirme l'assertion de
Philippe, tout étonnante qu'elle paraisse; et cependant nous savons par Dion[3] que, sous Auguste,
en 762, il y avait, dans le nombre total des citoyens
romains, plus de célibataires que d'hommes mariés.
Tacite dit[4] que, sous Tibère, on fit un rapport dans
le sénat sur la nécessité de mitiger la loi Papia
Poppæa, par laquelle Auguste, dans sa vieillesse,
avait voulu augmenter les punitions portées dans

---

(1) *De Officiis*, lib. II, c. 21.

(2) J'ai traité cette question dans un mémoire spécial sur le luxe
des patriciens.

(3) *August.*, LVI, 1.   (4) *Ann.* III, 25.

la loi Julia contre le célibat, et en même temps accroître les revenus du fisc.

Cette loi n'avait rendu ni les mariages plus communs, ni l'infanticide plus rare. Les mœurs du siècle attachaient à l'*orbité* trop d'avantages. Par cette loi les célibataires ne pouvaient hériter que de leurs plus proches parents; hors ce cas, tous les legs qu'on leur faisait par testament revenaient au fisc, à moins que, dans l'espace de cent jours, ils ne se mariassent; ce qui fait dire à Plutarque que « l'on ne se mariait plus pour avoir des héritiers, mais pour l'être. » De plus, toutes les lois portées depuis le vii° siècle de Rome jusqu'à Constantin contre le célibat, les lois en faveur des personnes mariées, les prérogatives accordées à celles qui avaient trois enfants, prouvent évidemment que la pratique du mariage fut de plus en plus négligée parmi les citoyens romains, et qu'on sentait fortement le besoin de propager la population libre.

Je vais maintenant rechercher les causes qui me semblent pouvoir expliquer la différence des effets qu'ont produits, relativement à la population, à Rome et en Angleterre, les deux lois, si semblables entre elles, des distributions gratuites et de la taxe en faveur des pauvres.

La première de ces causes est sans contredit la différence des classes sur lesquelles, dans les deux pays que je compare, s'est répandue cette faveur du gouvernement.

En Angleterre, ce sont des journaliers ou des ouvriers employés, soit aux travaux agricoles, soit aux manufactures, qui, lorsqu'ils ne peuvent vivre de l'emploi de leurs bras, qu'ils ont trop d'enfants et qu'ils ne peuvent nourrir leur famille par leur travail, sont pris à la charge des paroisses. Rien ne change pour eux, leurs habitudes restent les mêmes; seulement ils perdent le goût du travail, et, assurés d'une existence misérable, mais viagère, pour eux, leurs femmes et leurs enfants, ils continuent à peupler avec la même imprévoyance qui les a jetés dans la nécessité d'être nourris par la charité publique. La société est surchargée d'une population oisive, ignorante et presque inutile à la production; mais cette classe est exclue des affaires publiques et ne prend aucune part au gouvernement.

A Rome, dans le vii⁰ siècle, la population nourrie aux frais de l'Etat était bien différente; 450 000 citoyens disposaient du sort d'un empire sept fois aussi étendu que la France; c'était réellement une véritable noblesse, quoiqu'elle portât le nom de peuple. Seulement, depuis la prédominance de l'oligarchie, depuis les usurpations des riches, depuis l'introduction de la culture avec les esclaves et des lois impolitiques qui prohibaient l'exportation des grains de l'Italie et favorisaient l'importation étrangère, cette noblesse plébéienne, jusqu'alors agricole et propriétaire, était devenue une bourgeoisie fainéante. On avait enlevé à ces citoyens leurs propriétés, mais ils avaient conservé leurs droits politiques, et ils forçaient le gouvernement à leur distribuer du pain, de la viande, de l'huile et du vin, à leur assurer enfin une nourriture abondante, même à pourvoir à leurs plaisirs et à amuser leur oisiveté :

> ..... Duas tantum res anxius optat,
> Panem et circenses [1].

[1] JUVÉNAL., X, 80.

Pour s'être opposés au rétablissement des lois liciniennes, le sénat et ensuite les empereurs se virent contraints de continuer à nourrir et à divertir cette populace fainéante; car elle était toujours prête à troubler l'Etat et à se vendre au premier ambitieux qui voudrait la payer.

Plusieurs autres causes puissantes s'opposèrent à la reproduction de l'espèce dans la classe des citoyens romains et amenèrent la diminution progressive de la population libre; je les ai déjà signalées[1]. Ce furent :

1° L'usage fréquent des avortements et de l'infanticide, l'exposition des enfants, l'excessive corruption des mœurs et l'extension des goûts contre nature[2];

2° Le défaut de tranquillité et le manque de stabilité dans le gouvernement. Les deux derniers siècles de la république ne sont qu'une convulsion violente : d'abord les commotions excitées par les lois des Gracques, la révolte des esclaves en Sicile, la guerre sociale; puis les guerres civiles de Marius et de Sylla, la guerre de Spartacus, la conjuration de Catilina, la guerre de César et de Pompée; enfin les guerres civiles d'Octave et d'Antoine, des triumvirs contre Brutus et Cassius, d'Octave contre Sextus Pompée, et en dernier lieu contre Antoine, guerres qui ne furent terminées que par la bataille

_____

(1) Voy. ci-dessus, t. I, p. 408, ss., t. II, p. 234, ss.

(2) Ce fait est trop connu pour avoir besoin de preuves. Ce qui l'est moins, et ce que nous savons par Aurelius Victor, c'est que le crime contre nature se commettait publiquement à Rome, moyennant un droit payé au fisc. L'empereur Philippe abolit cette infamie par une ordonnance.

d'Actium et l'établissement du despotisme impérial.

3° Les avantages attachés au célibat dans toutes les classes des citoyens romains n'eurent pas moins d'influence sur la diminution de la population libre. On sait combien le célibat et l'*orbité* procuraient aux riches de considération, de présents, de soins et de caresses.

Aussi Auguste trouva-t-il, dans l'ordre des chevaliers, dont il fit la revue, beaucoup plus de célibataires que d'hommes mariés; Dion nous a transmis ce fait[1].

Dans les classes inférieures, et même parmi les citoyens pauvres, les profits attachés au service militaire, et qu'on ne pouvait obtenir que par vingt ans de célibat, devaient détourner du mariage beaucoup de citoyens.

Depuis les guerres civiles la discipline s'était altérée; les soldats, que les généraux étaient forcés de ménager parce qu'ils étaient les éléments de leur puissance, obtenaient la liberté de piller à leur gré pendant la campagne, et, quand leur parti avait triomphé, ils étaient récompensés par des distributions de terres et de meubles confisqués sur les propriétaires vaincus ou sur les villes rebelles.

Sous les empereurs, outre une paie assez forte, ils obtenaient une gratification à l'avénement de chaque prince; on donnait des terres aux vétérans, à l'expiration de leur temps de service; on les destinait à repeupler les colonies désertes et on

(1) LVI, 1.

les engageait à se marier; mais ces vieux soldats,
peu accoutumés à se soumettre aux liens du mariage et à élever des enfants, mouraient presque
tous sans postérité. Tacite[1] est garant de ce fait curieux, dont il a été témoin oculaire.

Après l'extinction de la famille des Césars, le
métier de soldat devint encore plus lucratif. Les
légions faisaient et défaisaient à leur gré les empereurs; le *donativum* ou la gratification s'accrois-
sait à chaque nouvelle élection. Plus tard les armées finirent par mettre l'empire à l'enchère et
par le vendre au plus offrant.

Aussi, à cette dernière époque, la population
libre des citoyens romains était-elle presque éteinte,
et on se trouvait forcé de recruter les légions avec
des Barbares.

4° Enfin on peut trouver encore une cause de
la diminution de la population libre de l'Italie dans
l'amélioration progressive de la condition des
femmes et des lois sur le mariage[2]. Dans les six
premiers siècles de la république, la femme était,
pour ainsi dire, comprise dans la catégorie des
choses et non dans celle des *personnes*, puisqu'on
pouvait la réclamer, ainsi que les autres meubles,
en prouvant l'usage et la possession d'une année
entière. Le mari avait le droit de la vendre; il exerçait sur elle le droit de vie et de mort, et, dans les
cas d'adultère ou d'ivrognerie, l'usage autorisait à
la tuer; les biens qu'elle acquérait ou dont elle

(1) *Annal.*, XIV, 27.
(2) Vid. HEINECC., *Institut.*, lib. I, tit. X, § 14.

héritait appartenaient au mari, qui était nommé son maître[1].

Lorsque Rome eut triomphé des Carthaginois, les matrones réclamèrent le droit d'une union libre, égale et indépendante ; elles obtinrent successivement, depuis cette époque jusqu'au règne d'Auguste, des prérogatives au détriment de l'autorité de leurs époux. Les Romains alors se dégoûtèrent du mariage légitime ; le célibat, favorisé par la corruption des mœurs et fournissant à tous les désirs, du pouvoir, de l'argent, des terres, des amants et des maîtresses, devint de plus en plus commun.

Cette cause, jointe à celles que j'ai déjà indiquées, explique pleinement, ce me semble, et la diminution de la population dans la classe des citoyens romains et la différence des effets qu'ont produits à Rome et en Angleterre, relativement à la propagation de l'espèce, l'établissement des distributions gratuites de vivres et celui de la taxe en faveur des pauvres.

Je crois avoir traité complétement la question des lois agraires et de celles qui concernaient les distributions gratuites, *leges agrariæ et frumentariæ*, et avoir prouvé que ces deux sortes de lois ont exercé la plus grande influence sur le sort de la république romaine, sur les mœurs, la population, les produits de l'Italie, enfin sur le rapport des populations libre et esclave, l'équilibre des pouvoirs et la stabilité du gouvernement. Ce n'est pas seulement, comme le titre semble l'annoncer, un

---

(1) Aulu-Gell., II, 23. Plin., XIV, 14. Heinecc., I, x, 6, sqq.

sujet particulier, limité et circonscrit; c'est une grande question historique qui se rattache à l'ensemble des causes de la grandeur et de la décadence de l'empire romain. Ce sujet n'avait pas même été touché par Montesquieu et Gibbon; il méritait, je crois, d'être approfondi. Je conclurai maintenant en assurant avec confiance :

1° Que l'établissement des lois liciniennes rendit l'agriculture florissante, fonda la division des propriétés, l'équilibre des pouvoirs, la stabilité et la puissance de la république romaine : trois siècles de prospérité croissante, sous le règne de ces lois, en sont la preuve évidente;

2° Que l'abrogation de ces mêmes lois fut fatale à la république, fit diminuer la population libre et les produits de l'Italie, surchargea le pays d'esclaves, amena la corruption des mœurs, éteignit l'amour de la patrie et le goût du travail, que remplacèrent la turbulence, la paresse et la vénalité;

3° Que le rétablissement de la loi licinienne, proposé par Tib. Gracchus, était la seule mesure qui pût alors sauver la république; que, les usurpations des riches étant récentes et illégales, cette mesure, loin de bouleverser la société, rétablissait entre les trois ordres de l'Etat une balance de propriétés foncières, de richesses et de pouvoir, nécessaire à leur équilibre; que, par conséquent, au lieu de regarder les Gracques comme des factieux, on doit voir en eux des hommes d'état qui avaient, sur la nature de la société et celle du gouvernement romain, les vues les plus justes et les plus étendues;

4° Que l'oligarchie, mue par un vil intérêt personnel, renversant par la violence les lois des Gracques, assassinant un magistrat inviolable, donnant le premier exemple des guerres civiles et des proscriptions, a porté le coup mortel et à la république et même à sa propre puissance, sans cesse ébranlée, depuis cet attentat, par les séditions, les révoltes et les attaques des chefs ambitieux qui caressaient ou achetaient le peuple pour le soulever contre la noblesse;

5° Enfin, que l'abrogation des lois liciniennes renouvelées par Tib. Gracchus, de ces lois qui étaient la base fondamentale de la constitution romaine, a forcé le sénat d'adopter les mesures les plus désastreuses, telles que la loi sur les distributions gratuites, l'a privé du droit exclusif de rendre les jugements, l'a fait décimer par les proscriptions et les guerres civiles, lui a ravi tout son pouvoir légitime, et, en dernière analyse, après un siècle de désastres et de calamités, l'a jeté sans défense sous le joug du despotisme impérial.

CHAPITRE VI.

LOIS DE RULLUS, DE FLAVIUS ET DE CÉSAR.

La loi agraire de Tiberius Gracchus reçut un commencement d'exécution depuis sa promulgation, en 621, jusqu'à la mort de son frère Caïus, en 633. Peu de temps après, dit Appien [1], une loi fut

(1) *Bell. civ.*, I, 27.

portée qui permettait de vendre et d'acheter les portions concédées du domaine public. Les riches renouvelèrent leurs usurpations, et, soit par argent, soit par la violence aidée de quelques vains prétextes, ils dépossédèrent les pauvres colons; le sort de ceux-ci était devenu pire qu'auparavant. Un tribun[1] fit passer une loi portant que les terres usurpées du domaine public ne seraient plus partagées aux citoyens pauvres ni enlevées à leurs possesseurs, mais que ceux-ci paieraient pour ces biens, au trésor public, une redevance qui serait partagée entre les plébéiens. Cette mesure, qui soulagea un peu la misère des pauvres, ne remédia point à la diminution de la population libre.

Enfin, dit Appien, après avoir miné par de semblables artifices les lois des Gracques (très bonnes en elles-mêmes et très utiles à l'Etat), un autre tribun, Spurius Thorius, fit supprimer cet impôt[2]; de sorte que, quinze ans après la promulgation des lois de Caïus, il ne resta plus aux plébéiens ni terres concédées, ni distributions d'argent et de blé, enfin aucun des avantages que les Gracques leur avaient procurés, et que le nombre des citoyens et des soldats diminua de plus en plus.

En 691, dès l'entrée de Cicéron au consulat, le tribun du peuple Servilius Rullus proposa une nouvelle loi agraire qui, sous prétexte du soulagement des pauvres, livrait à quelques citoyens tous les

---

(1) APPIEN (*Bell. civ.*, I, 27) le nomme à tort *Spurius Borius*. SCHWEIGHŒUSER, h. l., croit que son nom était *Varius*.

(2) CICÉRON (*in Brut.*, cap. XXXVI) dit : « Sp. Thorius satis valuit in populari genere dicendi, is qui agrum publicum, vitiosa et inutili lege, vectigali levavit. »

domaines, tous les revenus de la république, et conférait aux décemvirs chargés de son exécution un pouvoir exorbitant[1]; en voici les principaux articles. Cette loi ordonnait qu'on vendît les anciens domaines des rois de Macédoine[2] et de Pergame[3]; ceux de Mithridate, en Paphlagonie, dans le Pont et la Cappadoce[4]; le royaume de Bithynie[5], même celui d'Egypte[6]; les territoires de Corinthe, de Carthagène, de l'ancienne Carthage[7], de Cyrène, et de plus les terres[8], les rues, les édifices, les meubles[9] et immeubles[10] qui appartenaient à l'Etat hors de l'Italie. Cette loi faisait vendre aussi tout ce que la république possédait dans la Sicile, en maisons et en biens-fonds[11], les terres, les vignes, les bois, les prairies, les propriétés bâties qui formaient son domaine en Italie, telles que la forêt Scantia[12], les territoires de Capoue et de Stellata[13], la voie publique d'Herculanum (à Naples[14]) le mont Gaurus, les saussaies de Minturnes[15], et même, à Rome, les temples, les lieux publics[16], etc.

La même loi assujettissait les généraux à rapporter tout le butin et tout l'argent qu'ils avaient pris ou reçu dans la guerre, et qui n'était pas entré dans le trésor public ou n'avait pas été employé à quelque monument. Elle livrait aux décemvirs tous les esclaves, le bétail, l'or, l'ivoire, les étoffes, les

---

(1) CICER., *de Leg. agr. contra Rull.*, I, 1 et passim, ed. Varior.
(2) I, 2.   (3) II, 15.   (4) I, 2, 11, 19.
(5) II, 15, 19.   (6) II, 16.   (7) I, 2; II, 19.
(8) II, 14.   (9) II, 15.   (10) I, 1; II, 14, 15, 21.
(11) I, 2.   (12) I, 1.   (13) I, 7.   (14) II, 14.
(15) II, 14.   (16) I, 2; II, 14.

meubles, etc., qui avaient été acquis à l'Etat depuis le consulat de Sylla et de Pompée [1]; elle choisissait, pour diriger toutes ces opérations, dix commissaires, élus par dix-sept tribus seulement, tirées au sort dans les trente-cinq [2]. Elle conférait à ces décemvirs tout pouvoir de vendre, d'aliéner, d'imposer, d'affermer, de faire rendre compte, de juger quelles terres appartenaient à l'Etat ou aux particuliers, et cela sans appel, pendant cinq ans [3]. Elle mettait encore dans leurs mains, pour les vendre, les domaines et les impôts que pourrait acquérir la république, à partir de la promulgation de la loi [4].

Avec les sommes immenses recueillies par ces divers moyens, les décemvirs devaient acheter des terres en Italie pour y établir les citoyens pauvres [5]. Ils s'étaient fait donner le pouvoir de fonder des colonies nouvelles et de renouveler les anciennes, d'en désigner à leur gré l'emplacement, les fortifications, les colons [6].

Enfin ils devaient distribuer à cinq mille citoyens romains le territoire et la ville de Capoue, qui formaient un des plus beaux et des plus sûrs revenus de la république [7].

D'après cet extrait des chapitres de la loi on voit que Cicéron n'exagérait point en affirmant [8] que Rullus, sous prétexte d'une loi agraire, établissait dix rois, dix maîtres absolus du trésor public, des revenus publics, de toutes les provinces, de tous

---

(1) II, 15.   (2) II, 7, sqq.   (3) II, 13.   (4) II, 21.
(5) II, 4, 5.   (6) I, 5, 6, 7.   (7) I, 6; II, 32, sqq.
(8) II, 6.

les royaumes, de tous les Etats libres, enfin de tout
l'empire et presque de l'univers.

La loi agraire de Rullus avait encore un autre
but que Cicéron fit ressortir très habilement[1] devant l'assemblée du peuple pour décréditer le tribun et lui ôter l'appui de la classe moyenne, qui
s'était généralement attachée au parti de Marius.
Les biens-fonds appartenant, soit à des villes, soit
à des particuliers, qui avaient été confisqués par
Sylla lorsqu'il établit les proscriptions[2], et qu'il
avait donnés ou vendus à vil prix à ses créatures,
ces espèces de biens nationaux dont le titre originaire reposait sur la violation de la propriété, su-
bissaient alors une grande dépréciation dans leur
valeur, et même ne pouvaient se vendre ni s'échan-
ger, à cause de l'odieux que l'opinion publique
déversait sur leurs possesseurs. C'est, pour le dire
en passant, ce qui a existé pendant cent ans en Irlande pour un cas semblable, et ce que nous avons
vu se renouveler pendant trente ans en France
relativement aux biens des émigrés. Or, le beau-père
du tribun Rullus avait amassé une énorme fortune
en achetant à vil prix les dépouilles des proscrits.
Rullus, par cette loi qui mettait entre ses mains tous
les trésors de l'Etat et lui permettait d'acquérir des
particuliers toute espèce de biens, à quelque prix
que ce fût, avait pour but de légitimer, de consolider, d'augmenter la fortune de son beau-père et la
sienne. C'était une véritable *loi d'indemnité*, mais

(1) II, 26.
(2) Voy. un passage très important de HEYNE, *Opusc. acad.*,
t. IV, p. 371, not. o.

seulement en faveur de tous les acquéreurs des biens des proscrits.

Le vil motif de l'intérêt personnel s'y montrait à découvert, et Rullus, comme le fit Catilina quelques mois après, tendait à asservir la république en se faisant donner un pouvoir exorbitant, appuyé sur la faveur et le concours de tous les partisans de Sylla.

Cicéron parvint à faire comprendre au peuple romain ses véritables intérêts, et les tribus, éclairées par lui sur les motifs secrets que Rullus cachait sous les dehors d'une loi populaire, le forcèrent à retirer sa proposition.

Trois ans après, en 694, Pompée, revenu de l'Asie, voulut faire une distribution de terres aux soldats qui avaient servi sous ses ordres, et qui, lui devant leur établissement, seraient devenus à jamais ses créatures et les appuis de sa puissance. Le tribun Flavius, de conce· avec lui, proposa une loi agraire. Elle était assez ꭎabilement présentée. Quoique ses auteurs eussent pour but principal l'établissement des soldats de Pompée, cependant, afin que tout le peuple pût y prendre intérêt, ils associaient les autres citoyens au partage des terres.

Cicéron en parle en ces termes à son ami Atticus [1] : « Le tribun Flavius agit fortement pour faire passer sa loi agraire; Pompée le soutient, et il n'y a de populaire dans cette loi que le promoteur. Pour moi, je proposai, et mon avis fut approuvé de toute l'assemblée du peuple, qu'on retranchât de

[1] *Ad Attic.*, I, 19.

cette loi tout ce qui pouvait blesser les intérêts des particuliers, qu'on exceptât les terres usurpées sur le domaine public avant 619[1], que les possessions des partisans de Sylla leur fussent confirmées, et qu'on laissât aux habitants d'Arretium et de Volaterra les terres que ce même Sylla avait confisquées, mais qui n'avaient point été partagées. Le seul article que j'approuvais, c'était qu'on employât à acheter d'autres terres tout ce qu'on retirerait pendant cinq ans des nouveaux subsides imposés sur les pays conquis[2]. Le sénat repoussait la loi tout entière, soupçonnant qu'elle avait pour but d'accroître la puissance de Pompée, qui employait tous ses efforts pour la faire passer. Pour moi, sans offenser ceux qui sont intéressés à cette distribution de terres, j'assurais à tous les particuliers la possession de leurs propriétés; je trouvais aussi le moyen de contenter Pompée et les plébéiens par cet achat de nouvelles propriétés qui, étant opéré avec discernement, aurait purgé la capitale d'une populace séditieuse et peuplé les cantons déserts de l'Italie; mais la guerre des Gaules a fait presque oublier cette affaire. »

L'année suivante, 695, Jules César, ayant été nommé consul, reprit les propositions de Rullus et de Flavius, mais en les modifiant, et présenta de nouveau une loi agraire.

Dion Cassius est le seul historien qui fournisse

---

(1) C'est l'année du consulat de P. Mucius et de L. Calpurnius, époque de la première loi agraire de Tiberius Gracchus.

(2) Pompée avait, par la conquête de l'Asie, presque doublé les revenus de la république. PLIN., VII, 27.

sur ce fait des détails circonstanciés, que j'extrairai de son récit [1].

César présenta d'abord sa loi au sénat, dont il sollicita l'approbation avant de la porter à l'assemblée du peuple. Il exposa qu'une distribution de terres aux pauvres citoyens était tout-à-fait utile et même indispensable pour délivrer la ville d'une nombreuse populace qui la surchargeait et qui souvent devenait séditieuse, pour repeupler et fertiliser plusieurs contrées de l'Italie qui étaient maintenant dénuées de culture et d'habitants; enfin pour récompenser les soldats qui avaient servi la république, et donner des moyens d'existence à un grand nombre de citoyens qui en manquaient totalement.

Il ajouta que sa loi agraire, telle qu'il l'avait rédigée, était très modérée et ne pouvait être à charge ni à l'Etat ni aux particuliers; qu'en distribuant les terres appartenant à la république il exceptait le territoire de Capoue, qui, par sa fertilité, était précieux à l'Etat; que, pour celles qu'il faudrait acquérir des particuliers, il stipulait qu'on ne les achèterait que de ceux qui consentiraient à les vendre, et qu'on les paierait à leur juste prix, selon l'estimation portée sur les registres des censeurs. La république, disait-il, avait de grands moyens pour subvenir à cette dépense, tant par les sommes prodigieuses que Pompée avait versées au

(1) Lib. XXXVIII, 1-7. Cf. Appian., *Bell. civ.*, II, 10. Cicéron., *ad Att.*, II, 16. Suéton., *J. Cæs.*, 20; Velleium, II, p. 115, ed. Glasg., 1752.

trésor public que par les tributs qu'il avait imposés à ses nouvelles conquêtes.

César faisait remarquer encore que, pour présider à la distribution des terres, il nommait vingt
commissaires, nombre trop grand pour que l'on
pût appréhender entre eux un complot redoutable
à la liberté publique. Il déclarait qu'il s'était exclu
lui-même du nombre de ceux qui pouvaient être
choisis pour cette fonction, ne se réservant que
l'honneur d'avoir proposé cette mesure; enfin il
insinuait adroitement que c'étaient là vingt places
honorables et importantes qui pouvaient convenir
à plusieurs des membres du sénat. Non content de
cet exposé, adressé au sénat en général, il interro-
geait chaque sénateur et leur demandait à tous s'ils
trouvaient quelque chose à reprendre dans sa loi,
offrant, ou de retrancher les articles qui seraient
justement blâmés, ou même d'abandonner entièrement son projet, pourvu qu'on en démontrât le
vice et le danger. Dion rapporte qu'à toutes ces
questions les sénateurs ne pouvaient répondre ni
indiquer distinctement ce qu'ils blâmaient dans la
loi, et c'était là précisément ce qui les piquait davantage qu'une proposition qui leur déplaisait
beaucoup fût néanmoins à l'abri de toute critique.

César, comme on voit, ne faisait que reproduire
l'amendement apporté par Cicéron à la loi de Flavius. Caton seul s'éleva avec force contre le projet
de César, disant hautement qu'il n'appréhendait
pas tant le partage des terres que le prix que de-
manderaient au peuple ceux qui cherchaient à le
gagner par ces largesses. Cette opinion entraîna la
majorité des sénateurs. César, après avoir essayé

de les ramener à son avis, s'écria : « Puisque vous
m'y forcez, je vais recourir au peuple. » Il fit même
alors un changement à sa loi, et la rendit plus dés-
agréable aux sénateurs en y comprenant le territoire de Capoue, qu'il avait d'abord excepté. Il le
distribua, dit Suétone [1], à vingt mille citoyens qui
avaient au moins trois enfants. On voit encore là
un nouvel effort fait par le gouvernement pour
encourager la reproduction de la population libre
et combattre le penchant pour le célibat, que la
corruption des mœurs rendait chaque jour plus
commun.

J'ai donné la liste, aussi exacte et aussi complète
qu'il est possible de se la procurer, des domaines
que la république possédait en 689 dans l'Italie et
dans les provinces.

Il paraît que, par suite de la loi agraire de J. César, toutes les terres domaniales situées en Italie
furent distribuées aux plébéiens; car Cicéron dit
dans une lettre à Atticus [2] de la fin de cette même
année 693 : « Après la distribution des terres de la
Campanie et l'abolition des douanes et des entrées,
quel revenu reste-t-il en Italie à la république, excepté le vingtième assis sur la vente et l'affranchissement des esclaves? »

Il serait curieux de reconnaître quels furent les
effets de la vente des domaines et de l'abolition
des impôts en Italie sur la population et les produits de cette contrée; mais cette question importante réclame une discussion particulière; elle sera
traitée plus convenablement dans les chapitres qui

(1) *J. Cæs.*, 20.   (2) II, 16.

auront pour objet spécial le trésor, les domaines, les impôts et les revenus de la république et de l'empire.

Ici se termine l'histoire des lois agraires, qui, pendant plus de trois siècles, ont tant agité la république romaine.

Le seul exposé des mesures proposées par Rullus, Flavius et César, démontre la difficulté qu'il y avait à établir ces lois, et fait prévoir leur inefficacité. On avait manqué l'occasion favorable ; ce n'était qu'en 619, en adoptant la première loi de Tiberius Gracchus, qu'on aurait pu arrêter la corruption des mœurs, l'accumulation des propriétés dans les mêmes mains, remédier à la diminution de la population libre, enfin rétablir l'équilibre nécessaire entre les trois pouvoirs de l'Etat.

CHAPITRE VII.

DROITS CIVILS ET POLITIQUES.

Le système de gouvernement établi par les Romains dans les provinces conquises n'a point encore été, à ce qu'il me semble, examiné avec une attention assez scrupuleuse ; cependant il a obtenu des résultats immenses et nous présente une espèce de phénomène moral digne d'être apprécié.

En effet, tandis que nous voyons les colonies grecques, entraînées par des circonstances fortuites et des motifs quelquefois frivoles, se séparer

sans cesse de la mère-patrie, combattre assez
souvent contre elle, et, malgré les liens puissants
de communauté de culte, de mœurs et de langage
qui les réunissaient à la métropole, changer plusieurs fois dans le cours d'un siècle d'alliés et de
protecteurs, les colonies romaines, au contraire, et
les Etats libres ou monarchiques incorporés à l'empire nous présentent l'étonnant spectacle d'une
union presque indissoluble, soit avec la mère-patrie, soit avec le peuple conquérant.

Ce qui rend encore cette stabilité plus surpre-
nante, c'est que Rome, n'étant dans son origine
qu'une municipalité, une commune, le gouvernement romain n'a été qu'un ensemble d'institutions
municipales; c'est là son caractère distinctif. Quand
Rome s'est étendue, ce n'a dû être qu'une agglomération de colonies de municipes, de petits Etats
faits pour l'isolement et l'indépendance. Ce caractère municipal du monde romain, je l'ai déjà fait
remarquer, devait rendre l'unité, le lien social
d'un si grand empire, extrêmement difficile à établir et à maintenir. Cette unité, néanmoins, s'est
maintenue pendant plus de cinq siècles.

L'explication de ce phénomène se trouve dans
la simple exposition du système gradué des différents droits accordés, soit aux individus, soit aux
cités, soit enfin aux peuples soumis à la domination
romaine. Je dois donc exposer quels étaient les
droits complets, *optimum jus*, du citoyen romain,
ceux du Romain envoyé dans une colonie; ce qu'é-
taient le droit du Latium, le droit italique, celui
des municipes, des villes libres ou fédérées, enfin

les droits et les charges des villes et des cantons tributaires.

Ce résumé est indispensable pour faire aisément comprendre et justement apprécier l'habileté pru-dente du sénat romain, qui, suivant toujours le système d'agglomération établi depuis l'origine de la république, avec les modifications convenables aux temps et aux lieux, employant tour à tour les ressorts puissants de la crainte, de l'intérêt person-nel et de la vanité, a su attacher les peuples con-quis au développement, à la conservation de sa puissance, et maintenir constamment l'unité dans un assemblage immense et confus de républiques, de municipalités, de communes faites pour l'isole-ment et l'indépendance.

Sigonius, Panvinius, Manuce, Spanheim et Vail-lant, P. Burmann et Beaufort, ayant traité spécia-lement ces questions, m'imposent le devoir de la précision; c'en est un aussi pour moi de rendre hommage à leur sagacité laborieuse, de citer leurs utiles recherches, de profiter de ce qu'ils ont fait pour faire quelque chose de plus, et de partir du point où ils se sont arrêtés afin d'aller au-delà s'il est possible.

Pour exercer complétement les droits de citoyen romain, le domicile politique, l'inscription dans une tribu et sur les registres du cens, enfin le droit de suffrage, étaient exigés. C'était là l'*optimum*, le *plenissimum jus*; il se divisait en droits civils et droits politiques. Les droits civils consistaient prin-cipalement dans la faculté de recevoir des legs, de se marier, de tester, dans une puissance absolue sur sa femme et sur ses enfants, en un mot dans toutes les prérogatives qui constituaient le droit quiritaire[1]. Les droits politiques conféraient le privilége d'élection et d'éligibilité, celui de servir dans les légions, de n'être ni mis à mort ni battu de verges[2], d'appeler au peuple de la décision des magistrats, de pouvoir, dans les causes capitales, prévenir sa condamnation par un exil volontaire. Le citoyen romain perdait plus ou moins de ces droits s'il se faisait inscrire dans une colonie romaine ou latine; il les recouvrait s'il exerçait une magistrature dans ces mêmes colonies[3].

Jusqu'à la conquête de la Macédoine le citoyen romain paya un impôt foncier assez modéré[4]; de plus, quelques droits de douane et d'octroi, et le vingtième sur la vente et l'affranchissement des esclaves. Je ne compte pas dans le nombre de ces charges la redevance exigée pour le loyer des terres du domaine public, ni la capitation imposée sur le bétail que les particuliers nourrissaient dans les pâtures appartenant à l'Etat; car ce n'étaient pas des impôts, mais bien de simples fermages.

En 585, la victoire de Paul Emile affranchit le peuple romain de l'impôt foncier[5], et les droits de douane et d'octroi furent abolis en Italie et à Rome,

(1) « Jus Quiritium causam privatam complexum est, libertatis, gentilitatis, sacrorum, connubiorum, patriæ potestatis, legitimi dominii, testamentorum et tutelarum. » SIGONIUS, *De Antiquo jure Ital.*, p. 13 *b*, ed. Paris, 1573.

(2) CICER., *Verr.*, V, 66.   (3) Id., *pro Cæcina*, c. XXXIV.

(4) *Vectigal agrorum.* BURMANN, *Vectig. pop. Rom.*, p. 9-12.

(5) CICER., *de Offic.*, II, 22. PLUTARCH., *Paul.-Æmil.*, t. II, p. 318, ed. Reiske.

l'an 694, par la loi de Metellus Nepos [1]. Je me borne à ces généralités, en renvoyant pour les détails aux ouvrages spéciaux de Sigonius, de Panvinius, de Spanheim, de Burmann et de Bouchaud.

L'Italie fut conquise dans le beau siècle des mœurs et des vertus romaines; ses habitants parlaient la même langue, avaient la même religion, des mœurs à peu près semblables; ils se défendirent vaillamment. Ils pouvaient devenir d'utiles auxiliaires; Rome leur imposa des conditions assez douces. Cependant sa modération diminua en raison de sa puissance, et les premiers peuples soumis obtinrent des priviléges plus grands que ceux qui furent accordés aux nations conquises plus tard.

Sous la domination des rois on incorpora aux Romains les Albains et plusieurs autres peuplades voisines; on accorda ensuite aux Sabins, aux habitants des villes de Tusculum, d'Aricie, de Lanuvium, le droit de cité complet, c'est-à-dire avec le droit de suffrage et celui d'être admis à toutes les dignités de la république [2].

Cæré, qui, lors de la prise de Rome par les Gaulois, exerça envers les Romains fugitifs une hospitalité si touchante, fut la première ville à qui l'on acorda le droit de cité avec exclusion de suffrage; la même faveur fut accordée, toutefois avec la charge

---

(1) Dio.-Cass., XXXVII, 51. Cf. Burm., *Vectig. pop. Rom.*, c. V, p. 52.

(2) Voy. Spanheim, *Orbis Rom. exercit.*, I, 7. Le droit de cité complet ne pouvait être volontairement aliéné. Cicero, *pro Cæcina*, 33; *pro Domo*, 39. Roth, *De re municip. Rom.*, p. 2, n° 21.

d'un tribut modique[1], aux villes de Fundi, de For-
mies, d'Acerra, d'Anagnia, et à plusieurs autres
dont Spanheim a dressé la liste[2]. L'exercice des
magistratures dans ces villes conférait le droit de
cité complet[3].

La condition des municipes libres était la plus favorable après celle des citoyens romains[4]; ils gardaient leurs lois, leurs droits civils et politiques, tout
en possédant les avantages du droit politique romain, tels que l'élection, l'éligibilité aux magistratures romaines, et l'immunité. Adrien trouvait leur
condition préférable à celle des colonies romaines.
Ils pouvaient renoncer à leurs lois particulières en
devenant *populus fundus*, c'est-à-dire en adoptant
le droit quiritaire des Romains[5].

Les Latins, qui s'étendaient, en Italie, du Tibre
jusqu'au Liris[6], occupaient le troisième rang dans
la hiérarchie des droits politiques. Sans jouir de
toutes les prérogatives des citoyens romains, ni
même des municipes, ils en approchaient beaucoup, et la loi leur facilitait les moyens d'acquérir

---

(1) Ascon., *ad Ciceron. de Divin.*, 20. Roth., op. cit., p. 5,
n° 4.

(2) L. c.   (3) Appian., *Bell. civ.*, II, 26. Strabo, p. 187.

(4) Les premiers municipes libres que nous rencontrions, hors
de l'Italie et de la Gaule, furent créés par Jules César. Dio., XLIII,
39, p. 233. On en trouve bientôt après en Bretagne. Tacite,
Agricol., c. 32, *Ann.*, XIV, 33.

(5) Sigon., *Jur. Ital.*, p. 13 b. Le passage classique d'Aulu-
gelle (XVI, 13) fixe ainsi leurs droits : « Municipes ergo sunt
cives Romani ex municipiis, legibus suis et suo jure utentes, mu-
neris tantum cum P. R. honorarii participes, nullis aliis necessita-
tibus, neque ulla lege P. R. adstricti, ni populus eorum fundus
factus est. » Cf. Roth., *De re municip.*, p. 12, n° 25.

(6) Plin., III, 9. Strab., V, p. 231 sqq.

II.

le droit de cité. Ils conservèrent leur territoire,
leurs droits et leurs priviléges; on leur donna le
titre d'alliés des Romains, on leur imposa un contingent de soldats. « Mais, dit Cicéron[1], pour les
vivres, la solde et les autres dépenses, chaque
ville remettait au commandant de ses troupes ou
au capitaine du vaisseau de l'argent, du blé et les
autres provisions nécessaires. Il était obligé d'en
rendre compte à ses concitoyens, et, dans toute sa
gestion, il était chargé de toute la peine et de tous
les risques. C'était un usage constant dans la Sicile, dans toutes les provinces, et même lorsque
les Latins et nos alliés nous envoyaient des troupes
auxiliaires entretenues à leurs frais. » Ce passage
important nous offre le tableau complet de l'administration militaire de tous les alliés, de toutes les
provinces de l'empire romain dans le dernier siècle de la république. Les Latins fournissaient les
deux tiers de l'infanterie et de la cavalerie des armées romaines[2]; ils ne jouissaient pas du droit de
contracter des mariages avec des Romaines; il ne
leur était même permis ni de se marier hors de
leur territoire, ni de tester *jure quiritum,* ni d'hériter par testament, ni de recevoir un legs de la
part d'un citoyen romain. Enfin ils n'avaient pas
sur leurs enfants le même droit que les Romains,
et ils ne pouvaient acquérir qu'avec le droit de
cité la jouissance du droit quiritaire[3]. A l'égard des
tributs ils étaient à peu près traités comme la plu-

---

(1) *In Verr.,*V,*de Supplic.,*c.XXIV.   (2) VELLEIUS, II, p. 15.
(3) SIGON., *Jur. Ital.,* p. 13 *b.* sq.

part des citoyens romains avant la conquête de la Macédoine[1].

Les peuples qui jouissaient du droit italique étaient compris dans l'espace renfermé entre les deux mers et une ligne parallèle tirée de Luna au Rubicon, bien entendu qu'il faut excepter les Romains et les Latins. Chacun d'eux fit son traité particulier avec Rome; les conditions furent plus ou moins avantageuses; mais enfin ils conservèrent tous leur liberté, leurs lois, leur gouvernement, et possédèrent certaines franchises dont ne jouissaient pas les habitants des provinces[2].

Quelques-uns, tels que les Campaniens, obtinrent d'abord *le droit de cité*, mais sans suffrage, sans la faculté de se marier avec les Romaines libres[3].

Les Romains s'approprièrent une partie des terres de Capoue, de Cumes, de Suessula, de Calès, de Suessa, de Minturnes et de Sinuesse, où ils établirent des colonies[4].

Capoue s'étant jointe à Annibal et ayant été prise de force par les Romains, ils détruisirent son sénat, la dépouillèrent de ses autres priviléges, lui ôtèrent ses lois, son gouvernement, et en firent une préfecture[5].

(1) Sigon., p. 14 *b.* Cf. Tit.-Liv., VIII, 8; XXXVIII, 44; XXVII, 9.

(2) Vid. Sigon., *De ant. jur. Ital.* I, 9, sqq.

(3) Tit.-Liv., VIII, 14; XXIII, 5; XXXVIII, 36.

(4) Tit.-Liv., VIII, 11, 14, 16; IX, 28; X, 21. Voyez, pour le droit des colonies et des *municipes* jouissant de l'immunité, le passage précis de Cicéron, *In Verr.*, V, 22. Les colonies au-delà du Pô n'avaient encore que le *jus Latii* en 702; il leur avait été donné par Pompeius Strabo, père du grand Pompée. (Vid. Ascon., *in Pison.* et Cicer., *ad Attic.*, V, 11.)

(5) Cicer., *Leg. agr.*, I, 6.

Pouzzoles fut dans le même cas. Ayant pris le parti d'Annibal, elle fut réduite en préfecture romaine; en 557, 3oo colons y furent envoyés de Rome, et on leur assigna une portion de son territoire. Ces colons différaient en droits des citoyens de Pouzzoles, qui avaient conservé le reste de leurs propriétés et qui formaient une république, mais sans magistrats élus par eux. Le préfet romain, qui était annuel, rendait seul des arrêts. Par la loi Julia, en 664, le droit de cité fut accordé aux villes qui, dans la guerre sociale, étaient restées fidèles aux Romains, puis à celles qui se détachèrent de la confédération italique, enfin à toute l'Italie inférieure; Pouzzoles repassa à l'état de ville libre. Ces faits ont pour garants Tite-Live[1], Festus[2], Cicéron[3], et surtout la célèbre inscription de Pouzzoles[4].

La Campanie fut donc alors composée de villes qui jouissaient du droit complet de cité; d'autres qui le possédaient, mais avec exclusion de quelques prérogatives; d'autres qui, ayant le droit de cité, étaient gouvernées arbitrairement par un préfet. Il y avait, en outre, des colonies jouissant du droit romain, latin ou italique, et enfin des municipes, des villes libres, qui continuaient à se gouverner par leurs anciennes lois. Cet état de la Campanie représente exactement la condition des divers peuples de l'Italie au vi[e] siècle de Rome, et suffit pour en donner une idée précise.

(1) XXXII, 29.   (2) Voce *Præfectura*.
(3) *Leg. agr.*, II, 31, sqq.
(4) Cf. *Rei agrariæ auctor. ap. Goes.*, p. 1o6, et surtout l'excellente dissertation de M. l'abbé ZANNONI : *Sull' antico marmo scritto della colonia di Pozzuoli*. Firenze, 1826, p. 7, 8, 9.

Le droit italique consistait d'abord dans le privilége d'être gouverné par ses anciennes lois, c'est-à-dire de rester un peuple libre, ensuite dans l'immunité des tributs pour les terres et les personnes seulement[1]. La portion du territoire enlevée lors de la conquête, soit qu'elle eût été distribuée aux colonies ou affermée aux indigènes, payait une taxe modique par *jugère* et se nommait *ager vectigalis*[2]; cet impôt fut même aboli avant l'an 694, où Metellus Nepos affranchit l'Italie des droits de douane. Cicéron le dit formellement[3] : « Après la distribution des terres de la Campanie et l'abolition des droits de douane et d'entrée, quel revenu reste-t-il en Italie à la république, excepté le vingtième assis sur la vente et l'affranchissement des esclaves? »

La différence principale entre le droit latin et le droit italique était que les Italiens ne pouvaient pas aussi aisément que les Latins parvenir au droit de cité; ceux-ci obtenaient l'admission à ce droit, soit par l'exercice des magistratures dans leurs villes, soit en accusant un magistrat romain et en le faisant condamner. Cependant, dès l'an 576, une loi[4] permettait l'admission des Italiens au droit de cité quand ils réunissaient les conditions exprimées ci-dessus, et qu'en outre ils laissaient des enfants dans leur patrie. Avant la loi Julia, dit Tite-Live[5], les Italiotes étaient admis individuellement au droit

---

(1) Vid. Sigon., *de Jur. Ital.*, I, 21; Pancirol., II, 152; Spanheim., *Orb. Rom. exerc.*, II, 19.

(2) Appian., *Bell. civ.*, I, 7. Tit.-Liv., IV, 36. Cicero, *Verr.*, III, 11.

(3) *Ad Attic.*, II, 16.   (4) Tit.-Liv., XLI, 8.

(5) Cité par Sigon., I, 21, p. 42.

de cité, *in civitatem*, en récompense des services qu'ils rendaient à la république.

Un troisième privilége des Italiens, c'était de jouir de certains droits par rapport aux contrats de vente et d'achat et à la prescription ; ces droits étaient particuliers aux Romains, qui y associèrent les Latins et les Italiens[1]. En un mot la condition des Italiens était une sorte d'état moyen entre celle des Latins et celle des *Peregrini*.

Je dirai en passant que la cause principale de la guerre sociale et le premier motif d'irritation qui y donna lieu me semblent devoir être attribués à l'exemption de tribut dont les Romains se gratifièrent en 585, sans en faire jouir les Italiens et les Latins. L'histoire, très pauvre en faits pour l'époque romaine de 585 à 658, se tait sur cette cause, mais les plaintes successives et enfin les soulèvements de ces peuples, qui éclatent avec violence du temps des Gracques en 619 et 629, semblent prouver que, depuis l'établissement de ce privilége, l'admission des alliés au droit de cité fut restreinte, ce qui les contraignit à se procurer par les armes un avantage qu'ils n'obtenaient plus facilement de la justice et des lois. Appien semble l'indiquer en parlant de l'intérêt qu'exprimait Tiberius Gracchus pour les peuples jouissant du droit italique : « Ces races belliqueuses, unies au peuple romain par une communauté d'origine, et qui pourtant, réduites par la misère, marchaient rapidement à leur ruine, sans nul espoir de retour[2]. »

---

(1) Vid. Norris., *Ep. Syro. Maced. Diss.*, IV, c. 5.
(2) « Ἐσεμνολόγησε περὶ τοῦ Ἰταλικοῦ γένους, ὡς εὐπολεμωτάτου

J'ai exposé l'opinion généralement adoptée, depuis Sigonius, sur la nature du droit italique; Manuce, Saumaise, Casaubon, et presque tous les savants modernes, la regardaient comme incontestable. Mais un habile critique allemand, M. de Savigny[1], a, dans ces derniers temps, essayé de la renverser. Il avance que, dans tous les textes anciens qui nous restent concernant le *jus italicum*, on ne le voit appliqué qu'à des villes et jamais à des personnes. Cette assertion est réfutée par le texte précis de Tite-Live : «Lex *sociis* ac nominis La- « tini, *qui stirpem ex sese domi relinquerent*, dabat « ut cives Romani fierent[2].» Il s'agit évidemment ici de personnes et non de villes. Il est encore incontestablement question de personnes, et non de villes, dans les deux passages suivants, l'un tiré du discours de Cicéron pour L. Cornelius Balbus, l'autre extrait d'un ancien commentaire du discours prononcé par le même orateur en faveur de Milon. « Lege Julia, dit Cicéron, civitas est *sociis* et Lati- « nis data[3]. » L'ancien scoliaste s'exprime ainsi : « Drusus, tribunus plebis, *sociis* et Latinis civita- « tem Romanam promiserat[4].» Dans ces passages

---

τι καὶ συγγενοῦς, φθειρομένου δὲ κατ' ὀλίγον ἐς ἀπόριαν καὶ ὀλιγαν- δρίαν, καὶ οὐδὲ ἐλπίδα ἔχοντος ἐς διόρθωσιν. » APPIAN., *Bell. civ.*, I, 9.

(1) Nouv. Mém. de l'Acad. de Berlin, ann. 1815-1816, 3ᵉ vol., 3ᵉ série, p. 41 et suiv.

(2) TIT.-LIV., XLI, 8.   (3) CICERO, *pro Balbo*, VIII.

(4) *In Cicer. pro Milon.*, ap. MAI, *Classic. Auctor.*, t. II, p. 104, ed. in-8°. Cf. TIT.-LIV., XLI, 9. « Claudius edixit : qui *socii* ac Latini nominis omnes in suam quisque civitatem, ante kal. novembris redirent. »

le mot *socii*, opposé aux *Latini*, ne peut absolument
s'entendre que d'individus italiens ou jouissant du
droit italique; la preuve en est fournie par Tite-
Live, qui, dans le chapitre déjà cité, nomme, parmi
les *socii*, les Samnites et les Péligniens.

Cette interprétation, déjà si évidente, s'appuie
encore sur un passage d'Asconius[1] : « Duo porro
« genera earum coloniarum, quæ a populo Romano
« deductæ sunt, fuerunt. Erant enim aliæ quibus
« *jus Italiæ* dabatur, aliæ autem quæ Latinorum
« essent. » Ce passage fournissait un argument invincible contre le système de M. de Savigny. Le
savant critique l'a éludé en supposant une altération dans le texte d'Asconius et en le rétablissant de
cette manière : « Duo genera... ita ut aliæ civium
« Romanorum, aliæ Latinorum essent.» L'altération
du texte serait-elle prouvée, que rien ne justifierait
la restitution proposée par M. de Savigny. En supposant même cette restitution légitime, quelle conclusion pourrait-on en tirer contre l'opinion de
Sigonius? Il faudrait, pour la détruire, anéantir le
chapitre entier de Tite-Live où cet auteur rapporte
en détail toutes les ruses, toutes les manœuvres
employées par les Latins et les peuples jouissant du
droit italique pour obtenir le droit de cité.

Il serait inutile de réfuter les passages que M. de
Savigny a tirés du Code et du Digeste pour établir
que les priviléges du *jus italicum* s'appliquaient
exclusivement aux cités et non à la condition des
personnes, puisque tous ces faits se rapportent à

[1] *In Pisonem frag.*, 2.

une époque où l'empire romain tout entier avait reçu de Caracalla le droit de cité et ne prouvent rien pour les époques antérieures.

Les colonies latines ou italiques, qu'elles fussent ou non composées de citoyens romains, rentraient, pour les droits civils et politiques, dans les catégories que nous venons d'énoncer. Il serait superflu de décrire leur constitution, suffisamment éclaircie par les explications précédentes[1].

Une autre nuance de droits civils et politiques, inférieurs à ceux des Latins et des Italiens fut attribuée à la Gaule Cisalpine, *Gallia togata*, et nous la retrouvons même dans quelques portions de la Numidie et de la Mauritanie Césarienne, provinces qui font actuellement partie de la régence d'Alger.

Les Latins avaient une portion du droit de cité romaine et pouvaient facilement être admis au droit de cité complet. Ils étaient régis par leurs lois et non par des magistrats romains; ils servaient dans les auxiliaires. Les Italiens ne jouissaient d'aucune portion des droits des citoyens romains. Leur admission à ce droit était rare et difficile; mais ils étaient, comme les Latins, régis par leurs lois et servaient comme eux dans les auxiliaires.

Les Gaulois cisalpins ne jouissaient en rien du droit civil et politique ni même de leur liberté. Ils étaient régis par un proconsul; leur pays était réduit en province romaine, et pourtant ils servaient dans leurs auxiliaires[2].

---

(1) Vid. Sigon., *De jure Ital.*, II, 3, p. 69, *b*. sqq. Heyne, *Opusc. acad.*, t. I, p. 290-329, et t. III, p. 79-92. Cicero, *pro Cæcina*, 35, et not. Hottm., p. 591, ed. Varior.

(2) Sigon., *De jure Ital.*, I, 26, p. 55-57.

Les colonies romaines[1], quoique formées de citoyens romains, ne jouirent pas de tous les priviléges attachés à ce titre; on les exclut des droits de
suffrage et d'éligibilité. La raison en est évidente:
composées de prolétaires qui, à Rome même,
étaient privés de ces droits politiques, on n'eût pu
les leur accorder sans troubler l'ordre des comices
par centuries et par tribus, sans porter atteinte à
la constitution de la république. Cet état de choses
subsista jusqu'en 666, époque à laquelle, après la
guerre sociale, la loi Julia accorda le droit de cité
romaine complet à tous les peuples de l'Italie inférieure, qui adoptèrent le droit civil romain.

Les villes fédérées, alliées ou libres, *fœderatæ*,
sociæ, *immunes*, jouissaient des droits civils et
politiques stipulés dans leur traité d'alliance avec
Rome. On ne peut mieux définir leur état qu'en
disant qu'elles n'étaient ni des colonies, ni des
municipes, ni des villes latines ou italiques, ni des
préfectures. Elles ne jouissaient d'aucune portion
des droits civils et politiques romains[2]; elles se
gouvernaient par leurs anciennes lois et pouvaient
même en faire de nouvelles; elles avaient leur gouvernement propre et créaient elles-mêmes leurs
magistrats; elles avaient conservé leur territoire,
étaient exemptes de la juridiction du gouverneur
de la province et ne payaient point de tribut, *vectigal*, voilà leurs avantages. Mais on violait souvent

---

(1) SPANHEIM, *Orb. Rom. exerc.*, I, 9. CICERO, *pro Cæcin.*,
35. Voy. le passage classique sur les colonies, depuis la prise de
Rome, dans VELLEIUS, I, p. 32, ed. Glasgow, 1752.

(2) SIGON., II, 14, p. 90-92.

leurs libertés, puisque Jules César, dit Cicéron [1], fut forcé de faire une loi pour les garantir. De plus ces villes ne pouvaient faire ni paix, ni guerre, ni contracter d'alliance qu'avec la permission des Romains. Elles étaient obligées à fournir des vaisseaux armés et équipés, témoins Messine et Taurominium en Sicile, qui étaient des villes fédérées et néanmoins astreintes à cette obligation. Nous l'apprenons de Cicéron qui ajoute [2] : « Ce tribut onéreux imprimait en quelque sorte au traité d'alliance une marque de servitude. Ces villes étaient contraintes à pourvoir de vivres les troupes et les généraux romains qui passaient sur leur territoire. Elles étaient souvent forcées à laisser régler leurs affaires au gré du proconsul ou du propréteur. Si elles n'étaient pas soumises aux mêmes tributs que le reste de la province, elles supportaient parfois des contributions extraordinaires, et même elles étaient assujetties à divers droits de douane et d'octroi. »

Le véritable avantage de l'immunité était que les peuples qui en jouissaient levaient eux-mêmes, dans leur territoire, les sommes auxquelles ils étaient taxés, au lieu que, chez les peuples tributaires, c'étaient les publicains ou les traitants romains qui les exigeaient, comme une branche des revenus de l'État. Or Tite-Live [3] nous donne une

---

(1) « Mitto diplomata... mitto ereptam libertatem populis ac singulis, qui erant affecti præmiis nominatim, quorum nihil est quod non sit lege Julia ne fieri liceat sancitum diligenter. » CICÉRON, *in Pison.*, c. 37. « Lege Cæsaris, justissima atque optima, populi liberi plane et vere erant liberi. » Id., *ibid.*, c. 16.

(2) CICÉRON, *Verrin.*, III, 6 ; V, 19.   (3) XLV, 18.

idée de leur administration par ces mots remarquables : « Ubi publicanus est, ibi aut jus publicum
« vanum, aut libertatem sociis nullam esse. »

Au dehors de l'Italie, les villes libres ou alliées
étaient soumises aux mêmes conditions que les
villes italiennes dont je viens de parler.

Les rois alliés étaient des espèces de vassaux,
reges inservientes, qui jouissaient des mêmes
exemptions et supportaient les mêmes charges que
les villes alliées. Il y avait aussi, dans les provinces,
des villes municipales, des colonies, des cités jouissant ou du droit romain avec exclusion de suffrage,
ou du droit des Latins, ou du droit italique. J'en
trouve un exemple dans Pline. « L'Espagne ulté-
rieure, dit-il[1], contient cent quatre-vingt-cinq villes,
parmi lesquelles il y a neuf colonies, dix-huit municipes, vingt-neuf villes jouissant du droit latin,
six villes libres, trois villes alliées, et cent vingt
soumises aux tributs. » Ce qui avait lieu en Italie
s'applique à ces portions privilégiées des provinces;
il est inutile de le répéter.

Les *fora*, les *conciliabula*, qui étaient de petites
villes ou de grands bourgs où se tenaient les foires
et où se rendait la justice[2], pouvaient aussi arriver au
rang de municipe et jouir des droits de cette classe[3].
C'est une nouvelle preuve de l'universalité de cette
loi sur l'avancement dans la hiérarchie des droits
civils et politiques, qui s'étendait aux plus petites

---

(1) III, 1.
(2) *Festus*, v. *vici*. SIGON., *J. Ital.*, II, 15. NIEBUHR, *Rœm.
Gesch.*, II, p. 394. CREUZER, *Rœmisch. antiquit.*, p. 257.
(3) AGGENUS, *In rei agrariæ script.*, p. 60, ed. Goes. FRONTIN.,
de Limit., p. 41.

réunions d'individus et perpétuait ainsi l'existence
du système d'agglomération adopté dès l'origine de
la république.

Il ne me reste plus qu'à établir la condition des
provinces proprement dites et des peuples tributaires[1].

Les peuples qui étaient réduits en province romaine étaient dépouillés de tous leurs priviléges,
chargés d'un tribut et soumis à l'autorité d'un magistrat envoyé de Rome. Ils étaient assujettis aux
lois qui leur avaient été dictées par les commissaires
du sénat et par le général qui en avait fait la conquête. C'était ce corps de lois qu'on appelait la
forme du gouvernement provincial, *forma provinciæ*, ou le code de la province, et l'on devait s'y
conformer dans l'administration de la justice ainsi
que dans la levée du tribut.

Mais la loi d'avancement des peuples conquis,
cette loi si sage dont nous recherchons soigneusement la cause et les effets, existait pour ces peuples
asservis, et les attachait au peuple conquérant en
leur donnant l'espoir prochain et fondé de participer aux priviléges du peuple romain en s'agglomé-
rant successivement avec lui[2]. Je vais en citer deux
exemples.

Les Liguriens chevelus (*comati*) habitants des

(1) Voyez la liste des Etats réduits en prov. rom. et soumis au
tribut, dans VELLEIUS, II, 38.

(2) Ce passage de CICÉRON est formel (*pro Balbo*, c. 9): « Nam
et stipendiarios ex Africa, Sicilia, Sardinia, ceteris provinciis
multos civitate donatos videmus : hostes... scimus civitate esse donatos : servos denique, quorum jus et fortunæ conditio infima est,
persæpe libertate, id est civitate, publice donari videbamus. »

Alpes maritimes, qui étaient restés libres, furent, l'an 730, subjugués et réduits en province romaine par Tibère, qu'Auguste avait chargé du commandement de l'armée[1]. Strabon, qui écrivit du temps de Tibère nous dit[2] formellement « que parmi ces Liguriens, les *Albienses*, les *Albiœci* qui habitent la partie septentrionale des Alpes, sont, ainsi que les *Lygies*, soumis aux préfets envoyés dans la Narbonnaise. Mais les *Vocontii* se gouvernent par leurs propres lois. Des Lygies situés entre le Var et Gênes, ceux qui s'avancent vers la mer sont Ἰταλιῶται, c'est-à-dire *jouissant du droit italique*[3] ; quant à ceux qui habitent les montagnes, Rome leur envoie pour les régir un gouverneur pris dans l'ordre équestre, ainsi qu'elle le fait à l'égard d'autres peuples absolument barbares. » Or, en 835, l'empereur Néron avait donné le droit latin à plusieurs peuplades des Alpes maritimes; Pline[4] le dit positivement de plusieurs cantons des Liguriens chevelus.

Auguste soumit encore et réduisit en province romaine les Liguriens Vagienni et Taurini, fait qu'attestent les colonies d'*Augusta Vagiennorum* (Saluces) et d'*Augusta Taurinorum* (Turin), fondées par cet empereur. Or Pline[5] assure que de son temps les Vagienni et les Caturiges jouissaient du droit latin.

---

(1) Voy. Dion, LIV, 28. Sueton., *Tib.*, c. 9. Lucan., I, 442.
(2) Liv. IV, p. 203.
(3) Et non : *Sont censés peuples d'Italie*, contre-sens qui s'est glissé dans la traduction fr., t. II, p. 90. Vid. Sigon., *J. Ital.*, III, 6, p. 118.
(4) Apud Sigon., p. 118, l. c.
(5) Cité par Sigon., p. 118 b.

Nous pourrions citer beaucoup d'autres témoignages d'avancement semblables. Il y en eut aussi bien certainement dans la Numidie et les Mauritanies, car la règle et la loi étaient uniformes pour l'empire romain tout entier. Mais les renseignements directs manquent pour les provinces éloignées de la capitale, et qui ont eu moins d'historiens que l'Italie, la Gaule, la Grèce et l'Asie.

Voilà, à ce qu'il nous semble, la grande différence entre la colonisation grecque et la colonisation romaine. Dans Athènes et à Sparte, l'Ionien, le Dorien perdaient, en quittant la métropole pour s'établir en Asie, en Grèce, en Italie, le titre et les droits de citoyen ; ils étaient traités par leurs ancêtres avec dureté, avec mépris[1]; ils ne pouvaient presque jamais recouvrer le rang de leurs pères. Un insulaire ou un Asiatique libre, sorti originairement de l'Attique, ne pouvait, surtout dans sa progéniture, parvenir à être membre de cette noblesse privilégiée qu'on appelait le peuple d'Athènes. A peine arrivait-il à se glisser dans la classe obscure des métœques; il lui fallait attendre qu'une contagion terrible ou un grand désastre à la guerre forçât la cité souveraine à recruter sa population militante autrement que par l'affranchissement des serfs et des esclaves.

A Rome, au contraire, un Barbare, s'il rendait de bons services dans l'armée, s'il exerçait avec honneur une magistrature dans sa patrie, pouvait parvenir légalement, et de grade en grade, pour ainsi dire, d'abord au droit de cité complet, ensuite au

(1) Thucydid., I, 34. Tit.-Liv., XXVII, 9.

consulat, la première dignité de l'empire, et même au trône impérial. Balbus de Cadix, Trajan, Adrien, Antonin-le-Pieux en sont des exemples trop connus pour avoir besoin de preuves.

CHAPITRE VIII.

ADMINISTRATION CIVILE ET JUDICIAIRE.

Il faut maintenant exposer la forme du gouvernement provincial, c'est-à-dire l'ensemble des lois judiciaires, administratives et fiscales, qui étaient appliquées aux municipes, aux colonies latines, italiques, aux villes fédérées, aux villes libres, aux peuples tributaires. Ces diverses nuances de droits politiques se trouvent presque toutes dans la Sicile, dont le code provincial, la *forma provinciæ*, nous est connue. Prenons ce pays pour exemple.

Lorsque l'île tout entière fut réduite sous la puissance des Romains, Marcellus donna aux Siciliens de nouvelles lois dont Tite-Live[1] vante beaucoup l'équité.

Après la révolte des esclaves, l'an de Rome 648, P. Rupilius, de concert avec les députés du sénat, réforma de nouveau le corps de lois de cette province. Cicéron[2] nous a décrit le gouvernement qu'on y établit et les priviléges dont elle jouissait.

---

(1) XXV, 40.   (2) *Verr.*, II, 13. VAL. MAX., VI, IX, 8.

On voit qu'il y avait en Sicile dix-sept villes ou peuples assujettis au tribut, c'est-à-dire dont toutes les terres, ayant été confisquées, avaient été rendues ensuite aux propriétaires moyennant une taxe annuelle que levaient les percepteurs de la république. Il y avait trois villes alliées, Messine, Taurominium, Nétine[1], et cinq villes libres et jouissant de l'immunité[2]. Tout le reste de l'île payait la dîme du produit des terres, ainsi qu'Hiéron lui-même l'avait réglé[3]. Il y avait trois sortes d'obligations auxquelles étaient soumises les propriétés de la Sicile : les terres du domaine public payaient le taux fixé à chaque lustre par les censeurs ; les terres sujettes à la dîme payaient cette quotité d'après les lois d'Hiéron ; les terres jouissant de l'immunité étaient forcées de vendre et de conduire chaque année à Rome, et à leurs frais, 800.000 *modius* de blé, dont le prix était taxé à 4 sesterces le *modius*. C'était là le *frumentum imperatum* ou *emptum*, exigé par les lois Terentia et Cassia, qui était consacré, ainsi que le blé de la dîme, *decumanum* (3 000 000 de *modius*, en 682), aux distributions gratuites. La répartition de cette vente forcée se faisait avec égalité entre tous les peuples qui jouissaient de l'exemption des dîmes ou des tributs. J'ai voulu rendre claires ces conditions diverses de la propriété en Sicile, conditions que Cicéron[4] résume brièvement, et qui jusqu'à présent n'avaient pas été bien établies.

(1) Ce passage fixe leurs droits : « S. C. Siculi suum jus suis legibus obtinere possunt. » Cicero., *In Verr.*, IV, 65.
(2) *In Verr.*, V, 22.   (3) Cicero, *In Verr.*, III, 6.
(4) *In Verr.*, V, 21.

Les lois de Rupilius sur l'administration de la justice portèrent que le jugement des procès entre une ville et un particulier devait être déféré au sénat d'une autre ville, avec la faculté pour les parties de récuser chacune une ville.

Les différends des particuliers d'une même ville étaient jugés dans cette ville d'après leurs lois; ceux des citoyens de villes différentes l'étaient d'après les lois de Rupilius.

Si un Romain formait une demande contre un Sicilien, elle était jugée par un tribunal sicilien. Si le Sicilien était demandeur contre le Romain, l'affaire se portait devant des juges romains.

Les affaires d'un autre ordre étaient jugées, dans une espèce de cour d'assises, par un tribunal formé de citoyens romains.

Les débats entre les cultivateurs et les décimateurs se jugeaient d'après la loi sur les céréales, portée par Hiéron.

Ce qu'on a dit de la Sicile s'applique à toutes les autres provinces romaines, leur gouvernement étant le même, sauf quelques légères différences.

Outre les lois qui formaient le code de la province, le gouverneur, en entrant en charge, publiait un édit contenant certaines maximes de droit qu'il s'engageait à suivre dans l'administration de la justice.

Cicéron[1] nous donne une idée de l'édit qu'il publia dans son gouvernement de Cilicie. « Mon édit est très court, dit-il, parce que j'ai tout réduit en deux classes : la première concerne la province,

_____

(1) *Epist. ad Attic.*, VI, 1, t. I, p. 584.

comme les comptes des villes, les dettes, l'intérêt de l'argent, les obligations [1].

« La seconde comprend plusieurs choses qu'on ne peut juger facilement que d'après l'édit du proconsul, comme les successions, les acquêts, les biens décrétés, le choix des syndics des créanciers.

« Pour toutes les autres affaires, j'ai déclaré que je les jugerais conformément aux édits des préteurs de la ville. » Il ajoute qu'il avait emprunté plusieurs articles à Scævola, entre autres celui qui permettait aux Grecs de terminer leurs différends selon leurs lois.

Les provinces étaient sujettes à beaucoup de taxes dont les Latins, les Italiens et les alliés étaient exempts. La province d'Asie, par exemple, ayant pris le parti de Mithridate, qui y fit égorger tous les citoyens romains, perdit tous ses privilèges et fut condamnée, pour surcroît de punition, à une amende de 20 000 talents ou 108 000 000 de francs.

Il y avait dans les provinces des terres qui étaient la propriété domaniale de la république. Les anciens domaines des rois de Macédoine, de Pergame, de Bithynie, de Cyrène, de Chypre, et les territoires confisqués lors de la conquête composaient l'ensemble de ce patrimoine public.

Toutes ces terres s'affermaient en argent au pro-

---

(1) Sous Trajan, Apamée avait encore le privilége d'administrer ses affaires sans qu'elles fussent soumises à la révision du gouverneur de la province. (Voyez la lettre de Pline-le-Jeune, X, 56, à Trajan, et la réponse de Trajan, *epist.* 57.) Nicée avait reçu d'Auguste le droit de recueillir les successions de ceux de ses citoyens qui mourraient intestat. PLINE, X, *epist.* 88, ed. Schœff.

fit de l'Etat, et formaient une branche importante de ses revenus.

Plusieurs villes municipales d'Italie possédaient des fonds de cette nature dans les provinces. Arpinum et Atella en avaient dans la Gaule[1], Capoue dans la Crète[2]. Ainsi les municipes Bebianum et Cornelianum, dans la Ligurie, avaient des fonds de terre situés les uns dans la *pertica Beneventana*, les autres dans la *pertica Nolana*, d'autres dans le territoire de Plaisance, *in Placentino*[3].

Les villes, ou faisaient valoir ces terres comme leur bien propre; c'était l'*ager publicus*; ou les donnaient à bail emphytéotique; c'était l'*ager vectigalis*. Le fermier, s'il payait exactement la rente, ne pouvait être évincé, et même il transmettait son droit à ses héritiers; le Digeste[4] est précis sur ce point. Ces fonds payaient, en outre, une redevance au trésor public[5].

Souvent aussi les Romains, après avoir confisqué tout le territoire d'une nation, le rendaient aux anciens propriétaires, à la charge d'acquitter en nature la même redevance qu'ils en avaient payée auparavant. J'ai cité l'exemple de la Sicile: ils agirent de même avec la Sardaigne, l'Espagne, l'Afrique et l'Asie, et cette redevance était ordinairement le dixième du produit brut. Cette taxe va-

(1) Cicéro, *ad Famil.*, XIII, 7, 11.
(2) Velleius, II, 81.
(3) Bulletin de l'Instit. archéol., ann. 1835, p. 149, Dissert. de M. le comte Borghesi.
(4) Lib. VI, tit. III.
(5) Témoin la lettre de Cælius, *Famil.* VIII, 9.

riait pourtant suivant la fertilité du terroir ; car Tite-Live[1] remarque qu'une partie de l'Espagne ne payait que le vingtième. Du reste, ce dixième ou ce vingtième était perçu sur tous les produits du sol, vins, huiles, grains, etc.; Cicéron dans ses Verrines, le dit formellement[2].

La dîme était différente du tribut : ainsi, en Sicile, il y avait dix-sept peuples tributaires qui payaient une taxe dont était exempt l'ancien royaume d'Hiéron, sujet seulement à la dîme. C'est ce que Cicéron[3] appelle *vectigal certum* ou *stipendiarium*, une taxe fixe, par opposition à la dîme, qui variait selon le plus ou le moins d'abondance de la récolte, au lieu que dans les tributs on n'y avait aucun égard, qu'ils fussent payables en argent ou en nature.

Les provinces étaient encore soumises à des droits d'entrée et de sortie qui se levaient sur les marchandises ; Rome même et l'Italie n'en furent exemptées qu'en 694 par la loi de Metellus Nepos.

Ces droits, dans les ports de Sicile, montaient, dit Cicéron[4], au vingtième de la valeur des objets. Du reste, ils variaient suivant les provinces, car les Romains les laissaient ordinairement subsister tels qu'ils les avaient trouvés établis[5]. Les provinces payaient aussi une capitation et une taxe sur les

---

(1) XLIII, 2.

(2) « Vini et olei decumas et frugum minutarum. » *Verr.*, III, 7. Souvent c'était le cinquième du produit des arbres, le dixième du produit des terrains semés. NIEBUHR, *Hist. Rom.*, t. V, p. 21, 22, not. 15. APPIAN., *Bell. civ.*, I, 7.

(3) *Verr.*, III, 6.   (4) *Verr.*, II, 75.

(5) Cf. BURMANN., *Vectigal., pop. Rom.*, cap. V.

portes : « Exactionem capitum atque ostiorum[1]. »
Il se levait encore divers péages sur les ponts, les
chaussées et les passages des rivières.

En outre de ces impositions, les provinces étaient
encore assujetties à beaucoup de fournitures, soit
pour la maison du gouverneur, soit pour les employés qu'il avait à sa suite.

C'étaient là les charges ordinaires ; mais souvent
on leur en imposait d'extraordinaires et d'exorbitantes. Les magistrats envoyés de Rome pour gouverner les provinces étaient revêtus de toute l'autorité civile et militaire. Dans les deux derniers
siècles de la république ils en abusèrent cruellement, et substituèrent aux lois déjà assez dures
qui régissaient ces contrées le caprice, l'injustice
et les violences du despotisme le plus arbitraire.
De là ces lois sur le péculat, sur les concussions,
tant de fois renouvelées et toujours éludées ; car
les coupables étaient jugés dans le sénat ou les tribunaux par leurs complices[2]. Les proconsuls, les
propréteurs se choisissaient dans l'ordre du sénat ;
chaque sénateur aspirait à un gouvernement, et
dans les causes de cette nature se trouvait disposé
d'avance à absoudre des crimes et des délits qu'il
pouvait commettre un jour lui-même. Quelques
condamnations rares, dont la peine était un exil
agréable, signalaient, plutôt qu'elles ne réprimaient,
ces brigandages habituels.

Les harangues de Cicéron contre Verrès[3], contre

---

(1) Cicer., *ad Famil.*, III, 8. Cf. Cæs., *Bell. civ.*, III, 32.
(2) Sallust., *Jugurth.*, 36.
(3) Passim et imprim. V, 48.

Pison et Gabinius, pour Flaccus, pour la loi Manilia [1], prouvent que ces abus étaient poussés à l'extrême.

« Il est difficile d'exprimer, dit cet orateur [2], quelle haine nous portent les nations étrangères, à cause des injustices et des violences de ceux que nous avons envoyés pour les gouverner. En effet, quel temple y a-t-il dans ces contrées que nos magistrats aient respecté? quelle ville dont les priviléges aient été sacrés? quelle maison qui ait pu se soustraire à leur rapacité? Ils recherchent surtout les villes peuplées et opulentes, et inventent des apparences de guerre pour avoir un prétexte de les piller. »

Depuis les guerres civiles de Marius et de Sylla, non-seulement, dit Appien [3], toutes les nations, toutes les villes étaient soumises au tribut; mais les rois alliés, les villes comprises dans les traités, qui, pour des services rendus au peuple romain, avaient obtenu l'immunité et la liberté, furent assujettis aux impôts et au pouvoir absolu de Rome. Quelques cités même furent privées des ports et du territoire qui leur avaient été laissés par les traités.

Alors le gouverneur exerçait le pouvoir le plus despotique sur les sujets de la province, les jugeait arbitrairement, faisait exécuter ses arrêts sans appel, imposait des taxes, levait des soldats, fixait les contingents soit en hommes, soit en vaisseaux, les demandait sans nécessité, et souvent, dans ce dernier cas, commuait cette charge en une somme

(1) Voy., entre autres, *In Pison.*, c. 36.
(2) *Pro leg. Manilia*, 22.   (3) *Bell. civ.*, I, 102.

d'argent dont il exigeait le paiement avec la dernière rigueur[1]. Il accordait des exemptions aux uns, surchargeait les autres à sa fantaisie. Enfin son autorité n'avait de bornes que ses désirs, son caprice ou sa volonté. Cependant les lois anciennes défendaient aux administrateurs, même aux légats ou députés dans une province, d'y rien acheter ou prendre, ni argent, ni vêtements, ni esclaves : tout leur était fourni par l'Etat; mais les lois étaient sans force.

Fonteius, gouverneur de la Gaule narbonnaise, met, de sa propre autorité, un impôt sur le vin[2]; Pison impose toutes les denrées dans la Macédoine, même dans les villes libres qui devaient être exemptes d'impôt, et fait percevoir ces taxes par ses esclaves, comme avait fait Verrès en Sicile[3], comme le faisaient alors beaucoup d'autres. Appius, prédécesseur de Cicéron, avait imposé dans la Cilicie une capitation et même assis *un impôt sur chaque porte*[4]; on l'exigeait avec une rigueur extrême et on vendait les biens de ceux qui ne payaient pas aux termes fixés. La province était obligée de fournir à la maison du proconsul une certaine quantité de blé réglée par la loi; Verrès et Pison ne voulurent pas le recevoir en nature, et ils se le firent payer en argent le triple du prix fixé par le

(1) Ces réquisitions, sous les empereurs, furent converties en un impôt annuel qui se payait en argent et se nommait *annonariæ collationes*. Cod. Théod., XI, *de Annonis et tributis*. Vopisc., *in Probo*, c. 23.

(2) CICER., *pro Fonteio*, 5.   (3) CICER., *Verr.*, III, 29, 38.
(4) CICER., *ad Famil.*, III, 8.

sénat[1]. Cet abus s'étendit même sur le blé de tribut et sur le blé acheté par la république.

Ce même Verrès et Lucius Flaccus, quoique leur province jouît d'une paix complète, exigèrent des contingents, soit en soldats, soit en vaisseaux, et se les firent payer en argent qui resta dans leurs mains[2].

Tous les moyens d'extorquer de l'argent paraissaient légitimes à ces spoliateurs de l'empire romain : ils violaient les priviléges des villes libres; ils en accordaient de nouveaux à celles qui voulaient les acheter; ils transigeaient avec les plus grands criminels; ils se faisaient un jeu de dépouiller les riches et de sacrifier les innocents.

Pison, pour 300 talents que lui donna Cotys, roi de Thrace, fit trancher la tête à toute la députation des Besses, sujets fidèles de Rome; il vendit aux habitants de Dyrrachium la vie de Plator, son hôte, le premier citoyen de la ville; il trafiqua de même avec les Apolloniates de celle de Füfidius, chevalier romain, à qui ils devaient de grosses sommes que sa mort les exempta de payer[3].

Les quartiers d'hiver étaient encore une mine d'or pour les gouverneurs. Cicéron assure[4] « que, de son temps, les généraux romains avaient ruiné, par les quartiers d'hiver, plus de villes alliées qu'ils n'avaient pris de villes ennemies. » L'île de Chypre qui, pour en être exempte, payait 200 talents

(1) CICER., *Verr.*, III, 81 ; *in Pison.*, 35.
(2) CICER., *pro Flacco*, 12; *Verr.*, V, 24.
(3) CICER., *in Pison.*, 34, 35, 36.
(4) *Pro lege Manilia*, 13.

(1 100 000 fr.) par an au gouverneur de la province de Cilicie, dont elle n'était qu'une annexe, offre un exemple et une appréciation de l'énormité de cette charge. Ce fait positif est fourni par Cicéron[1] qui avait régi cette province.

Pison, gouverneur de Macédoine, en tira encore de plus gros profits[2].

Les provinces contribuaient, de plus, pour les spectacles somptueux que donnaient les édiles; les gouverneurs faisaient lever cette espèce d'impôt à titre de don gratuit, quoiqu'ils ne laissassent pas aux peuples la liberté de le refuser[3].

L'usage s'était introduit que les proconsuls se fissent élever des temples, dresser des autels, rendre les honneurs divins par la reconnaissance ou la crainte des peuples qu'ils avaient gouvernés[4]. La loi autorisait expressément des levées d'argent sur la province, dès qu'il s'agissait de bâtir un temple ou un monument en l'honneur d'un proconsul. Marcellus, Scævola, Lucullus avaient mérité et reçu cette distinction en Sicile et en Asie; Verrès et Appius l'exigèrent et l'obtinrent pour prix de leurs injustices et de leurs violences[5]. La guerre civile terminée, César, pressé par un grand besoin d'ar-

---

(1) *Ad Attic.*, V, 21, t. I, p. 551.   (2) Cicer., *in Pison.*, 35.
(3) Cicer., *ad Quint. fratr.*, I, 1, 9; *ad Fam.*, II, 11, VIII, 9.
(4) Cicero, *ad Quint. fratr.*, I, 1, 9; *ad Attic.*, V, 21, t. I, p. 551 : « Statuas, fana, τέθριππα, prohibeo. »
(5) Cicer., *Verr.*, II, 21; *ad Fam.*, III, 7, 9; VIII, 6. On voyait la statue dorée de Verrès, et même celle de son fils, nue, dans la salle du sénat de Syracuse. (Cicer., *In Verr.*, IV, 62.) Un autre passage du même orateur atteste cette *hypatoldtrie*, et prouve que Verrès avait son jour de fête comme Marcellus le sien. (*Ibid.*, 67.)

gent, imagina de se faire donner, soit à Rome, par
les citoyens, soit dans les provinces, par les rois
et les princes alliés, des couronnes d'or, présents
honorifiques pour les victoires qu'il avait rempor-
tées[1]. Cet expédient constitua bientôt une coutume
dont on ne tarda point à abuser. Si Auguste put
se féliciter d'avoir constamment refusé les couronnes d'or que lui offraient les colonies et les
municipes d'Italie[2]; Caracalla se prévalait de victoires imaginaires pour s'en faire décerner. Dion,
qui nous a transmis ce dernier fait[3], a soin de prévenir que le don était purement fictif, et que, par
le mot de couronne, il faut entendre une somme
d'argent. La couronne était donc un impôt, et il y
avait longtemps qu'elle avait pris ce caractère, puisque cette offrande est désignée dans l'inscription
d'Ancyre, non par le mot *corona*, mais par ceux
de *aurum coronarium*. Cette charge pesa sur les
villes et sur les provinces jusqu'à la fin de l'empire.

Les députations envoyées au sénat par les villes
des provinces, pour y rendre un témoignage public
de l'équité et des talents du proconsul, étaient encore une dépense fort onéreuse pour elles, car
chaque ville défrayait ses députés. Les bons gouverneurs, Cicéron entre autres, se reposant sur
leur conscience et leur réputation, les exemptaient
de cette charge. Ceux qui avaient malversé se faisaient décréter, de gré ou de force, de semblables
députations, et Verrès, Lucius Flaccus et Appius,
qui avaient vexé, pillé, rançonné la Sicile, l'Asie et

---

(1) Dio. Cass., XLII, 49, 50.   (2) *Monum. Ancyr.*, tab. 4.
(3) Dio., LXXVII, 9.

la Cilicie, produisirent en leur faveur ces honorables témoignages[1].

Telle était la condition des peuples de l'Italie et
des provinces, sous le rapport des droits politiques,
de la justice, de l'administration, des réquisitions,
des redevances, des tributs, des impôts directs ou
indirects, des charges, tant ordinaires qu'extraordinaires. J'ai tâché d'en donner un exposé précis,
mais exact, de ne négliger aucun fait important,
mais d'élaguer tous les développements utiles. Je
n'ai fait en un mot qu'extraire et qu'abstraire.

<hr>

CHAPITRE IX.

EFFETS DE L'ADMINISTRATION PROVINCIALE.

L'histoire des cent vingt dernières années de la
république romaine présente une anomalie singulière et dont il me semble curieux de rechercher
les causes. L'Italie, jouissant d'une grande liberté
civile et politique, d'une bonne administration,
soit pour la justice, soit pour la répartition des
charges; l'Italie, où abondaient l'or et l'argent,
exempte d'impôt foncier, de capitation, affranchie
des droits de douane et d'entrée, a vu décroître

(1) CICER., *Verr.*, V, 22; *pro Flucco*, 40; *ad Fam.*, III,
8, 10. Sylla avait cependant fixé le nombre et la dépense de ces
députations par une loi qui, de son nom de famille, suivant l'usage
des Romains, prit le titre de *loi Cornelia*, CICER., *ad Famil.*,
III, 10, t. I, p. 161.

successivement sa population et ses produits, tandis
que les provinces, accablées de charges et de tributs, soumises au régime militaire et au despotisme absolu de leurs gouverneurs, ont pu, malgré
ces obstacles, maintenir leur population, leur agriculture, leur commerce et leur industrie.

C'est évidemment dans la composition même
de la société, dans la nature des mœurs et des préjugés, dans la forme des institutions, dans le caractère des lois qui régissaient l'Orient et l'Occident,
qu'il faut chercher la solution de ce problème
où la nature des causes fait si peu prévoir celle
des résultats. Le résumé des faits que j'ai présentés dans mes recherches sur le nombre de la
population libre ou servile, sur les produits de
l'agriculture et la fécondité du sol, sur le prix de
la main-d'œuvre, la consommation journalière et
la quantité de substance nutritive fournie par un
poids fixe de blé, sur les lois agraires et les distributions gratuites, sur la prédominance de l'oligarchie, la concentration des fortunes, le luxe et la
corruption des mœurs chez les grands; sur la misère et la paresse turbulente des plébéiens, sur les
effets des guerres civiles, du service militaire, du
célibat honoré, des expositions, des avortements,
de l'infanticide et des goûts contre nature, en un
mot l'exposé de l'altération des lois, des mœurs et
de la constitution romaine, ont déjà signalé les
causes de cette singulière anomalie.

Je vais y joindre d'autres considérations dont
l'influence me semble devoir être appréciée.

On doit mettre en tête des causes de la diminution des produits et de la population de l'Italie

cette institution primitive et, par suite, le préjugé
funeste qui flétrirent et punirent à Rome le commerce et l'industrie, en défendant aux sénateurs de
faire un négoce quelconque et en rejetant dans les
tribus les moins honorables tous les plébéiens
exerçant des professions mécaniques ou industrielles[1].

Les premiers législateurs romains, qui se sont
montrés si habiles dans la création des institutions
religieuses, si sages dans l'établissement de la constitution et de la balance des pouvoirs, si éclairés
dans la fondation d'une statistique exacte, d'une
discipline admirable, soit pour le maintien des
mœurs, soit pour la propagation des vertus propres
à former un peuple agricole et conquérant et une
armée nationale excellente, les premiers législateurs romains, dis-je, avec tant de lumières, paraissent avoir ignoré entièrement les principes fon-
damentaux de l'économie politique.

Ils voulurent honorer et encourager l'agriculture et crurent parvenir à ce but en lui fermant ses
débouchés naturels, le commerce et l'industrie.
De là la nécessité des lois agraires, qui, comme je
l'ai fait voir, maintenant la division des propriétés,
nécessitaient l'emploi de la petite culture à main
d'homme et créaient une grande abondance de
produits bruts qui, consommés dans le pays, servaient à accroître la population libre et à fournir
une pépinière successive de soldats.

Denys d'Halicarnasse témoigne[2] que, par les lois

(1) Tite-Live, XXI, 63; Cicer., Verr., V, 18.
(2) Antiq. Rom., II, p. 98, ed. Sylb.

de Romulus et de Servius, tous les métiers, le commerce, le colportage, étaient déclarés honteux, étaient dévolus aux étrangers, aux esclaves, et interdits aux citoyens romains auxquels on ne laissa que deux emplois, l'agriculture et les armes[1].

Il est hors de doute que cette loi fut modifiée à mesure de l'accroissement du territoire et des richesses de la république; mais le préjugé subsista dans toute sa force. Cicéron le prouve indubitablement dans son traité *des Offices*[2]; il expose quels sont les profits regardés comme libéraux ou sordides. « Les douaniers, les usuriers, dit-il, sont l'objet de la haine publique; elle flétrit leurs gains illicites. On regarde comme bas et sordides les métiers des mercenaires et de tous ceux dont on achète le travail et non le talent, car le salaire seul est pour eux un contrat de servitude. On juge de même ceux qui achètent des marchands en gros pour revendre en détail; ils ne gagnent qu'à force de mentir et rien n'est plus honteux que le mensonge. Tous les ouvriers, en général, exercent une profession vile et sordide; il ne peut sortir rien de noble d'une boutique ou d'un atelier. Enfin on ne peut avoir trop de mépris pour ces métiers pourvoyeurs de nos débauches, comme le dit Térence, tels que les pécheurs, les bouchers, les poissonniers, les cuisiniers et les pâtissiers; ajoutez-y, s'il vous plaît, les parfumeurs, les danseurs et les banquiers des jeux de hasard. Quant aux arts qui exigent plus de connaissances ou dont l'utilité est plus grande, tels que la médecine, l'architecture, l'enseigne-

(1) *Ibid.*, IX, 583.   (2) I, 42.

ment des sciences, public ou privé, ils peuvent
être honorables pour ceux à qui leur rang social
permet de s'y livrer. Le petit commerce est regardé
comme une profession sordide; le commerce en
grand n'est pas extrêmement blâmable, *non est
admodum vituperandus*, surtout si, bornant son
avidité pour le gain, il consacre à la terre et convertit en biens fonds des capitaux acquis sans dé-
loyauté. »

Tite-Live et Cicéron nous apprennent en outre
qu'il n'était pas permis à un sénateur de faire construire un vaisseau pour son usage; les lois le défendaient expressément, *leges vetant*, et cette trans-
gression était regardée comme un grave délit, *in
magnis criminibus*; elles interdisaient au gouverneur de rien faire transporter par mer dans sa
province, où il ne pouvait rien acquérir, rien posséder, ni faire aucune espèce de commerce.

Ce chapitre de Cicéron est vraiment curieux
pour l'histoire de l'économie politique chez les
Romains; il démontre par lui-même, sans avoir besoin de commentaire, qu'à Rome les lois, les préjugés et l'opinion publique semblaient avoir uni
leurs efforts, et s'être, pour ainsi dire, concertés
dans le but de détruire en Italie la production des
richesses.

On voit que les arts et les sciences étaient, par
un préjugé ridicule, peu honorés chez les Romains,
qui, généralement, les abandonnaient aux étrangers. Or, nous savons par expérience que, chez
les peuples modernes, le progrès des sciences physiques et mathématiques a toujours précédé ou ac-
compagné le développement de l'agriculture, qui

fournit les matières, de l'industrie qui les met en œuvre, de la navigation et du commerce qui les transporte et les échange.

Enfin, une loi de Constantin[1] qui rappelle les lois antérieures confond les femmes qui tiennent une boutique de marchandises avec les esclaves, les cabaretières, les femmes de théâtre, les filles d'un homme qui tient un lieu de prostitution ou qui a été condamné à combattre sur l'arène.

L'ignorance des vrais principes de l'économie politique, chez les Romains, se manifeste encore dans le mode d'administration de leurs finances. J'ai montré quelle était l'étendue des domaines appartenant en propre au gouvernement; je dirai quelques mots de l'accumulation des capitaux que la république tenait enfouis dans son trésor.

L'an 663, avant la guerre sociale, il y avait, comme je l'ai déjà dit, dans l'*ærarium*, suivant le témoignage de Pline[2], 1 620 829 livres d'or, somme égale à 1 512 783 405 francs.

Le trésor de la république était encore plus riche en 705, lorsque Jules César s'en empara; il se montait alors à deux milliards de francs.

Il diminua sous les empereurs; car Tibère et Antonin-le-Pieux, qui de tous ces princes furent les plus enclins à accumuler les métaux précieux, ne laissèrent en mourant, dans le trésor, que 2 700 000 000 de sesterces, environ 668 250 000 fr.

Aussi voyons-nous, sous l'empire, l'intérêt de

---

(1) Code Justinien, *de Natural. liberis*, V, XXVII, 1. Voy. Montesq., Esprit des Lois, liv. XXI, ch. 14.

(2) XXXIII, 17. Cf. Brottier, *Ann. Tacit.*, t. II, p. 419, sqq.. ed. in-4°.

l'argent descendre à un taux plus bas que dans les derniers temps de la république. Cette masse énorme de métaux jetée dans la circulation dut contribuer à l'abaissement de l'intérêt, en accroissant l'abondance du signe.

L'accroissement des richesses et de la grandeur de la république, et les avantages attachés au titre de citoyen romain, exercèrent aussi une grande influence sur la diminution des produits de l'Italie; car cette abondance de capitaux opéra la concentration des propriétés et la ruine de la classe moyenne.

Dès que Rome eut vaincu Annibal et Carthage, elle n'eut réellement plus d'ennemis redoutables. Le sénat eut moins besoin du peuple et tendit à reconquérir le pouvoir que les lois liciniennes lui avaient enlevé. La conquête de la Grèce et de l'Asie-Mineure, en faisant connaître aux Romains, jusqu'alors économes, tempérants et sobres, les merveilles des arts, le luxe des vêtements, des meubles, des repas, créa pour eux de nouvelles jouissances, de nouveaux besoins, et leur donna les vices que le luxe traîne à sa suite. L'amour de l'argent devint, pour les grands, la passion dominante. Comme l'argent était déjà un moyen de pouvoir et de jouissances, ils se permirent tout pour en acquérir, soit dans l'Italie, soit dans les provinces, et travaillèrent à concentrer dans leur oligarchie toute la puissance répartie jusqu'alors entre le sénat et le peuple. C'est par le luxe et par les délices qu'ils attaquèrent ces fiers plébéiens; il leur fallut les amollir pour les vaincre et les corrompre pour les dominer.

Le pillage des contrées opulentes de la Grèce et de l'Asie avait créé, pour un certain nombre de sénateurs, des fortunes immenses; ils en employèrent une partie pour amuser le peuple par des jeux, des fêtes, des spectacles, des combats de bêtes féroces ou de gladiateurs. Ils s'attachèrent à faire naître chez leurs anciens rivaux la débauche et la paresse. Bientôt la misère, suite inévitable de ces vices, gagna tout le corps des plébéiens et les mit sous la dépendance absolue des riches qui fournissaient aux plaisirs et aux besoins de leur vie. Comme le cens et les propriétés foncières conféraient un pouvoir politique, les riches en dépouillèrent peu à peu les plébéiens par l'usure, la séduction, la fraude ou la violence. Ils laissèrent tomber en désuétude les lois liciniennes sur la limitation des propriétés, sur la fixation du taux de l'intérêt et du nombre des esclaves employés à la culture des terres.

La vanité des grands s'enorgueillissait d'exercer un immense patronage. Cette foule de clients qui, dès l'aube du jour, venaient saluer leur patron, qui en recevaient leur nourriture de la journée[1], qui l'escortaient dans les lieux publics et l'appuyaient de leurs voix au *forum* ou aux comices, en même temps qu'elle satisfaisait l'orgueil des oligarques, devenait pour eux un élément de puissance.

Les plébéiens, s'accoutumant à cette vie molle et fainéante, perdirent insensiblement l'amour du travail, les habitudes de tempérance, d'ordre et d'économie qui avaient distingué leurs ancêtres.

(1) La sportule ou corbeille contenant leur pitance journalière.

Rome devint un séjour de délices et d'oisiveté, et les peuples de l'Italie, qui, un ou deux siècles auparavant, avaient refusé le droit de citoyen romain, quittèrent en foule leurs villes, leurs ateliers et leurs cultures pour venir s'établir dans la capitale et y jouir des plaisirs et de l'exemption de travail qu'elle offrait à ses habitants.

Cet effet commença à se manifester dès l'an 565. Tite-Live nous apprend[1] « qu'alors un très grand nombre de citoyens de tous les points du Latium s'étaient établis à Rome et s'y étaient fait porter sur les registres du cens. Le sénat fit renvoyer dans leur pays tous ceux qui y avaient été enregistrés en 550, pendant la censure de M. Livius et de C. Claudius Nero et celle de leurs successeurs. Cette mesure repoussa dans le Latium douze mille Latins, et débarrassa Rome de la multitude d'étrangers dont, à cette époque, elle était déjà surchargée[2]. »

Dix ans après, en 575, les magistrats des Latins se plaignirent encore « que presque tous leurs concitoyens qui avaient été portés sur le rôle du cens à Rome, étaient allés s'y établir; que leurs villes désertes, leurs terres délaissées seraient bientôt hors d'état de fournir leur contingent de soldats[3]. » Or, pour parvenir à ce changement de cité, on employait deux sortes de subterfuges. La loi accordait aux alliés du nom latin la faculté de devenir citoyens romains, sous la condition expresse de laisser dans leur ville natale un rejeton qui pût y

(1) XXXIX, 3.
(2) « Jam tum multitudine alienigenarum urbem onerante. »
(3) Liv. XLI, 8.

perpétuer leur race[1]. En abusant de cette loi, les uns faisaient tort aux alliés, les autres au peuple romain. Les premiers, pour ne point laisser de rejeton dans leur pays, vendaient leurs enfants à des Romains, qui s'engageaient à leur donner la liberté et avec elle le droit de rester à Rome en qualité d'affranchis. Ceux qui n'avaient pas d'enfants à laisser en leur place se faisaient créer citoyens romains par le même artifice[2]. Ensuite on négligea même ces simulacres de légalité, et les alliés en foule, au mépris de la loi, émigraient à Rome, et, se faisant porter sur les rôles du cens, y acquéraient le droit de cité.

Ces passages de Tite-Live, fidèlement traduits, prouvent évidemment combien les priviléges attachés au droit de citoyen romain, combien les jouissances, les avantages réservés aux habitants de Rome, étaient déjà recherchés. Il n'est pas moins évident que l'obtention de ces prérogatives changea en citadins oisifs un grand nombre de cultivateurs actifs, de fabricants industrieux, et que cette cause agit sur le décroissement de la population et des produits de l'Italie. On voit, de plus, quel prix

(1) « Lex sociis ac nominis Latini qui stirpem ex sese domi relinquerent dabat ut cives Romani fierent. » Vous trouvez déjà en 560 un exemple de ces primes en faveur du mariage et de la fécondité dans les classes d'hommes libres, qu'Auguste étendit plus tard par les lois *Julia* et *Papia Poppœa*. La nécessité de recruter les armées et la décadence de la population libre se faisaient sentir fortement à ces deux époques; mais la législation fut toujours impuissante contre le célibat, qui avait de profondes racines dans la corruption des mœurs et dans la dépravation de l'état social. (Cf. LIPS., *Excurs. C. ad Tacit. Annal.*, III, ed. Var.)

(2) C'est-à-dire en se vendant à condition d'être affranchis.

on attachait à ce titre, puisque, pour l'obtenir, on consentait à se vendre comme esclave et à se dégrader du rang d'homme libre pour passer à celui d'affranchi.

J'ai donc eu raison d'affirmer que la condition de citoyen romain, de plébéien même, était une véritable noblesse privilégiée.

La conquête de la Macédoine par Paul-Emile, en 584, rendit encore plus désirable le titre de citoyen romain; car elle mit tant d'argent dans le trésor public que pendant cent vingt-cinq ans, à partir de cette époque jusqu'au consulat d'Hirtius et de Pansa, le peuple romain fut. affranchi du paiement de l'impôt foncier. Cicéron [1] et Plutarque nous ont transmis ce fait curieux, sans nous donner d'autres détails.

Il est probable que les Latins ne participèrent point au bienfait de cette exemption; car dès l'an 628 nous les voyons demander avec instances, par la bouche de Caïus Gracchus, l'admission au droit de cité que l'Italie inférieure obtint tout entière, par la loi *Julia*, en 666.

A dater de la conquête de la Macédoine, le sénat n'envoie presque plus de colonies [2], ne distribue

---

(1) « Unius imperatoris præda finem attulit tributorum. » *Offic.*, II, 21. Dacier se trompe en traduisant ainsi (t. IV, p. 150) ce passage emprunté à Cicéron par Plutarque (*in Æmil.*, 38, ed. Reiske): « Le peuple romain ne paya plus aucun tribut jusqu'au consulat d'Hirtius et de Pansa; » car les droits du vingtième sur la vente des esclaves subsistèrent toujours, et ce ne fut que l'an 694 que Rome et l'Italie furent affranchies des droits de douane et d'entrée.

(2) Voy. BEAUFORT (Rép. rom., t. V, p. 278-308), qui a dressé la liste et fixé la date de la fondation des colonies romaines.

plus de terres conquises, ne s'occupe plus de favoriser l'accroissement de la population libre. La
raison en est évidente : l'oligarchie n'a plus d'ennemis extérieurs à craindre; elle a intérêt à restreindre la population libre pour la tenir mieux
sous sa dépendance. Elle usurpe les terres du domaine public et ne se soucie pas de gratifier le
peuple à ses dépens. Celui-ci retient encore la puissance législative; mais le pouvoir exécutif réside
tout entier dans le corps du sénat, et il lui est toujours facile d'empêcher le vote d'une loi démocratique ou d'en éluder l'exécution, si l'éloquence
d'un tribun ou l'obstination du peuple l'a em-
porté sur ses manœuvres. C'est ce qui arriva pour
la loi agraire portée par Tiberius Gracchus, et ce
que j'ai démontré par une foule de témoignages.
En un mot, l'aristocratie, abusant de sa puissance,
ne connaissait plus d'autre morale que celle de ses
intérêts; elle avait entretenu à dessein la paresse
et la misère du peuple; la turbulence, la vénalité,
l'esprit de révolte et de faction, enfin les proscriptions et les guerres civiles, furent les conséquences de cette combinaison machiavélique qui, en
soixante et dix ans, amena la ruine totale de ses
auteurs.

C'est depuis la loi *Julia*, en 666, et l'admission
de toute l'Italie inférieure au droit de cité[1]; c'est
même depuis l'an 694 où elle fut affranchie, par
la loi de Metellus Nepos, de tous droits de douane
et d'entrée; c'est enfin quand elle jouit de tous
les avantages civils et politiques attachés à la qua-

(1) Vid. supra, p. 346.

lité de citoyen romain, que nous voyons la population de cette contrée déchoir le plus rapidement. Les chiffres donnés par les dénombrements, l'élévation du prix du blé et de la main-d'œuvre, enfin la somme progressivement croissante des importations de grains prouvent ce fait, dont j'ai d'ailleurs démontré l'évidence dans mes chapitres précédents.

CHAPITRE X.

POPULATION ET PRODUITS DE LA SICILE.

J'examinerai maintenant quel fut, dans le dernier siècle de la république, sous le rapport de la population et des produits, l'état des provinces soumises au gouvernement oppressif et arbitraire dont j'ai présenté le tableau. Je ne prendrai pour exemple que la Sicile et l'Asie-Mineure, car ce sont les deux parties de l'empire romain sur lesquelles nous possédons les renseignements les plus précis et les plus étendus pour l'époque dans laquelle je me suis renfermé.

« La fertilité de la Sicile, dit Strabon[1], est plus grande que celle de l'Italie, surtout pour le blé, le miel, le safran et quelques autres produits, tels que le bétail, les peaux, les laines, etc. On l'appelle *le grenier de Rome*. »

La richesse de Syracuse était passée en proverbe

(1) IV, p. 273.

chez les Grecs. Syracuse était enceinte d'un mur
de 180 stades de tour[1]; c'était, dit Tite-Live, à l'é-
poque où elle fut prise par Marcellus, la plus belle
ville connue, et elle était au moins aussi opulente
que Carthage[2]; elle l'était encore en 670, pendant
la questure de Cicéron.

Agrigente, Lilybée, Messine, Catane, étaient aussi
des villes très riches et très peuplées; outre le témoignage de Strabon[3], la grandeur de leurs ruines
et de leurs monuments l'atteste.

Le sol des environs de l'Etna, labouré, divisé
par les volcans, était extrêmement fertile et produisait des vins excellents.

La Sicile avait beaucoup souffert de la guerre
entre Octave et Sextus Pompée[4]; cependant Pline y
compte encore cinq colonies et soixante-trois villes[5], et il nous apprend qu'elle exportait, outre les
produits dont j'ai fait mention, du sel, du bitume
et des pierres spéculaires[6]. J'ai recherché, comme
on le voit, les témoignages les plus rapprochés de
l'époque que j'ai fixée. Tite-Live et Strabon ont vécu
sous les deux premiers empereurs, et Pline a écrit
environ quatre-vingt-dix ans après la chute de la
république.

Cicéron, qui avait été questeur en Sicile en 670,
qui y retourna en 684 pour faire les enquêtes et se
procurer les pièces nécessaires à l'accusation de
Verrès; Cicéron, à qui la loi, comme il le dit lui-

(1) STRABO, p. 269, 270.   (2) TIT.-LIV., XXV, 24, 25.
(3) Pag. 268, 272.
(4) 712 à 717 de Rome. (STRABO, p. 270.)
(5) III, 14.   (6) XXXI, 39; XXXV, 51; XXXVI, 45.

même[1], donna le pouvoir de consulter et d'emporter
tous les registres publics, tous les livres de recette
et de dépense des particuliers, relatifs aux produits, aux impôts ou à l'administration de cette
île, Cicéron, dis-je, est l'auteur dont le témoignage
doit avoir la plus grande importance; car il naquit
en 646, il mourut en 709; il était très instruit sur
la statistique de la Sicile; et il nous a donné sur
les produits de cette île des détails précis et circonstanciés.

Cicéron cite[2] le mot de Caton-le-Censeur, qui
appelait la Sicile *le magasin de la république, la
nourrice du peuple romain*[3]. « Nous l'avons éprou-
vé, dit-il; dans cette guerre sociale, si importante,
si dangereuse, la Sicile, non-seulement a été pour
nous un magasin, mais elle nous a tenu lieu du
trésor bien garni de nos ancêtres; car elle a, seule
et sans que nous ayons rien déboursé, fourni de
blé, de cuirs, de vêtements, et par conséquent
nourri, habillé, équipé de très nombreuses armées.»
Cicéron nous donne ensuite[4] le détail des immenses
richesses que possédait la Sicile en capitaux, métaux bruts ou travaillés, objets d'arts, de luxe ou
d'industrie, appartenant soit au public, soit aux
particuliers. La répétition en dommages des Siciliens contre Verrès était de 100 000 000 de sesterces, 28 000 000 de francs[5].

Plus loin[6] il atteste que « l'esprit d'ordre, de fru-

---

(1) *Verrin.*, IV, 63.   (2) *Verr.*, II, 2.
(3) « Cella penaria republicæ, nutrix plebis Romanæ. »
(4) *Verr.*, IV; *de Signis.* I, 2.   (5) *Divinatio*, 5.
(6) *Verr.*, II, 3.

galité, d'économie, l'amour du travail, la constance
dans les entreprises, qualités qui formaient le caractère des anciennes mœurs romaines, étaient des
vertus généralement répandues parmi les habitants de la Sicile; ils se distinguaient par là des
autres Grecs. »

On peut juger des produits et de la richesse de
la Sicile à cette époque [1] par ce seul fait tiré des
registres de la douane de Syracuse. Les droits de
sortie étaient le vingtième de la valeur des marchandises; or Verrès seul, en quelques mois, ex-
porta, par ce seul port, du miel, des étoffes, des
lits de table, des candélabres, pour une valeur de
1 200 000 sesterces. « Si un seul port, dit Cicéron[2],
et pendant un temps assez court, fournit la preuve
d'une exportation si considérable, cette île ayant
des débouchés par mer de tous les côtés, quelle a
dû être la valeur des produits exportés par Agrigente, Lilybée, Panorme, Therme, Halèse, Messine,
Catane et les autres ports? »

Nous avons le moyen d'évaluer d'une manière
précise le produit annuel en blé de la portion de la
Sicile formant l'ancien royaume d'Hiéron, qui payait
en nature la dîme du froment, et dont l'étendue
n'embrassait pas le tiers de la totalité de l'île; car
Cicéron nous apprend dans sa troisième Verrine,
nommée *Frumentaria*[3], que la valeur du blé de
dîme d'une année, pendant la préture de Verrès,
était de 9 000 000 de sesterces, ce qui, à 3 sesterces

---

(1) Verrès fut propréteur en Sicile de 679 à 682; Cicéron y
avait été questeur en 670; il accusa Verrès en 685 : il avait alors
trente-sept ans.

(2) CICER., *Verr.*, II, 75.   (3) Cap. 70.

le *modius,* fait 3 000 000 de *modius.* Or, en multipliant 3 000 000 par 10, on trouve, pour le produit
en blé de cette portion de la Sicile, 30 000 000 de
modius = 405 000 000 de livres, poids de marc.

Maintenant la moyenne du poids du *modius* de
blé étant de 13 $\frac{1}{2}$ livres, et la consommation journalière en blé d'un individu étant fixée à 2 livres, il
est facile d'en déduire : ·

1° La population entière de cette portion de l'île
qui formait l'ancien royaume d'Hiéron ;

2° Le nombre des citoyens romains ou habitants
de l'Italie nourris par l'exportation du blé de Sicile, exportation qui était de 3 800 000 *modius*
(51 300 000 livres), y compris 800 000 *modius* de
blé exigé, *frumentum imperatum;* ce nombre,
dis-je, était, en 681 de Rome, de 50 340 habitants.
La population de ce tiers de la Sicile soumis à la
dîme montait à 396 864, et celle de la Sicile entière
à 1 190 592.

Un autre passage de Cicéron, de la même harangue, explique, très naturellement et d'une manière conforme aux vrais principes de l'agriculture,
la cause de cette abondante production des céréales en Sicile.

En effet, au lieu que les Romains faisaient valoir
leurs terres en Italie, soit par des régisseurs esclaves, ignorants, paresseux et infidèles, soit par des
colons partiaires qui ne fournissaient que leur travail et ne recevaient que le cinquième, le sixième,
quelquefois même le neuvième de la récolte, la
Sicile avait adopté l'usage des grandes fermes. Il y

(1) *Verr.* III, 70.

avait sous ce rapport, entre elle et l'Italie, la différence qui existe aujourd'hui entre l'Angleterre et la partie de la France qui a conservé l'usage des métairies à cheptel et à mi-fruit.

Voici ce passage de Cicéron, qui n'a point été jusqu'ici examiné sous ce point de vue, et qui certainement est très remarquable : « Il y a, dit-il[1], en Sicile, une classe nombreuse de fermiers riches, actifs et industrieux, renommés pour leur expérience et leur habileté dans la culture. Ces hommes sont dans l'usage de prendre à loyer de grandes propriétés en terres labourables, d'y consacrer de grands capitaux et d'affecter un mobilier considérable à leur exploitation. » On voit plus loin[2] que des chevaliers romains riches et éclairés appliquaient leurs capitaux à ce genre d'industrie, et l'on conçoit qu'il devait être très profitable; car, depuis la conquête de l'île, comme nous le savons par Cicéron[3], toutes les propriétés ne payaient qu'un impôt fixe, ou la dîme en nature, telle qu'elle avait été établie par les lois d'Hiéron; par conséquent toutes les améliorations que le sol recevait de l'industrie, des engrais et des capitaux employés par les cultivateurs, fermiers ou propriétaires, tournaient pour un dixième au profit de la république, et pour les neuf dixièmes à celui du cultivateur.

L'activité et l'industrie étaient évidemment beaucoup plus excitées par ce système de grandes fermes, qui offrait pour résultat des gains considérables, que par la méthode des exploitations romaines,

---

(1) *Verr.*, III, 21.   (2) *Verr.*, III, 25.   (3) *Ibid.*, 6.

à part de fruits, qui donnait à peine au colon, pour prix de son travail, les moyens de vivre et d'élever sa famille.

Cicéron, en accusant Verrès, avait, comme je l'ai dit, reçu de la loi le pouvoir de consulter ou de copier tous les registres publics ou particuliers de la Sicile, même les livres de recette et de dépense, et les inventaires constatant l'actif et le passif de Verrès et du père de ce préteur[1]. Il était donc à même de connaître exactement les produits naturels et industriels, en un mot la richesse publique et particulière de cette île.

J'en citerai quelques exemples : « La Sicile, dit ce grand orateur[2], avait poussé très loin les arts, l'industrie et les manufactures; il n'y avait pas, avant la préture de Verrès, de maison tant soit peu riche qui, n'eût-elle pas d'autre argenterie, ne possédât au moins un grand vase orné de ciselures et d'images des dieux, une patère pour les sacrifices et un vase pour les parfums, le tout exécuté par les meilleurs ouvriers et avec un art admirable. On peut juger par là, dit-il, que le reste du mobilier était chez les Siciliens en proportion avec ces objets. »

Même du temps de Verrès, les orfévres, sculpteurs, ciseleurs et graveurs en métaux étaient très nombreux[3], *magnam hominum multitudinem*; il les occupa pendant huit mois à travailler en vaisselle d'or seulement.

« Verrès avait à Rome et dans ses villas trente

(1) *Verr.*, I, 6; IV, 63.
(2) *Verr.*, IV, 21.   (3) *Ibid.*, 24.

lits de table superbement garnis, avec tous les
autres ornements précieux convenables à ces festins d'apparat. Les montures des lits, les candélabres, etc., étaient en airain sculpté ; les tapis, les
étoffes de pourpre, les broderies, il les avait fait
tous fabriquer pour rien en Sicile, et avait fait
établir un atelier dans chaque maison riche[1]. »

Malte, qui était une annexe de la Sicile, possédait une manufacture célèbre d'étoffes pour les
robes de femmes, manufacture que Verrès fit travailler pendant trois ans pour son compte[2].

Enfin il enleva de Syracuse une énorme quantité
de tables delphiques en marbre, de cratères d'airain superbes et de vases en airain de Corinthe[3],
preuve évidente du luxe, des richesses et de l'industrie de cette capitale de la Sicile. La peinture et
la sculpture n'étaient pas moins florissantes dans
cette province. Cicéron cite, comme des ouvrages
admirables, les batailles d'Agathocle, peintes sur les
murs du temple de Minerve à Syracuse, et vingt-
sept portraits des rois ou tyrans de Sicile qui déco-
raient le même temple[4]; la ravissante statue de
Sapho[5], ouvrage de Silanion, et placée dans le Pry-
tanée des Syracusains; enfin les portes du temple
de Minerve, sculptées en or et en ivoire, œuvre
d'une richesse, d'une beauté de travail incompara-
bles, et qui avaient été, chez les Grecs, la matière
d'un grand nombre d'écrits[6].

Cicéron affirme ensuite qu'il n'y a dans toute
l'Asie, dans toute la Grèce, aucune ville qui ait

---

(1) *In Verr.*, IV, 26.   (2) *Ibid.*, 46.   (3) *Ibid.*, 59.
(4) *Ibid.*, 55   (5) *Ibid.*, 57.   (6) *Ibid.*, 56.

vendu volontairement à une personne quelconque
ni tableaux, ni statues, ni enfin aucun de ses ornements; bien au contraire, elles en achetaient tous
les jours de nouveaux[1]. Quelles richesses et quel
amour des arts cela suppose!

Il ajoute[2] : « Nos ancêtres ont laissé sans peine
à nos alliés ces belles décorations; ils ont voulu
voir somptueux et florissants, sous leur empire,
ceux mêmes qu'ils ont rendus corvéables ou tributaires; ils leur ont laissé, comme un adoucisse-
ment et une consolation dans leur servitude, ces
frivolités qui leur sont si agréables, et qui, pour
leurs vainqueurs, avaient peu de prix. »

On a vu, par les passages que j'ai rapportés, la
preuve que la Sicile fabriquait beaucoup d'étoffes
précieuses, soit pour la parure, soit pour l'ameu-
blement; que des meubles, des ornements, des
objets d'art et de luxe, exécutés avec le goût et l'élégance propres à la nation grecque, sortaient en foule
de ses ateliers et de ses manufactures. Elle avait
enfin un bon système d'agriculture, une industrie
active, un commerce florissant. Ces avantages, dont
l'Italie était privée, expliquent naturellement comment les richesses et la prospérité de cette île purent se soutenir, malgré les inconvénients d'une
administration et d'un gouvernement oppressifs et
arbitraires.

(1) *In Verr.*, IV, 59.   (2) *Ibid.*, 60.

CHAPITRE XI.

DE LA PROVINCE D'ASIE.

La province d'Asie, dont il me reste à exposer l'état pendant le dernier siècle de la république, était formée de l'ancien royaume de Pergame[1], légué au peuple romain par Attale Philométor; elle embrassait une partie de la Phrygie et de la Mysie, l'Ionie, la Lydie, la Carie et la Méonie tout entières.

Pour prendre une idée générale de l'opulence et des ressources de cette province, il suffirait de citer les grandes villes d'Apamée-Cibotus et de Laodicée en Phrygie, dont Strabon vante[2] les richesses et la beauté; Synnade, renommée pour ses carrières de marbres superbes; Laodicée, célèbre pour la finesse de ses laines et la beauté de ses tapisseries[3]; les plaines de Sardes, du Caïcus, de l'Hermus et du Caystre, si remarquables par leur fertilité[4]; Philadelphie et la Méonie, dont le sol volcanique produisait des récoltes si abondantes et des vins si délicats[5]; Hiérapolis et Cibyra, fameuses, la première par ses teintures, la seconde par sa grande population et ses fabriques de fer ciselé[6]. Strabon[7] représente, avec des couleurs que

(1) Cic., *pro Flacco*, 24; Strabo, XIII, 624.
(2) XIII, 577, 578. (3) Strabo, *ibid*.
(4) Strabo, XIII, 624, 625, 627. (5) *Id.*, XIII, 628.
(6) *Id.*, XIII, 630, 631. (7) XIII, 635, 636.

nous avons lieu de juger fidèles, l'étonnante population, l'industrie [1], le commerce, les richesses de Milet, illustrée par ses fabriques d'étoffes de laines [2], métropole de tant de colonies ; d'Ephèse, de Samos, de Smyrne, de Tralles, de Rhodes, villes dont les temples, les théâtres et les monuments prodigieux attestaient la splendeur, le goût et l'opulence.

Telle était la province d'Asie sous l'empire d'Auguste et de Tibère, époque à laquelle Strabon a composé son ouvrage ; elle n'était pas moins productive et moins manufacturière du temps de Cicéron, qui, dans ses nombreux écrits, nous en donne des preuves positives. La validité du témoignage est incontestable ; car Cicéron y avait voyagé dans sa jeunesse. Son frère Quintus fut pendant trois ans propréteur d'Asie (de 691 à 693) ; il consulta l'orateur et reçut ses avis sur toutes les parties de son gouvernement. Cicéron lui-même fut gouverneur de la portion de la Phrygie, de la Lycaonie, de la Cappadoce, et des autres Etats de l'Asie-Mineure, compris sous le nom de *province*

---

(1) On peut citer, comme exemple de la perfection qu'avait atteinte, dans l'Asie, le travail des métaux et des gemmes, ce vase à tenir du vin, appartenant au roi Antiochus, et qui était formé d'une seule pierre précieuse très grande ; on l'avait creusée artistement et on y avait adapté une anse d'or massif. (Cicer.,*Verrin.*,IV, 27.) Le candélabre énorme destiné par ce roi à l'ornement du temple de Jupiter Capitolin était, dit Cicéron (*ibid.*, 28), fait avec les gemmes les plus précieuses et d'un travail admirable; la quantité de riches pierreries dont il était orné jetait un éclat si varié que la beauté de l'ouvrage semblait le disputer à la richesse de la matière, et sa grandeur annonçait qu'il n'était pas fait pour parer la demeure des hommes, mais pour décorer le plus vaste des temples.

(2) Vid.Cicerón., *Verr.*, I, 34.

de Cilicie. On peut donc le croire lorsqu'il dit à Quintus qu'ils connaissent l'Asie comme chaque individu sa propre maison [1].

Or Cicéron affirme que cette province abonde en richesses et en beautés de tout genre, esclaves superbes, métaux précieux, étoffes recherchées, vases, tableaux et statues [2]. Plus loin, il vante sa grande population, le nombre de ses villes, et la quantité de Romains et d'alliés que les affaires ou le commerce y attiraient.

Dans son discours en faveur de la loi *Manilia* [3], il démontre au peuple romain que l'Asie fournit la portion la plus importante et la plus sûre du revenu public. « Les tributs des autres provinces, dit-il, suffisent à peine à leur défense; mais l'Asie est si riche et si fertile que, par la fécondité de ses champs, l'étendue de ses pâturages, la variété de ses produits et la multitude des objets qui en sont exportés, elle surpasse de beaucoup tous les autres pays. »

Les tributs perçus par les publicains, qui avaient dans la république le même emploi que nos anciens fermiers généraux, consistaient en redevances fixes, capitation sur les hommes et sur le bétail [4], droits de douane, d'octroi, de péage, impôts sur les portes [5] et sur la vente du sel [6].

---

(1) « Asia, sicut unicuique sua domus, nota. » *Epist. ad Quint. fratr.* I, 1, 16.

(2) *Ibid.*, I, 1, 2.   (3) Cap. 6, ed. Variorum.

(4) *Ad Attic.*, V, 16, et le passage classique d'Asconius Pedianus : *Comment. in orat.* Cic. *de Divinatione.*

(5) Cic., *ad Famil.*, III, ep. 8.

(6) Cicero, *pro leg. Manil.*, 6.

Ces fermiers des impôts, qui étaient pris dans l'ordre des chevaliers et organisés en grandes compagnies[1], et beaucoup de Romains des autres classes, attirés en Asie par des spéculations de toute espèce, y avaient porté une si grande masse de leurs capitaux propres ou empruntés, que l'état des affaires dans cette province était devenu le régulateur du crédit et du taux de l'intérêt dans la capitale. Cicéron atteste formellement ce fait curieux[2].

Je ne parlerai point des richesses et de la grande population de la Bithynie, du Pont et de la Cappadoce; de leurs temples, tels que celui de Comana, où tant de trésors étaient entassés; de Cyzique, ville du premier ordre; de Sinope et d'Amisus, demeures royales du puissant Mithridate[3]. Je ferai seulement remarquer que la puissance et la multitude des pirates détruits par Pompée prouvent l'étendue de la navigation et du commerce de l'Asie à cette époque[4]; que l'île stérile de Délos était alors comblée de richesses, parce qu'elle était, nous dit Cicéron[5], le grand entrepôt des échanges entre l'Orient et l'Europe.

L'Asie était cependant régie par des lois moins douces que la Sicile. Même avant la guerre de Mithridate, dans laquelle l'appui que l'Asie prêta à ce

_____

(1) *Ep. ad Quint.* I, 1, 12; *pro Rab. Postum.*, c. 2.
(2) « Initio belli Asiatici, cum in Asia res magnas permulti amiserant, scimus Romæ, solutione impedita, fidem concidisse. Non enim possunt una in civitate multi rem atque fortunas amittere, ut non plures secum in eamdem calamitatem trahant. » (*Leg. Manil.*, cap. 7.)
(3) Cic., *leg. Manil.*, 8, ed. Var.   (4) *Ibid.*, 11-13.
(5) « Insula Delos, quo omnes undique cum mercibus atque oneribus commeabant, referta divitiis, parva, etc. » *Ibid.*, 18.

prince lui fit perdre presque tous ses priviléges, les
propriétés des indigènes étaient soumises au tribut,
vectigal. Les terres du domaine public étaient
louées au plus offrant, d'après les règlements des
censeurs[1]; les baux n'étaient que d'un *lustre* ou
cinq ans, terme évidemment trop court, et nuisible
aux progrès de l'agriculture[2]. L'impôt foncier, auquel il faut joindre la taxe sur les portes, la capitation sur les hommes et sur le bétail, les impôts
indirects du sel, des douanes, des entrées et des
péages, était perçu par les publicains, qui vexaient
cruellement les malheureuses provinces[3]; aussi
César changea-t-il le paiement des dîmes de l'Asie
en un abonnement fixe[4].

Pour l'impôt indirect, c'était moins, dit Cicéron,
la quotité de l'imposition que le mode et la rigueur
de l'exercice qui excitaient des plaintes générales[5].
Ce motif amena la suppression des douanes pour
l'Italie, en 693.

Mais les publicains aggravaient énormément le
poids de ces charges, et forçaient les villes d'Asie,
qui étaient solidaires de la totalité des impôts, à
payer, pour les termes arriérés, un intérêt usuraire
qui montait souvent à 48 pour % par an[6].

Les gouverneurs étaient pourtant forcés de ménager cette corporation puissante, qui, formée de

(1) Cic., *Verr.*, III, 6.   (2) *Ad Attic.*,VI, 2; t. I, p. 604.
(3) Cic., *Ad Quintum fratr.*, I, 1, 11.
(4) Appian, *Bell. civ.*, V, 4. Dio., XLII, 6.
(5) Les mêmes plaintes se sont reproduites en France, à la fin
de 1830, et elles ont déterminé l'administration à changer la
forme et la perception de l'impôt sur les boissons.
(6) Même avec les intérêts composés. (*Ad. Attic.*, V, 21.)

chevaliers romains, était alors investie du pouvoir judiciaire et se mettait souvent au-dessus des lois.

Servilius Isauricus leur avait adjugé l'intérêt stipulé dans leurs traités avec les villes; Cicéron accorda aux débiteurs un terme assez large, à condition que, s'ils payaient avant l'époque, on ne leur compterait l'intérêt qu'à 12 pour $\frac{o}{o}$, et qu'autrement ils paieraient l'intérêt porté dans leurs obligations.

Nous trouvons dans une lettre de Cicéron à Atticus[1] la preuve que les chevaliers romains prenaient à ferme, pour cinq ans, tous les revenus de la république dans une province, et qu'ils les louaient et sous-louaient ensuite à des traitants et à des sous-traitants. On sent aisément combien ce mode de perception des impôts devait être oppressif et onéreux pour les peuples. « L'an 692, les chevaliers, fermiers généraux de l'Asie, qui avaient traité avec les censeurs, se plaignirent au sénat. Ils alléguèrent qu'aveuglés par l'amour du gain, ils avaient poussé l'enchère trop haut, et demandèrent que leur bail fût résilié. La chose était odieuse, la demande honteuse, et l'aveu de leur cupidité formel[2]. » Cicéron, tout en reconnaissant l'injustice de leur réclamation, l'appuya par des motifs d'intérêt public et privé. Caton s'y opposa fortement; son opinion prévalut, et ce fut la cause qui aliéna du sénat l'ordre entier des chevaliers.

Maintenant que j'ai démontré l'opulence et les ressources de l'Asie, malgré la masse des impôts et leur onéreuse perception, il faut en rechercher les

(1) *Ad Att.*, VI, 1.   (2) I, 17.

causes; elles se trouvent évidemment dans des
institutions favorables au développement du commerce et de l'industrie, et tout-à-fait opposées aux
lois et aux préjugés qui, à Rome et dans l'Italie, ta-
rirent ces deux sources de la richesse publique.

Les colonies grecques de l'Asie-Mineure nous
sont représentées par Hérodote[1] comme ayant déjà,
du temps de Cyrus et de ses successeurs, une marine et un commerce très florissants.

Les Ioniens, entre autres, avaient un gouvernement fédératif bien constitué, et un bon système
municipal, qu'ils devaient à Thalès de Milet[2].

« Les Lyciens, dit Strabon[3], ont un gouvernement
connu sous le nom de *corps lyciaque*. Il est composé de vingt-trois villes, qui ont voix dans l'assemblée publique, à laquelle chaque ville envoie
des députés, et qui se tient dans celle qu'ils choi-
sissent. Les plus considérables de ces villes ont
chacune trois voix, les moyennes deux, et les autres une seule voix. Elles contribuent dans la même
proportion aux dépenses et aux autres charges publiques. Dans l'assemblée de ces représentants on
commence par nommer le Lyciarque, ou chef de
la confédération; ensuite on procède à l'élection
des autres magistrats; on y nomme aussi les juges
de tous les tribunaux. Autrefois, on y délibérait
encore sur la guerre, la paix et les alliances; aujourd'hui il faut le consentement des Romains
pour qu'il soit permis aux Lyciens de statuer sur
leurs propres intérêts. »

(1) I, 142, sqq. Cf. STRAB., XIV, 643.
(2) HEROD., I, 170.   (3) XIV, 664, 665.

La même forme de gouvernement représentatif existait chez les Cariens et dans la tétrapole de Phrygie, dont Cybira, la ville principale, était, dit Strabon, renommée pour ses bonnes lois, ses richesses et sa grande industrie[1].

Rhodes se distinguait par des lois admirables sur le commerce, la navigation et toutes les parties de l'administration; ce qui lui valut l'empire de la mer et la mit au premier rang des villes opulentes et industrielles.

Chez les républiques d'Asie[2] qui avaient adopté le gouvernement aristocratique, les lois et les institutions n'étaient pas moins favorables au commerce et aux arts utiles. J'ai cité l'exemple de Rhodes qui était dans ce cas; j'y joindrai celui de Marseille, quoique cette ville fût située dans une région très éloignée de l'Asie-Mineure; mais elle avait été fondée par les Phocéens, qui y avaient établi les lois de leur métropole asiatique. Or, Cicéron[3] fait le plus brillant éloge des mœurs, des institutions et du gouvernement de cette ville, qu'il est, dit-il, « plus facile de louer que d'égaler, » et qu'il met au-dessus de ceux de tous les peuples de la terre. Il ajoute que « le pouvoir exécutif résidait dans un sénat composé des meilleurs et des plus riches citoyens. » Tacite[4] vante aussi les bonnes mœurs, l'économie et l'instruction de Marseille.

---

(1) STRAB., XIV, 660; XIII, 631.
(2) STRAB., XIV, 652, 654.
(3) « Massilia, cujus ego disciplinam atque gravitatem non solum Græciæ, sed haud scio an cunctis gentibus anteponendam dicam... sic *optimatum consilio gubernatur*, ut omnes ejus instituta laudare facilius possint quam æmulari. » *Pro Flacco*, 26, ed. Varior.
(4) *Agricola*, IV.

Il ne nous est presque rien resté des lois qui régissaient les colonies ioniennes; mais, comme elles avaient été fondées par les Athéniens, nous sommes sûrs que leurs institutions avaient été modelées sur celles de la métropole.

Or, les lois de Dracon et de Solon étaient, comme le remarque Montesquieu [1], très favorables au commerce; elles proscrivaient surtout l'ignorance et la fainéantise.

L'une obligeait les parents à faire apprendre à leurs enfants à nager, à lire et à écrire. Les moins riches devaient s'adonner à l'agriculture, au commerce ou aux arts mécaniques[2]. Une autre dispensait le fils auquel ses parents n'avaient pas fait apprendre un métier, de l'obligation de les nourrir[3].

Une autre [4], rappelée par Hypéride et Démosthène, ordonnait de vendre à prix fixe, sans dol ni fraude; les agoranomes veillaient à la stricte exécution de cette loi. Elle assurait aussi l'exécution franche et complète des marchés et des contrats.

Une autre accordait le droit de cité aux étrangers qui venaient se fixer à Athènes, et les obligeait même à le demander au peuple dans un bref délai [5]. Cette loi de Solon fut, à la vérité, modifiée postérieurement.

Une autre [6] honorait les sciences en ne permet-

---

(1) Espr. des Lois, liv. XXI, ch. 7. Cf. HÉRODOT., II, 177, et h. l. not. Schweigh. et Larcher.

(2) *Leg. Attic.*, SAM. PETIT, lib. II, tit. IV, p. 239.

(3) *Ibid.*, II, IV, p. 244.

(4) *Leg. Attic.*, V, III, p. 494.

(5) *Leg. Attic.*, II, III, p. 205.

(6) *Leg. Attic.*, III, VIII, p. 387; HYGIN., *Fab.*, 274.

tant l'exercice de la médecine qu'aux personnes libres, et en le défendant aux femmes et aux esclaves.

Par une autre loi de Solon l'argent était réputé marchandise, et le taux de l'intérêt n'était fixé que par la volonté des contractants[1]. Il abolit la contrainte par corps pour les débiteurs[2].

Le droit hypothécaire sur les biens-fonds était, à Athènes, plus ancien que Solon; il existait outre l'engagement de la personne, qui fut ensuite aboli. A Rome, l'état de choses établi ne l'admettait pas; il était inconciliable avec le droit de propriété des quirites comme avec la simple possession[3].

L'altération de la monnaie était punie de mort[4].

Enfin, une loi formelle de Solon encourageait les sociétés formées pour le commerce, la navigation, l'industrie, et leur permettait de faire toute espèce de contrats et de transactions, en se conformant aux lois établies[5].

Nous savons que ces règlements avaient été adoptés par les colonies asiatiques. On peut affirmer que c'est à la sagesse de ces lois, à l'industrie qu'elles développèrent, au commerce qu'elles protégèrent, et surtout à l'influence si puissante de l'esprit d'association, soit entre les citoyens, soit entre les villes confédérées, que l'Asie-Mineure dut

(1) *Leg. Attic.*, V, iv, p. 498.
(2) Plutarch., *in Solon.*, t. I, p. 344, ed. Reiske; *Leg. Attic.*, V, iv, p. 507.
(3) Voy. Niebuhr, *Hist. Rom.*, t. II, p. 385, not. 506.
(4) *Leg. Attic.*, V, iv, p. 510.
(5) *Leg. Attic.*, V, vii, p. 524. Voyez, sur toutes ces lois, Borckh, Econom. politiq. des Athéniens, liv. I, ch. 9, et liv. IV, ch. 2.

cette abondance de population, de richesses, de produits du sol, des arts et de l'industrie, qu'elle sut conserver encore sous le gouvernement tyrannique des proconsuls romains.

En effet ces républiques asiatiques loin de flétrir, comme Sparte et Rome, le commerce et l'industrie, les honoraient et les encourageaient puissamment.

Aristote nous dit[1] que, par la constitution d'Hippodamus de Milet, les artisans, les cultivateurs et les gens de guerre avaient un droit égal au gouvernement; que la forme caractéristique du gouvernement démocratique était le cens fixé à un taux très bas, et le droit égal pour tous d'arriver aux magistratures. Or, nous savons par Cicéron[2] que toutes les républiques de l'Asie étaient gouvernées de cette manière. Son esprit aristocratique s'indigne de voir dans la Phrygie et dans la Mysie, à Pergame, à Tralles, les artisans prendre part aux délibérations publiques[3].

Le même orateur[4] nous apprend que ces villes d'Asie ne possèdent ni trésors ni domaines publics; elles n'ont que deux moyens de se procurer de l'argent, savoir: des impôts et des emprunts. Ces villes étaient pourtant fort riches; dès lors il est évident qu'elles avaient de grands moyens de crédit, ce que la forme de leur gouvernement représentatif, que j'ai rapportée plus haut, amena nécessairement.

(1) *Polit.*, II, 6; IV, 4.   (2) *Pro Flacco*, 7, 8.
(3) « Sutores, ac zonarii, opifices et tabernarii. »
(4) *Ibid.*, 9, edit. Var.

Leurs finances étaient bien administrées, témoin celles de Temnis dont les comptes étaient
tenus avec le plus grand ordre, et où il ne pouvait
se faire le mouvement d'une seule drachme que
sous la responsabilité de cinq préteurs, de trois
questeurs et de quatre banquiers élus par le
peuple[1].

Les Romains, ignorants en économie politique,
qui regardaient le signe monétaire comme une richesse réelle, avaient, par la loi *Gabinia,* défendu
aux alliés de faire des emprunts à Rome[2], sans
doute pour empêcher l'or et l'argent de sortir de
la capitale.

Ce motif est exprimé par Cicéron lui-même[3],
qui, dans son consulat, interdit aux Juifs, alors
banquiers et usuriers à Rome, comme ils l'ont été
partout, la faculté d'exporter de l'or tous les ans,
pour Jérusalem, de l'Italie et des provinces.

Enfin, on peut juger du crédit et des ressources
de l'Asie, province beaucoup plus riche que celle
de Cilicie, par ce fait important que nous a transmis Cicéron[4]. « Dans une année de bonne administration, en leur laissant l'*autonomie,* l'usage de
leurs lois et de leurs tribunaux, toutes les villes,
horriblement vexées par les gouverneurs précédents, sont devenues florissantes; les unes se sont

(1) CICERO, *pro Flacco,* 19, ed. Var.
(2) CICER., *ad Attic.,* V, 21.   (3) *Pro Flacco,* 28, ed. Var.
(4) « Multæ civitates, omni ære alieno liberatæ, multæ valde
levatæ sunt. Omnes suis legibus et judiciis usæ, αὐτονομίαν adeptæ,
revixerunt. Populi autem nullo gemitu, publicanis, quibus hoc
ipso lustro nihil solverant, etiam superioris lustri reddiderunt. »
Ad Attic., VI, 2.

acquittées entièrement de leurs dettes, les autres
se sont beaucoup libérées; de plus, elles ont payé
aux publicains tout ce qu'elles leur devaient pour
les impôts de ce lustre dont ils n'avaient rien touché, et même l'arriéré du lustre précédent. »

Quant aux ressources et à la richesse de l'Asie,
Plutarque nous a transmis [1] un témoignage positif.
Cette province, que Mithridate avait pillée pendant
quatre ans et accablée de réquisitions et d'impôts
énormes, fut condamnée par Sylla à payer 20 000
talents d'argent (environ 120 millions); de plus chaque particulier fut contraint de fournir à chaque
soldat 16 drachmes (16 francs) par jour, et de lui
donner à manger à lui et à tous les amis qu'il voudrait inviter. Chaque centurion recevait par jour
50 drachmes (50 francs), et, de plus, un habit pour
porter dans la maison et un autre pour paraître en
public. Cette somme se monta bientôt à 120 000
talents (720 millions) par les usures des publicains,
mais elle fut réduite à 40 000 (240 millions de fr.) qui
furent acquittés en entier. L'Arménie seule paya
sur-le-champ à Pompée une contribution de 6 000
talents (36 000 000 fr.), et les largesses qu'il fit à
ses soldats [2], après avoir terminé la guerre, se mon-
tèrent, dit Appien [3], à 16 000 talents (96 millions).
Il porta au trésor public, en argent monnayé ou
en argenterie, 20 000 talents (120 millions de fr.).
Ces sommes immenses provenaient des contribu-

---

(1) *Sylla*, t. III, p. 130, ed. Reiske.
(2) 1 500 drachmes (environ 1 500 fr.) à chaque fantassin, et
probablement le double aux centurions, et le triple aux cavaliers.
STRABO, XI, 530.
(3) *Bell. Mithrid.*, c. 116.

tions de l'Asie, qui, en outre, avait créé les fortunes énormes de Murena, de Scaurus, de Gabinius, de Faustus Sylla, de Demetrius, de Théophane, lieute-nants, amis et affranchis de Pompée[1].

Enfin nous savons que ce général tripla presque le revenu en argent de la république, qui ne per-cevait avant lui que 5c millions de drachmes[2] (5o millions de fr.), et qui en perçut 85 millions des seuls pays conquis par lui.

Ces charges énormes, tant ordinaires qu'extraor-dinaires, prouvent quelles étaient alors les res-sources et les richesses de l'Asie soumise aux Ro-mains, de même que la masse des contributions de guerre acquittées par la France en 1815 atteste son opulence.

Maintenant, si l'on a bien suivi l'exposé des institutions, des lois, des mœurs, des préjugés qui régissaient, d'un côté, les Romains et les peuples de l'Occident soumis à leur langage et à leur puissance, de l'autre les peuples de l'Orient parlant la langue greçque, et qui, dans leur subjection, avaient gardé leurs mœurs et leurs lois, il en ressortira l'explica-tion d'un grand fait historique relatif à la richesse respective de ces deux régions pendant toute la durée du Bas-Empire et du moyen-âge.

Nous voyons toujours dans cette période l'Occi-dent pauvre et stérile, l'Orient abondant en métaux, en productions de tout genre; il est singulier que

(1) Voyez, sur ces faits, APPIEN, *Bell. Mithr.*, c. 115, 116; PLUTARCH., *Pomp.*, XLV, et PLINE, VII, 29; XXXVII, 2; XII, 4; OROS., VI, 6.

(2) La drachme et le *denarius* avaient alors la même valeur, environ 1 franc de notre monnaie.

ni Montesquieu, ni Gibbon, ni aucun des écrivains qui ont traité de la décadence de l'empire, n'aient songé à rechercher la cause de cette inégalité dans la distribution de la richesse.

Dans l'Occident les circonstances politiques semblaient néanmoins devoir être plus favorables à son développement. L'empire résista moins long-temps de ce côté; les royaumes formés de ses débris se constituèrent assez promptement.

L'empire d'Orient, au contraire, sans cesse atta-qué par les Barbares, fut gouverné par une série de despotes inhabiles. Les querelles religieuses, les sectes, les hérésies, l'abus des ordres monastiques, l'extension immodérée du célibat, les dépenses énormes d'une cour fastueuse; plus tard, l'invasion des Arabes et de la religion musulmane; toutes ces causes réunies paraissaient devoir entraîner la ruine du commerce, de l'industrie, enfin de la richesse publique et particulière.

L'effet contraire s'est produit.

Il faut donc que, sous ce rapport, les institutions et la puissance de la société aient été plus fortes en Orient, plus faibles en Occident, que les vices et les fautes des gouvernements.

L'Occident, civilisé par Rome, reçut, avec la langue du peuple dominateur, ses lois, ses mœurs et ses préjugés contre le commerce et l'industrie; les Barbares, qui incorporèrent dans la civilisation romaine leurs lois et leurs mœurs farouches, y ap-portèrent leur mépris pour les arts, les métiers, la culture, les échanges, enfin tout ce qui n'était pas le pouvoir ou les armes.

L'Italie romaine, depuis la destruction de Car-

thage jusqu'à la fondation de Constantinople, avait
existé, vis-à-vis de la Grèce et de l'Orient, dans le
même état où l'Espagne, pendant le xviii° siècle,
s'est trouvée à l'égard de l'Europe. Alberoni disait
avec autant de justesse que de profondeur : « L'Espagne est à l'Europe ce que la bouche est au corps ;
tout y passe et rien n'y reste. » Telle fut l'Italie romaine dans le dernier siècle de la république et
sous les empereurs. Rome attirait, engouffrait l'or
des provinces, comme l'Espagne les métaux précieux du Mexique et du Pérou ; toutes deux prenaient
le signe pour la richesse, une valeur fictive pour
une valeur réelle, et l'argent s'écoulait sans cesse
de leurs mains ; car l'Italie, comme l'Espagne,
consommait sans reproduire. L'Orient était essentiellement producteur, commerçant et manufactu-
rier ; les impôts, les concussions, les avanies, faisaient couler sans cesse à Rome de nouvelles richesses, que le travail industrieux de l'Egypte, de
la Grèce et de l'Asie repompait par des échanges
et ramenait à leur source par le grand canal du
commerce et de la navigation.

A Rome, je le répète, et dans l'Occident soumis
à ses lois, les institutions, les mœurs, les préjugés
flétrissaient l'art qui produit les matières, qui met
en valeur les produits, qui en augmente le prix
par le travail, qui le double par les échanges.

Dans l'Orient, au contraire, chez tous les peuples
parlant la langue grecque, les institutions politiques, les lois civiles, l'opinion, l'usage et les mœurs
protégeaient, encourageaient, honoraient la production, la fabrication, la navigation, le commerce
et l'industrie ; elles attribuaient aux professions

mercantiles des droits politiques égaux, souvent
supérieurs à ceux des autres conditions sociales.
Ces villes d'Egypte, de Grèce et d'Asie, sont à l'Occident, sous le haut empire et dans le moyen-âge,
ce que Venise, Gênes et Florence sont à l'Europe
depuis le XIII° jusqu'au XVI° siècle.

L'étonnement des Arabes, des croisés, des Turcs,
fut extrême en voyant tant de richesses dans cet
empire byzantin si faible et si divisé. Je crois avoir
indiqué la grande et véritable source de ces richesses : l'Orient honorait, l'Occident flétrissait le commerce et l'industrie; l'Occident consommait sans
reproduire, l'Orient était producteur et manufac-
turier.

Pour en revenir à l'objet spécial de ce chapitre,
nous avons vu le même phénomène se développer,
de nos jours, dans les mêmes contrées et sous un
gouvernement semblable à celui des proconsuls
romains.

Dans les quarante dernières années les Grecs
de l'Archipel et des côtes de l'Asie avaient acquis
de grandes richesses par le commerce et la navigation, malgré les impôts, les avanies, les oppressions de toute espèce dont ils étaient accablés par
les Turcs et leurs subordonnés. C'est qu'ils se re-
trouvaient encore dans la même position où avaient
été placés leurs ancêtres vis-à-vis des Romains. Les
deux peuples conquérants ont également négligé
l'agriculture, le commerce et l'industrie; la devise :
« Regere imperio populos, hæ tibi erunt artes, »
s'applique avec autant de justesse aux fils d'Othman
qu'aux descendants de Romulus. Les Grecs se sont

approprié et ont détourné à leur profit ces trois
sources fécondes de la richesse et de la prospérité
publique; en un certain nombre d'années ils sont
parvenus à faire passer dans leurs mains le commerce de l'empire ottoman, dont ils ont dépossédé
la France, à amasser des capitaux considérables et
à créer une marine florissante, qui, dans la dernière
guerre, a lutté avec avantage contre celle de leurs
oppresseurs.

CHAPITRE XII.

SYSTÈME DES IMPÔTS.

Le système des finances de la république était
très simple. Les revenus de l'Etat consistaient en
domaines, contributions en nature, corvées, et
quelques impôts en argent payés à l'entrée et à la
sortie des marchandises, ou perçus sur la vente de
certaines denrées.

Ce mode et cette nature d'impositions, convenables à un peuple agricole et guerrier, existe encore,
presque sans aucun changement, dans l'empire
ottoman, qui, placé sous l'influence des mêmes circonstances, occupe une grande partie des provinces soumises autrefois à la domination romaine.
Je ne citerai en ce moment que ce seul point de
ressemblance dans la nature des revenus de ces
deux grandes puissances.

La république romaine, au temps de la dictature
de Sylla, et même à la fin du vii° siècle, ne percevait

en argent [1] que 40 000 000 de francs par année. Un passage de Cicéron, un autre de Plutarque, joints à mon évaluation du nombre des citoyens romains nourris par le blé de Sicile et aux chiffres de Pline sur les revenus en argent de la république, nous donnent le chiffre de ce revenu pour l'an 697. Cicéron dit [2] : « La remise au peuple du paiement de $\frac{5}{6}$ d'as pour chaque *modius* de blé ôta à la république près du cinquième de ses recettes, *prope quinta pars vectigalium.* » D'après Plutarque [3], Rome perdit par cette suppression de $\frac{5}{6}$ d'as le *modius* 1 250 talents, environ 7 000 000 de francs, et dans la vie de César [4] il rapporte que Caton proposa cette réduction des $\frac{5}{6}$ d'as payés sur chaque *modius* de blé, et que la perte fut par année de 5 500 000 deniers, environ 5 500 000 francs. Mais les savants s'accordent à reconnaître qu'il y a erreur dans ce dernier nombre, et qu'il doit être le même que celui qui est donné plus haut, c'est-à-dire 7 000 000 de francs; car les deux époques sont si rapprochées qu'on ne peut supposer une telle diminution dans le nombre des individus qui participaient aux distributions gratuites. Or, en multipliant ce nombre par 5, nous avons pour le revenu total 35 000 000 de francs. Ainsi les 40 000 000 donnés par Pline et par Plutarque, dans la vie de Pompée, s'accordent avec les autres chiffres fournis par ce dernier auteur; car

---

(1) PLUTARCH., *Pomp.*, t. III, p. 799, ed. Reiske. PLINE, XXXIII, 17. JUST.-LIPSE, *Elect.*, I, 8, t. I, p. 246. Vid. BROTTIER, *Not. ad Tacitum, Ann.*, XIII, 29, t. II, p. 419, ed. in-4°. En 663 de Rome il y avait dans le trésor 1 000 800 000 francs; en 705 César y trouva 2 000 000 000.

(2) *Pro Sextio*, 25.   (3) *In M. Catone*. cap. 26.

(4) *In Cæsare*, cap. 8.

Cicéron dit : « Remissis semissibus ac trientibus,
« quinta *prope* pars vectigalium tollitur. » Les
7 000 000 francs étaient moins de $\frac{1}{5}$ et plus de $\frac{1}{6}$ de
40 000 000; l'orateur, pour émouvoir, a choisi le
nombre rond le plus fort.

Auguste [1] nourrit gratis 200 000 citoyens [2], dans
son treizième consulat, sur le pied de 60 deniers
par tête, καθ᾽ ἕνα ἑξήκοντα δραχμὰς, ou 60 francs. Si
c'est par année, la dépense s'élevait à 12 000 000.
Mais on sait que chaque frumentaire recevait 5 *modius* ou 67 $\frac{1}{2}$ livres de blé par mois. La quantité
de blé distribuée gratis par année était donc 67 $\frac{1}{2}$
× 12 × 200 000 = 162 000 000 de livres de blé. En
multipliant ce nombre par 15 centimes, prix probable de la livre de blé, on trouve pour la dépense
annuelle 24 300 000 francs.

Le revenu annuel du sultan turc ne montait, en
1780, qu'à 35 000 000 de piastres en numéraire,
valant alors environ 70 000 000 de francs. Dans
l'empire ottoman [3], cette somme si minime, relativement à l'étendue de la Turquie, était fournie par
la capitation, la contribution mobilière, les douanes, l'octroi, des droits sur les successions et un
impôt sur les marchandises. Les Romains et les
Turcs prélevaient en nature la plus grande partie
de leurs revenus : chez les premiers, comme en
Chine sous les anciens rois [4], c'est le dixième des

(1) Dion, LV, 15.

(2) L'inscription d'Ancyre (tab. III) confirme le chiffre de Dion
pour les frumentaires : «Plebi quæ tum frumentum publicum acce-
perat dedi; ea millia hominum paulo plura quam ducenta fuerunt.»

(3) Voyez Mouradeja d'Ohsson, État de l'empire ottoman,
t. III, première partie, p. 365, sqq.

(4) Voyez la notice sur l'encyclopédie de Ma touan Lin, inti-

grains, le cinquième des fruits; chez les seconds, l'impôt varie de la moitié au dixième des produits.

L'empire romain n'était, comme je l'ai établi ci-dessus, qu'une agglomération immense de munici-pes indépendants; la plus grande partie des char-ges et des dépenses était restée communale[1]. Le fisc et le trésor n'étaient guère chargés que des frais de l'armée de terre et de mer, et de ceux de l'administration dans les provinces impériales.

Toutes les dépenses nécessaires au bien-être de l'état social n'étaient pas centralisées comme en France, où notre budget d'un milliard comprend les frais de culte, d'éducation, de justice, de pri-sons, d'enfants trouvés, les secours à la mendicité, et enfin presque toutes les charges départemen-tales et communales.

Il y a une grande ressemblance entre le sys-tème des impôts de l'empire romain et celui des Etats-Unis de l'Amérique septentrionale, où les dé-penses du gouvernement central sont à peine de 140 000 000, appliqués à la guerre, à la marine et aux affaires étrangères, tandis que celles des divers Etats et du pays en général sont à peu près égales aux charges que supporte la France. Voilà pourquoi Vespasien, qui avait un empire peuplé d'environ 120 000 000 d'habitants, et dix fois plus étendu que la France, déclara[2] qu'il lui fallait 40 000 000 000 de

tulé *Wen hian thoung k'hao*, par M. KLAPROTH, Nouv. Journ. asiat., t. X, p. 21. Je cite la traduction : « Les anciens rois prenaient le dixième des produits; ils le levaient sur la terre. »

(1) ROTH., *De Re municip. Roman.*

(2) Voy. SUÉT., *Vesp.* 16 : « Professus quadringenties millies, ut respublica stare posset. »

sesterces (10 000 000 000 de francs) pour faire marcher le gouvernement. Cette demande de fonds n'est point évidemment un budget annuel, mais le capital que Vespasien jugeait nécessaire pour réparer les désastres que les guerres civiles avaient causés aux routes, ponts, chaussées, aquéducs, monuments de tout genre à la charge du gouvernement impérial; pour les indemnités de toute nature dues aux particuliers qui avaient souffert du pillage et des réquisitions extraordinaires, suites inévitables du passage des armées indisciplinées, de la nécessité de les nourrir et de les pourvoir abondamment; enfin pour créer au trésor de l'Etat un revenu capable de faire face, dans les temps ordinaires, à toutes les dépenses de l'administration. Néanmoins le capital réservé pour ce dernier objet[1] eût été évidemment insuffisant aux besoins d'un si vaste territoire, si les colonies, les municipes, les villes et les communes n'eussent été chargées de la plus grande partie des dépenses qui entrent aujourd'hui dans les divers budgets de l'Europe.

Cette vue générale, qui me paraît juste et précise, avait échappé jusqu'ici à tous ceux qui ont traité des impôts de la république et de l'empire romain; en un mot on n'avait point fait la distinction des recettes et des dépenses générales et communales. C'est cette lacune dans le budget de l'empire romain que je me propose de remplir.

Je vais maintenant exposer en détail chaque

(1) GIBBON (t. I, p. 304, éd. fr., 1777) porte le revenu général de l'empire de 350 à 450 000 000.

nature de contributions sous la république et sous l'empire. La matière a été ébauchée par Vaillant [1] et Spanheim [2]. Depuis, Pierre Burmann a donné une dissertation étendue sur les revenus du peuple romain [3]. Jacques Godefroy, dans ses commentaires du Code Théodosien, MM. de Pastoret [4], Savigny [5] et de Vesme [6], ont éclairci la matière. J'espère, aujourd'hui que les connaissances en fait d'impôt et de finances se sont beaucoup étendues, pouvoir, en me servant des travaux de ces écrivains savants et laborieux, ajouter quelques faits, quelques explications nouvelles et précises à cette branche importante de l'économie politique des Romains.

CHAPITRE XIII.

CONDITION DES TERRES IMPOSABLES.

Il n'y eut que peu d'impôts sous les rois; ils étaient payés en nature, excepté le produit de la vente du sel, dont Ancus Marcius [7] se réserva le monopole quand il eut fait la conquête d'Ostie.

« L'impôt régulier [8] assis sur le cens était payé

---

(1) *De Præstantia et usu numismatum.*
(2) *Exercitatio orbis Romani.*
(3) *Vectigalia pop. Romani*, Leyde, 1734.
(4) Ordonn. des rois de France.
(5) Mém. de l'Ac. de Berlin, 1822 et 1825.
(6) Mém. mss. envoyés au concours du prix proposé en 1835 par l'Acad. des Inscr. et Belles-Lettres.
(7) TIT.-LIV., I, 33.
(8) NIEBUHR, *Hist. Rom.*, tr. fr., t. II, p. 225 et suiv.

par les plébéiens; son nom même, *tributum,* était
dérivé de celui des tribus de cet ordre. C'était une
taxe à tant par mille, variable selon les besoins de
l'État; mais ce n'était point une contribution de
fortune, répondant aux revenus de la classe imposable; car les récits sur les dettes des plébéiens
prouvent clairement que ces dettes n'étaient point
défalquées de l'évaluation des propriétés. C'était
une contribution directe sur les choses, sans égard
à leurs produits, ainsi que cela se pratique pour
l'impôt sur les maisons et sur les terres; et même
il en était la partie la plus essentielle, seulement il
était caché dans le cens en général. Ce qui devait
rendre cette charge plus pesante, c'était surtout sa
mobilité[1]. De plus, elle ne frappait que les *assidui;*
les prolétaires n'étaient tenus qu'à la déclaration de
leur avoir. »

Lorsque les Romains avaient soumis quelque
peuple voisin, ils lui accordaient la paix à différentes conditions : ou bien ils laissaient à ce peuple la
liberté et l'usage de ses lois, en lui imposant un tribut annuel pour les frais de la guerre[2]; ou bien ils
ôtaient aux vaincus, en totalité ou en partie, leur
territoire, qu'ils adjoignaient au domaine public.
Quelquefois ils y établissaient des colons auxquels
ils partageaient les terres conquises, et qui devaient

(1) L'appauvrissement et la faiblesse de Rome jusqu'à la loi
Licinia sont un exemple mémorable des suites désastreuses du système qui fait de l'impôt foncier le principal revenu de l'État, et
surtout de celui qui n'est supporté que par une seule classe, laquelle se trouve ainsi dans les mêmes rapports envers les privilégiés que le cultivateur d'un pays fort imposé envers celui d'un État
où les charges sont moindres.   (*Note de Niebuhr.*)
(2) Ce qui s'appelait proprement *tributum* ou *stipendium.*

payer au trésor public une certaine partie du revenu
de ces terres. L'impôt en nature se nommait vectigal, à *vehendo*, dit Varron, parce que l'obligation de
transporter les denrées à un lieu fixé par le gouvernement était toujours jointe à cette nature d'imposition. Plus tard la signification de ce terme s'étendit
et comprit d'abord les impôts indirects, puis enfin
toutes les sortes de revenus qui entraient dans le
trésor public. Dans l'ancienne république, les trois
principales branches d'impositions étaient assises
sur les champs cultivés, sur les pâturages, et sur
les marchandises qui payaient un droit à l'entrée
ou à la sortie des villes ou des ports. Ces impôts étaient nommés *decuma, scriptura* et *portorium.* Les terres du domaine public se nommaient
tantôt *agri publici,* parce que la propriété en appartenait à l'Etat qui en recueillait les produits,
tantôt *vectigales,* parce qu'on en avait concédé la
possession à des particuliers moyennant une redevance en nature, *vectigal*[1].

Les terres du domaine public s'acquéraient de
deux manières : soit lorsqu'une cité livrait volontairement toutes ses propriétés au peuple romain,
comme firent les Campaniens, qui, pressés par les
Samnites et ne pouvant leur résister, abandonnèrent aux Romains leur territoire, ainsi que nous l'apprend Tite-Live[2]; soit lorsque la conquête en avait
investi le peuple romain, comme ces terres du Pice-

---

(1) Vid. Manut., *in Cicer. ad Attic.*, II, 15, in fin.
(2) Tit.-Liv., VII, 31 : « Itaque populum Campanum urbemque
Capuam, agros, delubra deum, divina humanaque omnia in vestram, Patres conscripti, populique Romani ditionem dedimus;
quidquid deinde patiemur dedititii vestri passuri. »

num enlevées aux Gaulois, qui furent, depuis leur
réunion au domaine public, appelées *ager Roma-
nus, montes Romani* [1].

Ces domaines étaient, dans les temps ordinaires,
la base des revenus de l'État; leur vente, dans les
besoins pressants, une ressource assurée. Durant
la deuxième guerre punique le revenu ordinaire
ne put suffire à l'entretien des armées; le sénat fit
vendre une portion des terres de la Campanie appartenant au domaine, avec l'obligation, pour les
acquéreurs, de payer un as de rente annuelle par
jugère, et en se réservant la faculté de réméré [2]. Il
en fit autant, à une autre époque, du domaine public dans la Sabine.

J'ai dit que Rome conquérante traitait les peuples
vaincus avec plus ou moins de sévérité. La paix
ne leur enlevait quelquefois qu'un tiers ou deux
tiers de leur territoire; les Véiens, sous Romulus,
furent dans le premier cas [3]; les Herniques perdirent
les deux tiers de leurs terres [4], les Privernates autant [5], les Boïens [6] la moitié. D'autres fois les Romains rendirent aux habitants la propriété de leur
fonds, qui avait été acquise à l'Etat par le droit de
la guerre. Cicéron [7] nous dit que plusieurs villes de
Sicile, qui avaient été prises de force, furent re-

---

(1) Voy. CICERO, *de Senectute*, 4; AGR., *contra Rullam*, II, 25.
VARRO, *de Re rust.*, I, 11, 7, *de Ling. lat.* lib. IV, p. 10; SIC.
FLACC., *De condit. agr. apud. Goes.*, p. 2, et *Comment. ad Velleium*, II, 81, ed. Varior.
(2) TITE-LIVE, XXVIII, 46; XXXI, 13. Cf. SICULUS FLAC-
CUS, *De condit. agr. apud Goes.*, p. 2.
(3) TIT.-LIV., I, 15.   (4) *Ibid.*, II, 41.
(5) *Ibid.*, VIII, 1.   (6) *Ibid.*, XXXVI, 39.
(7) *Verrin.*, III, 6.

mises sur le même pied que le royaume d'Hiéron,
lequel garda les mêmes lois et paya les mêmes impôts que sous ses anciens maîtres.

Mais s'ils étaient doux et cléments envers certains peuples, ils châtiaient sévèrement les délits
de leurs municipes ou de leurs colonies; dans ce
cas ils les privaient du droit de cité, de tous leurs
autres priviléges et d'une grande partie de leurs
biens fonds. C'est ainsi, pour me borner à un seul
exemple, que l'Etrurie presque tout entière, qui
avait suivi le parti de Marius contre Sylla, fut dé-
pouillée de ses propriétés foncières[1]. Du reste,
c'était aussi l'usage chez les Grecs, et nous savons
par Thucydide[2] que les habitants de Mitylène et
ceux de Platée subirent la même confiscation de
la part des Athéniens ou des Lacédémoniens victorieux.

Une autre portion des terres enlevées aux peuples
vaincus était distribuée aux vétérans qui s'étaient
distingués dans la guerre, ou à la plèbe de Rome
indigente et séditieuse. Cette mesure avait le double
avantage de rendre les prolétaires propriétaires
fonciers, d'exciter et de récompenser le zèle des
soldats, et de maintenir, par ces colonies placées
dans des villes fortes, les peuples nouvellement
conquis. Mais les vétérans payaient aux anciens
propriétaires, pour les terres qu'on leur avait assignées, une petite rente qui est nommée dans
le Digeste[3] : *modicum honoris gratia datum.*

---

(1) Cicer., *ad Attic.*, I, 19.   (2) III, 50, 68.
(3) VI, 1, 15, § 2, *De rei vindic.* Cf. Appian, *Bell. civ.*, II,
140, *orat. Bruti.*

Sigonius[1], Burmann[2], Beaufort[3] et Montesquieu[4] ont développé les motifs de cette colonisation, qui sont évidents pour tous ceux qui ont quelque peu étudié l'histoire de la république romaine; j'y ai ajouté, je crois, quelques vues nouvelles. Le fait important à remarquer, dans le but et l'objet de ce chapitre, c'est que les colons auxquels on distribuait les terres conquises étaient soumis à une modique rente envers le trésor public, selon le nombre de jugères qui leur était échu. Tite-Live[5], Plutarque[6] et Appien[7], Aggenus Urbicus[8] et Hyginus[9] ne laissent aucun doute sur cet usage, qu'Horace, dans une de ses odes[10], indique d'une manière positive.

Il est bon de remarquer que le système féodal conserva ce mode d'aliénation de la propriété, moyennant un cens modique, avec le droit de réméré; et comme nous le trouvons établi dès l'origine des sociétés grecques et italiennes, il ne serait pas improbable qu'il y eût été importé par les peuples indo-persans, chez lesquels il subsiste encore[11], et qui, à une époque antérieure aux temps historiques, nous ont apporté leurs animaux domestiques, les éléments de leur langage et les bases de leur civilisation.

(1) *De antiq. jur. Ital.*, II, 2.   (2) *Vectig. pop. Rom.*, p. 6.
(3) La Republ. rom., 1766, in-4°.
(4) Grand. et décad. des Rom.   (5) **IV, 36.**
(6) Ἀποφορὰν, οὐ πολλὴν εἰς τὸ δημόσιον τελοῦσιν. PLUTARCH., T. Grach., c.8.
(7) *Bell. civ.*, I, 1, 17; II, p. 516.
(8) *Comment. ad Frontin. de Agr. qual.*, p. 45.
(9) *De Cond. agr. ap. Goes*, p. 205.   (10) **III, 24.**
(11) Voy. Tod., *Hist. of Radjpouts.*

Cependant il paraît que, dans certaines circonstances et pour certaines natures de propriété, il y
avait exemption d'impôts[1]. Je crois que Burmann
se trompe[2] en voulant induire une exception du discours d'Annibal, qui, cherchant à jeter de l'odieux
sur les Romains, dit à ses soldats qu'après la victoire, il leur donnera des terres exemptes de toutes
rétributions, pour eux et pour leur postérité :
« Agrum sese daturum esse in Italia, Africa, Hispa-
« nia, immunem ipsi qui accepisset liberisque[3].» Ce
passage, au contraire, me semble prouver la géné-
ralité de l'usage chez les Romains et appuyer ceux
des écrivains spéciaux que j'ai rapportés. Mais si
les terres du domaine public, concédées à des colons, étaient soumises à un cens modique, il est
certain que celles qui étaient possédées par les
clans patriciens (*gentes*), consacrées aux dieux ou
affectées à l'entretien des temples, étaient, de même
que les propriétés des fabriques de nos églises,
que les biens du clergé et des nobles avant 1789[4],
exemptes de toute espèce d'imposition; Cicéron,
dans son livre de la Nature des dieux[5], le dit formellement.

Enfin lorsque, dans l'établissement d'une colonie, la quotité des terres à partager excédait le
nombre des colons, le surplus restait au fisc, était

---

(1) Les *gentes patriciæ*, par exemple, en étaient exemptes.
Voy. NIEBUHR, *Hist. Rom.*, t. II, ch. *des maisons patriciennes*.

(2) *Vectig.*, p. 7 et 8.   (3) TIT.-LIV., XXI, 45.

(4) C'est encore un des nombreux usages que nous avons empruntés aux Romains.

(5) III, 19.

ou loué ou vendu par lui[1], ou joint partiellement
aux propriétés concédées, mais en payant un impôt[2], ou il était rendu aux anciens possesseurs, à
la charge de payer la dîme du produit, ou enfin
il était laissé en commun à tous les colons, qui en
jouissaient moyennant une faible rétribution.

Les municipes[3] avaient aussi le droit de posséder des biens fonds dont le revenu servait à soutenir les charges de la ville, telles que la construction et l'entretien des temples, des aquéducs, des
routes, des rues, des lieux publics, le culte, l'instruction publique, etc. Les biens communaux étaient
presque toujours, comme chez nous, des terrains
vagues ou des pâtures, et se nommaient *compascua*,
parce que tous les animaux de la colonie y avaient
droit de pacage. Hyginus[4] et Aggenus Urbicus[5]
sont formels sur ce point : « Hæc fere pascua certis
« personis data sunt depascenda, sed in commune. »

Ces biens étaient souvent très éloignés de la
ville qui les possédait; ainsi nous savons par Cicéron[6] qu'Atella, qu'Arpinum, sa patrie, avaient
des terres affermées dans les Gaules. Voici ce pas-

(1) Loué pour cinq ans aux colons, ou vendu comme bien emphytéotique pour cent ans. Voy. HYGIN., *De cond. agror.* Goes.,
p. 205.

(2) « Qui superfuerunt agri vectigalibus subjecti sunt. » (HYGI-
NUS, *c. l.*) Il en était de même de l'*ager subsecivus*, portion de
terrain vague et non borné, attenant aux terres arables partagées
aux colons. Cf. HYGIN., *De Condit. agr.* AGGEN. URB., *Comment.
ad Front.* GOES., *Antiq. agr.*, p. 109.

(3) Voyez, sur les municipes, GIRAUD, Droit de propr., p. 313-
322.

(4) *De limit. const., ap. Goes.*

(5) *In Front., ibid.*   (6) *Ad Famil.*, XIII, 7 et 11.

sage curieux : « Eorum omnia commoda omnesque
« facultates, quibus et sacra conficere et sarta tecta
« ædium sacrarum locorumque communium tueri
« possunt, consistunt in his vectigalibus quæ ha-
« bent in provincia Gallia. »

On trouve dans le Digeste[1] qu'un fonds de terre
est grevé de redevances envers plusieurs villes
municipales, et, dans un autre endroit de ce recueil[2], qu'il y avait des terres, propriétés municipales, sur lesquelles des particuliers exerçaient
quelques droits.

Les villes affermaient ces terres à perpétuité,
c'est-à-dire que, moyennant le paiement exact du
prix stipulé, ni les fermiers ni leurs successeurs ne
pouvaient être évincés[3].

Il est assez curieux de rechercher comment les
villes pouvaient devenir propriétaires de ces biens;
car, d'après la loi, c'est Pline le jeune qui l'atteste[4], il
est certain qu'on ne pouvait ni instituer une ville hé-
ritière ni lui rien léguer. Mais le même auteur nous
apprend aussi qu'on pouvait parfois éluder ces dispositions; car Saturninus, qui l'avait fait son héritier, avait légué à Côme 400 000 sesterces, un quart
de la succession totale. « Selon la loi, dit Pline, le
legs est nul; mais la volonté du mort est pour moi
plus sacrée que la loi[5], et, après avoir donné à ma

---

(1) XIX, 1, 13, § 6, *De act. empt.* Ubi vid. Cujac., V, obs. ult.
(2) XXX, 1, 71, § 5 et 6, *De legat.* 1.
(3) *Digest.*, VI, III, 1. *Si ager vectig.*
(4) Plin. jun., *Epist.*, V, 7.
(5) Cette loi restrictive était peut-être bornée à l'Italie; car,
en Bithynie, je vois Julius Largus léguer aux villes d'Héraclée et de
Tium toute sa fortune à l'exception de 50 000 sesterces, et Trajan
ordonne à Pline d'accepter ce legs. (Plin. jun., *Epist.*, X, 79, 80.)

patrie 1 100 000 sesterces de mon propre bien, je n'hésite pas à lui payer les 400 000 que lui a légués mon ami. »

Le même auteur, dans une autre lettre[1], indique le moyen qu'il a pris pour assurer une certaine somme à sa patrie et pour que la destination de cette somme se perpétue après lui. «J'avais promis, dit-il, 500 000 sesterces destinés à fonder des aliments pour des personnes libres. Je fis au procureur de la république le transport d'une terre qui valait beaucoup plus; je repris ensuite cette terre chargée d'une rente annuelle et perpétuelle de 30 000 sesterces[2]. Par là le fonds de la république est en sûreté, la rente ne court aucun risque, et la terre elle-même, étant d'un rapport fort au-dessus de la rente dont elle est chargée, ne manquera jamais de maître ni d'acquéreur.»

Ce sont ces sortes de propriétés municipales que Cœlius[3] appelle *agros fructuarios.* Il voulait obtenir, en faveur de Feridius, une exemption pour des terres qui étaient chargées d'une rente semblable envers certaines villes; Cicéron la refusa[4];

J'ai déjà fait remarquer que les habitants de Nicée avaient reçu d'Auguste le privilége de recueillir la succession de leurs concitoyens morts intestat; Trajan le confirma. Voilà encore une source du capital foncier et du revenu des villes qui nous est révélée par Pline (X, 88). En Bithynie, les citoyens admis par les censeurs dans le sénat d'une ville payaient, pour leur droit d'entrée, au trésor de la commune, les uns 1 000, les autres 2 000 denarius (1 000 à 2 000 fr.): autre source de revenu pour les villes d'Asie. Voy. Plin., X, 84, 113, 114.

(1) VII, 18.

(2) Ce rapport indique que l'intérêt légal sous Trajan était de 6 p. $\frac{0}{0}$, taux que, sous Claude, indique Columelle. Voy. ci-dessus, t. I, p. 149.

(3) *Ad Ciceron., Epist. Famil.,*VIII, 9.   (4) *Ad. Attic.,*VI, 1.

il rejeta la demande de Cœlius comme inconvenante et illicite. On voit aussi dans la lettre qui nous fournit ce fait que les gouverneurs des provinces ne pouvaient détourner pour d'autres usages les revenus des villes lorsqu'ils étaient affectés aux charges municipales.

Nous sommes donc assurés que, dans les provinces comme en Italie, les villes avaient un domaine public, des revenus communaux. Ces propriétés publiques furent conservées aux villes par les empereurs, comme le prouvent les lettres de Pline que j'ai citées et plusieurs autres adressées par le même auteur à Trajan, ainsi que les réponses de ce prince.

CHAPITRE XIV.

REVENUS DES TERRES DU DOMAINE DE LA RÉPUBLIQUE.

Il me reste à exposer quel produit l'Etat retirait des propriétés comprises sous le nom générique d'*agri publici*, car les terres dont le domaine entier était resté à la république payaient une autre redevance que les terres distribuées et assignées à des colons et celles qu'on avait rendues aux anciens possesseurs.

Le produit tout entier ou le prix intégral du bail des terres qui formaient le patrimoine de la république entrait dans le trésor; c'était le revenu le plus considérable de l'Etat, celui qui faisait face

au plus grand nombre des charges publiques, à
peu près comme le domaine des rois de France au
commencement de la troisième race. Cicéron[1],
s'adressant aux Romains, le nomme : « Fundum
« pulcherrimum populi romani, caput vestræ pe-
« cuniæ, pacis ornamentum, subsidium belli, fun-
« damentum vectigalium, horreum legionum, sola-
« tium annonæ. » Il ajoute que, dans la guerre sociale, quand l'Etat avait perdu ses autres revenus,
le seul domaine public de la Campanie a nourri
plusieurs armées.

Répandus dans toutes les provinces conquises,
ces biens étaient ordinairement mis en régie,
comme le sont en France les bois de l'Etat, et on
les faisait valoir pour le compte de la république.

Le produit des terres assignées à des colons, sous
le nom d'*agri vectigales*, leur revenait en entier,
mais à charge de payer au trésor une certaine redevance établie lors de la concession.

Hygin, dont j'ai déjà traduit un passage fonda-
mental sur cette matière, nous apprend que cet
impôt n'était pas le même partout et pour toutes
les colonies; voici ce texte important : « Agri vec-
« tigales multas habent constitutiones. In quibus-
« dam provinciis, fructus partem constitutam præ-
« stant : alii quintas, alii septimas; nunc multi
« pecuniam, et hoc per soli æstimationem. Certa
« enim pretia agris constituta sunt, ut in Pannonia
« arvi primi, arvi secundi, prati, silvæ glandiferæ,
« silvæ vulgaris, pascui. His omnibus agris vecti-

_____

(1) *Agrar. contr. Rullum*, II, 29. Cf. orat. I, c. 7.]

« gal ad modum ubertatis per singula jugera con-
« stitutum[1]. »

Les Antiates, comme nous l'apprend Denys d'Halycarnasse[2], auxquels les Romains avaient vendu
leurs propriétés urbaines et rurales, payaient, non-
seulement pour celles-ci, mais pour les terres assignées aux colons romains, et qu'ils avaient prises
à ferme, une part fixe des fruits établie d'avance
dans le contrat.

Il paraît, d'après le passage formel d'Hygin, que
le cinquième des produits était le maximum de
l'impôt foncier. Appien[3] le porte, pour les terres
concédées à des colonies, au dixième des grains,
au cinquième des fruits : δεκάτη τῶν σπειρομένων,
πέμπτη δὲ τῶν φυτευομένων. Burmann[4] commet ici une
erreur très grave en attribuant au mot γινομένων
le sens de φυτευομένων, dans deux passages d'E-
lien et de Thucydide qu'il rapporte[5]; car le premier
de ces deux auteurs dit que les Lacédémoniens
exigèrent des Messéniens la moitié τῶν γινομένων,
c'est-à-dire de tous les produits quelconques. Thucydide rapporte que les Athéniens, sous Pisistrate,
payaient εἰκοστὴν τῶν γιγνομένων, le vingtième de leurs
produits. Ce sens est prouvé par cent passages
d'auteurs grecs ; je n'en citerai que deux empruntés à Plutarque[6]. Dans le premier il dit qu'on
louait et qu'on cultivait, à charge de payer le sixième des produits du sol ἕκτα τῶν γινομένων τελοῦντες; il

---

(1) Hygin., *de Limit. const. ap. Goes.*, p. 196. Voy. ci-dess.,
t. I, p. 177.
(2) Liv. IX, ch. 60, p. 615, sq.   (3) *Bell. civ.*, I, c. 7.
(4) *Vectig. pop Rom.*, p. 13.
(5) Ælian., *Var. hist.*, VI, 1. Thucyd., VI, 54.   (6) *In Solon.*

nous apprend dans l'autre que, dans toutes les productions de l'Attique, τῶν γινομένων, l'huile fut la seule dont Solon permit l'exportation.

Il est bon de remarquer en passant que la condition des Athéniens, qui payaient le vingtième et plus tard le sixième du produit des biens fonds, était plus dure que celle des Romains, qui, depuis la guerre de Persée, étaient exempts d'impôts pour toutes les terres qu'ils possédaient en propre, *jure dominii,* et dont ils avaient hérité de leurs ancêtres.

Quant au mot générique φυτευομένων, qui signifie tout ce qui est planté, et dont on prenait le cinquième, Juste Lipse[1] a tort de ne pas en étendre la signification jusqu'aux arbres de futaie et aux taillis, et de la restreindre aux vignes, aux figuiers, aux pommiers, aux noyers, en un mot aux arbres fruitiers proprement dits. Le texte d'Hygin a prouvé que les forêts de chênes et les taillis étaient imposés; seulement l'impôt était moins fort que sur les oliviers et les vignes. Nous apprenons aussi de Cicéron[2] que les pins étaient pour l'Etat une source de revenus, à cause de la poix qu'ils fournissent; les arbres de ce genre qui composaient la forêt Scantia, dont la propriété appartenait au domaine public, avaient été affermés à une compagnie par les censeurs P. Cornelius et L. Mummius. Cet impôt sur la poix est compté, dans le Digeste[3], au nombre des revenus publics; il était assis sur les

(1) *De magnit. Rom.,* II, 1. *Oper.,* t. III, p. 389, col. 2.
(2) « In silva Scantia societas quæ picarias a P. Cornelio et L. Mummio censoribus redemisset. » CICERO, *Brutus,* c. 22. Cf. *Agrar. contr. Rullum,* III, 4.
(3) L. XVI, 17 de verb. sign.

pins qui produisaient cette résine[1]. Dans notre cadastre actuel, les bois et les prés naturels sont plus fortement imposés que les terres arables, sous prétexte qu'ils coûtent moins de frais de culture et d'exploitation.

Outre le revenu et les impôts que le domaine et les terres assignées aux colons fournissaient à la république, il y avait les contributions en nature et en argent que payaient les provinces conquises, les rois alliés, les villes libres ou fédérées.

CHAPITRE XV.

DE L'IMPÔT FONCIER, ET EN PARTICULIER DES PRESTATIONS EN NATURE.

Les peuples soumis par la guerre et les pays conquis par les Romains, surtout hors de l'Italie, furent assujettis à un impôt fixe, basé sur le cadastre, l'estimation et la valeur présumée des propriétés. La Sardaigne, l'Afrique, l'Espagne, l'Asie et les autres provinces, moins la Sicile, étaient dans ce cas. Cet impôt se nommait *vectigal certum, annuum*. Il est certain qu'une partie de ce tribut, nommée *stipendiarium*, sans doute parce qu'elle était employée à solder les légions, se percevait en argent ; mais nous ignorons la quotité qui était acquittée en numéraire et celle qui l'était en nature. Tite-Live[2], Appien[3] et surtout Cicéron[4], dont je

(1) PLIN., XVI, 22. SALMAS., *Plin. exercit.*, t. I, p. 356.
(2) XXXVIII, 48.   (3) *Bell. civ.*, V, p. 673, 841.
(4) *Verrin.*, III, 6.

dois rapporter le passage décisif en cette matière,
nous montrent la différence qui existait entre l'impôt fixe et la dîme. L'orateur romain s'exprime
ainsi : « Relativement à l'impôt foncier, il y a cette
différence, entre la Sicile et les autres provinces,
que ces dernières sont soumises à un impôt déterminé nommé *stipendiarium*, et dont la recette
était affermée par les censeurs, tandis que la Sicile,
admise aux avantages d'une alliance intime avec
Rome, a conservé tous les droits dont elle jouissait
sous ses rois[1]. » Cette différence était énorme, car
la Sicile ne payait que le dixième de ses produits
annuels, comme sous le règne du sage Hiéron; ses
charges suivaient ainsi la proportion de ses revenus. L'Asie, au contraire, et les autres provinces
payaient, outre la dîme, un impôt qui était le même
dans les années stériles que dans les années d'a-
bondance; elles supportaient en outre des frais de
recouvrement considérables, étant soumises au
régime des publicains ou des fermiers généraux.
De plus, tous les cinq ans les censeurs pouvaient
augmenter l'impôt, et l'adjugeaient à l'enchère à des
compagnies qui se chargeaient de le recouvrer.
Voilà le sens précis de ces mots *censoria locatio*,
qui sont un peu obscurs pour nous, et c'est à tort,
je crois, que, dans sa dissertation sur le système
des impôts sous les empereurs romains, M. de Savigny applique à la dîme et aux prestations en na-

(1) « Inter Siciliam ceterasque provincias, in agrorum vectigalium ratione hoc interest, quod ceteris aut impositum vectigal
est certum, quod stipendiarium dicitur... aut censoria locatio constituta est... Siciliæ civitates sic in amicitiam fidemque recepimus
ut eodem jure essent quo fuissent. »

ture le droit qu'avaient les censeurs d'augmenter la quotité de la contribution.

Les pâturages, les lacs et les étangs étaient aussi soumis à un impôt direct; je traiterai des premiers en parlant de la capitation sur le bétail, nommée *scriptura*. Festus[1] nous dit que le lac Lucrin était affermé par les censeurs; mais c'étaient les huîtres, et non les poissons, qui formaient le principal produit de ce lac; elles étaient excellentes et très recherchées par les riches et voluptueux Romains[2]. Servius[3] mentionne expressément, dans le golfe de Baïes, les lacs Averne et Lucrin, «Qui olim, prop- « ter copiam piscium , vectigalia magna præsta- « bant. »

Mais revenons à la source principale de l'impôt, au sol cultivé. Les fonds de terre des provinces étaient astreints à payer une quote-part de leurs produits, qui servait à la nourriture, soit de la population de Rome, soit des nombreux soldats qui étaient sous les drapeaux.

L'importation du blé à Rome[4] est fort ancienne et prouve que, malgré la culture très productive des cinq premiers siècles, le territoire trop peu étendu ne put suffire quelquefois à nourrir la nombreuse population libre qui s'y était agglomérée. En effet Tite-Live[5] nous apprend que dès l'an 262

(1) Voc. *Lacus Lucrinus.*
(2) Senec. , *Epist.*, 78. Plin., IX, 79. Valer. Max., IX, 1, 1.
(3) *Ad Georg.*, II, 161.
(4) Je ne parle ici que des blés apportés extraordinairement à Rome des diverses provinces de l'Italie; l'importation annuelle des grains étrangers est d'une date plus récente.
(5) II, 9, 34 et passim.

de Rome, les Romains faisaient venir des grains du
pays des Volsques, de l'Étrurie, de la Campanie et
de la Sicile. On imposa ensuite à ces provinces
conquises un tribut en blé suffisant à la consommation annuelle de la capitale. Cette contribution
en grains était ordinairement le dixième du produit, comme chez les Athéniens [1], auxquels les Romains ont emprunté cette base de leurs règlements,
ainsi que beaucoup d'autres ; peut-être aussi a-t-
elle été adoptée parce que la dîme était attribuée
aux dieux [2].

Je vais maintenant indiquer les provinces qui
contribuaient principalement à la nourriture de
Rome et des armées [3].

La Sicile, qui, fertile en blé, payait de toute antiquité la dîme à ses rois, lorsqu'elle devint province romaine, conserva la propriété de toutes ses
terres. Les anciens possesseurs en furent investis
à charge de payer aux Romains les mêmes dîmes
qu'au roi Hiéron et d'après les mêmes règlements
que ce prince avait établis pour la levée de cet impôt. Ces règlements, dit Cicéron [4], étaient si habilement combinés, que le décimateur ne pouvait
rien prendre de plus que la dîme, et que le cultivateur ne pouvait frauder le décimateur sans s'exposer aux peines les plus graves.

---

(1) Vid. MEURSIUS, *Lect. Attic.*, III, 2. La ville de Cranon en
Thessalie affermait aussi ses terres arables pour le dixième des
grains. Voy. POLYEN., II, 34.

(2) SPANHEIM, *ad Callim. Hymn. in Del.*, 278.

(3) Voyez, sur ce sujet, JUST.-LIPS., *de Magnit. rom.*, l. II,
c. III; *Oper.*, t. III, p. 392-395.

(4) *Verrin.*, III, 8.

La Sardaigne, douée d'un sol très fécond, malgré l'insalubrité de son climat, envoyait à Rome le dixième de ses produits en grain; Tite-Live l'atteste en vingt endroits de son histoire[1]. Hirtius nous dit même[2] que les Sulcitains, peuple de Sardaigne, pour avoir reçu et secouru la flotte du pompéien Nasidius, furent condamnés à une amende de 10 000 000 de sesterces, et à payer le huitième, au lieu du dixième, de leurs produits en grains.

Après la prise de Carthage le territoire de cette république devint la province d'Afrique et fut aussi soumis au paiement de la dîme en nature. Une inscription très curieuse du recueil de Gruter[3] et un passage de Cicéron[4] nous apprennent que beaucoup de possessions (sans doute du domaine de la république carthaginoise) furent assignées au domaine public, que d'autres furent assujetties à un impôt, et qu'enfin certaines villes qui, dans la troisième guerre punique, s'étaient rangées au parti des Romains, conservèrent leurs biens fonds exempts de toute espèce de charges, avec ce privilége formel : « neive vectigal, neive decumas, neive scripturam « dent. »

Il est probable que la province d'Asie, après la conquête, fut soumise à la dîme, puisque Cicéron[5], dans son discours pour la loi Manilia et dans ses lettres à Atticus, parle des publicains et des décimateurs qui étaient chargés de la levée de cet im-

---

(1) XXXI, 17. Cf. VALER. MAX., VII, VI, 1.
(2) *Bell. Afr.* cap. ult.   (3) Page 512.
(4) *Pro Balbo*, cap. 18 : « Afri, Sardi, Hispani agris et stipendio multati. »
(5) *Pro leg. Manil.*, c. 6. *Ad Attic.*, V, 13.

pôt, et que d'ailleurs l'Asie payait cette dîme à ses
rois, comme le prouve le traité des habitants de
Smyrne avec ceux de Magnésie[1]. On voit que les
terres des Syriens étaient sujettes à cette contribution foncière par cet autre passage de Cicéron[2]
où il dit : « Quid nos Asiæ portus, quid Syriæ rura,
« quid transmarina vectigalia juvabunt? » Mais Appien nous fait douter si la Syrie payait le dixième de
ses produits en grains, lorsqu'il nous apprend[3] que
cette province et la Cilicie, soumises par Pompée,
furent contraintes de payer le centième de l'estimation : Ἑκατοστὴ τοῦ τιμήματος. Noris[4] pense que ce
passage d'Appien s'applique à la capitation imposée
par Auguste. Je croirais plutôt que çe fut une contribution de guerre du centième de la valeur capitale des propriétés, qui fut frappée par Pompée sur
ces provinces, comme celle que Sylla mit sur l'Asie
après la révolte, et que, dans l'état ordinaire, la Syrie
payait la dîme ainsi que les autres contrées sujettes
de la république romaine.

L'Espagne était traitée plus doucement pour
l'impôt foncier. Regardée comme moins fertile, ou
plus ménagée par quelques considérations politiques, elle ne payait, dit Tite-Live[5], que le vingtième
des grains et le dixième des menus produits, *frugum minutarum*, tels que le vin, l'huile, etc.
Cicéron atteste positivement ce fait dans ses Verrines[6].

(1)*Marmor. Oxon.*, p. 45.   (2) *Agrar. contr. Rullum*, II, 29.
(3) *Bell. Syr.*, c. 50.
(4) *Ad Cenatoph. Pisana Diss.*, II, c. 12, p. 322.
(5) XLIII, 2.   (6) III, 7.

D'après les règlements d'Hiéron, qui avaient servi de base aux Romains pour l'assiette de la dîme dans toutes les contrées soumises à cet impôt, les cultivateurs étaient obligés de déclarer le nombre de jugères qu'ils voulaient ensemencer[1]; on inscrivait leurs noms et on prélevait le dixième du produit. Le propriétaire ne devait rien autre chose que la dîme, qui se payait en grain et non en argent; seulement il était obligé de transporter ce blé jusqu'à la mer, où on l'embarquait pour Rome, et, quand la récolte était abondante, il donnait bonne mesure. La preuve de cette obligation de charroi se tire d'un édit par lequel Verrès ordonna qu'avant le premier jour du mois d'août tout le blé de dîme fût transporté sur le bord de la mer[2].

Quelquefois les gouverneurs, Verrès entre autres[3], forçaient les provinces de racheter leur dîme à très haut prix, et de plus, leur extorquaient des contributions en argent; mais c'était un abus de pouvoir souvent réprimé par le sénat. Tite-Live nous apprend en effet[4] que les Espagnols, qui se plaignirent de ces vexations, obtinrent que le gouverneur ne pourrait ni estimer le blé, ni les forcer à lui vendre leurs grains aux prix qu'il lui plairait d'y mettre, ni établir des receveurs dans les villes pour percevoir des taxes arbitraires.

La somme totale du blé produit par les dîmes était inscrite sur des registres publics et devait

(1) *Ibid.*, c. 22, 47.
(2) « Ut ante Kal. Sextilis omnes decumas ad aquam deportatas haberent. » CICERO, *Verrin.*, III, 14, 20.
(3) CICERO, *Divinat.*, c. X, et *Verr.*, III, passim.
(4) XLIII, 2.

être transportée intégralement à Rome; il n'était pas permis au questeur ni au préteur d'en rien retrancher, ni d'en appliquer une portion à d'autres besoins. Sylla même, dit Cicéron[1], tout-puissant dans sa dictature, ne put obtenir du sénat ce privilége.

Quelquefois, cependant, quand les circonstances l'exigeaient impérieusement, on imposait aux provinces une deuxième dîme en nature, outre celle qu'elles devaient pour leur contribution annuelle et ordinaire; mais, dans ce cas, le sénat faisait payer aux propriétaires le prix de ces grains qu'on appelait *frumentum imperatum*, ou *emptum*, ou *decumanum*, parce que c'était une deuxième dîme qui était levée également sur tous les habitants. Tite-Live en rapporte plusieurs exemples[2].

Le prix de cette livraison de blé était fixé par le sénat, qui donnait au préteur la somme nécessaire pour le payer; l'argent était tiré du trésor public[3]. La valeur du blé exigé de cette manière était portée par le sénat au prix courant, sans doute dans le but de diminuer l'odieux de cette réquisition extraordinaire. Le gouverneur de la province était chargé d'examiner la qualité du blé et de le recevoir s'il était bon et valable.

Enfin la province offrait quelquefois une certaine quantité de blé comme don gratuit. Cicéron nous a transmis tous ces détails[4]; ils sont résumés

---

(1) *Verr.*, III, 35.
(2) « Siciliæ Sardiniæque binæ eo anno decumæ frumenti imperatæ. » XXXVII, 2, 50. Voy. aussi XXXVI, 2; XLII, 31. Cf. CICERO, *Verr.*, III, 35; V, 21.
(3) *Verrin.*, III, 70.   (4) *Verrin.*, II, 2.

dans ce passage : « Quando illa provincia frumen-
« tum quod deberet non ad diem dedit? quando
« id quod opus esse putaret non ultra pollicita est?
« quando id quod imperaretur recusavit? » Asconius dit, en commentant cette phrase : « Omne
« genus pensitationis in hoc capitate positum est,
« canonis, oblationis, indictionis. »

Le préteur ou le proconsul avait, en outre, le
droit d'exiger des habitants de sa province certaines redevances en nature pour sa nourriture et
celle de sa maison; cette contribution se nommait
cella. La quotité en était fixée par le sénat, mais
l'usage s'établit que le préteur estimât en argent
la valeur du blé qu'on devait lui fournir pour sa
maison, ce qui fit donner à cette prestation le nom
de *frumentum æstimatum*[1].

Une autre redevance en blé était encore accordée au préteur par les publicains, qui, dans leurs
procès avec les provinciaux, avaient intérêt à gagner la faveur des magistrats; c'est peut-être là le
frumentum honorarium qu'indique Cicéron[2] dans
sa harangue contre Pison : « Qui modus tibi fuit
« frumenti æstimati, qui honorarii ? » Cet abus fut
la source d'autres extorsions connues sous les
noms de *vinum honorarium, unguentarium, va-
sarium*, etc.[3], qui furent exigées par les magistrats
romains, mais qui n'étaient point sanctionnées
par les lois, puisque Caton, préteur de Sardaigne,
comme nous l'apprenons par Tite-Live, retrancha
impitoyablement tous ces abus.

(1) Asconius, *in Verr.*, I, 38.   (2) *In Pison.*, 35.
(3) Muret., *Var. lect.*, XII, 5, et Thomas., *de Donar.*, c. I.

CHAPITRE XVI.

DE L'IMPÔT DIRECT SOUS L'EMPIRE.

Tel fut, sous la république, le mode des impositions directes, qui, jointes aux revenus que lui fournissaient ses domaines, supportaient la plus grande partie des dépenses du gouvernement central; mais, dans les deux derniers siècles, ces ressources diminuèrent. Après la conquête de la Macédoine, les citoyens romains furent affranchis de l'impôt territorial[1]. Les lois agraires portées successivement par des tribuns ambitieux attaquèrent les domaines de la république et en firent la propriété privée d'une populace séditieuse. Bientôt le tribun du peuple Spurius Thorius, par une loi que Cicéron[2] juge imprudente et pernicieuse, abolit toutes les redevances établies sur les terres du domaine public qui avaient été concédées aux colons. Enfin Jules César, dans son consulat, dépouilla la république du territoire de la Campanie, le seul domaine qui lui restât alors en propriété. Le but ostensible de ces concessions était de délivrer la capitale d'une populace oisive et séditieuse, de l'habituer aux travaux paisibles de l'agriculture, et de repeupler l'Italie dont la population avait considérablement diminué par l'effet des guerres civiles et de toutes les causes que j'ai exposées dans

(1) Voy. ci-dessus, tom. I, p. 240, et tom. II, 335. _ 37 4
(2) *In Brut.*, c. 36, et *de Orat.*, II, 70.

le cours de cet ouvrage. Mais la plèbe citadine, ignorant et méprisant la culture des champs, après avoir dissipé son patrimoine, reflua toujours à Rome, où on lui fournissait gratuitement du pain et des spectacles. Varron, Columelle, Pline, Tacite et Suétone[1], dont j'ai rapporté en entier les témoignages, s'accordent tous sur ce point : que l'Italie devint de plus en plus improductive, de plus en plus dépeuplée, et qu'elle ne pouvait suffire à la nourriture de ses habitants sans une importation considérable de blé tiré des provinces.

Les mêmes contrées qui payaient l'impôt en nature sous la république pour la nourriture de Rome et de ses armées furent soumises à cette redevance sous les empereurs ; c'étaient, comme je l'ai dit, la Sicile, la Sardaigne, l'Espagne, l'Afrique[2] et l'Asie. On y ajouta l'Egypte, qui, réduite par Auguste au rang de province, envoyait tous les ans à Rome 20 millions de modius de blé[3] (270 millions de livres). D'autres contrées avaient été soumises à une forte contribution pécuniaire ; c'est ainsi que César, après la conquête des Gaules, les frappa d'un impôt de 40 millions de sesterces (10 millions de francs[4]).

Il est certain que le nom, la forme, et même, probablement, la quotité de l'impôt direct, furent

---

(1) Varro, *De Re rust.*, II, *præfat.* Columell., *De Re rust.*, I, *præfat.* Plin., XVIII, vii, 3 ; Tacit., *Annal.*, XII, 43 ; III, 54. Suet., *August.*, c. 42.

(2) Ce que les Romains appelaient la *province d'Afrique* comprenait seulement le territoire de Carthage.

(3) Aurel. Vict., *Epit.*, c. 1. Cf. Plin., *Panegyr*, 30.

(4) Suét., *Cæs.*, c. 25. Eutrop., *Brev.*, VI, 14.

changés sous l'empire, car il n'est plus fait mention
de dimes ni de vingtièmes payés par les provinces.
Les *decimæ* les *vicesimæ*, sont remplacées par un
autre mode d'impôt foncier, nommé *canon frumentarius*. La tendance à ce changement se manifeste déjà en 682, comme je l'ai montré plus haut[1].

Burmann[2] pense, et toutes les probabilités sont
en faveur de cette opinion, que ce *canon frumentarius*, ou la matrice des rôles qui régla ce que chaque province devait payer chaque année, fut exécuté sous Auguste. En effet Asconius[3], qui avait
connu Virgile et qui mourut sous Néron, substitue
les termes de *canon*, *oblatio*, *indictio* à ceux de
frumentum decumanum, *oblatum*, *imperatum*,
que Cicéron emploie sans cesse dans ses Verrines.
Cette conjecture devient un fait positif par le témoignage de Frontin, que Burmann n'a pas connu,
et que j'ai rapporté en entier en traitant du cadastre universel exécuté par Auguste[4], *temporibus
Augusti.* Ce cadastre même, indice d'une réforme
générale dans la répartition des propriétés et de
l'impôt foncier, a dû avoir une liaison intime avec
le changement que je signale ici. Mais quels furent
les motifs et les conséquences de cette nouvelle
assiette de l'impôt foncier opéré par Auguste? C'est
ce qui n'a été déterminé ni par Burmann, ni par les
auteurs qui ont écrit après lui. C'est aussi ce que

(1) Voyez ci-dessus, p. 429.
(2) Burmann., *Vectig. pop. Rom.*, c. III, p. 28.
(3) J'ai rapporté plus haut le passage de Cicéron et le commentaire d'Asconius.
(4) Voy. tom. I, p. 193, note 2.

je vais tâcher d'établir à l'aide du petit nombre de documents que l'antiquité nous a transmis sur cette matière obscure et compliquée.

Tous les domaines de l'État avaient été aliénés dans le dernier siècle de la république ; le trésor avait été épuisé ; plusieurs branches de revenus, les douanes de l'Italie, l'impôt foncier sur les citoyens romains, avaient été supprimées, et néanmoins les dépenses s'étaient accrues par l'extension du droit de cité, des distributions gratuites, des jeux, des spectacles, surtout par l'augmentation du nombre des troupes régulières. Dans un gouvernement qui tendait à établir l'ordre et la légalité, conditions essentielles de son maintien et de sa durée, il n'était plus possible de subvenir à l'entretien des armées et aux récompenses dues aux vétérans par des proscriptions et des confiscations générales, comme on l'avait fait pendant le triumvirat. Aussi Auguste, affermi sur le trône, ordonna-t-il par un édit le recensement, le cadastre et l'estimation des propriétés dans tous les pays soumis à la domination romaine [1].

Quel était le but de ce cadastre et de cette estimation si difficile et si dispendieuse, sinon l'augmentation, alors indispensable, du taux de la contribution foncière, et, pour en alléger le poids, une répartition plus égale de l'impôt, d'après la valeur mieux connue des diverses propriétés ? Il est prouvé que la quantité de matière imposable fut augmentée sous Auguste, puisque plusieurs contrées furent

(1) Voy. ci-dessus, lib. I, ch. 19, t. I, p. 191-201.

soumises à un cens, à un cadastre et à des impôts
qu'elles ne connaissaient point auparavant.

Il s'agit maintenant d'établir quelle fut la quotité
de cette nouvelle imposition foncière. Un passage
très précieux d'Hyginus[1], qui vivait sous Trajan (et
nous savons positivement que ce prince maintint
et remit en vigueur toutes les institutions du règne
d'Auguste), nous donne le taux de l'impôt foncier
qui, de son temps, dit-il, se payait ordinairement
en argent[2]. C'était, suivant la qualité des terres, le
cinquième ou le septième du revenu, fixé d'avance
d'après une estimation officielle[3].

Ainsi la contribution foncière qui, dans le dernier siècle de la république, n'était, comme nous
l'apprend Cicéron[4], qu'une quote-part variable du
produit annuel payé en nature, le dixième pour la
Sicile et la Sardaigne, le vingtième pour l'Espagne,
devint une quote-part fixe du revenu présumé, le
cinquième ou le septième suivant l'estimation de
la valeur des biens. De plus, la plupart des provinces acquittèrent ce revenu en espèces, ce qui
n'avait pas lieu sous la république.

Le rapprochement de quelques passages de Suétone, de Frontin et de quelques autres auteurs,
achèvera, j'espère, de prouver jusqu'à l'évidence
que l'opération du cadastre général avait pour but

(1) *De limit. constit. ap. Goes.*, p. 198.
(2) Il en était déjà ainsi sous Tibère; Tacite le dit formellement : « Frumenta et pecuniæ vectigales. » *Ann.*, IV, 6.
(3) Je ne reproduis pas ici ce passage curieux, que j'ai déjà eu
occasion de citer deux fois. Voyez ci-dessus, p. 418, et tom. I,
p. 177.
(4) *Verr.*, III, 6.

l'augmentation de l'impôt foncier, et que les empereurs s'attribuèrent le droit d'établir cette augmentation, soit en vertu de leur titre de censeur, soit en qualité de propriétaires du sol, comme chefs de l'Etat.

Les empereurs réunirent en leurs mains toutes les fonctions qui, sous la république, avaient été confiées à divers magistrats; les fonctions de censeurs furent de ce nombre. Or, nous savons par Polybe que les censeurs étaient délégués par le sénat pour la répartition et l'assiette de l'impôt.

Nous savons de plus que, parmi les mille fictions légales que renfermait la législation romaine, il s'en trouvait une en vertu de laquelle le chef de l'Etat était considéré comme propriétaire du sol, dont les propriétaires réels n'étaient censés qu'usufruitiers. «La propriété du sol, dit Gaïus, appartient au peuple romain ou à l'Etat; quant à nous, nous sommes censés n'avoir que la possession et l'usufruit[1]. »

Vespasien, dit Suétone[2], qui, dès le commencement de son règne, déclara que, pour faire marcher le gouvernement, il avait besoin de quarante milliards de sesterces (environ dix milliards de francs)[3], prit aussitôt la censure perpétuelle, et ferma le lustre, trois ans après, étant consul avec son fils Titus[4]. Quels furent les résultats de ce recense-

(1) « In eo solo dominium populi Romani est vel Cæsaris; nos autem possessionem tantum et usumfructum habere videmus. » GAIUS, *Instit.*, *Comment.*, II, 11, 7. Voyez LABOULAYE, Droit de propr., t. I, p. 95.
(2) *In Vespas.*, c. VIII.   (3) *Id. Ibid.*, c. XVI.
(4) 650 ans après le cens de Servius. Vid. CENSORIN., *De die nat.*, c. 18; PLIN., VII, 49; SUETON., *Titus*, c. VI.

ment et de l'exercice de cette censure impériale?
Il ôta la liberté à l'Açhaïe, à la Lycie, à Rhodes, à
Byzance, à Samos; il réduisit en provinces romaines, *ad formam provinciarum redegit*, la Thrace,
la Cilicie et la Comagène, qui jusqu'alors avaient
été gouvernées par leurs rois. C'est dire en d'autres termes qu'il créa à l'empire une nouvelle matière imposable, et qu'il établit dans ces pays le
mode de l'administration et des contributions romaines.

Suétone[1] ajoute que, pour le reste de l'empire,
non content d'avoir rétabli les impôts abolis sous
Galba, il en ajouta de nouveaux; il augmenta les
tributs des provinces et les doubla même pour
quelques-unes. Frontin, qui écrivait sous ce prince,
nous donne des détails plus précis sur les suites de
ce cadastre. Il dit, dans son Traité des Colonies, au
chapitre de la Calabre[2] : « Au moment où je finissais
la description de l'Apulie et de la Calabre, d'après
la constitution et une loi de l'empereur Vespasien,
on avait exécuté un arpentage dans plusieurs pays
et obtenu la somme des jugères qu'ils contenaient.
De ces propriétés, les unes furent cadastrées pour
l'avenir en se réglant sur l'occupation actuelle et
assignées à leurs possesseurs; les autres furent
mises à part et imposées d'après l'estimation de
la valeur des fonds. Frontin reproduit plus loin
les mêmes faits relativement au territoire de Tarente et à la Calabre[3].

---

(1) *In Vesp.*, c. XVI.   (2) *Apud Goes.*, p. 127.
(3) « Provincia Calabria, territorium Tarentinum et cætera in
saltibus sunt assignata et pro æstimio ubertatis sunt præcisa. Nam
variis locis mensuræ actæ sunt, et jugerationis modus collectus est;

Il est évident que le but de ce cadastre était de soumettre à l'impôt les propriétés qui s'y étaient soustraites par de fausses déclarations, soit quant à la contenance, soit quant à la valeur du fonds; ce que Suétone indique d'une manière générale en disant de Vespasien, qu'il a augmenté le tribut des provinces, qu'il l'a même doublé pour quelques-unes. Ces mesures de finances devinrent nécessaires par la grande extension du droit de cité qui eut lieu depuis Jules-César et Auguste, et qui, ayant soustrait à l'impôt une grande masse de propriétés, fit substituer, pour les tributaires, à la dîme en nature variable selon le produit des récoltes, une contribution fixe, basée sur le cadastre, la classification et l'estimation des biens.

J'ai exposé les causes et les effets de cette grande augmentation dans le nombre des citoyens romains, et j'espère qu'on en appréciera l'importance.

M. de Savigni pense[1] que sous Marc-Aurèle l'impôt foncier devint général, c'est-à-dire fixe en argent, au lieu de dîmes ou autres prestations variables; que le nouveau système reçut ainsi son complément, et que la suppression des dîmes eut la plus salutaire influence sur l'amélioration du sort des provinces. Il s'appuie sur le changement qu'on remarque dans les auteurs relativement au nom des propriétés provinciales. Gaïus dit en effet[2] que

cætera autem prout quis occupavit posteriore tempore censita sunt, et possidenti assignata imp. Vespasiani censitione et jussu. » *Ap. Goes.*, p. 146. Cf. *ibid.*, p. 127, *Mensura Calabriæ.*
  (1) Voy. Thémis, X, 250, 251.
  (2) Liv. II, § 21. Voy. Thémis, X, 250, 251, not. 1, 2 et 3.

tous les fonds provinciaux portent le nom de *stipendiaria* ou *tributaria prœdia*. Le terme d'*ager vectigalis* est aussi employé par Paul et Ulpien, dans un sens tout différent, pour désigner les fonds que les municipes donnaient à ferme par un bail perpétuel et transmissible.

Cette assertion tranchée est à examiner, car, selon Paul Orose[1], l'Egypte payait encore, en 417 et même sous Justinien, l'ancienne contribution du cinquième des fruits en nature. M. de Savigny[2] réfute peu solidement ces textes. Au contraire, dans les salaires alloués en nature par Valérien à Probus, à Aurélien[3], et décrétés dans plusieurs passages du Code théodosien[4], la prestation en denrées est triple ou quadruple de la solde en argent, et il ne pouvait en être autrement. La production des mines en or et en argent avait beaucoup diminué, depuis Antoine, par les guerres civiles, les irruptions des Barbares et une mauvaise gestion. L'usure, le frai, les enfouissements, les naufrages avaient réduit au moins des trois quarts la masse des monnaies d'or et d'argent; car M. Jacob[5] porte, au temps du haut empire, la perte *annuelle*, par le frai seulement, à un trois-cent-soixantième, MM. de Humboldt et Wardo, à un quatre-cent-vingtième[6]. L'or et l'argent monnayés des anciens étant à un titre plus élevé que les nô-

---

(1) *Hist.*, I, 8, et Procop., *de Ædif.*, V, 1.
(2) Thémis, X, 252, not. 1.　　(3) Voy. ci-dessus, t. I, p. 139.
(4) Voy. Burmann., *de Vectig.*, p. 142, sqq.
(5) *Precious metals*, t. I, p. 225.
(6) Voy. Journal l'Institut, 4e année.

tres, par conséquent moins durs, devaient s'altérer davantage par l'usage et le frottement.

Ainsi donc, les impôts s'étant accrus et le numéraire ayant en grande partie disparu, l'Etat était forcé de recevoir et de payer en nature.

L'autre assertion de M. de Savigny, que l'impôt fixe en argent, mais pour une ou quelques années, substitué à la dîme en blé, améliora le sort des provinces, me semble contraire aux principes économiques et à l'expérience de tous les contribuables payant l'impôt foncier[1]; car donner par an le dixième en grains du rapport du produit à la semence a toujours paru plus doux aux fermiers qu'une rente fixe, qui se perçoit de même en cas de grêle ou de stérilité, et dans les années de moyenne et de grande abondance.

Je crois inutile de m'étendre plus longuement sur l'impôt direct, matière qui a été développée par Burmann et depuis par notre savant confrère M. de Savigny.

CHAPITRE XVII.

IMPÔT SUR LES MINES ET LES CARRIÈRES.

Les mines de l'Italie furent exploitées dans les premiers siècles de la république; cette péninsule

---

(1) Burmann pense, au contraire, que le dixième ou le vingtième des grains fut exigé des provinces en nature sous les empereurs, et que c'est de là que vint l'établissement du *canon frumentarius. De Vectig.*, p. 28.

était même, s'il faut en croire Pline[1], riche en métaux de tout genre ; mais ses mines furent fermées de bonne heure en vertu d'un sénatus-consulte, *vetere interdicto patrum*. Cette interdiction, comme je l'ai déjà dit, fut probablement prononcée au iv° siècle de Rome, à l'époque des premières lois somptuaires ou des lois liciniennes. Les Romains abandonnèrent leurs mines indigènes pour les gisements plus féconds des terres conquises, telles que l'Espagne, la Macédoine, l'Illyrie, la Grèce, l'Afrique et la Sardaigne[2].

Caton-le-Censeur établit le premier un impôt sur les mines de fer et d'argent de la Tarraconnaise[3].

Les mines d'argent de Carthagène, selon Polybe[4], embrassaient un terrain de 400 stades (12 lieues) de circonférence. Elles occupaient habituellement 40 000 ouvriers dont le travail rapportait 25 000 drachmes par jour[5]. Ce serait près de 9 000 000 de francs par an, en 10 ans 87 000 000. La fameuse mine de Kremnitz, en Hongrie, depuis 1749 jusqu'en 1759, a fourni, en or et en argent, une valeur presque égale, à savoir 84 000 000 de francs.

Les mines de plomb de la Bétique étaient louées au prix de 200 000 deniers, environ 200 000 francs par an. Antonianus, fermier de ces mines, en retirait[6] annuellement 400 000 livres romaines, ou 130 536 kilogrammes de métal. L'exploitation du

(1) XXXIII, 21. Cf. Jacob, *Precious metals*, t. I, p. 84, ss.
(2) Jacob, t. I, p. 41, 70, 71, 78, 87, 89, 101.
(3) Tit.-Liv., XXXIV, 21.
(4) Cité par Strabon, III, p. 147.
(5) Voy. ci-dessus, t. I, p. 129.
(6) Plin., XXXIV, 49.

minium ou cinabre dans la Bétique fournissait aussi à l'Etat un revenu dont Pline ne donne point le montant[1].

Les mines étaient des propriétés publiques ou privées. Sous la république, très peu d'entre elles faisaient partie du domaine public; le plus grand nombre appartenait à des particuliers qui payaient à l'Etat une redevance. Sous l'empire elles devinrent presque toutes la propriété du fisc[2], surtout les mines d'or, comme le remarque Strabon[3]. Les mines appartenant en propre à l'Etat étaient en régie, les redevances imposées sur les autres étaient affermées aux publicains pour une époque déterminée.

Il y avait aussi un impôt sur les carrières, témoin la loi du Code théodosien[4] sur les exploitateurs du marbre libyque et numidique[5], adressée au *rationalis* d'Afrique, officier chargé, dans cette contrée, de lever les impôts et de percevoir les revenus de l'Etat. La loi fixait le taux de l'impôt au dixième du produit si la carrière était sur une propriété du

(1) PLIN., XXXIII, 40.

(2) SUET., *Tiber.*, c. 49. Cf. TACIT., *Ann.*, VI, 19, et DIGESTE, XLVIII, XIII, 6, § 2, *ad L. Jul. peculat.*, XLVIII, XIX, 38, *de Pœn.* III, IV, 1, *Quod cujusq. univ. nom.*

(3) III, p. 148.

(4) X, XIX, 2, *de Metallis.* Cf. DIGESTE, VII, 1, 9, § 3, et 13, § 5, *de Usufr.*

(5) Le gisement de ce fameux marbre de Numidie, qui ressemblait probablement au sarancolin, doit se trouver dans un rayon de 10 lieues aux environs de Constantine. Cependant il a échappé aux recherches faites dans ce pays, en 1838, par un savant géologue, M. Puillon Boblaye. Voy. mes Recherches sur la topogr. de Carthage; Paris, Didot, 1835, in-8°, p. 248, not. 8.

domaine public. Si elle était sur une propriété privée, les exploitants, outre le dixième dû au fisc, en
payaient un autre au propriétaire du sol[1].

Les empereurs faisaient quelquefois remise de
leur droit; Gratien accorda cette faveur aux sénateurs en leur permettant d'exploiter les carrières
de pierre de la Macédoine et de l'Illyrie, sans payer
ni redevance ni droits de douanes[2]. Quant aux
mines de métaux précieux, la redevance variait
suivant la richesse du minerai, et la quotité en est
rarement exprimée dans les anciens documents;
on sait néanmoins qu'elle était du septième du
produit pour l'or en paillettes[3].

La contribution imposée aux exploitants de
pierres à aiguiser, de terre à briques et à poteries,
était du dixième du produit[4], et la perception en
était affermée aux publicains. Il est évident que
l'État devait avoir un grand intérêt à encourager
l'exploitation des carrières et des mines, qui était
pour lui une source de revenus. Aussi voyons-
nous Valentinien[5] inviter les particuliers à exploiter l'or, et d'un autre côté nous trouvons, sous
les premiers empereurs, une loi qui interdit dans
les constructions l'emploi des vieux matériaux. Un
sénatus-consulte de Claude, daté du consulat de Cn.
Hosidius Gœta et de L. Vigellius, proscrit la vente
des matériaux de ce genre, sous peine de nullité et

(1) Cod. Justin., XI, vi, 3.
(2) Cod. Théod., X, xix, 8.
(3) Cod. Just. XI, vi, 2. *Cod. Theod.*, X, xix; 4. Voy. ci-
dessus, liv. I, ch. x; t. I, p. 94.
(4) Dig., XXXIX, iv, 13, *de Publicanis.*
(5) Cod. Théod., X, xix, 3, 4.

d'une amende double du prix des objets vendus [1].
Cette ordonnance, basée, comme je l'ai dit, sur des
intérêts fiscaux, et aussi sur des motifs de bonne
police, explique, sans qu'il soit nécessaire de recourir, pour la ville de Rome, à la nécessité d'une
population énorme que ne peut admettre sa surface, la formation du *monte Testaccio*, monticule
de déblais, dont le cube surpasse celui de tous les
amas de décombres que renferme Paris, tels que la
Butte-des-Moulins, le Monceau-Saint-Gervais, la
colline du labyrinthe au Jardin des Plantes, etc.
Cette défense d'employer les vieux matériaux fut
renouvelée sous Adrien, sous Alexandre-Sévère [2],
même sous Arcadius et Honorius; elle fut enfin levée par Théodoric [3] à une époque où les carrières
étaient peut-être un peu épuisées, mais où les
ruines très nombreuses offraient, pour les constructions, des matériaux bons et solides.

Enfin Constantin, pour encourager la bâtisse
dans sa nouvelle capitale, rendit libre l'exploitation
des carrières et fit remise de l'impôt dû au fisc.
Théodose confirma ces sages et utiles arrêtés [4].

Il est bon de remarquer et de faire observer à
nos législateurs que, dans un régime où l'Etat et
le prince étaient censés propriétaires légitimes du
sol entier de l'empire, la législation des mines et

(1) « Duplam pecuniam qua mercatus eam rem esset, in ærarium
inferret, et ipsæ venditiones irritæ essent. »Vid. REINES.,*Inscript.*,
VII, 11, et GORI, p. 84.

(2) Cod. Justin.,VIII, x, 2, *de Ædif. priv.*, Cod. Théod., XV,
1, 19, 37, *de Operibus publicis.*

(3) CASSIOD., Variar., II, 7; III, 9, 29.

(4) Cod. Théod., X, xix, 1, 2, *de Metall.*

des carrières n'était pas soumise aux délais, aux
entraves, à la fiscalité, qui, dans notre époque de
justice, de liberté, de respect pour la propriété,
oppriment cette nature de fonds; car chez nous,
en vertu de la loi du 21 avril 1810, on s'arroge
pour ainsi dire la pleine et entière propriété de
toutes les matières existantes sous la superficie du
sol. Comment tant de révolutions successives dans
les lois civiles et politiques qui nous gouvernent
ont-elles laissé subsister une confiscation qui porte
une atteinte si rude au droit sacré de la propriété?

CHAPITRE XVIII.

IMPÔT SUR LE BÉTAIL.

L'impôt sur le bétail, qu'on appelait *scriptura*,
tenait le milieu entre l'impôt direct et les contributions indirectes, car c'était à la fois une redevance payée en retour du droit de pacage dans les
pâtures, terres incultes de toute nature appartenant à l'Etat, et un droit d'*enregistrement*, une
taxe par chaque *tête* de bétail, d'où lui sont venus
les noms de *scriptura* et de *capitatio*[1].

Ces pacages publics étaient loués par les censeurs en Italie et dans les provinces[2]; c'était le

---

(1) BURMANN, c. IV, *de Scriptura et vectigali pecorum*, p. 39.
(2) CICERO, *Pro leg. Manil.*, c. 6; *Verrin.*, II, 3; *Agr. contr.
Rullum*, II, 14. LUCIL., *Frag. ap. Burmann*, p. 42. TIT.-LIV.,
XXXIX, 29.

plus ancien impôt et l'un des plus grands revenus
de la république. Les Romains affermaient des
pacages jusqu'en Cyrénaïque, mauvaise combinaison à laquelle Pline[1] attribue la destruction du *la-
ser* ou silphium ; ils louaient même, pour le pacage,
des forêts, des taillis, des saussaies, telles que la
forêt Scantia ou Sila[2], les saussaies de Minturnes[3],
etc., et la dent des troupeaux est la cause bien ancienne de la dénudation presque générale des
Apennins, qui afflige aujourd'hui nos regards, et
qui a dû opérer sur la péninsule italique des changements hygrométriques ou thermométriques ap-
préciables pour une période de deux mille trois
cents ans.

On tirait des troupeaux nomades ou *transhu-
mants* un droit de transit[4] conservé encore aujour-
d'hui par le roi de Naples dans la *Capitanota*,
impôt sûr et facile à recouvrer, car le climat de
l'Italie, comme aujourd'hui celui de l'Espagne, faisait pour les troupeaux une nécessité de la transhu-
mance[5]. Les pâtres déclaraient le nombre et l'espèce de leurs bêtes; le publicain écrivait, enre-
gistrait la déclaration. Dès lors il y avait un compte
ouvert entre le percepteur et le berger. Ces forma-
lités nous sont révélées par un passage de Festus[6].

---

(1) XIX, 15. Cf. SALMAS., *Plin. exerc.*, p. 262.
(2) CICERO, *Agr., contr. Rull.*, I, 1; III, 4.
(3) *Id., Agr.*, II, 14.
(4) VARRO, *De Re rust.*, II, 1, 16. Cf. TIT.-LIV., XXXIX, 29.
(5) « Neque eadem loca æstiva et hiberna idoneâ omnibus ad
pascendum. » VARRO, l. c.
(6) « Scripturarius ager publicus appellatur, in quo, ut pecora
pascantur, certum æs est, quia publicanus scribendo cor^cit rationem cum pastore. » Voc. *Scripturarius*.

Les édiles plébéiens surveillaient d'abord les pacages publics et infligeaient les amendes contre les contrevenants[1]; la *scriptura* fut ensuite affermée aux publicains.

En cas de dommage ou de contravention, le bétail était mis en fourière[2]; le percepteur ne pouvait le confisquer. La déclaration faite, la capitation payée, les pasteurs pouvaient user du pacage[3].

En 640 la loi Thoria supprima la *scriptura* et le *vectigal*[4]; aussi nulle trace de ce revenu sous l'empire. Il paraît que les pacages publics des provinces furent attribués au fisc des empereurs[5]; ceux-ci y placèrent leurs haras (*greges dominici*[6]) de chevaux et de bœufs. Les plus renommés étaient en Syrie, en Cappadoce, dans la province d'Asie, dans l'Achaïe. Le foin était fourni par les prés des particuliers pour les généraux et la cavalerie en quartier d'hiver[7]; cet impôt fut nommé *capitum* ou *capita*, du nombre des têtes de chevaux[8]. On était aussi obligé de fournir aux armées en marche la paille, le bois, des fruits, etc.[9].

---

(1) Ovid., *Fast.*, V, 283.
(2) Servius, *ad Virgil. eclog.*, IX, 7.
(3) Voy. Burmann, *de Vectig.*, p. 45.
(4) « Neive populo neive publicano pecuniam, scripturam vectigalve det, dareve debeat. » *Ibid.*, p. 46.
(5) Vid. Alciat., *Ad tit. C. de Præd. Tamiac.*, lib. XI, tit. 68.
(6) Cod. Theod., X, vi, *de greg. domin.* Cf. *ibid.*, VII, vii, 1, 2, 3, *de Pasc.*, et Jac. Gothofr., l. 1.
(7) Vopisc., *Aurel.*, c. 9. Trebell Pollio, *Trig. Tyranni in Balist.*; Cod. Just., X, 1, 9; Cod. Theod., X, 1, 17, *de Jure fisci.*
(8) Cujac., *Ad l. 9, Cod. de Jure fisci.* Salmas, *ad Vopisc. Aurelian.*, c. 7. Cf. J. Gothofr., *ad l. 7, 8, 9. Cod. Theod., de erog. milit. annon.*, lib. VII, tit. iv.
(9) D. Gothofr., *ad l. 27, § 3, Dig., de Usufr.*, l. VII, t. 1.

L'Italie en général, et certains cantons spéciaux, étaient soumis à des prestations en nature pour la boucherie de la maison impériale et la nourriture de Rome : la Lucanie fournissait des cochons[1], le Bruttium, le Samnium et la Campanie, des brebis et des chèvres[2], l'Arménie, de la viande salée et des troupeaux. D'autres provinces produisaient des chevaux pour la remonte; d'autres enfin expédiaient à Rome le blé, le vin, le poisson, l'huile nécessaires à sa consommation[3].

CHAPITRE XIX.

IMPÔTS INDIRECTS; DOUANES, OCTROIS, PÉAGES.

La première mention de l'établissement d'une douane et d'un impôt sur l'importation des marchandises date du temps des rois, probablement d'Ancus Martius, qui s'empara d'Ostie et qui ouvrit le port de cette ville au commerce étranger. Nous apprenons ce fait de Plutarque et de Denys d'Halicarnasse[4]; Tite-Live le confirme[5] en disant que les consuls, après l'expulsion des rois, affranchirent le peuple romain des douanes et des tributs, *portoriis et tributo plebe liberata*.

(1) Cassiod., *Var.*, XI, 39.
(2) Cod. Theod., XIV, IV, 3, *de Suar. pecuar.* et *Novell.* 15 *Valentinian.*
(3) Vopisc., *in Prob.*, c. 15. Cassiod., *Var.*, XII, 11.
(4) Plutarch., *Poplicol.* Dionys. Halicarm., V, 22.
(5) II, 9.

L'an de Rome 573, le besoin d'argent pour la guerre fit rétablir ces impôts[1]; Gracchus les accrut et établit en 629 de nouvelles douanes[2]. On conserva celles qui existaient dans les provinces conquises ou on y en créa de nouvelles[3]. La Sicile y était soumise et payait pour droits d'exportation le vingtième de la valeur des objets exportés[4]; l'Asie et la Bretagne[5] n'en furent pas exemptes. Les douanes furent abolies en Italie, l'an 572, par une loi funeste que fit passer le préteur Metellus Nepos, et dont Cicéron[6] se plaint, en avouant pourtant à son frère Quintus que ce n'est pas l'excès de l'impôt, *non portorii onus*, mais la dureté de l'exercice, *sed portitorum injuriæ*, qui ont causé les plaintes et décidé la suppression. Jules César rétablit les douanes pour l'importation des marchandises étrangères[7]; Auguste les étendit sans doute[8], car le mot τέλος, synonyme de *vectigal*, désigne certainement les droits de douane dans le passage de Dion que je cite. C'est aussi la signification de droits de douane que, sous Néron, Tacite attribue au mot *vectigal*, et que lui conserve Lampride dans sa vie d'Alexandre-Sévère. Je me vois encore ici contraint à une discussion. Le sens précis de ces mots doit être fixé positivement et chronologique-

---

(1) « M. Æmilium Lepidum et M. Fulvium nobiliorem portoria instituisse. » Tit.-Liv., XL, 51.
(2) Velleius, II, 6.   (3) Tit.-Liv., XXXII, 7.
(4) Cicero, *Verr.*, II, 75. Dio., L, xvi, 203, *de Verb. sign.*
(5) Cicer., *leg. Manil.*, 6. Tacit., *Agric.*, 31.
(6) *Ad Attic.*, II, 16. Cf. *ad Quintum frqtr.*, I, 1, et Dion Cass., XXXVII, 51.
(7) Suet., *in Cæs.*, c. 43.   (8) Dio., XLVII, 16.

ment, puisque, de même que celui d'*insula*[1], que plusieurs autres mots du langage usuel, il a varié d'acception dans le cours des siècles et a passé du composé au simple, du direct à l'indirect.

Dans le passage de Dion Cassius, τέλη, *vectigalia*, les impôts indirects sont opposés à συντέλεια ἐπὶ τῇ γῇ, l'impôt direct et foncier. Le mot *vectigal*, de même que notre mot *impôt*, pris dans le sens vague et général, a signifié toutes les contributions. Puis il a désigné d'abord, dans un sens plus restreint, l'impôt foncier en nature, *frumentum decumanum*, que les contribuables étaient forcés de transporter soit à la mer, soit à un lieu fixé, d'où l'étymologie *vectigal à vehendo* ; il a cette acception dans les Verrines. Mais déjà du temps d'Auguste, comme l'indique le passage de Dion, et certainement du temps de Suétone et de Tacite, ce mot ne désignait plus que les impositions indirectes, et l'impôt direct et foncier s'appelait *tributum*. En voici la preuve, et la détermination grammaticale et chronologique de ce mot expliquera avec certitude le fameux passage de Lampride[2], où il dit qu'Alexandre-Sévère réduisit au trentième les impôts publics : « Vectigalia publica in id contraxit, « ut qui decem aureos sub Heliogabalo præstite- « rant, tertiam partem aurei præstarent, id est tri- « cesimam partem. » Ce passage, qui m'a longtemps tourmenté, que les savants Casaubon et Saumaise ont abandonné, s'explique parfaitement par un passage correspondant de Tacite[3] : « Dubitavit

---

(1) Voy. mon chapitre sur les maisons de Rome, t. I, p. 388.
(2) *Alex. Sev.*, 39.   (3) *Ann.*, XIII, 50.

« Nero an cuncta *vectigalia* omitti juberet; sed at-
« tinuere senatores dissolutionem imperii docendo,
« si fructus quibus respublica sustineretur dimi-
« nuerentur; quippe, sublatis *portoriis*, sequens ut
« *tributorum* abolitio expostularetur. » Il me semble évident que ce sont les droits de douane et
d'octroi, *portoria*, en un mot les impositions indirectes, que Néron veut abolir, que Tacite nomme
vectigalia, et qu'il oppose à *tributum*. La conséquence directe de ce rapprochement est toute naturelle : ce sont ces mêmes impôts indirects, bien
distincts de l'impôt foncier, que Lampride désigne
sous le nom de *publica vectigalia*, et qu'Alexandre-
Sévère réduisit au trentième. Le simple bon sens
repousse l'interprétation adoptée jusqu'ici. En effet, conçoit-on que, dans des circonstances difficiles, un prince sage et éclairé, entouré d'habiles
ministres, ait pu entrevoir la possibilité de maintenir l'administration et le gouvernement en diminuant tout à coup tous les impôts des vingt-neuf
trentièmes?

Ce sont donc les droits de douane et les péages
qu'Alexandre-Sévère réduisit, dans le but de favoriser le commerce et les échanges par terre et par
mer. En prenant cette mesure administrative, qui
prouve la justesse de ses vues autant que le désir
de soulager ses sujets, il pouvait s'autoriser de
l'exemple de deux de ses illustres prédécesseurs.
En effet, Trajan, comme nous l'apprend Philostrate[1], avait accordé à Polémon et à tous les gens

---

(1) *Vit. Sophist.*, I, xxv, 3 : « Τραιανὸς μὲν αὐτοκράτωρ ἀτελῆ
πορεύεσθαι διὰ γῆς καὶ θαλάττης. »

de sa maison l'exemption des droits de douane et des péages par terre et par mer. Pertinax[1] fit plus; il abolit entièrement tous les impôts inventés par la tyrannie au passage des fleuves, à l'entrée des ports, à l'embranchement des routes, et rendit aux communications leur ancienne liberté.

Sous le nom de *portorium*, qui, par son étymologie seule, indique les droits perçus à l'entrée des ports, étaient compris aussi les péages, soit sur les routes, comme le péage des barrières en Angleterre, soit au passage des ponts; impôts que le moyen-âge conserva sous les noms de *pulveraticum*, de *rotaticum*, de *pontaticum*[2]. Suétone[3] donne un texte précis sur ce péage des routes, nommé *portorium*, et perçu par les publicains. Le Digeste[4] l'indique avec la dénomination générale de *vectigal* : « Vectigal quod in itinere prestari solet. » Sénèque parle aussi, sans le nommer, du péage des ponts, qu'une loi plus précise appelle *portorium*[5]. Enfin un passage très curieux de Pline sur l'importation de l'encens donne une idée du nombre de ces péages et de la quotité des droits qu'on y percevait. « Les marchands, dit-il[6], tout le long de leur route, tantôt pour

(1) Hérod., II, c. 4.

(2) Bronon, *Formul. vet.*, c. XLV, p. 348.

(3) *In Vitell.*, c. 14. « Publicani qui *in via portorium* flagitabant. »

(4) XXIV, I, 21, *de Donat. int. vir. et ux.*

(5) Senec., *de Constant. sapient.*, c. 14. « In pontibus quibusdam pro transitu dari. » Dig., l. 60, § 8, *Locat.* « Redemptor ejus pontis portorium ab eo exigebat. »

(6) XII, 32, t. I, p. 664, l. 30.

l'eau, tantôt pour le fourrage, tantôt pour le logement et pour les différents péages, acquittent une dépense qui monte à 688 *denarius* (680 francs) par charge de chameau, lorsqu'ils entrent dans nos ports, et là ils paient encore un nouveau droit aux publicains de notre gouvernement. » C'était sans doute l'énormité de ces droits, jointe aux frais de transport, qui centuplait à Rome, lors de la vente, le prix d'achat des marchandises de l'Inde. Que d'entraves à l'industrie, au commerce, dont la vie, comme celle des êtres animés, réside dans la circulation ! Le code des lois de Manou révèle, dans le législateur indien, beaucoup plus de sagesse et d'habileté. « Le roi, y est-il dit[1], après avoir considéré le prix auquel les marchandises sont achetées, celui auquel on les vend, la distance du pays d'où on les apporte, les dépenses de nourriture et d'assaisonnement, les précautions nécessaires pour apporter les marchandises en toute sûreté, fera payer des impôts aux commerçants. Après un mûr examen, un roi doit lever continuellement les impôts dans ses Etats de telle sorte que lui-même et le marchand retirent la juste récompense de leurs travaux. »

Sous l'administration fiscale des empereurs romains il n'était point nécessaire qu'une chose fût vénale pour devenir matière à impôts; le cadavre même d'un mort, qu'on transférait du lieu de sa sépulture temporaire dans un autre, était assujetti au péage sur les routes qu'il parcourait[2]. Ce der-

(1) Liv. VII, sl. 127, 128.
(2) Digest., XI, vii, 37, *De relig. et sumpt. funer.*

nier impôt fut cependant aboli par une constitution des Basiliques [1].

Mais tous les produits importés pour le trafic,
et non pour la consommation personnelle[2], étaient
assujettis à la douane, *portorium*. Le jurisconsulte
Marcianus a laissé[3] une longue liste de ces denrées, qui sont presque toutes des produits de l'O-
rient, de l'Arabie, de l'Afrique, de l'Inde et de la
Chine, et qui payaient des droits fort élevés. Je me
borne à l'indiquer[4], de même que celle des produits du sol, de l'art et de l'industrie, importés de
Sicile par Verrès en fraude des droits de la douane[5].

Les esclaves jeunes et beaux destinés à la prostitution, et les eunuques[6], outre le droit du vingtième sur la vente, payaient le *portorium* en débar-
quant en Italie. Ce fait est prouvé par le récit des
ruses qu'employaient les marchands d'esclaves
pour frauder la douane et tromper les publicains.
Suétone et Quintilien racontent qu'en arrivant à
Brindes ou à quelque autre péage d'Italie, les marchands mettaient à leurs esclaves de prix la prétexte et la bulle, afin de les faire passer pour des
ingénus, qui étaient exempts de droits[7].

(1) Cod. Just., III, xliv, 15. Cf. Cujac., *Observ.*, l. II, c. 21.
(2) « Res venales — quæ negotiationis gratia portantur. » Tit.-
Liv., XXXII, 7 ; Cod. Just., IV, lxi, 5.
(3) Dig. XXXIX, iv, 16, § 7, *de Public. et vectig.*
(4) Bouchaud l'a discutée en détail dans son Traité de l'impôt
sur les marchandises chez les Romains, 1766, in-8°. Voy. Gibbon,
Hist. de la décadence, t. I, p. 379, s., éd. Guizot; et Mengotti,
Del commercio de' Romani, p. 135, 142, 145, ss., ed. in-18.
(5) Cicéro, *Verrin.*, II, 72, 74, sqq.
(6) Quintilien, *Declam.* 340.
(7) « Venalitii cum Brundusii gregem venalium e navi educe-

On pourrait voir dans les motifs de ces taxes perçues sous l'empire un reste de l'influence démocratique qui, à Rome, fit porter les lois agraires et somptuaires; mais un fragment de la *lex censoria*, cité par le même Quintilien, prouve que le seul but était d'obtenir de l'argent, et qu'on payait le quarantième de la valeur des objets soumis aux droits : « Præter instrumenta itineris, omnes res « quadragesimam publicano debeant. Publicano « scrutari liceat : quod quis professus non fuerit « perdat. Matronam ne liceat attingere[1]. »

Il paraît que les publicains voulaient même soumettre au *portorium* le cabotage des provinces, soit de l'une à l'autre, soit d'un port à un autre dans la même province. Quintus Cicero, gouverneur d'Asie, consulte son frère pour savoir si, en pareil cas, l'impôt est dû ou non[2]. Cicéron dit qu'après avoir bien approfondi la question, quoiqu'il désire être agréable aux publicains, il se prononcera néanmoins en faveur des négociants de l'Asie, et parlera dans ce sens devant le sénat, auquel Quintus avait renvoyé la décision du litige. Le décret du sénat n'est point arrivé jusqu'à nous.

Des droits très forts étaient imposés sur les marchandises au passage des Alpes[3], et César soumit

rent, formoso et pretioso puero, quod portitores verebantur, bullam et prætextam togam imposuere : facile fallaciam celarunt. » Suet., *Rhetor.*, I, 13. « Videtur mangoni puer pretiosus : timent ne magno æstimaretur; prætextam imposuit. » Quintil., *Declam.* 340.

(1) Quintil., *Declam.* 359.   (2) *Ad Attic.*, II, 16.
(3) Cæsar., *Bell. Gall.*, III, 1.

au *portorium* les marchandises étrangères[1]. Sous les empereurs Gratien, Valentinien et Théodose, les ambassadeurs des nations amies ne payaient que le huitième pour les produits importés du pays qui les avait envoyés, et pour les exportations du sol romain ils avaient l'immunité[2]. Enfin une loi assez juste[3] prescrit, contre les percepteurs qui auraient exigé un droit illicite, le double du droit; contre ceux qui l'auraient extorqué par force, une amende triple au profit des lésés. On peut induire d'une loi du Code Justinien[4] que l'on exigeait, du temps de cet empereur, le huitième sur la valeur des marchandises, impôt énorme et qui devait anéantir le commerce. Ainsi, depuis la loi *censoria* jusqu'à Justinien, l'impôt s'était élevé du quarantième au huitième, c'est-à-dire que le taux en était quintuplé.

On a vu, par les passages de lois cités plus haut, que les *portitores* ou douaniers avaient le droit d'ouvrir et de visiter les ballots[5], afin de vérifier la déclaration exigée de tous les marchands pour tous les objets de leur trafic, sujets ou non à l'impôt. Ils étaient même autorisés à ouvrir les lettres cachetées; ainsi nous voyons dans Plaute un faussaire ne pas cacheter, dans la crainte d'être découvert, une lettre qu'il vient de fabriquer, parce qu'il peut

---

(1) SUET., *in Cæs.*, c. 43.
(2) *Cod.*, IV, LXI, 8. Cf. VESME, p. 24, ms. 1836.
(3) Dig. XXXIX, IV, 9, § 5, *de Publican. et vectig.*, Cf. III, VI, 7, § 2, *de Calumniator.*
(4) IV, LXV, 7.
(5) Voy. CICERO, *Agrar.*, II, 23. PLUTARCH., περὶ πολυπραγμοσύνης, p. 158. Digest. XXXIX, IV, 16.

expliquer l'absence du cachet en alléguant que la
lettre a été ouverte à la douane :

> Jam si obsignatas non feret, dici hoc potest
> Apud portitorem eas resignatas sibi
> nspectasque esse [1].

Les objets non déclarés étaient confisqués; la
loi *censoria* et le Digeste le prouvent [2]. Les publicains enregistraient les déclarations des marchands,
comme on le voit par ces deux vers de Lucilius [3] :

> Facit idem quod illi qui inscriptum e portu
> Exportant clanculum, ne portorium dent.

L'ignorance ou l'erreur n'étaient point admises
comme excuses, à moins qu'elles ne fussent allé-
guées par un mineur ; dans ce cas les marchandises
n'étaient pas confisquées ; on les recouvrait en
payant un double droit [4]. Les marchands satisfai-
saient à la loi par leur simple déclaration, même sans
acquitter les droits; alors le publicain était censé
les avoir reconnus solvables; seulement ils ne pouvaient débarquer leurs marchandises sans avoir
payé la taxe du *portorium*. Plaute le dit formellement [5] :

> Jubeto Sangarionem quæ imperaverim
> Curare ut efferantur, et tu ito simul.
> Solutum 'st portitori jam portorium.

---

(1) *Trinum.*, III, III, 64, sqq.
(2) Voy. ci-dessus, p. 454, et Dig., III, VI, 7, § 2, *de Calum-
niat.*
(3) *Ap. Burmann, de Vectig.*, p. 58.
(4) Dig., XXXIX, IV, 16, § 5, 9, 10, 12, *de Publican.*
(5) *Trinum.*, IV, IV, 13.

La loi exemptait de ces droits de péage, de passage ou de douane tout ce qui servait au voyage, *instrumenta itineris*, tout ce qui était destiné aux armées, tout ce qui appartenait au fisc, plus les esclaves ordinaires, destinés à la culture ou au service personnel, enfin toutes les choses qu'on transportait pour s'en servir et non pour en trafiquer [1].

Sous la république et le haut empire, les soldats et les magistrats n'étaient pas exempts de ces taxes [2]. Ce fut sous les règnes de Constantin, de Valentinien et de Valens que l'immunité fut accordée aux soldats, aux gardes du palais, aux vétérans et aux fils des vétérans [3]. Les sénateurs en jouissaient [4] pour les animaux destinés aux combats de l'amphithéâtre, et qu'on transportait des extrémités de la terre pour servir aux amusements féroces du peuple romain. Le blé importé, et même les denrées que les marchands apportaient avec le blé pour leur usage personnel, étaient aussi exemptes du *portorium* [5].

Enfin, pour abréger, sauf les rares exceptions que nous venons d'énumérer, tous les individus, de toute sorte, de toute condition, étaient taxés à la douane pour les objets importés par eux. Une

---

(1) Dig. XXXIX, iv, 4, § 1; 9, § 7, 8, et l. *Censoria*, supr., p. 454, ex QUINTILIAN., *Declamat.* 359.

(2) CICERO, l. c. SUET., *Galb.*, c. 15. LAMPRID., *Commod.*, c. 14. TACIT., *Annal.*, XIII, 51.

(3) Cod. Théod., XI, xii, 3, *de Immunit. concess.*, Cod. Just., IV, LXI, 6, *de Vectigal.*

(4) SYMMACH., *Epist.* V, 60, 63.

(5) Cod. Théod., XIII, v, 23, 24, *de Navicular.*, Dig. XXXIX, iv, 9, § 8, *de Publican.*

loi des empereurs Valens et Valentinien, datée de
l'an 365, l'ordonne en termes formels : « Vectiga-
« lium non parva functio est, quæ debet ab omni-
« bus qui negotiationis seu transferendarum mer-
« cium habent curam, æqua ratione dependi[1]. »

Quelques villes et quelques provinces percevaient l'impôt du *portorium* pour leur compte,
soit en totalité, soit en partage avec le trésor public, comme cela a lieu maintenant pour l'octroi
de la ville de Paris ; mais l'immunité était stipulée
en faveur des Romains et des Latins[2]. De ce nombre étaient, sous la république, l'Achaïe, Dyrrachium, Ambracie, etc. Une inscription curieuse
de Termes en Pisidie renferme un plébiscite
de l'an 682, qui concède aux habitants de cette
ville la jouissance de leurs droits de douane par
mer et par terre, mais avec exemption en faveur
des publicains pour les produits des tributs dus
au peuple romain que ceux-ci transporteraient par
le territoire de Termes[3].

Il paraît que la quotité de la taxe du portorium
différait selon les lieux et les temps. En Sicile, c'é-

---

(1) Cod. Théod., XI, xII, 3. Voyez aussi, dans le Code Justinien (IV, LXI, 7) une loi de Gratien, qui soumet tous les marchands aux douanes, *omne hominum genus quod commerciis voluerit interesse*, et supprime même, dans ce cas, l'immunité accordée aux soldats.

(2) CICERO, *in Pison.*, c. 36. TIT.-LIV., XXXVIII, 44.

(3) « Quam legem portorieis terrestribus maritimeisque Ter-
menses majores Pisidiæ capiundeis intra suos fineis deixserint, ea
lex ieis portorieis capiundeis esto ; dum nei quid portori ab ieis
capiatur, quei publica populi Romani vectigalia redempta habe-
bunt, quos per eorum fineis publicanei ex eo vectigali transporta-
bunt. » ORELLI, *Select. inscr.*, nº 3673.

tait le vingtième de la valeur du temps de Verrès[1], le quarantième sous l'empire jusqu'à Vespasien[2], et même jusqu'à Gratien[3]. Cet impôt fut porté au huitième de la valeur des marchandises vers la fin du IVe siècle. Une loi de ce même Gratien, insérée dans le Code Justinien[4], s'exprime ainsi : « Octavas « more solito constitutas omne hominum genus, « quod commerciis voluerit interesse, dependat, « nulla super hoc militarium personarum excep- « tione facienda. » L'insertion de cette loi dans le code publié par Justinien est une preuve que ce prince conserva la proportion du huitième de la valeur dans l'impôt établi sur les marchandises.

CHAPITRE XX.

IMPÔTS SUR LES OBJETS DE CONSOMMATION.

L'impôt sur les consommations, *vectigal rerum venalium*, différait beaucoup du portorium, avec lequel pourtant on l'a souvent confondu[5]; il se percevait, soit sur les denrées vendues au marché, soit sur les objets adjugés publiquement à la criée

(1) Cicero, *Verrin.*, II, 75.
(2) Quintil., *Declam.* 359. Sueton., *Vespas.*, c. 1.
(3) Symmach., *Epist.* V, 62, 63.
(4) Cod. Just., IV, LXI, 7, et LXV, 7.
(5) Burmann, *de Vectig.*, p. 68. Cod. Just., XII, XLVII, 1, *de Veteran.* Ulpien (Dig., L, XVI, 17, *de Verb. sign.*) distingue ces deux impôts avec sa précision ordinaire : « Publica vectigalia intelligere debemus ex quibus vectigal fiscus capit, quale est *vectigal portus* vel *venalium rerum.* »

ou aux enchères [1]. C'était encore une nouvelle charge qui, jointe à celles des douanes, des péages et des octrois, grevait les denrées et ne permettait pas aux marchands de les livrer à des prix de beaucoup inférieurs aux prix qui ont cours aujourd'hui. Cette vue confirme donc encore l'opinion que j'ai émise [2] sur le rapport des métaux précieux avec le prix moyen du blé et celui des denrées de première nécessité.

L'impôt sur les denrées était du centième de leur valeur et se nommait *centesima rerum venalium*. C'était une taxe établie sur les objets de consommation, *edulia* [3], analogue à celle qui se paie à l'octroi de Paris pour la viande, le vin, le poisson, le foin, l'avoine, etc.; elle fut établie par Auguste après les guerres civiles. Tibère, malgré les instances du peuple, ne voulut pas consentir à la supprimer; seulement il la réduisit de moitié après la réunion de la Cappadoce à l'empire [4]. Caligula se garda bien de la supprimer; il l'étendit même, je crois; car Suétone, en disant d'abord

(1) « Vectigal in quibuscumque nundinis ob venditionem proponendam. » Cod. Justin., l. c.

(2) Voy. l. I, c. 11 et 12, t. I, p. 110, 123, 124.

(3) « Vectigalia nova atque inaudita primum per publicanos, deinde, quia lucrum exuberabat, per centuriones tribunosque prætorianos exercuit, nullo rerum aut hominum genere omisso, cui non tributi aliquid imponeret. Pro *eduliis*, quæ tota urbe venirent, certum statumque exigebatur. » SUÉTON., *Calig.*, c. 40.

(4) « Centesimam rerum venalium, post bella civilia institutam, deprecante populo, edixit Tiberius militare ærarium eo subsidio niti, etc. » TACIT., *Ann.*, I, 78. Plus loin le même auteur s'exprime ainsi : « Regnum (Cappadociæ) in provinciam redactum est, fructibusque ejus levari posse centesimæ vectigal professus Cæsar, ducentesimam in posterum statuit. » *Annal.*, II, 42.

qu'il leva des impôts nouveaux et inouïs, *nova atque inaudita*, ajoute qu'il exigea un droit fixe sur toutes les substances alimentaires, *eduliis*, qui étaient vendues dans toute la ville.

Le passage où Dion[1] dit que Tibère reporta cette taxe du deux-centième au centième n'implique pas contradiction. En effet, la première réduction est de l'an 770, dans les premières années de son règne, après la réunion de la Cappadoce; et le rétablissement de l'impôt au centième a lieu en 784, après la mort de Séjan, lorsque Tibère, ajoute l'historien grec, était devenu très avide d'argent.

Burmann[2] embrouille encore ici la matière, en rapprochant des textes de Tacite et de Dion un passage où Suétone[3] rapporte que Caligula exempta l'Italie du droit du centième sur les ventes publiques : «Centesimam auctionum Italiæ remisit. » Il s'agit là de la taxe sur les ventes à la criée, *sub hasta*, dont Caligula fit la remise, fait qui est aussi remarqué par Dion[4]. C'est donc à tort que Pitiscus[5] l'a confondue avec le centième imposé sur les denrées alimentaires.

C'est au contraire la taxe du deux-centième sur les comestibles vendus au marché que je crois reconnaître dans une médaille en grand bronze de Néron, appartenant au riche cabinet de la Bibliothèque royale. Le revers présente un édifice orné de trois rangs de colonnes avec les mots MAC. AVG., *macellum Augusti*. Au-dessus de l'inscription est

(1) LVIII, 16.   (2) *De vectig.*, p. 70.
(3) *Calig.*, c. 16.   (4) LIX, 9.   (5) *Ad Sueton.*, *l. c.*

le chiffre barré $\overline{\mathrm{II}}$, chiffre qui se retrouve dans une autre médaille en moyen bronze du même empereur, avec la note s. c., *senatus consulto*. Je crois voir dans ce chiffre l'abréviation de *ducentesima*[1]. Cette explication, si plausible pour une inscription placée au-dessous de la représentation d'un marché, appuyée d'ailleurs par les textes de Pline, de Tacite, de Suétone et de Dion, me semble, au premier coup d'œil, plus satisfaisante que celle du savant Eckel[2], qui émet, avec de grands doutes, l'opinion qu'il faut peut-être considérer le chiffre comme l'expression du poids ou de la valeur de la pièce. On a vu que Néron eut la pensée d'abolir tous les impôts indirects et qu'il en fut détourné par le sénat. Celui-ci, pour satisfaire le prince en prenant au moins son désir en considération, aura, je pense, réduit du centième au deux-centième l'impôt sur les denrées vendues au marché, et fait placer dans la médaille destinée à perpétuer le souvenir de cette réduction l'inscription $\overline{\mathrm{II}}$. s. c., au-dessous de *macellum Augusti*. C'est sans nul doute à cet allégement que Pline fait allusion lorsqu'il dit : « Il n'y eut pas à Rome d'impôt plus lourd et plus odieux que l'impôt sur les consommations, parce qu'il pesait sur les pauvres. Aussi le cri du peuple s'éleva-t-il contre tous les princes, jusqu'à ce qu'on eut allégé la taxe sur ces denrées[3].

(1) C'est ainsi que dans beaucoup d'inscriptions grecques la même lettre désigne l'unité et la centaine. C'est ainsi encore qu'on trouve dans Pline $\overline{\mathrm{XII}}$ pour 1 200, $\overline{\mathrm{XIII}}$ pour 1 300, *auri* $\overline{\mathrm{XVI}}$. XX.DCCCXXIX pour 1 620 629. PLIN., VI, 26, XXXIII, 17.

(2) *Doctrin. numor.*, t. VI, p. 283.

(3) « Hercule! nùllum macelli vectigal majus Romæ, clamore

De plus une inscription bien connue[1] contient
un règlement de Marc-Aurèle, qui prononce sur les
contestations survenues entre les marchands et les
percepteurs ou publicains, au sujet de la quotité de l'impôt à percevoir sur les denrées dans les
marchés, dit *cullearium* et *ansarium*[2]. L'empereur
fait élever cette pierre, qui fixe le prix d'après l'ancienne loi.

Le passage positif de Pline, la pierre indicative
du prix sous Marc-Aurèle, et le sigle de la médaille
de Néron, rapprochés l'un de l'autre, me semblent
avoir le même but et par conséquent une signification analogue. Du reste il n'y avait que les denrées et les marchandises vendues dans les marchés
ou dans les foires, *promercales,* qui fussent soumises à la taxe. Les ventes de ces objets faites ailleurs de gré à gré en furent exemptes, excepté sous
Caligula[3], qui étendit à la ville entière des dispositions qui ne devaient s'appliquer que sur les mar-

plebis incusantis, apud omnes principes, donec remissum portorium mercis hujus... pensio ea pauperum. » PLIN., XIX, 19, t. II,
p. 163, l. 15.

(1) « M. Aurelius... et Commodus... hos lapides constitui jus-
serunt, propter controversias quæ inter mercatores et mancipes
ortæ erant, uti finem demonstrarent vectigali *foriculiarii* et ansarii
promercalium, secundum veterem legem, semel dumtaxat exi-
gendo. » ORELL., *Select. inscr.*, n° 3347.

(2) J'adopte l'heureuse correction de Reinesius, qui lit dans
l'inscription rapportée à la note précédente : *fori cullearii et ansarii.* Ces marchés tiraient leurs noms des grands vases, *culei,
vasa ansata,* dans lesquels on transportait à Rome les denrées
à vendre, particulièrement l'huile et le vin. Qui ne se trompe
quelquefois? Les savants Muratori et Forcellini (au mot *foricu-
larium*) ont cru voir dans ce mot les excréments humains, et ont
fait d'*ansarium* un pot de chambre, *pitale.*

(3) SUET., *Calig.*, 40.

chés publics : « Eduliis quæ tota urbe venirent vec-
« tigal exigit. »

L'impôt d'ailleurs ne frappait que sur la capitale;
c'était un véritable octroi, mal combiné, très vexatoire, et sujet à mille fraudes, puisqu'il se percevait
dans l'intérieur et non aux portes de la ville.

Parmi les taxes qui grevaient les objets de consommation nous pouvons ranger l'impôt sur le
sel qui, à Rome comme chez nous, était une des
sources du revenu public. Cet impôt fut établi pour
la première fois, en 548 de Rome, par les censeurs
C. Claudius et M. Livius[1]; ce dernier en prit le surnom de Salinator. Pancirol[2] pense que, sous les
empereurs, la quotité de l'impôt sur les salines fut,
comme pour les carrières, le dixième du produit.
Quoique Burmann se prononce contre cette évaluation, il me semble qu'elle puise quelque probabilité soit dans le prix de 19 centimes le litre de
sel, fixé dans l'inscription de Stratonicée[3], soit dans
l'usage où étaient les agriculteurs de donner du sel
aux troupeaux. On remarque d'ailleurs quelques
autres analogies entre les carrières et les marais sa-
lants où se percevait l'impôt sur le sel. Parmi ces
derniers les uns appartenaient au fisc, les autres
à des particuliers[4]; les premiers étaient exploités
par des criminels, qui, sous le nom de *mancipes
salinarum* étaient condamnés à ce travail, comme
d'autres à ceux des mines ou des carrières : c'était

---

(1) Tit.-Liv., XXIX, 37.　　(2) *Var. lect.*, III, 31.
(3) Voyez ci-dessus, t. I, p. 125.
(4) Digest., XXVIII, v, 59, § 1, *de Hered. inst.*; L, xvi, 17,
§ 1, *de Verbor. signif.*; XXVII, ix, 4, § 1, *de Rebus eorum qui
sub tut.* XXXIII, ii, 32, § 3, *de Usu et usufr.*

la peine infligée ordinairement aux femmes coupables[1].

L'Italie et les provinces étaient soumises à cet impôt[2]. Une inscription[3] nous fait connaître les salines des Ménapiens dans les Gaules; Tite-Live[4] celles de la Macédoine, Solin[5] celles d'Agrigente. La gabelle existait en Syrie sous les successeurs d'Alexandre, puisque le livre des Machabées[6] dit formellement que Démétrius n'en exempta que les Juifs. Les Romains, selon leur usage constant de conserver les impôts établis, la maintinrent sans doute après la conquête de la Syrie.

Sous les rois de Rome, la vente du sel avait été permise aux particuliers; mais leur avarice ayant, par l'accaparement, exagéré le prix de cette denrée indispensable, la république s'attribua le droit de fabrication et de vente[7]. Sous les empereurs, les particuliers semblent avoir recouvré le droit de fabriquer et de vendre du sel à bas prix, soit au fisc, soit aux fermiers généraux des salines, puisque le lois parlent de salines privées[8], et qu'un jurisconsulte, dans le Digeste[9], discute un legs d'usufruit de salines, qui étaient évidemment une propriété privée

Parmi les objets que la république et l'empire

---

(1) Dig. XLIX, xv, 6, *de Captiv. et post.*; XLVIII, xix, 8, § 8, *de Pœn.*

(2) PLIN., XXXI, 39. Dig., L, xv, 4, § 7, *de Censu.*

(3) GRUTER, MXCVI, 4. CUPER, Monum. ant., p. 230-34.

(4) XLV, 29.   (5) Cap. 5.   (6) I, x, 29.

(7) « Vendendi salis arbitrium, quia impenso pretio venibat in publicum omni sumptu, ademptum privatis. » TIT.-LIV., II, 9 et TURNEB., *Comment.*, h. l.

(8) Cod. Just, IV, LXI, 11, *de Vectig.*

(9) XXXIII, 11, 32, § 3, *de Usu et usufr.*

fournissaient en nature à leurs magistrats ou à leurs officiers, tels que blé, vin, huile, viande, bois[1], habillements, chevaux, mulets, tentes, chariots, vaisselle, cuisiniers[2], etc., le sel paraît avoir joué un grand rôle, puisqu'il fit donner à ces traitements le nom de *salaire*, SALARIUM.

Au reste, l'impôt sur le sel est louable et bien assis; chose rare sous l'empire, il était fixe, modéré, perçu à la fabrication, et ne gênait ni l'agriculture ni les contribuables.

CHAPITRE XXI.

DU VINGTIÈME SUR LA VENTE ET L'AFFRANCHISSEMENT DES ESCLAVES ET SUR LES SUCCESSIONS.

L'impôt sur la vente et l'affranchissement des esclaves, établi en 398 de Rome[3], existait encore en 543 et même en 693; mais il paraît évident qu'il fut supprimé dans l'intervalle de temps écoulé entre 69? et 760, quoique ce fait n'ait été signalé par aucun des nombreux érudits qui ont écrit sur la

---

(1) « Parochi, quæ debent, ligna salemque. » HORAT., *Serm.*, I, v, 45.

(2) TIT.-LIV., XXX, 17; XLII, 1; SCHEFF., *De re vehic.*, II, 2; et GRUCH., *de Comit.*, III, 2. Voy. aussi VOPISC., *Aurel.*, c. 9; et LAMPRID., *Alex. Sev.*, c. 42. Ce dernier auteur nous fait même connaître une prestation assez singulière à laquelle se croyaient obligés les empereurs envers les gouverneurs des provinces qui n'étaient point mariés : « Præsides provinciarum acciperent, si uxores non haberent, *singulas concubinas*, quod *sine his esse* non possent. » Voyez sur ce passage les commentaires de Casaubon et de Saumaise.

(3) Voy. t. I, p. 290.

vicesima[1]. En effet Dion[2] dit positivement qu'Auguste, pressé d'argent pour les besoins de la guerre et pour l'entretien des gardes de la ville, institua un impôt du cinquantième sur la vente des esclaves, τὸ τέλος τὸ τῆς πεντηκοστῆς ἐσήγαγε. Cette taxe subit de nombreuses variations. Elle ne fut pas abolie par Caligula, comme on a voulu le prouver au moyen d'une monnaie de petit bronze, existant autrefois dans le musée du collége Louis-le-Grand, et qui porte sur la face la note s. c. avec le *pileus,* symbole de la liberté; au revers, dans le milieu, R. CC., c'est-à-dire *remissa ducentesima,* et autour C. CÆSAR... TR. P. III; COS. DES. III.[3] Deux autres grands bronzes de Caligula, qui existent à la Bibliothèque royale, au cabinet des médailles, sont semblables à la médaille que décrit Brottier; seulement l'un porte la date du troisième consulat de Caligula, l'autre celle du quatrième. Tous deux ont les sigles R. CC. Ces médailles indiquent bien, par le symbole et les sigles qui y sont gravés, l'impôt sur la vente et l'affranchissement des esclaves; mais peut-on croire que le prodigue Caïus qui, dit Suétone[4], toujours affamé d'argent, inventa des taxes diverses, nouvelles et inouies, se fût privé, dans un besoin urgent, d'un impôt lucratif et facile à recouvrer? Ce fut peut-être le deux-centième du cinquantième établi par Auguste sur la vente et l'affranchissement des

(1) JUST.-LIPSE, *ad Tacit. Annal.*, XIII, 31; *De magnit. Rom.*, II, 4. CUJAC., *Obs.*, VI, 28. BURMANN, *Vectig.*, p. 69. REIMAR., *ad Dion. Cass.*, LV, 31. VESME, *De re tribut. in Gall.*, ms. 1836, p. 27.
(2) LV, 31.
(3) Vid. BROTTIER, *ad Tacit.*, t. IV, p. 280.
(4) *Calig.*, c. 40.

esclaves dont Caligula eut la générosité de dégrever le budget de l'Etat, et l'impudence de perpétuer le souvenir par une médaille.

Tacite nous fait connaître un exemple semblable de générosité apparente de la part de Néron, qui fit seulement semblant de remettre l'impôt du vingt-cinquième établi sur la vente des esclaves, car il le fit payer au vendeur[1], lequel s'en indemnisa sur l'acheteur, en sorte que ce dernier continua de payer l'impôt en réalité; seulement, au lieu de le payer immédiatement au fisc, il l'acquittait par l'intermédiaire du vendeur. On voit néanmoins que la taxe avait doublé depuis Auguste, puisque du cinquantième elle s'était élevée au vingt-cinquième.

Les monnaies de Galba, qui portent R. XXXX ou *remissa quadragesima*[2], ont, je crois, induit aussi en erreur les savants, qui ont cru y voir un retour vers la taxe du cinquantième établie par Auguste, et une diminution du vingt-cinquième perçu sous Néron sur le prix de la vente des esclaves. Il me semble qu'il s'agit ici d'une autre taxe du quarantième, assise, non sur les esclaves, mais sur les procès et les jugements qui avaient lieu dans tout l'empire, et je m'appuie de ce passage formel de Suétone[3], qui s'accorde, pour le chiffre, avec les

---

(1) « Vectigal quoque quintæ et vicesimæ venalium mancipiorum remissum, specie magis quam re; quia cum venditor pendere juberetur, in partem pretii emptoribus adcrescebat. » TACIT., *Ann.*, XIII, 31.

(2) Voy. BROTTIER, l. c. ECKEL, *Doctr. num.*, t. V, p. 296, col. 1, et à la Bibliothèque royale deux grands bronzes de Galba qui portent, l'un *quadragena*, l'autre *quadragensuma remissa*.

(3) *Calig.*, c. 40.

médailles de Galba : « Exigebatur, pro litibus atque
« judiciis ubicumque conceptis, quadragesima sum-
« mæ de qua litigabatur; nec sine pœna si quis com-
« posuisse vel donasse negotium convinceretur. »
C'était, comme on voit, le quarantième des sommes
en litige dans les procès plaidés et jugés dans tout
l'empire que Caligula avait exigé. Galba, qui était
bien un peu avare, mais du reste honnête homme
et prince éclairé, sentit probablement l'injustice de
cette taxe énorme, inventée par le rapace Caligula,
et il en fit la remise, qui a été consignée sur des
médailles. C'est pourtant pour avoir confondu ces
différentes sortes d'impôts indirects que les érudits
ont voulu corriger les textes et les nombres, écrits
en toutes lettres par Tacite, Suétone et Dion.

Maintenant le chaos est facile à débrouiller; revenons à la vente et à l'affranchissement des esclaves.

L'impôt sur l'affranchissement était le prix de
la liberté; il était dû par l'esclave affranchi. Le
maître l'acquittait quand il voulait ajouter une
gratification au don de la liberté; c'était alors le
gratuita libertas de Suétone [1]. « Quand un maître,
dit Arrien [2], affranchit son esclave devant le préteur, qu'a-t-il fait? Il l'a fait libre: rien de plus? il
doit payer pour lui le vingtième. » Voilà le *gratuita libertas*; mais le même auteur nous montre
un peu plus loin l'esclave acquittant lui-même le
prix que la loi avait mis à sa liberté en faveur du
fisc. « Pourquoi, dit-il [3], l'esclave désire-t-il surtout

(1) *Vesp.*, XVI, 5.
(2) *Dissert. in Épict.*, l. II, c. 1. Cf. FESTUS, *Manumitti*.
(3) *Ibid.*, III, 26.

d'être affranchi? Est-ce parce qu'il brûle de donner son argent pour acquitter le vingtième? » C'était là le cas ordinaire, celui du Gripus de Plaute[1], celui des esclaves mentionnés par Pline dans le septième livre (ch. 40) de son Histoire naturelle.

Pedanius, dit Tacite[2], fut tué par un esclave, auquel il refusa la liberté dont le prix avait été convenu entre eux. Ce prix et le droit du vingtième étaient prélevés, dit Sénèque[3], sur le pécule de l'esclave : « Peculium suum, quod comparaverunt « ventre fraudato, pro capite numerant. »

Les esclaves qui, par la manumission, ne recevaient pas la liberté complète, en obtenant le droit de cité étaient exempts du vingtième, règlement conséquent, puisque alors leur maître pouvait les réduire de nouveau en servitude. Cette exemption est prouvée par un passage de Cicéron, un autre de Modestinus, un troisième de Celsus[4], où l'on voit un esclave, affranchi d'abord, retomber ensuite dans les liens de l'esclavage.

On n'exigeait pas le droit du vingtième de l'esclave affranchi par un étranger, *peregrinus*. La raison en est évidente : c'est que le *peregrinus* ne pouvait conférer, par la manumission, ni le droit de cité, ni même le droit latin ; les individus affranchis par un étranger ne pouvaient acquérir le droit de cité qu'en vertu d'un décret de l'empereur ; encore fallait-il que l'étranger fût mort et que la de-

---

(1) *Rudens*, V, iii, 32.
(2) *Annal.*, XIV, 42.
(3) *Epist.* 80. Vid. Brisson, Formul. VI, p. 559. Ravard., *de Divers. reg. jur.* 19. Loon, *de Manum. serv.*, IV, 5, 8.
(4) Cicero, *ad Attic.*, VII, 2, in fin., et Malasp., h. l., Dig., XXXII, 1, 79, § 3, *de Legat.* 3.

mande du droit de cité fût faite par le patron de
l'affranchi. C'est une lettre de Pline-le-Jeune[1] à
Trajan qui nous fait connaître ces détails. L'esclave affranchi par un citoyen romain ne jouissait
même pas du droit quiritaire, si cette faveur ne lui
était accordée, sur la demande de son patron, par
le chef de l'Etat[2].

Quant au vingtième imposé sur les successions,
j'ai déjà exposé ailleurs les motifs qui l'avaient
fait établir l'an de Rome 759, et les manœuvres habiles employées par Auguste pour le faire accepter[3]. C'était le vingtième sur les héritages, les legs
ou donations faites par les mourants[4]. Ce droit
frappait sur les héritiers collatéraux et sur tous les
citoyens romains, à moins qu'ils n'héritassent
comme agnats, en vertu de la loi des Douze-Tables[5].
Les bons princes, tels que Nerva, Trajan[6], délivrè-
rent de cette charge un plus grand nombre de
citoyens; les étrangers, les provinciaux en étaient
exempts, et c'est pour les soumettre à cette taxe énorme que Caracalla conféra le droit de cité romaine à

---

(1) « Rogo des iatraliptæ meo civitatem Romanam. Est enim
peregrinæ conditionis, manumissus a peregrina. Vocatur ipse Har-
pocras; patronam habuit Thermuthin Theonis, quæ jampridem
defuncta est. » PLIN. JUN., *Epist*, X, 4, ed. Schæffer.

(2) « Rogo des jus Quiritium libertis Antoniæ Maximillæ, orna-
tissimæ feminæ... quod a te, petente patrona, peto. » PLIN., *ibid.*
Cf. MANUT., *Miscell.*, t. I, p. 197. HUGO, Hist. du droit rom.,
tr. fr., t. I, p. 343, not. 3.

(3) Voy., liv. II, mon chapitre sur l'extension du droit de cité
depuis César et Auguste, t. I, p. 324, ss.

(4) DIO., LV, 25 ; LVI, 28.

(5) PAULUS, *Sentent.*, IV, 6. HEINECCIUS, *Antiq. Rom. juris-
prud. app.*, I, 1, 19, p. 241, ed. Haubold, 1822.

(6) PLIN., *Panegyr.*, c. 37, 38.

tous ses sujets[1]; on défalquait néanmoins de la
matière imposable les frais funéraires, les dettes
et les pensions alimentaires[2], avant de prélever
l'impôt. Les héritages dont la valeur était au-dessous de 100 *aureus* semblent avoir été exemptés,
comme l'a avancé Gronovius d'après une loi de Justinien[3]. Cependant nous voyons par une autre loi
insérée au digeste[4] qu'il fallait posséder moins de
50 *aureus* pour pouvoir, aux yeux de la loi, être
rangé dans la classe des pauvres.

Les administrateurs chargés de percevoir le vingtième sur les successions et d'apprécier les motifs
d'exemption allégués par les contribuables sont
nommés dans les inscriptions[5] *procuratores, pro-
magistri XX* (vicesimæ) *hæreditatum.*

Trajan affranchit encore de l'impôt du vingtième
les successions recueillies par les parents proches,
que Pline-le-Jeune[6] nomme *domesticos hæredes*,
et les membres de la *gens* ou *clan* qui étaient unis
par une communauté d'alliances, de culte et de sacrifices. L'exemption était juste, car l'héritier était

(1) Voy. ci-dessus, t. I, p. 330, 331.
(2) PLIN., loc. cit., Dig., XXXV, 11, 68, *ad leg. Falcidiam.*
BURMANN, *Vectig.*, p. 162.
(3) Cod. Just., VI, XXIII, 23, *de Testamentis.*
(4) XLVII, 11, 10.
(5) GRUTER, p. 437, n° 7, 426, n° 5, 454, n° 8.
(6) «Vicesima reperta est, tributum tolerabile et facile hæredi-
bus dumtaxat extraneis, domesticis grave. Itaque illis irrogatum
est, his remissum : videlicet quod manifestum erat, quanto cum
dolore laturi, seu potius non laturi homines essent, destringi aliquid et abradi bonis, quæ sanguine, gentilitate, sacrorum denique
societate meruissent, quæque numquam ut aliena et speranda, sed
ut sua semperque possessa, ac deinceps proximo cuique transmit-
tenda cepissent. » PLIN. JUN., *Panegyr.*, 37.

chargé des frais de l'entretien du culte, qui était souvent fort coûteux[1].

Les étrangers, au contraire, qui recevaient l'héritage *sine sacris*, comme Plaute[2] l'appelle, c'est-à-dire libre de toutes les charges, payaient sans trop de peine cette taxe, un peu moins lourde que celle qui pèse actuellement en France sur les successions collatérales.

Auguste avait fixé le terme de rigueur pour l'acquittement du vingtième à cinq jours après le décès[3], que devait suivre immédiatement l'ouverture du testament. Le Digeste[4] accorde en sus aux absents un délai d'un jour par vingt milles de distance.

Zonare, au moins dans le passage cité par Burmann[5], ne nous semble pas annoncer qu'Antonin-le-Pieux ait aboli la taxe du vingtième sur les successions. Dans tous les cas, il n'est point probable que le généreux Marc-Aurèle qui, selon Capitolin[6], fit remise de tant de contributions directes et indirectes, eût rétabli le vingtième sur les successions, si cet impôt eût été supprimé par son père adoptif. Or, son biographe rapporte[7] qu'il fit de nouveaux règlements sur cette taxe, *addidisse leges de vicesima hæreditatum*, et ce fut sans doute pour en adoucir la rigueur. Ce texte d'un écrivain médiocre, mais qui est un chroniqueur exact, prouve au moins que la taxe existait.

(1) SERV., *ad Æneid.*, III, 104. TIT.-LIV., I, 20. CICER., *Verr.*, IV, 3.
(2) *Captiv.*, IV, 1, 8.
(3) PAULUS, *Sentent.*, IV, 6.
(4) L, xvi, 154, *de Verb. signif.*; II, xi, 11, *si quis caut. in judic. sist.*
(5) Lib. XII, *init.* (6) C. 23. (7) C. 11.

Caracalla l'éleva au dixième; Macrin la reporta au vingtième[1]. Ce taux subsista sous Héliogabale[2] et même sous Valens. Une inscription[3] qui date du règne de ce dernier prince nous fait connaître un certain L. Vocontius Vicasius procurateur du vingtième sur les successions.

Deux jurisconsultes anciens avaient écrit sur la *vicesima;* le premier était C. Aulus Ofilius, l'ami d'Auguste[4], qui semble avoir pris seulement la défense de l'innovation introduite par ce prince, car il ne reste rien de lui dans les Pandectes; le deuxième était Æmilius Macer, jurisconsulte contemporain d'Alexandre-Sévère; il écrivit deux livres sur le vingtième, εἰκοστῶν.

Le produit de cet impôt fut, comme je l'ai dit ailleurs, déposé par Auguste dans la caisse de l'armée, et spécialement affecté à son entretien; il reçut la même destination sous les empereurs suivants.

Nous trouvons enfin dans les lois[5] l'indication de quelques ruses employées par les héritiers pour éluder le paiement de l'impôt du vingtième; mais l'avide Caracalla, pour hâter le paiement du droit, le frappa d'un intérêt de 12 pour ⁰/₀ qui prenait cours à partir de l'échéance[6].

---

(1) Dio., LXXVII, 9; LXXVIII, 18. Burmann, *Vectig.*, p. 180.
(2) Lamprid., *Heliogab.*, c. 12.   (3) Grut., p. 286, n° 4.
(4) Dig., I, 11, 2, § 44, *de Origin. jur.*
(5) Dig., XXX, 1, 114, § 14, *de Legat.* Cujac., *Obs.* V, 16.
(6) Cod. Just., VII, LIV, 1, *De usur. rei judic.*

CHAPITRE XXII.

IMPÔTS SUR LES AQUÉDUCS ET LES PRISES D'EAU.

L'eau était imposée à Rome comme elle l'est aujourd'hui à Paris, mais seulement l'eau pure et salubre des aquéducs ; on l'achetait, soit pour la boisson, soit pour l'irrigation des cultures et des jardins situés le long de leur développement, dans un terrain brûlant qui est pendant six mois de l'année sans recevoir d'eau de pluie.

Si l'on en croit Frontin[1], le premier aquéduc de Rome fut exécuté en 441 par C. Appius, qui construisit la grande route appelée, du nom de ce censeur, voie Appienne. Jusqu'alors, dit Frontin, les Romains s'étaient contentés de l'eau du Tibre, des puits ou des fontaines. Lorsque des aquéducs publics eurent été construits à Rome, il fut défendu aux particuliers de détourner aucune portion de l'eau destinée à l'usage commun ; ils ne pouvaient jouir que du trop-plein du réservoir, encore cette eau n'était-elle concédée que pour les bains et les ateliers des foulons, et payait-elle à l'Etat une redevance fixe[2].

Peu à peu les censeurs et les édiles concédèrent aux particuliers, moyennant un prix déterminé, le droit de dériver de l'artère principale et publique les veines d'eau nécessaires, hors de Rome, à l'irri-

(1) *De Aquæd.*, art. V, p. 1, ed. Polen.
(2) FRONTIN., art. IV, p. 166.

gation des propriétés, dans la ville, aux usages des maisons privées. Horace et, plus tard, Martial[1] indiquent cette concession que les empereurs, à l'exemple de Domitien, se réservèrent le droit d'accorder comme une faveur spéciale[2], moyennant une certaine redevance qui se nommait ou *vectigal ex aquæductibus*[3] ou *vectigal formæ*[4]. Ce dernier nom venait des conduits ou tuyaux qui amenaient l'eau du réservoir public dans les propriétés privées, et qui sont nommés *formæ ductuum* par Frontin, ou simplement *formæ* dans les anciennes inscriptions[5].

C'est la taxe imposée sur les prises d'eau que Polybe indique, je crois, au nombre des revenus du peuple romain, sous le nom d'*impôt des jardins* : τέλος τῶν κηπίων[6], car il l'englobe avec les impôts sur les terres, les fleuves, les ports, les mines, et en attribue l'administration aux censeurs. Pline, en parlant des fontaines *Virgo* et *Marcia*, indique aussi les délits et les fraudes commis par les parti-

---

(1) Horat., *Epist.* I, x, 20. Mart., *Epigr.*, IX, 19.

(2) Voy. les lois spéciales sur la matière, dans le Code Théodosien, XV, 11, t. V, p. 327.

(3) Dig., XIX, 1, 41, *de Act. empt.* Front., l. c.

(4) Dig., XXX, 1, 39, § 5, *De Legat.*, I.

(5) « Restituta forma,..... per formam cursu factam. » Gruter, 177, 1, 180, 2.

(6) Polyb., VI, xvii, 2. Schweighæuser me semble avoir mal saisi ce passage. Les mots *vectigal hortorum* désignent la taxe établie sur l'eau dérivée pour l'irrigation des jardins et des villas. Pline (XIX, 19, 1) dit que, dans la loi des Douze-Tables, *hortus* est pris pour *villa*, et Frontin (*de Aquæduct.*, art. CXVIII, p. 203) nous apprend que le revenu des aquéducs était établi sur les *Horti : aqueductuum vectigalia constare ex hortis.*

culiers qui détournaient les eaux des aquéducs et
en privaient le public pour les appliquer au luxe
de leurs villas et de leurs maisons des faubourgs[1].
Aussi les lois[2] prescrivaient-elles des peines contre ceux qui se rendaient coupables de ces délits:
« Qui furtivis aquæ meatibus ad hortorum deli-
« cias utebantur. »

La taxe sur les prises d'eau existait dans les municipes et formait une partie du revenu de la commune; Cicéron la payait à Tusculum[3].

Les censeurs et les édiles, comme je l'ai dit, affermaient le revenu et l'entretien des aquéducs.
Agrippa, qui dota Rome de beaucoup d'aquéducs
et de fontaines nouvelles, voulut se charger lui-
même d'entretenir ses ouvrages et de perpétuer ses
bienfaits[4]; il reçut cette noble mission. Puis Auguste en fit une magistrature honorable, créée par
un sénatus-consulte; l'officier qui en était revêtu
se nommait *curator aquarum*[5]. Le premier titu-
laire de cette charge fut le célèbre Messala Corvi-
nus, qui eut pour adjoints Posthumius Sulpitius et
L. Comitius Pedanius. Ce petit fait nous est transmis par Frontin[6], qui donne la liste de tous les
curatores aquarum depuis Agrippa jusqu'à lui.

---

(1) « Quamtum Virgo tactu, tantum præstat Marcia haustu.
Quamquam utriusque jam pridem urbi periit voluptas, ambitione
avaritiaque in villas ac suburbana detorquentibus publicam salu-
tem. » PLIN., XXXI, 25.

(2) FRONT., *de Aquæduct*, art. CXXIX.

(3) « Ego Tusculanis pro aqua Crabra vectigal pendam, quia a
municipio fundum accepi. Si a Sulla mihi datus esset, Rulli lege
non penderem. » CICER., *Agr. contr. Rull.*, III, 2.

(4) SUETON., *Aug.*, c. 42.   (5) Id., *ibid.*, c. 37.

(6) *De Aquæd.*, art. XCVIII, sqq.

Cette charge, à partir du règne des Antonins, perdit de son importance ; on trouve ensuite sous le Bas-Empire un *consularis aquarum*[1] chargé de veiller sur les aquéducs, puis, dans la notice des dignités de l'empire d'Occident[2], un *comes forma-rum*, avec les mêmes attributions.

Deux corporations, *familiæ*, furent, en outre, instituées pour la garde et l'entretien des aquéducs, l'une par Agrippa, sous le nom de *publica*, l'autre par Claude ; celle-ci se nomma *Cæsarea*. Ces corporations, composées d'esclaves publics, ressemblaient aux corps des greffiers, des scribes, qui tenaient les registres et copiaient les procès-verbaux des séances du sénat. Frontin[3] les désigne sous le nom générique d'*aquarii*[4] ; il énumère ensuite leurs différents grades : c'était le *villicus* ou intendant, le *castellarius*[5] ou fontainier du château d'eau ; puis l'inspecteur, *circitor* ou *custos*[6] ; le maçon, *silicarius* ; le stucateur, *tector*, etc.

Je pense que ces *familiæ*, comme les esclaves publics de Vénus Erycine et d'Apollon Delphien, jouissaient de droits plus élevés que les esclaves ordinaires ; par exemple, ils pouvaient cumuler les fonctions de scribe et de garde des eaux, témoin

(1) Cod. Théod., XV, 11, 1, *De Aquæduct.* Cod. Just., XI, XLII, 1, *idem.*

(2) C. VII ; ubi vid. Pancir.

(3) *De Aquæd.*, art. LXXI et CXVI, sqq.

(4) Ce titre se trouve dans une inscription donnée par ORELLI, *Select. inscr.*, n° 3203, et dans une autre publiée par BIANCHINI, *Sepulcr. serv. dom. Augusti*, p. 20.

(5) JUST.-LIPS. (*ad Tacit. Annal.*, XV, 43) rapporte une inscription où se trouve mentionné un *servus castellarius aquæ Claudiæ*.

(6) Cf. TACIT., l. c.

cette inscription ancienne citée par Juste-Lipse [1] : CAPITONI SCRIBÆ ÆDILICIO, CURATORI AQUARUM. Ils étaient attachés à l'aquéduc, comme d'autres l'é- taient aux mines, comme les serfs du Brutium, 3oo ans avant J.-C., étaient attachés à la glèbe [2]. Ils prélevaient, dit toujours Frontin, leur solde et leurs émoluments sur le produit de la taxe des eaux : « Accipiebant stipendia et commoda sua ex vectigalibus quæ ad jus aquarum pertinebant. » Les esclaves privés ne touchaient pas de salaire.

CHAPITRE XXIII.

IMPÔTS SUR LES ÉGOUTS ET LES MATIÈRES FÉCALES.

Les impôts que je vais décrire maintenant ren- trent dans la classe de ceux que nous payons, à Paris, pour la voirie, pour le curage des latrines, auxquels il faut ajouter les produits de l'urine, de la poudrette, et les droits payés à la police pour l'établissement des inodores. *Nil sub sole novum;* ces matières ont été de tous temps des matières imposables et très imposées.

On sait que Rome fut percée d'égouts magnifi- ques dès le règne de Tarquin-l'Ancien [3], et que leurs voûtes, aussi vastes que solides, existent en- core aujourd'hui. On peut juger de leur immense étendue par ce seul fait, qu'en une seule fois on dépensa, pour les nettoyer et les réparer, 1000 ta-

(1) *Ad Tacit.*, l. c.   (2) Voy. ci-dessus, t. I, p. 144, not. 3.
(3) TIT.-LIV., I, 38.

lents[1] (5 216 600 francs). Aussi les empereurs ne
manquèrent-ils pas de créer un impôt nommé
cloacarium pour subvenir à l'entretien de ces conduits. Ulpien[2] parle de cet impôt comme d'une taxe
ancienne, qu'il nomme en même temps que le
vectigal, le *solarium,* et l'impôt sur les prises d'eau,
pro aquæ forma.

Les administrateurs de cette voirie sont nommés dans cent inscriptions[3] avec le titre de *curatores alvei Tiberis et cloacarum sacræ urbis.*

Trajan[4] nous apprend que, par économie, on
employait des condamnés au curage des cloaques
et des conduits de bains.

Les Romains avaient aussi beaucoup de latrines
publiques, plus nécessaires chez eux que chez nous;
car leur climat, leurs mœurs, leurs usages, leur
imposaient la vie publique au forum, dans les
bains, dans les cours des magistrats et des patrons.
Suétone mentionne plusieurs fois les latrines publiques[5]. L'avidité des empereurs en fit une branche de revenu; on loua ces latrines à des fermiers
qui se mirent à percevoir un tribut sur les besoins
naturels des maîtres du monde. Juvénal a flétri
ces publicains par ce vers incisif:

> Conducunt *foricas,* et cur non omnia[6]?

---

(1) Dionys. Halic., *Ant. Rom.,* p. 200, l. 34.
(2) Dig. XXX, *de Legat.,* l. 39, § 5.
(3) Orelli, *Select. inscr.,* nos 1172, 2284, 2285, 3042, 4910.
Gauter, p. 197, 298, etc.
(4) Plin. Jun., *Epist.,* X, 41.
(5) Suéton., *Tiber.,* 58. Nero, 24.
(6) *Satyr.,* III, 38. *Foricæ* sont les latrines publiques, *latrinæ*
les lieux privés. L'ancien scoliaste de Juvénal dit à cet endroit:
« Foricas, stercora, hoc est vectigal. »

Paulus nomme [1] ces adjudicataires *foricarii*, et le passage que je cite prouve, contre l'opinion de Saumaise [2], qu'ils payaient, au lieu d'être payés, pour vider les latrines.

Il en est de même à Paris, où la ferme des boues et des vidanges a produit plusieurs millionnaires.

L'urine était de même une matière imposable.

On avait eu soin de placer à Rome, dans les carrefours et aux coins de rue, des amphores ou des tonneaux sciés en deux, *dolia curta* [3], où l'on put uriner gratuitement jusqu'au règne de Vespasien, qui imagina d'en tirer parti [4]; il défendit de pisser en public autre part que dans ces vases, dont il afferma la jouissance à des entrepreneurs;

(1) « Fiscus usuras non dat, sed ipse accipit, ut solet a *foricariis* qui tardius pecuniam inferunt, item ex vectigalibus. » Dig., XXII, 1, 17, § 5.

(2) *De usuris*, c. 18.

(3) C'est ainsi qu'il faut entendre, je crois, les mots *dolia curta* dans LUCRÈCE (IV, 1021), et non les traduire par *amphores cassées*, comme l'ont fait PITISCUS (*ad Suet. Vesp.*, c. 23), BURMANN (*de Vectig.*, p. 199), et FORCELLINI (voc. *Curtus*). À l'époque même où écrivait Lucrèce, les soldats de Spartacus, dit FLORUS (III, xx, 13), se servaient de tonneaux liés avec de l'osier, DOLIA *connexa virgultis*, pour construire des radeaux. PLINE (VIII, 6) fait mention des tonneaux à l'époque de la première guerre punique. Ce sont bien encore des tonneaux de bois que ces *dolia* qu'on enduisait de poix et qu'on faisait rouler tout enflammés sur l'ennemi. On en voit la figure dans plusieurs bas-reliefs (REINESIUS, c. II, n° 62.) Enfin l'urine ayant une valeur, soit comme engrais, soit comme réactif pour dégraisser les draps (ATHÉNÉE, XI, 67), l'usage des demi-tonneaux de bois pour la recueillir semble plus raisonnable que celui des vases de terre, exposés au choc des voitures et sujets à se casser. Cependant on les employa tous deux; le *testa* juncta *viæ* de MARTIAL (XII, 48), l'*amphora in angiporto* de Titius (MACROB., *Saturn.*, II, 12), le *gastra* de Pétrone (c. 39), ne laissent là-dessus aucun doute.

(4) SUÉTON., *Vesp.*, c. 23.

ceux-ci percevaient une rétribution sur les personnes qui en faisaient usage. Titus reprochait un jour
à son père l'invention de cet impôt sordide; l'empereur s'en tira par un bon mot. Au premier paiement qu'il en reçut, il approcha l'argent du nez
de Titus : « Trouves-tu qu'il sente mauvais? —
Non. — Et pourtant c'en est, *atqui e lotio est.* »

Xiphilin et Tzetzes [1] rapportent la même anec-
dote; mais le dernier l'applique à un impôt établi
par Vespasien sur le fumier de cheval. Enfin Eva-
gre et Cedrenus [2] nous apprennent que ces impôts
sur l'urine et le fumier subsistèrent au temps des
empereurs byzantins, qui, sous le nom de *chrysargi-
rum*, y ajoutèrent des taxes sur les pauvres et les
mendiants, sur les courtisanes, les femmes répu-
diées, les esclaves, les affranchis, les bêtes de
somme et les chiens, vivant soit dans les villes
soit dans les campagnes.

L'impôt sur les chiens et les chevaux de luxe
existe en Angleterre, celui sur les bêtes de somme
et de labour en Belgique, la taxe sur les pauvres et
les mendiants nulle part en Europe; aucun de ces
impôts ne pèse sur la France. Il reste donc aux
financiers byzantins le triste honneur de nous
avoir surpassés dans l'invention des matières imposables.

---

(1) Xiphil., LVI, p. 751. Tzetz., *Chil.*, I; *Hist.*, 2.
(2) Evagr., *Hist. eccl.*, III, 39. Cedren., p. 294.

CHAPITRE XXIV.

IMPÔTS DIVERS.

Indépendamment des droits de péage aux ponts, aux passages des rivières, qui étaient compris sous le nom générique de *portorium*, et dont j'ai parlé plus haut, il y avait une taxe fixe imposée sur les propriétaires pour l'entretien même des grandes voies publiques, qui répondaient à nos routes royales. Le passage de Siculus Flaccus[1] que j'ai déjà indiqué est positif. Il classa les chemins en routes royales, *viæ publicæ regales*, qui étaient construites par l'État, *publice muniuntur*, et qui étaient entretenues au moyen d'un impôt assis sur la propriété foncière[2]; en routes *vicinales*, *viæ vicinales*, correspondant à nos routes de deuxième classe, aux routes départementales et aux chemins de grande vicinalité, et qui, nous dit Siculus Flaccus, ou joignent entre elles deux routes royales, ou conduisent de l'une de ces routes dans la campagne. Ces routes étaient faites aux frais des villes et des bourgs, et entretenues aux dépens des propriétaires par des prestations en nature, *operas*, ou en argent, *impensas*. Une loi portée en 411

---

(1) *De Cond. agror.*, p. 9, ed. Goes.
(2) « In quarundam tutelam a possessoribus per tempora summa certa exigitur. » SICUL. FLACC., ibid.

par Honorius et Théodose[1] spécifie que les impôts pour les réparations des routes seront répartis sur les propriétaires en raison du nombre de jugères ou de *caput* qu'ils possédaient[2].

Un règlement formel, inséré au Digeste[3], prouve que dans les villes chacun était obligé de paver la rue devant sa maison, et par conséquent d'entretenir le pavé.

Les censeurs furent d'abord chargés de la confection des routes[4], puis les *quatuor-virs*[5]; puis, s'il faut en croire Suétone[6], Auguste institua pour ces fonctions les *curatores viarum*, qui sont peut-être auparavant désignés dans Varron[7] par le nom de *viocuri*. Quelquefois les *curatores viarum* étaient choisis par les riverains; mais leur élection était soumise à l'approbation de l'empereur[8]. C'était peut-être une ombre de cet ancien droit d'élection des magistrats qu'on laissait au peuple romain pour lui dissimuler sa décadence.

Enfin les *curatores viarum*, qui sont l'origine de notre corps des ponts et chaussées, avaient le droit de punir ou de déférer au préfet de la ville,

---

(1) « Per Bithyniam cæterasque provincias possessores in reparatione publici aggeris, et cæteris hujusmodi muneribus, pro jugerum numero vel capitum quæ possidere noscuntur dare cogantur. » Cod. Just., X, xxv, 2.

(2) Voy. BERGIER, Hist. des grands chem. de l'empire, liv. I, ch. 22.

(3) XLIII, x, § 3, *De via publica.*

(4) TIT.-LIV., XLI, 27.   (5) Dig., I, 11, 2, § 30.

(6) SUET., *August.*, c. 37.   (7) *De ling. lat.*, IV, 1.

(8) « P. Plautius Pulcher... curator viarum sternendarum a vicinis lectus ex auctoritate Ti. Claudii Augusti. » ORELL., *Select. inscr.*, n° 723.

pour en faire justice, ceux qui exigeaient de quelqu'un plus que la taxe fixée.

Si je parle de la redevance qui portait le nom de
solarium, c'est uniquement pour faire observer que
Burmann [1] a eu tort de la ranger dans la classe des
vectigalia ou impôts indirects. Ce n'était pas un
impôt proprement dit, mais un cens, une rente
foncière qu'on payait à l'Etat pour l'occupation
d'un terrain, *solum*, public ou domanial, sur lequel on voulait bâtir des maisons, des auberges,
des boutiques, des échoppes [2]. Cela n'est-il pas évident d'après les témoignages mêmes allégués par
Burmann [3], tels que l'achat par Didon du sol de Carthage, moyennant un *annuum vectigal pro solo ur-*
bis, et la réclamation par les Africains de plusieurs
années de ce tribut, *vectigal multorum annorum*
pro solo urbis [4]? L'entendre autrement ce serait se
laisser abuser par les mots, car le *solarium*, dans
ce passage, comme dans les lois que j'ai citées,
n'est point, je le répète, un impôt, *vectigal*, mais
une rente foncière stipulée pour l'aliénation ou la
concession de jouissance d'un sol ou emplacement
appartenant au domaine public.

Il existait déjà sous la république un impôt qui,
sous le nom d'*ostiarium*, répondait à notre impôt

---

(1) *De Vectig.*, p. 203, 204.
(2) Dig., XXX, 39, § 5. *De legat.*, VII, 1, 7, § 2. *De usufr.*
Cf. Cod. Théod., XV, 1, 22, *De oper. public.* Cod. Just., XI,
LXIX, 1, *De div. præd. urban. et rustic.*
(3) *De Vectig.*, l. c.   (4) JUSTIN., XVIII, 5; XIX, 1.

sur les portes et fenêtres; mais les Romains avaient imposé aussi les colonnes. Cicéron mentionne cette taxe dans une de ses lettres à Atticus[1], et il parle de l'impôt sur les portes dans une épître au proconsul Appius Pulcher, qui l'avait précédé dans le gouvernement de Cilice[2].

César[3] blâme fortement Scipion d'avoir établi ces impôts sur les colonnes et sur les portes, et cependant lui-même, durant sa dictature, engloba certainement l'impôt sur les colonnes dans ses lois somptuaires portées contre le luxe des habits, des parures, des litières et des festins[4], puisque Cicéron dit positivement[5] que Favonius a été vexé par les *columnarii* ou percepteurs de l'impôt sur les colonnes, pendant que César tenait le pouvoir.

L'an 711, dans la guerre d'Octave contre Antoine, les sénateurs furent imposés à quatre oboles ou dix as par chaque tuile des maisons qu'ils possédaient à Rome ou qu'ils tenaient en location[6]; et Cicéron dit qu'en imposant chaque tuile à six ses-

---

(1) « De aquæductu probe fecisti : columnarium vide ne nullum debeamus. » *Ad Attic.*, XIII, 6.

(2) « Illam acerbissimam exactionem capitum atque ostiorum. » *Ad Famil.*, III, 8, t. I, p. 147.

(3) Je rapporte en entier ce passage, qui donne la liste des taxes imposées alors sur les provinces : « Interim acerbissime imperatæ pecuniæ tota provincia exigebantur; multa præterea generatim ad avaritiam excogitabantur. In capita singula servorum ac liberorum tributum imponebatur; columnaria, ostiaria, frumentum, milites, remiges, arma, tormenta, vecturæ imperabantur; cujus modo rei nomen reperiri poterat, hoc satis esse ad cogendas pecunias videbatur. » *Bell. civ.*, III, 32.

(4) Suéton , *Cæsar.*, c. 43.

(5) *Ad Famil.*, VIII, 9, t. I, p. 479.

(6) Dio., XLVI, 31, et Reymar., b. l.

terces on pouvait en retirer 60 000 000 de sesterces[1], environ 15 000 000 de francs.

Enfin on imposa aussi les fenêtres, et cette taxe
nouvelle prit le nom d'impôt sur l'air, τέλος ἀερικόν.
Cujas[2] pense que cet impôt exista dans le haut empire. Les textes de Spartien[3] et de Tertullien[4], qui
reprochent aux publicains de vendre les passages de
l'air, de la terre et de la mer, «cœli et terræ et maris
« transitus,» me feraient pencher pour cette date,
contre l'avis de Burmann[5]. Celui-ci, d'après Cedrenus, attribue l'invention de cet impôt à Michel-le-
Paphlagonien, et rejette en même temps le témoignage de J. Malala[6], quant à l'établissement de l'impôt sur la fumée ou sur les cheminées, λειτουργίαν ὑπὲρ
καπνοῦ, par l'empereur Claude, pour en réserver le
mérite à l'empereur Nicéphore[7].

Il faut, je crois, accorder aux chefs du haut empire plus de logique et d'invention. Il était tout simple qu'après avoir imposé les colonnes et les portes,
ils imposassent aussi les fenêtres et les cheminées,
d'autant plus qu'ils trouvaient sous la république
un exemple et un précédent dans la taxe sur les
tuiles des maisons.

L'impôt nommé *vectigal artium*, institué par

(1) « In singulas tegulas impositis sex numis sexcenties confici
posse. » *Ad Cæsar. jun.*, l. I, *Epistol.*, ap. NONIUM, cap. IV, voc.
Conficere.
(2) *Observat.*, X, 7.　　(3) *In Pescenn. nig.*, c. 7.
(4) Cités par Saumaise dans son Commentaire sur le passage de
Spartien indiqué à la note précédente.
(5) *De Vectig.*, p. 209.　　(6) *Chronol.*, l. X, p. 317.
(7) Voy. ZONAR, XV, 14 ; t. II, p. 123.

Alexandre-Sévère, et qui a de l'analogie avec notre impôt des patentes, était néanmoins beaucoup plus restreint. Il ne portait que sur les fabricants ou commerçants d'objets de luxe, qui payaient une taxe annuelle pour le libre exercice de leur profession. Lampride nomme les tailleurs faiseurs de braies [1], les tisserands de toiles de lin, *linteones*, regardées alors comme étoffes de luxe, les vitriers, les pelletiers, les selliers, les orfévres en or ou argent et les autres métiers semblables. Alexandre-Sévère destina cet impôt, que Lampride trouve très beau, *pulcherrimum*, à l'entretien des thermes qu'il avait bâtis et des autres bains à l'usage du public.

Les prostitués de l'un et l'autre sexe et leurs entremetteurs étaient soumis, depuis Caligula [2], à ce droit annuel de patente dont Alexandre-Sévère [3] rejeta les produits de son trésor privé pour les consacrer à la restauration des édifices publics, tels que les cirques, l'amphithéâtre, le théâtre et l'ærarium.

Plus tard ce droit annuel prélevé sur les professions que j'ai indiquées devint une redevance quinquennale [4]. Constantin fut l'auteur de cet allégement.

---

(1) « Braccariorum, linteonum, vitreariorum, pellionum, plaustrariorum, argentariorum, aurificum et cæterarum artium vectigal pulcherrimum instituit, ex eoque jussit thermas, et quas ipse fundaverat et superiores, populi usibus exhiberi. » LAMPRID., *Alex. Sev.*, c. 24. Au lieu de *braccariorum*, Casaubon et Gruter proposent de lire *bracteariorum* des batteurs d'or; mais le mot qui suit, *linteonum*, me fait pencher pour conserver *braccariorum*, qui est d'ailleurs dans tous les manuscrits.

(2) SUETON., *Calig.*, c. 40.   (3) LAMPRID., l. c.

(4) Cod. Theod., XIII, 1, *de Lustral. conlat.* THEODOS., II,

Caligula avait établi[1] un impôt du huitième de leur gain journalier sur les porteurs, *geruli*, qui sont désignés aussi sous les noms de *bajuli*[2], de *portitores*[3], de *bastagæ*[4], de *saccarii*, ou porteurs de sacs[5]. Les *geruli* formaient une corporation, car le *corpus gerulorum* est mentionné dans une ancienne inscription[6]. Les *saccarii* jouissaient du privilége de transporter seuls les marchandises du port dans les magasins. Celui qui employait d'autres porteurs devait payer au fisc le cinquième de la valeur de la charge[7]. Cet usage, fort incommode pour les marchands et les voyageurs, nous a été légué par les Romains; il subsiste encore à Gênes et dans plusieurs ports de la Méditerranée.

Les prétendus impôts sur l'ombre des arbres stériles, du platane entre autres[8], ceux que Cicéron[9] nomme en plaisantant *vectigal ædilitiorum, vectigal prætorium*, ont été rejetés avec raison par Burmann[10] de la liste déjà bien étendue des contri-

nov. 18, *de Lenonib.*; et J. GODEFR., h. l., t. V, p. 3 et 4. Voyez aussi dans GRUTER, 347, n° 4, une inscription où il est question d'un *coactor auri quinquennalis*.

(1) « EX gerulorum diurnis quæstibus pars octava. » SUETON., *Calig.*, c. 40.

(2) PLAUT., *Asinar.*, III, III, 70; FESTUS, voc. *Bajulos.* LAMPRID., *Heliogabal.*, c. 16.

(3) Cod. Theod., II, XXVII, I, *si cert. petat.*

(4) Cod. Theod., VIII, IV, 11, *de Cohort.*

(5) Cod. Théod., XIV, XXII, *de Saccar. port. Rom.* Digest., XVIII, I, 40, § 3, *de Contr. empt.*

(6) GUDIAN., p. 32, n° 1, 6, 8.   (7) *Leg. supr. cit.*

(8) PLIN., XII, 3.   (9) *Ad. Quint. fratr.*, I, I, 9.

(10) *Vectig.*, p. 209, 212, 213.

butions de l'empire romain. Il en est de même de beaucoup d'autres taxes volontaires ou censées telles, de beaucoup d'amendes qu'on a rangées sans réflexion et sans preuve au nombre des impôts; telles sont les sommes que les proconsuls et les préteurs faisaient voter par les provinces pour se faire ériger soit un temple, soit une statue; telle est l'amende imposée aux calomniateurs, et nommée *linguarium* par Sénèque [1].

L'*uxorium*, au contraire, que Burmann [2] ne reconnaît pas pour un impôt, me semble en avoir le véritable caractère [3]; on le trouve chez les Athéniens sous le nom de ἀγαμίου δίκη, à Lacédémone sous celui de ὀψιγαμίου δίκη [4], et dès l'an 350 de Rome les censeurs Camille et Posthumius l'infligent comme peine aux célibataires. Il y avait de même, sous le nom de *viduvium*, un impôt payé par les veuves qui ne voulaient pas se remarier, et cette imposition, selon Scaliger [5], existait aussi chez les Athéniens et les Lacédémoniens. On reconnaît dans cette amende le désir, si souvent manifesté sous la république et sous l'empire, de combattre autant que possible les causes qui, dans les mœurs et dans les lois, s'opposaient au développement de la population.

Nous trouvons bien dans Suétone que Caligula [6]

---

(1) *De Benef.*, IV, 36.   (2) *Vectig.*, p. 214.

(3) « Uxorium pependisse dicitur qui, quod uxorem non habuerit, æs populo dedit. » FESTUS, v. *Uxorium.*, et SCALIG., not. h. l.

(4) POLLUX, *Onomast.*, III, III, 48.

(5) *Comment. in Fest.*, voc. *Uxorium.*

(6) SUETON., *Calig.*, XL, 6.

frappa un impôt sur les mariages; mais quelle était la nature de cette imposition, c'est ce qu'il est difficile de déterminer. Serait-ce un impôt prélevé sur la fille vierge qui se mariait, comme la *marcheta* des anciens Ecossais[1], ou plutôt, ce qui paraît plus raisonnable, une taxe assise sur la cérémonie du mariage?

———

CHAPITRE XXV.

CONCLUSION.

L'histoire de Rome peut se diviser en deux grandes périodes : la première comprend les six premiers siècles de son existence; c'est l'époque des mœurs austères, de la pauvreté laborieuse, de la prospérité intérieure. La seconde commence à la prise de Carthage; c'est l'époque du luxe, de la richesse, de la démoralisation, et en même temps celle des guerres intestines, de l'anarchie, de la décadence.

Ce double fait, dans son énonciation générale, ne présente aucun caractère de nouveauté; c'est à peu près ainsi que, jusqu'à ce jour, les historiens de Rome avaient compris et divisé la longue vie de la ville immortelle. Mais les causes de ses destinées si diverses me semblaient peu approfondies, incomplètement étudiées, et des erreurs très graves s'é-

———

(1) CASAUBON (h. c.) rapporte en entier le passage tiré des vieilles lois d'Ecosse, recueillies par Sken.

taient accréditées sur des faits de la plus haute importance. J'ai tâché d'éclaircir ce qui était obscur, de rectifier ce qui était erroné.

Les trois grandes sources de la prospérité publique sont, je l'ai déjà dit, l'agriculture, le commerce et l'industrie. Les Romains ne furent jamais ni marchands, ni manufacturiers, et cependant leur nation fut pendant longtemps heureuse et florissante. C'est que la simplicité des mœurs primitives lui permettait de se passer facilement des arts et du négoce, et que d'ailleurs l'absence de ces deux grands mobiles du bien-être public était largement compensée par l'état prospère de l'agriculture, et la faveur constante dont l'environnèrent, pendant six cents ans, les mœurs et la législation. La division des propriétés, une bonne culture, et des mœurs simples et sévères, telles furent les bases de la grandeur romaine pendant les six premiers siècles, et ces vues me semblent d'autant plus admissibles que cette grandeur de l'ancienne Rome a été singulièrement exagérée. J'ai soumis à l'épreuve du calcul les évaluations irréfléchies de l'étendue de Rome et de l'immense population de l'Italie; je devrais espérer que ces évaluations ridicules, admises jusqu'à ce jour sans examen, seront désormais reléguées au rang des fables, et remplacées par les chiffres bien plus rationnels que m'a fourni la comparaison des produits de l'Italie ancienne avec la quantité de nourriture nécessaire à chaque individu.

Mes résultats me semblent mériter d'autant plus de confiance, que la faiblesse même de la population libre devint une des causes de cette décadence qui se manifeste à partir du viie siècle de Rome. Les citoyens voulurent tous avoir leur part du luxe et des plaisirs des villes ; les petites propriétés furent vendues et formèrent, dans les mains des riches, des domaines immenses, dont la culture, abandonnée à l'incurie de travailleurs esclaves, déchut rapidement. En vain quelques voix généreuses s'élevèrent contre ce funeste système de concentration immobilière ; les Gracques périrent victimes de leur dévouement, et le long débat des lois agraires ne produisit guère que les *distributions gratuites de blé*, coutume fatale qui acheva d'éteindre l'amour du travail, et fomenta dans les classes inférieures les germes de sédition et d'anarchie qui se développèrent dans les siècles suivants. Le peuple devint une espèce de noblesse jalouse, turbulente et surtout paresseuse, regardant comme indigne d'elle l'agriculture, le négoce, l'industrie, et Rome fut ainsi privée de la triple source qui fait naître et qui alimente la prospérité des nations.

J'ai exposé le système des droits politiques gradués ; j'ai montré par quelle sage application de ce système Rome s'était ménagé d'utiles ressources, soit dans ses colonies, soit dans les villes et les provinces conquises par ses armes ; mais j'ai fait voir aussi combien ces ressources avaient dû être promptement épuisées par les vices de l'administration et l'insatiable avidité des gouverneurs. Enfin on a pu voir par les faits accumulés dans les huit derniers chapitres de mon IVe livre combien les impositions étaient arbitraires, oppressives, mal réparties.

Dans l'état de décadence complète où se trouvait l'agriculture, dans l'absence presque totale d'un commerce et d'une industrie indigènes, il eût été sage de dégrever la propriété, de favoriser le commerce extérieur, d'encourager l'importation des produits de l'industrie étrangère ; voyons ce qui a été fait. Des taxes énormes pèsent sur les matières premières et frappent les travailleurs, les lois somptuaires restreignent la dépense et limitent la production, les impositions indirectes s'élèvent à un chiffre énorme et se produisent sous toutes les formes ; des droits de péages, de douane, d'octroi, se multiplient sur tous les points et centuplent le prix des marchandises importées ; enfin l'impôt foncier est variable et laissé à l'arbitrage des censeurs qui le renouvellent tous les cinq ans ; la perception en est louée à des compagnies de traitants, espèce de fermiers généraux qui eux-mêmes la sous-louent à des agents subalternes, système oppressif et odieux qui a trop longtemps pesé sur la France et dont les abus sont trop reconnus aujourd'hui pour qu'on doive craindre qu'il se renouvelle.

C'était encore peu de ces charges énormes; les empereurs à qui les revenus immenses qu'ils tiraient des impositions directes et indirectes ne suffisaient pas toujours, allèrent jusqu'à s'emparer des propriétés municipales, et les municipes privés de leurs biens n'en eurent pas moins à supporter un double fardeau, celui des dépenses communales et leur quote-part dans le vaste ensemble des impositions générales. Toute la responsabilité de ces dépenses et de ces taxes portait sur un certain nombre d'habitants aisés qui, sous le nom de décurions, formaient, dans chaque municipe, un corps d'officiers nommé *la Curie*. Pour concevoir une idée du désordre effrayant que l'organisation vicieuse des revenus publics avait produit dans l'empire, il suffit d'étudier dans les auteurs du ive et du ve siècle la triste condition des décurions. Ce qui avait été dans le principe une magistrature honorable était devenu à cette époque un supplice affreux, une insupportable torture à laquelle les malheureuses victimes ne pouvaient se soustraire qu'en se réfugiant chez les Barbares.

Tel est l'enchaînement des causes fatales qui minèrent insensiblement la puissance romaine et finirent par l'anéantir. L'amour des richesses engendra l'amour du pouvoir, qui seul pouvait enrichir. De là le conflit des ambitions individuelles, les guerres civiles, l'anarchie. De l'anarchie surgit le despotisme; institué par la force il dut se maintenir par la force. Le trésor fut épuisé par l'entretien ruineux d'innombrables armées permanentes, d'autant plus exigeantes qu'on leur donnait davantage, et qui finirent par mettre le trône à l'enchère et le livrer à qui les payait le mieux. La somme énorme que demanda Vespasien pour faire marcher la machine gouvernementale montre bien clairement quelle était à cette époque la pénurie des fonds publics. Plus tard Dioclétien et Constantin, pour tâcher de remédier un peu aux inconvénients du despotisme militaire, organisèrent une armée d'un autre genre. Une nuée d'employés civils et administratifs se répandit dans toutes les provinces; il fallut pourvoir à leur entretien et frapper de nouvelles taxes sur des contribuables depuis longtemps épuisés. Alors avait déjà commencé vers le Nord cette lutte incessante avec les bandes germaniques, qui, sans cesse repoussées, revenaient sans cesse à la charge. Pour suffire à la garde de leurs immenses frontières les empereurs avaient été forcés de recruter des soldats jusque chez les ennemis du nom romain. Et pendant que les Barbares mettaient ainsi librement un pied dans l'empire, ses défenseurs naturels, victimes d'une odieuse oppression, abjuraient le titre de citoyen romain. S'ils n'allaient point grossir les rangs des hordes envahissantes, au moins ne faisaient-ils aucun effort pour arrêter une invasion qui ne pouvait aggraver leur infortune, et qui était peut-être pour eux le gage d'un état meilleur. Tout concourait ainsi, au dedans et au dehors, à précipiter la mémorable catastrophe, qui, vers le commencement du vᵉ siècle, renversa l'empire d'Occident.

FIN DU TOME SECOND ET DERNIER.

TABLE DES MATIÈRES.

ERRATUM.

À la fin du chapitre I, p. 8 du premier volume, j'avais annoncé un résumé général qui serait comme la péroraison de tout l'ouvrage; j'ai jugé ensuite plus convenable de placer ce résumé à la fin du deuxième livre, en en retranchant tout ce qui se rapportait à l'Orient, et qu'on aurait pu regarder comme un hors-d'œuvre.

Quant à quelques erreurs de calcul qui se sont glissées dans l'impression, j'ai jugé inutile de les relever ici une à une, attendu qu'elles ne vicient point les résultats définitifs des opérations auxquelles ces calculs appartiennent.

FIN

www.ingramcontent.com/pod-product-compliance
Lightning Source LLC
Chambersburg PA
CBHW052057230326
41599CB00054B/3019